U0454524

守望者
The Catcher

阅读　你的生活

书写与差异

L' écriture et la différence

[法] 雅克·德里达 著
(Jacques Derrida)

张宁 译

中国人民大学出版社
·北京·

目　录

访谈代序

雅克·德里达（以下以"答"的方式出现）：我想说，这个以汉语读者为对象的译本对我来说是多么的重要。它不是众多翻译文本中的一种，这不只是因为您承担了这项工作，而且还因为从某种意义上说，一切能让我被中文世界阅读并回应的工作，鉴于哲学或政治的理由都是特别重要的……这种重要性从我从事哲学工作伊始就一直存在着。而今天由于世界，特别是中国所发生的一切，使这个具有重要性的时刻变得特别敏感。我十分好奇地想要知道这种翻译工作是如何运作的，是如何使翻译两极的世界发生变化的，因为我将尝试回答的问题都与中国这个目的地有关，或者说与我以某种方式所能解释的这个目的地有关……因此，我想在尝试回答您的问题之前先向您致谢。

　　张宁（以下以"问"的方式出现）：《书写与差异》这本书收集了您于 1963 年至 1967 年发表于法国重要的知识分子刊物如《批评》《弓》《泰凯尔》等十篇论文。您当年论述的对象广及福柯、勒维纳斯、海德格尔、列维-斯特劳斯、阿尔托、巴塔耶、布朗肖等思想家，您是否能回忆一下在您心目中那个时代的知识氛围，当时最重要的特征是什么？

　　答：的确，您所翻译的这本书并非通常意义上的"书"，它是一本文集，一会儿我们会重新回到"书"的问题上来。从那个时候开始，我所发表的大多数文本，总是以某种多少不同于所谓"书"的方式出现的。总的说来，这是我的第一本"书"：在这之前，我曾发表过《胡塞尔〈几何学的起源〉引论》，不过 1967 年，我同时出版了三本著作，即《书写与差异》、《论文迹学》与《声音与现象》。与后两本不同的是，第一本汇集了我从 1962 年到 1967 年所写的文本，对我来说，这些文本的共同特征是以某种方式让我同时介入差异性极大的哲学与文学领域，在阅读不同的哲学与文学文本，比如说福柯、勒维纳斯、阿尔托或巴塔耶的文本的同时，我开始展开一种哲学阅读及解释的策略。一方面，这些文本处理的是一些多少与主流哲学传统有一定距离的哲学家的文本，如福柯、勒维纳斯，他们并不是传统大学中的哲学教授，他们的工作与深层哲学传统有着某种距离；另一方面，这些文本也涉及一些文学作品，当然还有人类学文本，如列维-斯特劳斯的工作。

　　将这些如此不同的作者联系起来的东西，在我看来是他们与书写的关系。而我所重视的阅读角度，也是从我当时所尝试思考的那种书写观念中形成的，这种观念在几乎同一时期问世的《论文迹学》或《声音与现象》里得到了更充分地展开。

您让我谈谈当时的"氛围"。总体上我大概会这么理解，当时人们谈得最多的是哲学的局限性，有时甚至谈到哲学的"终结"或"死亡"。就我个人而言，那时我虽然对于形而上学的"关闭"充满兴趣，但我从不赞成哲学已经完结的说法。因此我尝试在"关闭"和"终结"之间寻找某种道路（在《论文迹学》中我曾对关闭与终结做了区分）。

认为哲学已到达了它的极限，是该转到别的东西上去的时候了，这种感觉在当时相当普遍，而最常伴随这种气氛的是对人、人的终结、人的概念的一些极端的质疑。比如说，福柯当时最著名的话是：人的形象正从浮沙上消抹而去……海德格尔对传统人道主义进行了批判与瓦解……阿尔托、巴塔耶也不例外。因此，人的问题是关键问题。当时我所尝试要做的是，在分享其中许多诠释的同时，与所有这些思想拉开距离。那个时代正是更经常地以追求非哲学或超哲学的方式出现的结构主义思想凯旋高歌的时代，它宣布哲学已经终结，或者至少是，哲学姿态不再是一种必要的姿态。列维-斯特劳斯就是这种情况，他受的是哲学训练，但他不想做哲学家。福柯亦是如此。他们都怀疑哲学，也都质疑人道主义遗产。

尽管这些人很多都不承认自己是结构主义者，但结构主义在当时毕竟是占统治地位的。1966 年，我在一次会议上发表了一篇题为"人文科学话语中的结构、符号与赌注"的演说，它也收集在《书写与差异》这个集子里，我在这篇文章中提出了对这个时期的某种一般解读。其实，对您所提问题的最佳解答，大概可以在该文本的最后那个部分找到，我在那里尝试分析法国当时关于人的终结的论战，另外，《边缘：论哲学》中题为《人的目的》一文，也对此问题有所涉及。在这两个文本中，我试图分析法国当时的思想局限，同时对结构主义提出质疑。尽管我对结构主义名下的许多工作满怀敬意，但我还是对它的那些哲学预设提出了质疑，也就是它想借助于一些被构建的学科的结构模式，如语言学与生物学，将其转换到所有领域中去的那种思路。这个在美国的演讲，后来编入了这个集子，它所提出的问题在美国打开了所谓的"后结构主义"之路。也可以说"后结构主义"就是从那里开始的。因此几乎就是《书写与差异》中的第一个文本"力与意"和最后的这个文本，标识了与当时占主流地位的结构主义的某种距离。它不是一种批评，而是另一种表述。

既然您问到当时的"氛围"，我可以说那是一种我无法赞同的对哲学的不信任的气氛。我当时想试着强调瓦解形而上学的必要性，同时强调无须否定哲学，无须声称哲学已经过时。而这正是困难的来源，我一直就处在这两难境地之中，（我所承受）的这两难就在于解构哲学而又不要瓦解它，不要轻易打发它或剥夺它的资格。我一直处在这两难之中。

诚然，从政治上讲，那个时期刚好在 1968 年五月风暴之前。人们已经能够感觉到一年后要爆发骚动的那些前兆。《书写与差异》是 1967 年春出版的，翌年春天那个大风暴就发生了，而它的那些端倪，我从当时法国与欧洲的知识情境中感觉到了。

问：这么说您是在两个战场上作战？

答：我一直有两个战场。我的这种处境从未停止过。事实上，我一直被两种必要性牵扯着，或者说我一直尝试公平对待两种可能看起来相互矛盾或不兼容的必要性：解构哲学，即思考哲学的某种关闭范围，但不放弃哲学。我承认这么做很困难，但无论在写作中还是授课中，我总是始终尝试尽可能地同时采取两种姿态。

问：这些写于 20 世纪 60 年代的文本将在 21 世纪初和它们的中国读者相遇，您可以谈谈这期间在您的哲学工作中哪些知识背景发生了变化吗？

答：这个问题也只能有一个概括性的回答（访谈的形式显然限制了回答的形式，具体的答案只有去读文本），假如我尝试思考近40 年来我的工作中那些发生了变化的知识背景，我大概会说，尤其面对中国我会说，是国际化的经验。那不只是因为从那以后我经常到国外游历讲学，还因为我的文本较为广泛地被翻译成其他文字，而伴随着这些翻译，某种工作领域的转型就自然而然地发生了。其实，从一开始我就十分注意外语及习语的丰富性现象，但这种现象变得愈加复杂化了。

我在写作中越来越多地了解到我的读者多数并非法国人。我得说我越来越感觉到我处在法国的边缘。也就是说我作品的最热情、最富建设性的读者在法国以外。不只是在人们常提起的美国：确实我在美国讲学的时候不少，而且在很多欧洲国家亦然。还有日本，虽然我只去过日本几次。显然，到目前为止我尚未去过中国，而中国对我作品的翻译介绍也颇为有限，这是一个悖论，因为从一开始，我对中国的参照，至少是想象的或幻觉式的，就占有十分重要的地位。当然我所参照的不必然是今日的中国，但与中国的历史、文化、文字、语言相关。所以，在近 40 年的这种逐渐国际化的经验中，我缺了某种十分重要的东西，那就是有关中国的经验，尽管我无法弥补这一缺失，我却意识到了。

所以，在我的工作中所发生的知识背景的变化，就是我越来越多地想到外国读者，甚至是外国听众。如您注意到的那样，在我的讲座中，外国人比法国人要多。我必须关注这种进行中的广义的翻译工作（那不只是语言的翻译，也包括文化与传统的翻译），而这对我的思想与写作方式大概产生过某种影响。它使我在写作中既十分注重法语习语（我酷爱法语，而且几乎总是以不可翻译的方式、一种欠债的方式在写作），又不断地同时思考它们的翻译问题：有时预先做些准备，有时则无法预备。比如，我会看到译成英文或德文的困难是什么：当我用法文写作时，我已经想到翻译的问题。显然，我无法设想中文或其他语言的翻译。但我相信这种对法语外的阅读目的地的关注，正是我这 40 年来哲学工作背景变化的最重要特征之一。

显然，要认真地说，还得谈谈工作机构的问题，即我的机构身份的变化。怎么说呢，从一开始，在我刚开始发表文章的时候，我在法国的学术建制中的处境相当舒适。我一开始在索邦大学当助教，那里的教授们也认为我将成为他们当中的一员，逐渐进入正常的职业生涯。然而，也正是从 1967 年或 1968 年开始，当我在《泰凯尔》等刊物上发表了那些关于阿尔托的文本后，大学里的人们开始对我产生不信任感，显然，我不能够再像人们一开始以为的那样获得大学的接纳和承认。而我自己则选择了那些被大学推向边缘的道路。所以，在索邦大学当了四年助教之后（1960—1964 年），我曾在巴黎高师一个相当低的职位上当了 20 年助理讲师。在这个享有盛名的机构中我是被边缘化的。大学拒我于门外，后来我被法国高等社会科学院选中。这些经历使得我在一生的学术职业生涯中，如果可以这么说的话，长期是个奢侈的边缘人，因为我一方面处于边缘，同时又是在最舒适、最负盛名的机构之中。但事实上是法国的大学并不真正接纳我。

渐渐地，这种我选择的，而且应当说是我不得不接受的处境，在我的工作中打下了烙印，也在我的写作方式上留下了印记。尽管如您所知，有时我写的东西也以某种相当传统的学术形式出现，但我很少写那种按大学要求去写的论文。因此，这 40 年来，我所写的关于胡塞尔、海德格尔、黑格尔等研究的那些相当传统的文本是与超越大学模式的试验性写作并存的。在这个问题上，我又处在两种规范之间，也可以说我得在两种不同的写作空间之间抗争，既不放弃此，又不放弃彼。正如我刚才所言，我既不放弃对哲学的解构，也不放弃哲学，我既不否定大学的学术规范，也从未放弃某种以质疑大学模本为形式的写作尝试。我猜想您在翻译中能感受到这两种东西，那本书中至少有两种类型的写作。

问：在将这些文本组织起来的动态问题链及关于文本结集成书的后记中，如该书的末尾那个小注，还有《立场》中的那个相关访谈，我们能感觉到您对"书"的观念有一种质疑。这种质疑，或者说以这种方式呈现的质疑，可能由于文化背景，尤其是神学背景的差异会让中国读者觉得奇怪。您能否联系您对《书写与差异》的反思架构谈谈这个问题？

答：从《论文迹学》开始，不过《书写与差异》已有迹象显示，对拼音文字书写及整个语音书写系统的解构就伴随着一种对"书"的模式、"书"之历史模式，即某种以《圣经》或百科全书式呈现的可自我关闭的整体性的怀疑。我将这种"书"的模式与另一种书写相对，这种书写我大概不会把它叫作"片断性"的，它是一种不以书或者绝对知识的形式结集的书写。而"书"的绝对模式则是黑格尔《逻辑学》或《哲学史讲演录》，某种以自我为核心"转动"的卷轴形态结集的整体知识。

此外，我得说与书写、出版及其载体不同的那些技术模式，一向也是我的兴趣所在。我以为有一种"书"的文化，它与拼音文字密切相连，与整个西方历史密切相连，而我们借助其他文化参照，借助某些交流技术的发展，目前所达成的，则是一些不再非"书"不可的书写、交流、传播模式。不过，这里我仍要重复我前面已两次说过的情形：我再次处于一种矛盾之中，不过我接受这种处境。一方面，从我说出"书的终结"那日起，我宣称"书"已完结；但另一方面，我也支持拯救"书"以抵抗威胁着记忆、威胁着"书"文化的某些新技术。我又在试着同时进行两种相互矛盾的工作：接纳新技术，接纳一切与之一同来临的东西，将之当作某种运气，但同时也去发现与之俱来的那种威胁，尽我所能，以我的方式与之抗争，以求保存一切与"书本"文化相联系的东西。不仅仅是卷轴的形式，还有阅读的时间、阅读的耐心及阅读的个体空间，即一切与"书"文化相关的品质。

在这两种显然相互矛盾的绝对命令之间，存在着和解的必要性，无论是在哲学上、政治上，还是在伦理学上，这种必要性一直把持着我。我总是在协商之中，既不说是，也不说不，而是从一个我无法确定的地方开始进行这种协商。这事关无法决定的问题：我不能决定对"书"持完全赞同或完全否定的态度，也不能决定对哲学持同样决断的态度。因此，这是一种妥协、一种互让和解，是在两种必要性、两种最终矛盾的律法中寻求最佳可能的和解。如果说我经常强调这种"双重约束"，那是因为正是在那种我不知道该做什么，在那两种同样必要却又互不兼容的难以决断的答案间，我才负有责任。

问：您曾说过："我所尝试的是将自己保持在哲学话语的极限处。"（《立场》，第 14 页）后来您又将那本从多方面看都是《书写与差异》的延续的著作，命名为《边缘：论哲学》。如果哲学与非哲学的界限总是相对的、移动的，那么又如何去思考能够保持一般哲学姿态的那种"稳定性"或持续性呢？即便这种稳定性是充满问题的？

答：的确，哲学与非哲学的这种界限，有不断被重新评估或重新描述的必要。在哲学与非哲学之间并不存在一种静态的、明晰的界限。从某种角度讲，哲学的性质，哲学自身的运动，就是要统领一切，它不肯接受有外在于哲学的东西。而哲学家正是那种认为哲学空间是无限的、不受限的人。而且哲学家倾向的是将非哲学的东西纳入、内化到哲学之中。

这个界限永远不是给定的，因此必须不断地检测以揭示它的定居之地，观察它的位移，并去移动它，既然这种界限不是静态的（如您所言，它是移动的），问题就变成了"什么"是哲学的问题。什么是人们以一致的、系统的方式命名的哲学？

既然我们这里面对的是中国读者，我想说，我曾经受到海德格尔式肯定的吸引，现在依然如此，那就是认为哲学本质上不是一般的思想，哲学与一种既定的历史相连，与一种语言、一种古希腊的发明相连：它首先是一种古希腊的发明，然后经过拉丁语与德语"翻译"的转化，它是一种欧洲形态的东西，在西欧文化之外存在着同样具有尊严的各种思想与知识，但将它们叫作哲学是不合适的。因此，说中国的思想、中国的历史、中国的科学等等没有问题，但将这些在受到欧洲模式浸染之前的中国思想、中国文化说成是中国"哲学"，对我来说显然是个问题。而在引进了欧洲模式之后，它也就变成欧洲式的了，至少部分如此。这也是马克思主义、中国式马克思主义问题的来源。我想要说的是我对这种非欧洲的思想绝不缺乏敬意，它们可以是十分强有力的、必不可少的思想，但我们不能将之称为严格意义上的"哲学"。

那么，当人们试图从严格的意义上去思考什么是哲学（即您所说的那种哲学的稳定性）时，我尝试以相当简捷的方式，既追随海德格尔的足迹又与之保持一定的距离，认识到哲学是对希腊语中的那个绝对逻各斯的承认与臣服，而这个逻各斯既是理性、话语、比例关系，又是计算和言语，它也指"聚集"：*legein*，也就是一种自我聚集能力。也就是所谓的系统思维。本质上，系统稳定性观念、自我聚集观念与逻各斯观念紧密相连。诚然，我并不反对系统，也不反对逻各斯。不过必须看到的是，那只是各种思维可能性中的一种。

这里我想加入一个小区别：聚集模式也是多种多样的，它们不一定都是系统的。系统观念只是聚集的一种特殊形式。在哲学的历史中，这种获得了某种系统、某种哲学系统的形式的聚集是一个特殊时刻，它来得相当晚。在这个迟来的时刻之前，逻各斯观念已经就是理性与聚集的观念，因此也是"在场/表达"（présence）及"自觉在场"（presence à soi）的观念。所以在我看来，哲学同一性或持续性，就存在于我称之为"逻各斯中心主义"的那种东西之中，它将存在者（étant）、以在场形态存在的万物整体纳入逻各斯的权威之下，使之不得不面对它，要么成为它的一极，要么成为它的相关项。

我曾经尝试区分逻各斯中心主义和语音中心主义。逻各斯中心主义就是存有论的哲学，也就是关于存在的科学。而本体论或带有"学"（logie）这个词根的无论什么学科，正好就是具有聚集性的合理性的思维。我的感觉是，尽管在西方哲学史中存在着差异和断裂，与理性和话语相连的聚集统一性，即逻各斯中心的母题，却是恒常的、无所不在的。因此，在我所有的文本中，无论涉及的是柏拉图、笛卡儿、康德、胡塞尔还是海德格尔，我都尝试着指明这种逻各斯的恒常性及其无处不在的证据。我曾试图将逻各斯中心主义与语音中心主义联系起来，也就是说将它与一种声音特权的文化联系起来。读者们常常会将这二者相混淆。对于我来说，它们不是一回事。我以为没有逻各斯中心主义的语音中心主义是可能存在的。在非欧洲文化中，也完全有可能存在语音特权的情况，我猜想在中国文化中也完全有可能存在这种语音特权的因素。但中国文字在我眼中更有趣的常常是它那种非语音的形态。所不同的是，在中国文化或在其他文化中，语音特权完全可能是非逻各斯中心主义的。

问：您刚才说哲学是多种可能中的一种，那么是否可以这么说，哲学是各种思想模式中的一种呢？

答：哲学不是各种思想模式中的一种，或者说不是同一层次上的思维形态。我相信它有一种优势、一种使命，它有一种独一无二的雄心，即追求普适性——必须考虑的是哲学**想要**成为普适之学这一事实。所以，它不简单地是一种话语或各种思想中的一种。但我也相信有这样一种追求的哲学，并不含括全部的思想，非哲学思想、哲学外的思想也是可能的。比如，当人们要去思考哲学，思考哲学是什么时，这种思考本身就未必是哲学的。我感兴趣的正是这种东西。解构，从某种角度说，正是思考哲学的某种非哲学思想。

我们可以将这种模式、这种逻辑、这种论证延伸到许多其他例子上去。当我们以解构的方式去质疑关于人、人性或理性的某种形态，去思考什么是人或什么是理性时，这种方式就不能简单地被归为人性的或理性的，也不能被归为反人性的、非人性的或非理性的。每当我以解构的方式对理性之源，对人的观念史提出问题时，就有人指责我是反人道主义的、非理性主义的，但事实并非他们所指责的那样。我认为可以有一种思考理性、思考人、思考哲学的思想，它既不能被还原为其所思对象，不能被还原成理性、人、哲学本身，也不能简单地被当作一种指控、一种批判或一种摒弃。指出有其他的东西要思考，要以不同于哲学的方式去思考的可能性，并非对哲学的不敬。同样地，要思考哲学，就必须以某种方式超越哲学，从哲学之外的别处着手。而解构所追求的正是这种路径。

问： 那么，思考哲学，应当以逻辑的方式还是以修辞的方式进行呢？

答： 在二者之间。在写作与教学中，我尊重的是逻辑的规范，绝不是爱说什么就说什么，总是从古典的规范出发进行论证。但我在这么做的同时，又总是尝试去标识出那超出了逻辑的东西。这种姿态的困难，就在于必须尊重我们所要解构的东西。

我以为我的文本在其论证方面是非常逻辑的，即便它们有时要求有权去讨论正反两面的东西，即演进那些表面上看来非逻辑的命题，但它们是以一种尽可能具有论证性的方式进行的。这使我在写作或教学中常常遭遇到要说的一些东西——怎么说呢，这些东西，它们在古典形式逻辑看来是无法接受的，但我尝试在尊重逻辑，尊重常识的同时去探讨它们。正是这种做法使那些文本变得难读，因为，很多读者都想摆脱这些东西，他们说：如果他连真理或逻辑都不相信的话，我们为什么要相信他的？他怎么能够在说逻辑有局限的同时要求我们跟随他的论证逻辑呢？唉，困难就在这里，文本的难度也就在此。那里同时存在着一个以上的姿态，或者说那种姿态总是间接迂回的，或者说是省略式循环的，或者是曲折的……这在我的作品中能感受得到。

问：您还说过："解构哲学，恐怕就是以最忠实、最内在的方式去思考其概念的结构性谱系，同时从它无法定性、无法命名的外部着手，以求确定那些在历史谱系建构中被遮蔽或禁止的东西，这些被压制的东西并不是无利害的"。但解构实践本身难道没有某种倾向或"兴趣/利益诉求"吗？或者说有某种隐蔽的终极目的（telos）？如果有的话，那么这种目的的合法性又是什么呢？

答：如果您所说的终极目的指的是人们一直所理解的那个东西，即某种目标（fin）、某种最终的完成（accomplissement final），也可以说某种有组织的目的地（but organique），是必须为了达成其目的而组织起来的那种话语，是我知道我要去哪儿，我知道我在寻求什么，并且以某种目的化了的方式才能达成的那种东西的话，那么我并不认为解构有某种终极目的。从某种意义上说，解构是无限定的、无止境的，它在每一个语境中移动或转型，它既非相对主义的，也没有所谓的终极目的。就像解构哲学意图，或者用您的说法，解构哲学的"兴趣/利益诉求"，解构本身，也是有它的"旨趣"的。不过，我们应当时常对这些"旨趣"进行分析。

我不知道一般意义的解构的普遍"兴趣/利益诉求"是什么，但我想一般意义的解构是不存在的。只存在在既定文化、历史、政治情境下的一些解构姿态。针对每种情境，采取某种必要的策略，策略因情况不同而变，我们应当分析的是具体语境中的兴趣/利益诉求。显然，对于我来说，今天的解构或解构姿态与 40 年前是不一样的，因为情况发生了变化，哲学场域、政治场域在法国、欧洲及世界皆发生了变化。而这种姿态在中国文化的实践中也不可能是一样的，因为传统、记忆、语言都不同……所以每一次具体解构都有不同的"兴趣/利益诉求"。

也就是说，是否存在着一种适合于所有解构姿态，或者更确切地说所有解构**事件**（événement）（解构不只是一种姿态，也不只是一种方法或技术）的共同动机？更准确地说共同的兴趣/利益诉求？我常说，解构是那种正在来临并发生的东西，不是大学里规定好的，它并不要求有实施某种方法的行动者（agent）。那些使社会、技术转型了的事件就是解构性的事件。由于这些解构性事件，每每都会产生一种新的利益格局。解构就是要对这种新的利益格局进行分析，而这种新的利益格局，我再说一次，在今日法国与今日中国之间可能是完全不同的，而在昔日中国与明日中国之间也会有区别，不是这样吗？

但解构的共性，首先是回顾，也就是说行使记忆的权利，去了解我们所生活于其间的文化是从哪里来的，传统是从哪里来的，权威与公认的习俗是从哪里来的。因此，可以说没有记忆就没有解构，这一点具有普遍有效性，无论是对欧洲文化还是对中国文化，它都有效。即便记忆内容各有不同，但每次解构都必须对在今日文化中占主导地位的东西做谱系学研究。那些如今起规范作用的，具有共识性、支配性的因素都有其来历。而解构的责任，首先正是尽可能地去重建这些因素的霸权谱系：它们从哪儿来的，为什么获得了今日的霸权地位？其次，解构的责任自然是尽可能地去转化。这就是为什么解构不是一种简单的理论姿态，它是一种介入伦理及政治转型的姿态。因此，也是去转变使霸权得以存在的情境，自然这也等于去转移霸权，去反抗霸权并质疑权威。从这个角度讲，解构一直都在对抗不具备正当性的教条、权威与霸权。这适合所有语境下的解构，以某种肯定性的名义，虽然它不是一种终极目的，但它一直是一种具有肯定性的"是"。我常强调解构不是"否定"这个事实。它是一种肯定，一种投入，也是一种承诺。

那么，究竟对什么说"是"呢？这是个很难回答的问题。首先对这种不能被还原成一种文化、一种哲学、一种宗教的思想说"是"。对生活说"是"，也就是对未来说"是"。对到来的东西说"是"。假如我们想通过记忆去改变事物，那是因为我们喜爱将至的生活甚于死亡与完结。因此，对思想、生活与未来来说，不存在终极目的，只存在无条件的肯定。

问：我们甚至不能说存在着某种方法论的目的论……

答：不。我常说，解构不是一种方法。但可以有些规则。

问：那么使那种被解构的东西以新的方式重现的那种可重复性该怎么描述呢？

答：那是肯定性的重复和重现。我想要保持我所解构的对象的那种鲜活性。所以那不是一种方法。不过我们的确可以从中找到一定的规则，至少是临时性的规则。这就是为什么解构虽然不是一种方法，但却可以被传授。它有一种可以被传授的风格或者说姿态，因为它们能够被重复。即便这种重复因对象、语境而异。虽然解构不是一种方法论，它却有些方法的规则可以传承。也正因此还有传授的可能。也正因此我在批评大学的同时也赞成大学。我赞成对哲学的传授。虽然我相信方法，但解构不是一种伟大的方法论，也不是一种伟大的思想技术。

问：在《暴力与形而上学》中您谈到作为纯理论主义（théorétisme）的理论帝国主义。看（regard）的问题因此作为形而上学的重要因素被提出。另外您在《声音与现象》中，又质疑了形而上学中声音至上的现象，这两大帝国在西方形而上学中的关系又是怎么样的呢？最近您又在探讨"触觉"的问题，这个新的志趣又是如何与上述那些论题联系起来的呢？

答：关于理论，的确，在所有您这里提到的文本中，我都一方面尝试强调并解构声音、语音的霸权，另一方面去解构观看的霸权。我在《声音与现象》中曾指出过这两种特权并不互相排斥。它们可以同时拥有特权。那就是逻各斯中心主义与语音逻各斯中心主义。

因为您的翻译工作正好出现在我的思想轨道上的一个关键时刻，就让我们以更当下的方式来谈这些问题。由于您提及的这项关于触觉的研究，我最近意识到这样一个事实，即海德格尔强调过的那种理论、纯理论的（theorein）或看的特权，布朗肖和我也强调过的这种看的特殊地位，其实在整个哲学传统中，看的特权并非与触觉的特权不相兼容。这对我来说是一种新发现，通过对柏拉图、康德、胡塞尔的阅读，我们可以将所谓的"理论"或本相（eidètique）特权与我称作触觉的（haptique）、触觉（toucher）特权扣连起来，结合起来思考。

所有这些直觉主义——拉丁文中，直觉指的就是"看"，因此直觉主义一直就是这样一种观念，它认为思想中的某个时刻事物是直接地被提供给看的——对从柏拉图到胡塞尔为止的所有古典思想家来说，直觉主义最终都在可触性中得以完成，也就是说，在他们的文本中总存在一个时刻，在那里看到的东西也同时被触到，这使得圆满的知识具有触的形式。我在这本书中*，引用了很多文本，从这些文本中可以看到那些表面上赋予理论、纯理论或本质的抑或现象学（即那种向看显现的东西）以特权的思想家，都同时将特权赋予了触觉，而触觉则是作为理论视域的终极目的存在的。我最近才意识到这一点。显然，如我尝试在这本书中澄清的那样，无论在技术层面还是在实践层面，它所导致的后果恐怕是重大的。对我来说，要简单地去概述它是相当困难的，但请允许我指明一点：实质上，我最近的工作涉及的是使视觉特权得以真正完成的那种触觉特权，也可以说作为视觉特权之终极目的的那种触觉特权。

在这本关于触觉的书中，我想尝试指出的是既是理论的（视觉中心的）又是"触觉中心的"（haptocentrique）哲学，与某种被文化标识了的"身体"经验有关。古希腊的身体，当然还有基督教的身体经验。这本关于触觉的书是一本关于让-吕克·南希的书，也是一本关于我称之为基督教身体的书。让-吕克·南希有一个解构基督教的计划。它是要同时去思考和解构这个今天支配着整个欧洲文化的基督教的身体，在这一点上，我与他是一致的。但困难在于，基督教的资源是多种多样的，而人们也总是以基督教的名义去解构基督教。可以说，这是我目前最关心的问题。

---

* *Le toucher*，*Jean-Luc Nancy*（《触觉，论让-吕克·南希》），Paris，Galilée，2000，第348页。星号注均为译者注，以下不一一列出。

究竟身体应当是什么或者我们关于身体的经验应当是什么，才能使这种基督教话语成立呢？换句话说，这个身体正在发生什么样的变化呢？哲学有 2500 年历史了，虽然那也就是历史长河中的一个瞬间，但那并不是虚无的，我所感兴趣的是大规模的思考人的历史、人类化历史（histoire de l'hominisation）、人的形成史，逐渐赋予手、看、纯理论与触觉以特权的动物人之形成史的某种谱系。这也是为什么您会经常在这本关于触觉的书中看到关于手和人类化的问题以及从技术史出发的人的形成的问题。从这个角度看，我相信这个话语恐怕与某种——我不想说是唯物主义的东西，因为这太复杂了——但无论如何与马克思主义某种观点有共同的地方：它不一定是僵化教条的马克思主义，也不一定就是 20 世纪转化成政治话语的马克思主义，但它是关注物质性、关注人的动物性历史，尤其是关注技术史的马克思主义的一种精神。所有这些问题都是与技术问题分不开的，而对它的思考必须超越海德格尔……

问：在您发表《书写与差异》的时候，法国哲学给人的印象是与文学经验具有某种相当特殊而密切的关系。而您本身的工作也受到那些传统中属于"文学"实践或文学姿态的影响。那么，这种文学的重要性是从哪儿来的呢？

答：的确从一开始，我的工作就一直受到文学经验的吸引。而且从一开始，我所感兴趣的问题就是书写是什么？更确切地说是书写是如何变成文学写作的？书写中发生了什么才导致了文学？这里，我恐怕会就文学的问题，重复我刚才就哲学所谈过的，即文学不简单地是一般书写的艺术，或者说不仅仅是诗学。

我所说的文学是一个被某种欧洲历史染指的概念。可能很多非常伟大的思想文本或诗文本不属于这个"文学"范畴。我不知道是否可以谈非欧洲的"文学"。我恐怕会重复刚才对待哲学的同一姿态：不属于欧洲大约自 16 世纪以来称之为"文学"之范畴的伟大的书写作品应当是存在的。

如果说我对文学有如此大的兴趣，那首先是因为文学一直是一种书写形式，其次是因为有些文学作品使我感兴趣，不是指一般的文学，而是如马拉美、阿尔托、巴塔耶、策兰或乔伊斯那样的文学作品，在我看来，这些作品中常常有些比哲学作品更富有哲学思想的东西，也比某些哲学作品更多地具有解构力量。所以，如果可以这么说的话，我常常是在"利用"文学文本或我对文学文本的分析来展开一种解构思想。

最后一个原因是，在欧洲的文学史中——这个历史其实相当短，只有几个世纪——文学想要建构某种空间，在这一空间里，无论什么人原则上都可以以虚构的形式，想说什么就说什么，有权不受任何控制地发言。当然，审查制度一直存在，但"原则上"，文学这个观念暗示的就是作家有权自由言说，而且这种无论什么都可以说的权利，"原则上"，是天经地义的。因此，对我来说在文学与民主制度之间存在着某种有意思的同盟关系，即政府不能干涉，无权限制的那种公开说话、公开出版的权利。即便事实上，政府是有所干涉的，但那总是被认为，并被感受为见不得人的，因为文学制度，本质上就是对这种权利的承认。因此，我觉得文学与民主制度史、权利史，也是与启蒙传统密不可分的，从某种角度上看，文学就意味着公开发言权。即便这种权利并不总是得到尊重的，但原则上是应当如此。

最近，我对文学产生了另一种兴趣，它涉及的是文学与《圣经》的某种亲缘关系，我在《赐死》这本书中曾经展开过这种兴趣。文学作为现代建制，乃是一种非宗教的、世俗化了的制度，也就是说，是一种摆脱了神学与教会控制的建制。但事实上，它保存了一些它自己想要挣脱的东西。在西方，还是存在着一种文学神圣化的过程。文本是不能碰的。一个文学文本一旦完成，就成了宗教膜拜的对象，有时还被偶像化。人们无权去碰它。而翻译，从其近代意义上讲，正好应当是严格的（翻译也有它自身的历史：翻译观念，严格的翻译观念是一种近代的观念），因为它牵涉的是对文学作品绝对神圣化的尊重。所以，我相信文学保存了与宗教的某种亲缘关系，即便它否定这一点，从某种角度上说，文学一直褒有某种请求宽恕的场面：作家因挣脱了宗教而请求宽恕。文学与宗教之间存在着某种借贷关系。我也尝试从这个角度去关注文学，比如在《赐死》中。

由于这些原因，文学问题在我看来对解构是个至关重要的问题。且不去说它如今被政治牵扯。大家知道，如今的作家——思想家与作家常常是威权政体或极权政体的首要打击对象。正是因为他们的自由言论，他们经常遭到迫害、监禁，甚至杀害。阿尔及利亚和其他一些地方可以作为例子。

正因此，1994年我们与一些友人共同建立了国际作家议会，以援助那些因为公开发表言论而遭到政府或非政府的民族力量迫害的作家、教授或记者。我们的目的是建立一座避难城去接待并帮助他们……我们认为，文学，即写作与说话的自由，无论在哪里都是至关重要的。因此，这也是严肃对待文学、对待文学事业的一个理由。

问：既然这里问题涉及的是在汉语中介绍您的著作，我想以翻译的困难来结束我们的对话。一切显示的似乎是，您在您的工作中不断表明了翻译的永恒必要性和不可能性。而且那种不可能性给人的印象，不仅是一种必须克服的局限或缺陷，它还可能是一种有意识的策略之产物（可举的例子很多）。您能否就这个问题谈谈？

答：您绝对有理由向我提出翻译这个大问题，不仅因为这个汉语翻译对我来说，应当代表着向一种非常重要的语言翻译的敞开，而且还因为从一开始，翻译对我来说，对一般解构来说，就不是各种问题中的一个：它就是问题本身。

首先是因为翻译就是在多种文化、多种民族之间产生的东西，因此也是在边界处产生的东西。对欧洲中心主义权威、国家—民族权威进行质疑的解构，首先遇到的显然就是翻译问题。而且，即便在我们自己的语言内部，比如我所说的法语，也存在着内部翻译的问题。法语中有很多多义词，也存在着一些意义无法确定的词，本质上，我的整个工作一直以尝试思考法语及我所继承的其他语言中那些具有歧义性的词为特征。可以举下述这些词为例：既意味着毒药又意味着解药的"pharmakon"，既意味着保护贞节又意味着婚配的"hymen"，既意味着增添又意味着替代的"supplément"，既意味着差异又意味着延迟的"différance"，等等。每个词都是相当难译的，甚至是不可译的，而且都涉及特殊习语。

我曾说过，如果要我给"解构"下个定义的话，我可能会说"解构"即意味着"一种语言以上"。哪里有"一种语言以上"的体验，哪里就存在着解构。世界上存在着一种以上的语言，而某种语言内部也存在着一种以上的语言。这种语言多样性，正是解构所专注与关切的对象。因为首先，我并不简单地相信语言与思想间的差异。思想是通过语言进行的，哲学与某种语言或某种语族相连。所以，解构哲学，自然就是对某种语言规定某种思想这种局限性的关切。一种语言可以赋予思想以各种资源，同时也限制了它。因而，必须思考这种资源的"有限性"。

其次，我对某些作品有特殊的兴趣，比如乔伊斯的作品，在他的作品中，一个文本有时是以几种语言写成的。怎么做才能翻译一个本身就具有语言多样性的文本呢？比如，我曾对一个关于乔伊斯的短文中的两个词十分关注，那就是"he war"这两个词，在英文中听起来像是"他/战争"，既然它涉及的是巴别塔，它也指神、战神等，但在德文中"war"则是"是"动词的过去式。所以，在《芬尼根守灵夜》这部书中，词的统一体爆炸了，弥散了，繁衍了。因而，人们不可能在一种语言的翻译中，解决这种内在多样性。而且，我们还必须设法在翻译中保持这种语言的多样性特征。

我想每当我们借助解构挣脱一种霸权并从中获得解放时，我们就重新质疑了一种语言从未被思考过的权威。但我同时也认为我们这么做的时候，还是得以习语的方式去操作。比如说，我不相信有一种普适语言，我也不相信世界语。因此，当我写作的时候，我总是尝试以一种"抵抗"翻译的法语去写作。但悖论的是，正是那种抗拒翻译的东西在召唤翻译。也就是说，译者正是在他发现了某种阻碍的地方，在他发现了翻译困难的地方，才会产生翻译的欲望，就好像"文本""渴求"被翻译一样，同时，他还必须为了翻译而对他自己的语言进行转化。翻译可以说是一种对接受语言的转化。

我以为在当今世界，由于"世界化过程"使交流边界以一种前所未有的广度和速度开放，我们见证的是一些新型的语言霸权。比如，英语，尽管说英语的人并不代表世界上绝大多数的人口——说西班牙语或汉语的人可能更众——英语却不可置疑地变成了并拥有了某种霸权与权威。因此，我认为我们应当相反地培植特殊习语以对抗这种霸权。那不是因为习语是某种应当加以保护的不透明的核，而是因为在习语中有某种对翻译的呼唤，应当对它加以培育，以非民族主义的方式加以培育。我想说的是，我们可以热爱一种语言而去培育它、爱护它所褒有的绝对特殊而不可译的东西，同时不必将这种爱转化成沙文主义或民族主义。我爱自己的语言，但正是因为我爱它，我才应当尊重别人的语言，我赞成拯救一切语言。您知道的，在当今这个世界上有多少语言消失了！这是一种值得注意的语言贫困化过程。因此，我认为必须拯救语言，要做到这一点，首先不只是将之存档，而且更要激活它，所以培植特殊习语是必要的。要翻译，但翻译不等于去确保某种透明的交流。翻译应当是去书写具有另一种命运的其他文本。

比如，我确信，一本书的汉语译本，以我的这本书为例，将首先不仅是它在法语中获得了形体的某种内容向汉语形体的转移，它也会是汉语形体的一种转型，从某种角度上说，它会变成另一本书。即便最忠实原作的翻译也是无限地远离原著、无限地区别于原著的。然而这很妙。因为，翻译在一种新的躯体、新的文化中打开了文本的崭新历史。

我深信您的翻译既是忠实并尊重原作的，也为此感到高兴，同时也希望它所写出的一个无限远离法文原著的文本，将有一个属于它的历史。那将会是另一个历史，另一本书。是同一也是另一个我本人无法追随其命运的他者，何况，即便在自己的语言中，也无法知道自己写的那些书的命运。不过，我不知道在汉语中它的命运将会是什么。

这个中译本将会是某种译本外的另一种东西，而我对于它的未来一无所知，但无论怎样，我在这种未知中为它感到高兴。这就是我刚才所说过的那种表示肯定的"是"。我对未来说"是"，而不必知道未来将会发生什么。我自己恐怕不能阅读这个文本，我不知道它将会怎样被中文世界的读者阅读，也不知道中国的大学会怎么处理它。那是我无法估计、无法真正前瞻的一种历史、一种未来，但我把它当作一种运气向它致意。那不只是我的运气，也是这个文本自身的运气。为此，我也想向您表示谢意。

译者前言

呈现在读者面前的这个译本，是根据法文版 *L'écriture et la différence*（Editions du Seuil，1967）译成。这是德里达最重要的奠基作品之一，用他自己的话来说，这本书已包含了他后来主要工作的许多印迹。在解构理论建构与策略运作上都堪称典范。

为了方便读者理解德里达的思想写作风格与解构策略，该译本除使用加译注的方式外（尤其涉及西语多义词时），还尝试编制了中西文术语、人名对照表，表中凡古希腊、拉丁语皆以斜体标出，法语在先，德语随后，中文有时提供数个选择。这些尝试仅供读者参考。

另外译文中以中文黑体字替代原文中的斜体字，以示强调。而原文中特意以绝对字母开始的名词，译文中分别译作"绝对"

"元"，以强调其作为抽象、一般概念或专有名词的功能。

此外，我想借此机会向曾对本书翻译工作给予过帮助的学界前辈与友人表示谢意。北京大学外哲所的杜小真教授作为该套丛书 * 的组织者所给予的帮助与信任是本书得以完成的重要基础之一。法国高等社会科学院的杜瑞乐教授在全书的翻译过程中，提供了大量背景材料及宝贵意见。南京大学的倪梁康教授曾为"'发生与结构'及现象学"一篇的译文提供过宝贵意见。在此一并致谢。

本书翻译过程中有幸得到德里达教授本人的支持，他特意为该译本接受了我的专访，我将此专访作为汉译本序言一同刊出，以飨中文世界的读者。

最后敬请广大读者对译文中各种可能的错误、不妥之处赐正指教，以备日后加以修订完善。

张宁

2000 年 4 月 3 日于巴黎

---

* 曾列入"法兰西思想文化丛书"之一。

再版导言

　　今年是拙译《书写与差异》在国内出版的十九周年，也是德里达唯一一次访华的十九周年。中国人民大学出版社决定再版此书，联系了我。这期间德里达于 2004 年离开了我们，我的研究工作也转到了其他领域。最终决定放下手头的工作重新修订此书，是因为近几年不断有青年学者与我联系，多方面讨论德里达及其思想与东亚文化的可能关系，我也先后发表了当年跟德里达做的几次访谈的英、法文版，收到不少积极的反馈。再则因看到一些对译本的批评意见，更觉得有责任花些时间重新修订这本出版近 20 年的旧译。借此机会，我也扼要介绍一下这个文集的主要文本及其处理的主题，对该文集在德里达一生工作中的位置做一个简评，并谈谈此文集的风格及翻译所面对的新旧挑战。

一、解构式阅读

这本文集由德里达于 1963 年至 1966 年发表的十篇重要论文组成，文本主要是与九位作者的深度对话，或者说是对他们重要作品进行的深度解读。

力与意

第一篇《力与意》(《批评》，1963 年 6—7 月，第 193—194 期)针对的是当时"日内瓦学派"的重要文学批评家让·罗塞特（Jean Rousset）的作品《形式与意义》。让·罗塞特，1910 年 2 月 20 日出生于日内瓦，2002 年 9 月 15 日去世。他是著名的瑞士文学评论家，日内瓦大学法国文学系教授。他的研究主要涉及诗歌和巴洛克文学*。1953 年他在日内瓦大学完成了题为《法国巴洛克时代的文

---

* 其主要代表作有：《让·德拉塞普德选本》(*Jean de La Ceppède*，choix de textes)，G. L. M.，1947；《安德雷斯·格雷休斯选译本》(*Andreas Gryphius*，choix de textes et traduction)，G. L. M.，1949；《法国巴洛克时代的文学：女巫喀耳刻与孔雀》(*La Littérature de l'âge baroque en France. Circé et le Paon*)，Paris，José Corti，1953；《法国巴洛克诗选集》(*Anthologie de la poésie baroque française*，choix de textes et présentation)，Paris，Armand Colin，1961，2 vol.（puis Paris，José Corti，1988，2 tomes)；《形式与意义》(*Forme et Signification. Essais sur les structures littéraires de Corneille à Claudel*)，Paris，José Corti，1962；《内与外：论 17 世纪的诗歌和戏剧》(*L'Intérieur et l'Extérieur. Essais sur la poésie et sur le théâtre au XVIIᵉ siècle*)，Paris，José Corti，1968；《自恋式小说家：关于小说中第一人称视角》(*Narcisse romancier. Essai sur la première personne dans le roman*)，Paris，José Corti，1973；《唐璜之谜》(*Le Mythe de Don Juan*)，Paris，Armand Colin，1978；《四目相遇：小说中的第一次相遇》(*Leurs yeux se rencontrèrent. La scène de première vue dans le roman*)，Paris，José Corti，1981；《亲密读者》(*Le Lecteur intime. De Balzac au Journal*)，Paris，José Corti，1986；《过渡、交换和换位》(*Passages，échanges et transpositions*)，Paris，José Corti，1990；《巴洛克风格的最后观照》(*Dernier regard sur le baroque*)，Paris，José Corti，1998。

学：女巫喀耳刻与孔雀》的博士学位论文。此论文的出版给他带来了巨大的声誉。在此论著中，他首次将艺术史领域使用的"巴洛克式"一词引入文学分析领域，成为在文学批评中使用该词的第一人。

他 1962 年发表的著作《形式与意义：论从高乃依至克洛岱尔以来的文学结构》被雅克·德里达称为首批结构主义的主要文学批评作品之一。在这部作品中，他远离了现象学研究方法，转而专注于形式元素（如叙事结构）并以此来确定作品的含义。这种方法在他的《自恋式小说家：关于小说中第一人称视角》（他分析了小说中第一人称叙事的作用）和《亲密读者》中得到更充分地展开。不过，他后来的作品则采用了一种不太结构主义的方法。如他 1981 年的著作《四目相遇：小说中的第一次相遇》，这部作品以小说中的"一见钟情"作为研究主题。

德里达对他在《形式与意义》中展现的结构主义文学批评方法的不足进行了深层次的解读。他指出，用空间化的方式来建构文学事实，是结构主义文学批评使时间和力量中性化的一种美学。其特点是其方法论暗含了形而上学，因为，结构式阅读总是预设了某种目的论及神学共时性，预设了一个纯理论主体，它忽略的是文学书写中的强度、力量、缺失、未完成等因素。而文学写作的激情与其展现的结构之间是有区别的，这种区别不能被抹去，因为它并不在历史之中。作为一种原初结构，它既是历史的开端，也是历史性本身，既不简单地属于历史，也不简单地属于结构。

我思与疯狂史

第二篇《我思与疯狂史》（1963 年 3 月 4 日哲学学院的讲演，发表于《形而上学与道德学学刊》，1964 年，第 3—4 期）主要讨论福柯 1961 年出版的第一部重要著作《疯狂与非理性：古典时期的疯狂史》（*Folie et déraison-Histoire de la folie à l'âge classique*），一译《疯狂史》，特别针对福柯对笛卡儿我思的解读，提出了与他不同的读法及结论。

福柯在谈疯狂史时，一开始就假定他所指的疯狂，或者说他所谓的"疯狂经验"，是一种脱离了自然状态的、根据精神医学界定的那种病理机体，具有有机的、命定的、一成不变的特征。福柯的最初想法很简单，他全盘接受尼采的观点，认为解释之外没有事实，拒绝承认疯狂作为客观事实的假说，从而导致了根据不同角度解释疯狂的竞争的局面，由于关注角度必然总是历史性的，因此必定受制于特定文明和文化的特定条件，这就必然导致疯狂的定义会因时因地改变的情况。这种历史诠释主义的观点，使福柯进一步认定西方古典理性主义时代对他所认定的"疯狂经验"是一个重要历史时刻。因为，从那时开始西方出现了前所未有的排斥疯狂的形式。其物化及制度化形式以关闭疯子的新机构——综合医院的诞生为标志。在思想领域，它以笛卡儿为代表，因为是笛卡儿代表了理性对"非理性"这个疯狂的类型，公开颁布了一种具有立法意义的定义。所以，福柯在《疯狂史》第一部分的第二章以"大禁闭"为题，专门介绍了他视为理性驱逐疯狂的思想运动之历史证人笛卡儿在《第一沉思》中那个著名的段落，并对该段落进行了他的解读。

他的解读是，笛卡儿在用怀疑论重建理性的基础时，预设了疯狂既不能与梦境相比，也不能与思想错误相提并论，所以，笛卡儿是通过排除疯狂的方式去建立他的理性的基础的。

德里达对福柯的这一解读提出了质疑，认为笛卡儿对理性与非理性之间的划分远不像福柯的解释那么确定明晰。福柯有可能强加给笛卡儿他自己的想法。与福柯急于直奔主题的草率决断不同，德里达对笛卡儿文本进行了十分细致的阅读，他的分析逐层显示了笛卡儿文本中关于梦与疯狂间的关系跟福柯的理解是正好相反的：与福柯认为笛卡儿简单地排斥疯狂以拯救理性不同，德里达认为笛卡儿的方案的独特性是要理性接受所有考验来验证它的确定性基础，包括疯狂的考验，所以福柯的理解是对笛卡儿方法论的误读。事实是，笛卡儿非但没有排除疯狂，反而是通过夸张法将疯狂的挑战推到了极限，以使理性最终能够驯服它。以狂制狂，才是笛卡儿方法论的特质。因此，笛卡儿的这种方法论与福柯所讨论的古典时代禁闭疯子的历史没有什么关系。

德里达的这个批评惹恼了当时在场的福柯，使这场讨论转化成法国思想界的风暴。八年后，福柯对德里达的批评写了第一个回应文本，题为《我的身体，这纸，这火》（Mon corps, ce papier, ce feu），该文的第一个版本是福柯 1971 年 8 月 26 日应日本パイデイア杂志主编中野三鹰（Mikitaka Nakano）之邀，为该刊物主办的一期讨论福柯的哲学著作与文学之关系的专号所作 *。1972 年作为

---

* 参见 "Réponse à Derrida"，Michel Foucault，*Dits et Ecrits*，tome II，texte n°104 http://1libertaire.free.fr/MFoucault242.html。

附录收入了"盖利玛思想图书馆"再版的《疯狂史》*。在这篇回应文章里，福柯重新细读了笛卡儿著作的拉丁文原版，虽然他赞同德里达的敏锐，但却坚持认为不能因为自己三页纸对笛卡儿我思的理解而否定古典主义时代所代表的理性排斥疯狂的制度化历史。并将这个思想在他后来的两部著作《知识考古学》（*L'archéologie du savoir*）与《话语的秩序》（*L'ordre du discours*）中发扬光大。德里达不再回应他。直到福柯去世几年后的 1991 年，他接受了由 G. Canguilhem 主持并由圣安妮医院主办的国际精神病学和精神分析历史学会的邀请，参加了纪念福柯研讨会并答应在会上发言，但他选择谈论其他话题。两人间的恩怨算是以这样的方式最终和解。

更重要的是他们所体现的分析立场以及哲学方法引发了法国思想界长达 20 年的跨学科理论辩论。他们的思想进路是不同的，讨论也不在一个层面上。福柯关注的是思想的实践层面，德里达关注的是思辨层面。前者关注的是理性对疯狂的排斥，后者关注的是它们之间在语言源头上的关联。德里达从笛卡儿文本中读到的思辨方法不仅涉及笛卡儿本人，它更具有一般意义上的哲学方法论的典范意义。因为哲学思考的激进性本身是超越时间性维度的，因此，也是超越历史维度及既定历史结构的。为此，他进而区分了哲学的两

---

* 在中野—福柯书信交往中，我们发现这个文本之前有好几个版本，标题也改了数次，在当年 9 月 24 日的回复中，福柯建议用"尼采，谱系，历史"（Nietzsche, la généalogie, l'histoire）来代替"尼采，弗洛伊德和马克思"（Nietzsche, Freud et Marx）这个已经过时了的标题，还有以"Préface à la Grammaire de Port-Royal"这个标题来回应德里达。参见"Réponse à Derrida", Michel Foucault, *Dits et Ecrits*, tome II, texte n°104 http://1libertaire. free. fr/MFoucault242. html。

种历史性维度：（1）哲学的第一历史维度是哲学在语言中的诞生，或者说是哲学进入语言以逻各斯方式组织意义那个最始源性的时刻。（2）哲学史的维度，即通常以历史阶段划分的维度，如古典时代，那是哲学的第二历史维度。德里达是从哲学的第一历史维度来看疯狂与理性的关系的，它植根于哲学诞生之时，并不始于古典理性主义时代，而福柯的切入点是哲学的第二历史维度。正因此德里达—福柯之辩才成了思想史中的一个事件。

埃德蒙·雅毕斯与问题书

第三篇《埃德蒙·雅毕斯与问题书》（《批评》，1964 年 1 月，第 201 期）是对流亡法国的埃及诗人埃德蒙·雅毕斯七卷本《问题书》的一个深度阅读。

埃德蒙·雅毕斯 1912 年 4 月 16 日生于开罗一个讲法语的犹太家庭，由于他的犹太血统，在 1956 年的苏伊士运河危机期间被迫离开祖国，定居巴黎，1991 年 1 月 2 日于巴黎去世。他的作品与法国一批有同类经历的跨地中海文化的作家相互呼应，著名的有"诗人王子"苏佩维埃（Supervielle）、哲学家加斯东·巴什拉（Gaston Bachelard），还有作家阿尔贝·加缪（Albert Camus）。他们共同构成了法国的地中海文化与记忆的作家群。他 1959 年出版的诗文集《建我居所》，收录了 1943 年到 1957 年写作的所有文本，打开了他后来发表的七卷《问题书》（1963—1973）的序幕。《问题书》包括《相似书》（*Le Livre des ressemblances*，1976—1980）、他去世后出版的《边缘书周期》（*Le cycle du Livre des marges*）及 1991 年出版的《款待之书》（*Livre de l'Hospitalité*），这部著作深刻地影响了莫里斯·布朗肖（Maurice Blanchot）和雅克·德里达。

《问题书》里的文本既不是小说、诗歌、散文，也不是剧本，它们是所有形式的碎片式组合，包括了格言、对话、歌曲和评论，全书的中心问题是如何说出那些说不出来的东西？如何去说大屠杀？最难能可贵的是埃德蒙·雅毕斯以其惊人的想象力，将大屠杀这种表达的困难看作文学本身的困难，并视二者为同一个问题。对大屠杀的幸存一代的犹太作家来说，上帝在这场浩劫面前的沉默与缺席是所有问题的根源。尽管在奥斯威辛集中营之后，反抗上帝是一种悖论，但埃德蒙·雅毕斯还是典型地代表了这一代人的道德困扰与叛逆精神：以隐晦的方式去言说那些无法言说的东西，他们不需要眼泪的怜悯，不需要徒劳的安慰。正如埃德蒙·雅毕斯所说"在我的书中，奥斯威辛不仅是恐怖的高度，而且是我们文化的破产"。他作品的核心事件是"呐喊抽搐般地回荡在犹太记忆的深处"。

德里达的分析是一种哲学式的文学批评阅读。埃德蒙·雅毕斯的作品属于否定神学的传统，一方面可以追溯到新柏拉图主义，另一方面可溯及关于语言不可言喻性之反思传统，在这个传统中，上帝的名字就是这种不可言喻性的典型范例。雅毕斯的所有著作中核心主题都与不可言喻的言说与思考方式相关，而且后者被认作衡量文学原创性的主要标准。埃德蒙·雅毕斯的作品与保罗·策兰（Paul Celan）的作品代表了对不可言喻性的两种思考进路。保罗·策兰的作品发现了语言无法进入的东西，如大屠杀这样的历史灾难是语言难以言喻的，而埃德蒙·雅毕斯所探讨的难以言说性很大程度上却是内在于语言的，或者说是语言本身自带的问题。雅毕斯认为《圣经》和上帝之名的难以言说性就是第一个实例。德里达在他的解构策略中深受埃德蒙·雅毕斯这一思路的影响，因为对语言中的这种不可言喻性的思考构成了质疑理性透明性传统的一个反思路径，涉及对逻各斯、形而上学、结构主义、现象学等一系列建立在表达自明性基础上的认知传统。

暴力与形而上学：论埃马纽埃尔·勒维纳斯的思想

第四篇《暴力与形而上学：论埃马纽埃尔·勒维纳斯的思想》（《形而上学与道德学刊》，1964 年，第 3—4 期）开启了德里达和埃马纽埃尔·勒维纳斯之间的哲学对话，这段对话的历史以德里达于 1995 年写的《告别勒维纳斯》（*Adieu à Emmanuel Levinas*）作为结束。

《暴力与形而上学》是德里达对勒维纳斯发表于 1961 年的重要著作《整体与无限》（*Totalité et infini*）的一个系统而全面的研究论述。其敏锐深入的分析至今都找不到与之匹敌的第二人。德里达的这个文本从一开始就显示一种双重性，它一方面表达了对勒维纳斯的哲学深度的一种迷恋，德里达把那种深度看作一种启示；另一方面，它又系统地揭示了勒维纳斯思想中的矛盾及其与作者的矛盾性格的关系。德里达在分析中强调勒维纳斯的基本思想姿态是想要彻底摆脱西方形而上学传统，与海德格尔式决裂相比，勒维纳斯的决裂显得更为彻底，因为海德格尔所唤起的存有之原初现实仍然属于西方本体论领域，它依然赋予理论、知识和权力高于物与人的特权，而勒维纳斯所提出的建立在与他人直接面对面之上的伦理学则是一种更为原初的事实。不过，德里达在强调这种哲学姿态的绝对原创性的同时，也严格地分析了勒维纳斯用以解释他性（altérité）概念的逻辑结构，认为勒维纳斯将"他者"与"同一"相互对立本身就是本体论式的，因为，他性永远不能在与自我一致性（identité）的关系中被界定。对于德里达来说，由于这种矛盾来自一种更基本的植根于语言源头的疑难，它使得勒维纳斯试图摆脱西方哲学体系的全部尝试变得困难。因为勒维纳斯用来肯定绝对他者伦理的语言恰恰也是本体论话语的语言与词汇，尤其是动词"是"的使用及其句法和逻辑。如果说勒维纳斯在《整体与无限》中主张的伦理学对于理论的绝对优先权（这无疑来自圣经传统）完全不同于西方本体论的话，他所使用的表达的形式仍然还是自古希腊以来就强调理论和知识的优先地位的那种形式。所以，像所有有内在连贯性的思维一样，勒维纳斯的哲学被迫在希伯来传统和古希腊逻各斯之间进行表达，因此不可避免地陷入某种失衡的困境。

勒维纳斯对德里达的回应迟至 1973 年。那一年《弓》（*L'Arc*）杂志为德里达主办了一期研究专刊，勒维纳斯接受专号邀请，发表了题为《全然别样的》（Tout autrement）的文本，该文本之后收入他 1976 年出版《专有名词》（*Noms propres*）一书中。

"发生与结构"及现象学

第五篇《"发生与结构"及现象学》［1959 年于舍利西-拉-萨尔（Cerisy-la-Salle）的讲演，发表于德·甘迪亚克等编《起源与结构》（Mouton，1964）］，是德里达这十篇论文中最早的一篇，也是他的"现象学时期"的最早作品。德里达的早期作品带有他对胡塞尔现象学解读的烙印，20世纪90年代之后他才转向研究海德格尔。可以说他的解构策略是在对现象学方法的批判性阅读中发展出来的。写于1953—1954年的硕士学位论文《胡塞尔哲学中的起源问题》（Le Problème de la genèse dans la philosophie de Husserl）是德里达系统研究胡塞尔现象学的首部著作，于1990年正式出版。虽然1959年的这篇讲演到1964年才正式刊出，却可以说是他对现象学研究的首次公开发言。1962年，他翻译的胡塞尔的晚期作品《几何学的起源》正式问世，并附有长篇介绍文字*。1966年，他还发表了希腊文出版的"现象学与形而上学的封闭"（La phénoménologie et la clôture de la métaphysique），其法文版直到2000年才在《另类》（Alter）刊物中发表。1967年出版的《声音与现象》则是他对胡塞尔在其逻辑研究的第一部分中发展出的符号之概念的全面分析。这一分析改变了以往对胡塞尔著作的经典读法，并且在1972年出版《边缘：论哲学》（Marges-de la philosophie，Paris，Les Éditions de Minuit，1972）的《形式与要说：语言现象学笔记》（La forme et le vouloir-dire：note sur la phénoménologie du lan-gage）中继续得以深入展开。

德里达的这个文本是对胡塞尔《观念 I》中关于起源的批评性解读。他认为"胡塞尔不断尝试调解结构主义与发生论的不同诉求（前者倾向全面性地描述某种根据内在法则组成的整体、形式或功能，在

---

　　* 1964年，德里达因对《几何学的起源》的翻译和评论而获得让·卡瓦耶尔认识论奖（le prix Jean Cavaillès）。

这种内在法则中，所有要素的意义，只能从它们的相互关系或对立之连带性中才能获得；而后者则倾向于重新找寻结构的发生及其基础"。但胡塞尔的现象学方案却显示了这一尝试的失败。因为想要与心理主义和历史主义拉开距离，使得他的现象学第一阶段更接近结构主义，对结构的发生及其基础进行了形而上学式的关闭式处理。在此意义上，德里达认为胡塞尔的"现象学在批评古典形而上学的同时，完成了最深层次的形而上学计划"。

要理解德里达的现象学解构，就得了解他对当时语言学与形而上学的基本批评立场，在他看来它们都还基于在场优先的视域，因此，也就都还受制于形而上学的哲学传统。他的解构工作始于对在当时人文科学领域中占主导地位的语言学的批评。他认为当时的语言学主导模型是建立在一种口头言语与书面语言的特殊矛盾之上的：语言是由口语构成的，文字只是口语的转写与表达，换句话说，以在场方式呈现的语言。因此，真实语言（原始语言）应当是口语。但是，语言学却依靠书面语言来建构语言结构，因此是一种本末倒置的建构模式。而各学科的主要载体与资源都来自书面语言而远离了口语。

这篇文章的另一个重要特点是，它首次使用了延异（différance）这个词。九年后，他在 1968 年 1 月 27 日发表的演讲中将这个词作为标题和主题，成为解构主义的标志性事件之一。这个文本最初收在泰凯尔（Tel Quel）小组当年出版的《理论合集》（*Théorie d'ensemble*，Paris，Seuil，coll. *Tel Quel*，1968）中，之后再次收入到德里达 1972 年出版的《边缘：论哲学》之中。

延异这个词并不是一个概念，而是德里达解构策略的图示。由于这个词 différance 与差异 différence 一词的细微差别在法语中是"可以通过阅读和书写加以辨认的，但却不能被理解"。也就是说没有表意功能。德里达就将这种没有表意功能所造成的文字差异转变为探索意义与书写之关系的一种方法。

被劫持的言语/残酷剧场与再现的关闭

第六篇《被劫持的言语》[《泰凯尔》(*Tel Quel*)，1965 年冬，第 20 期]与第八篇《残酷剧场与再现的关闭》[1966 年 4 月于巴尔马 (Parme) 举行的国际大学戏剧节组织的阿尔托研讨会上的发言，发表于《批评》，1966 年 7 月，第 230 期]是德里达专门讨论阿尔托的残酷剧场经验的四篇文章中的两篇，另外两篇分别是：1986 年的《令人抓狂的涂层》(Forcener le subjectile) 与《阿尔托：这个现代艺术博物馆——来电感言》(Artaud le MOMA*-Interjections d'appel)。后一篇演说词是德里达 1996 年 10 月 16 日在纽约现代艺术博物馆举办的阿尔托绘画和素描的第一个大型世界展览会的开幕式上的发言，法文版 2002 年问世。这四篇文章标示了德里达思想的四个不同阶段的思考重心，从延异到档案，从声音到博物馆，但它们都围绕着"作品"这个问题。

(一)"作品"：延异的场所

阿尔托相信他的身体、声音乃至整个生命在出生那一刻就被一

---

* 标题中的 le MOMA 是举办这次展览的纽约现代艺术博物馆的缩写。也是对阿尔托晚年用女性化昵称 le Môma 称呼自己的影射。博物馆是母亲的礼物：尽管阿尔托不喜欢博物馆，但那里保存了他的作品。

个大盗窃走了。那个窃贼就是上帝或撒旦，他在阿尔托诞生的那一刻就将他与他的源头分离并夺走了他的内在价值与创造可能性。在阿尔托眼里，西方古典剧场就是这种窃者语言塑造的剧场，因为它将外在于生命的文字剧本强加于导演和演员，使后者成为前者的被动重复者与执行者。阿尔托梦想的残酷剧场就是要找回原初舞台的生命语言，摆脱再现剧场那个服从剧本与艺术经济论的传统，破除话语主宰、主客体分离的形式，以创造有生命自性的舞台言语。阿尔托的这个追求与德里达当时正在形成的延异思想发生了共鸣。在"被劫持的言语"这个文本中，延异这个词以一种超概念的运动力、一种差异化建构、一种有机接力系得以全面展开。德里达眼中的阿尔托式反叛所对抗的正是这种延异。阿尔托甚至希望能够摧毁这种延异，因此，阿尔托的努力恰好证明了延异的不可抗拒力。

（二）"作品"：独特的怀旧场所

阿尔托厌恶重复，他认为重复就是罪恶，而作品就是以一种独特的重复形成的。阿尔托只关注一次性发生的姿势或言语，一次性才是值得他关注的纯艺术。但是，这一原则对他的残酷剧场实践来说却显得自相矛盾。一方面，他要求每个场景都是唯一的，但另一方面，这些场景又是要被他严格编码的，因为，阿尔托拒绝即兴创作，他对舞台上所有姿势、语调、声音或哭叫都有极其严格的要求。这种追求独特性，不可替代性的特质也是阿尔托与德里达的共同点。他们都反对生产性的再现，都谴责保存了他们作品的社会、医学、精神病学或司法、技术、遗传或谱系学机构，以求摆脱重复而另辟蹊径。

（三）"作品"与形而上学的暧昧关系

在《残酷剧场与再现的关闭》一文中，德里达揭示了阿尔托所追求的言语的那种双重约束。一方面，言语必须通过声音、即时性、自我在场，对自我一致性的渴望来满足西方形而上学；另一方面，它希望通过疯狂来破坏本体论与存有先验论并僭越二者。这种矛盾的运动是由阿尔托希望达成的双重关闭标示的：一个是他公开宣称的再现的关闭；另一个是他未完成的，而且永远无法实现的形而上学关闭。德里达通过分析阿尔托的努力再次显示超越形而上学的基本困境。

（四）"作品"的摧毁与不可译的思想家

阿尔托追求的无作品的艺术，是一种生命的纯粹创造，是一种不留痕迹，不受任何古老的声音奴役的语言之纯粹创造，但却无法使他脱离了话语系统的句子转换成自然语言的命题，进而令他成为不可译的思想者。他以言语和身体主权的名义，摧毁他永不停止创造的作品，他为了寻找独特性而反对一般重复性的追求使他成为艺术史中的事件，也使他成为不可重复性的极端化化身。德里达的写作中也有寻求这种独特性与不可译性的特质，这使他成为最晦涩、难读难译的思想家之一，还可以加上拉康，也许这种追求可以说是战后法国知识界的一种精神特质。德里达也曾经告诉我，正是他这些关于阿尔托的文字使索邦大学拒他于大学门外，也影响了他日后在传统法国大学里的职业生涯。

弗洛伊德与书写舞台

第七篇《弗洛伊德与书写舞台》（1966 年 3 月于精神分析学院

的讲演，发表于《泰凯尔》，1966 年夏，第 26 期）是德里达借助精神分析的重要成果揭示自柏拉图哲学以来受到庞大的"逻各斯中心的封闭体"抑制的西方形而上学书写的重要一环。从这篇标志性的文本开始，德里达的解构工作就与精神分析学结下了不解之缘：从《弗洛伊德与书写舞台》到 1980 年收集在《明信片》（*La carte postale*）中的《对弗洛伊德的思辨》（Spéculer-sur Freud）及《真理的邮差》（Le facteur de la vérité），到 1996 年的《抵抗：论精神分析》（Résistances-de la psychanalyse），再到 2002 年《难以存档之疾：精神分析的灵魂状态》（Etats d'âme de la psychanalyse-Adresse aux Etats Généraux de la Psychanalyse），这些文本显示了弗洛伊德以来去意识中心化的精神分析方法与德里达解构策略的深刻关联。

在这篇长文中，德里达将弗洛伊德的概念置于逻各斯中心的抑制体系，即形而上学的历史中。对他而言，精神分析首先不是歇斯底里症的临床表现，而是形而上学的一个时刻。他想解决的问题是弗洛伊德经济论中印迹与书写的地位及功能。因为，德里达的书写范畴是由印迹和间距组成的。与流行的符号学方法不同，德里达用印迹代替符征，用间距代替符征之间的差异。他认为弗洛伊德的精神分析并没有摆脱书写的抑制体系，因为，弗洛伊德式的书写"隐喻"有两个转折：一是将心理内容再现为图形性质的文本；二是将心理装置结构再现为书写器。最令德里达醉心的是，弗洛伊德这些不同的隐喻模型并不依赖于口语，也不依赖于文字语言，甚至不借助语音文字记录，而是借助一种从未被征服的、言语之外的一种书写法。

因此，弗洛伊德成为德里达式延异思想的先驱者，因为他促使德里达将两种印迹之间的可感性差异及其间距以时间性的方式进行思考，或者说将之当作时间性来思考。而这种时间性的复杂性在于，当下永远不过是一种延迟的效果罢了。无意识的时间的差异与书写时间的差异是一样的。德里达在分析弗洛伊德建构的那种心理时间性中，强调了印迹与延迟的重要性，强调了一种不连续的、周期性的、事后的时间性的重要性。弗洛伊德使他可以以不同于当下/在场的方式去思考时间性 *。

从有限经济学到一般经济论：一种无保留的黑格尔主义

第九篇《从有限经济学到一般经济论：一种无保留的黑格尔主义》（《弓》，1967 年 5 月）讨论的是乔治·巴塔耶式的"无保留的黑格尔主义"的某种悖论。如果黑格尔主义指的是思考"否定性"的辩证哲学，那么，巴塔耶的"无保留的黑格尔主义"追求的则是超越了黑格尔式辩证"否定性"的所谓"无保留"的否定性，即比再现层次的辩证否定性更深层次的一种摆脱了再现因而无法表达的否定性。这种启动了辩证运动的否定性，却是看不见摸不着的、无迹可寻的，因为它超越了可见与不可见、可道与不可道的范畴。它既不能被抹去，又无法被指明，我们只能通过非符号性的方式去暗示这种否定性，只能通过不属于连贯或可理解的意义系统，不属于历史与政治的另一种层次去暗示它。

---

* 参照 Claire Nioche, "De l'écriture en psychanalyse"（《论精神分析学的书写》），*ERES*；«*Cliniques méditerranéennes*» 2012/2 n° 86，第 123–139 页。

在德里达评论巴塔耶式的黑格尔主义时，区别了它与黑格尔式辩证否定性的不同。后者的特征是辩证否定性在对抗死亡中赌注的就是它要保存的自我意识，因此自我是其中心。在德里达看来，这种保存逻辑就是经济学逻辑，即储蓄逻辑，因为斗争中胜利的一方通过保存失败的一方来分期偿还他的投资以回收利息，然后再将之转换成收益，这种收益就是黑格尔式的主人意识。德里达将之称作黑格尔式主控权，与巴塔耶式的主权追求是不同的。因为，黑格尔式以扬弃为形式的否定性工作对其赖以生存的那种无意义的无底深渊茫然无知，而巴塔耶式的主权要求的是一种极端的否定性，它悬置了意义的经济学，没有储蓄意识，只以纯消耗为形式；如果说意义的经济学是有限经济学，或者说储蓄经济学的话，那么巴塔耶式的主权指的是以笑、爱欲、牺牲等形式出现在表意书写中那种意义"消耗"、无储蓄消耗的一般经济论。德里达向巴塔耶式主权提出的问题是这种"无保留"是否还意味着某种形式的"保留"。德里达后来在《边缘：论哲学》中提及他当年这个文本时还说"巴塔耶的一般经济论［……］是将非储备金保留为储备金"。因此巴塔耶的"无保留的黑格尔主义"最终不能不服从黑格尔法则，因为储存总是比纯消耗更强大，因为，储存是绝对主体以在场的方式重新占位的接力环节。德里达借助巴塔耶的超越形而上学的姿态再次揭示的是这种姿态与形而上学的那种不可摆脱的关系。

人文科学话语中的结构、符号与赌注

而第十篇《人文科学话语中的结构、符号与赌注》（1966 年 10

月 21 日于约翰·霍普金斯大学主办的"批评语言与人文学国际研讨会"上的发言）可以说是《书写与差异》这个文集的形象写照，是对人文社会科学当时占主导地位的结构主义、语言学、符号学之封闭方法体系的解构式反思与阅读。

德里达一开始就将他的解构思路定位为将结构概念在语言中发生前的整个历史当作一系列的中心置换及其规定性链条来思考，也就是说将结构概念的史前史当作隐喻及换喻链的历史。这一思路是对自柏拉图以来西方形而上学建立在在场的和不变的基础、原则或中心之上的结构概念性思维的一种反思。他指出，尽管由于符号概念揭示了先验的、有特权的所指的不存在而动摇了在场形而上学，但是，因为"符号"在表意过程中却一直被理解与规定为某个所指的能指，或者同一所指之不同能指，这种二元思路本身就是形而上学的。

德里达借助著名人类学家列维-斯特劳斯在研究南美原始社会工作中对符号超越感性与知性之对立的反思，指出尽管立足符号去超越感性与知性的对立是必要的、有力的，也是合法的，但却是不可能的。就像人类学研究是一个超越西方中心的学科，但它"首先是一种欧洲学问，即便它不情愿，还是使用了欧洲的传统概念"。它在谴责人种中心主义的同时，也不可避免地接纳了人种中心主义的前提。这种必然性因为并非历史的偶然，因此无法摆脱。但是，这并不妨碍我们对这种必然性意义有一种批判性的自觉。这就要求人文科学对自己使用的语言保持一种批评关系，承担某种批评责任。重新明确而系统地提出向传统借用必要资源以便解构该传统本身的话语身份定位问题。

他特别关注了列维-斯特劳斯的重要著作《亲属关系的基本结构》中那个具有解构意义的例子：乱伦禁忌。因为这个例子挑战了传统的自然/文化对立的思维。乱伦禁忌的普遍性使它具有了自然的特征，而作为禁忌，它则体现为一套规范及禁忌的系统，因此它又具有文化的特征。列维-斯特劳斯写道，"如果我们假设人类中所有普遍存在的事物都是自然秩序的一部分，并且都有自发性，而一切强行规范的都属于文化，并且具有某些相对而特殊的属性，那么，我们就会面对根据前述定义看起来离丑闻不远的某种事实，或者说一组事实。因为，乱伦禁忌毫不含糊地表现了这两种我们认为是彼此矛盾并互相排斥的属性之不可分离：乱伦禁忌构成了一种规则，不过，这种规则在所有社会规则中，是唯一具有普适性特征的规则"（第9页）。德里达指出列维-斯特劳斯之所以将乱伦禁忌看作丑闻，那是因为他所使用的自然/文化二分观念造成的。因为他遗忘了使自然与文化对立系统化的全部哲学概念域成为可能的那些非概念与前概念的东西，在这个个案中，被遗忘的是使乱伦禁忌成为可能的那些前概念的东西。

德里达认为列维-斯特劳斯对这个例子的研究及其反思具有特别重要的解构意义，因为"它使语言自带其特有的批评必要性这一事实得以显现"。这种批评提供了两种途径、两种方式。一种是对概念的局限性进行系统并严格的概念史反思。但这种反思既不是传统语文学的，也不是哲学式的，而是一种哲学外的解构。另一种是**自我**批评式的，它在借用传统概念的同时，保持批判意识，将传统概念当作批评工具来使用，而非将之当作真值与固定不变的意义去重复。

二、解构工具箱

如何评价德里达这本著作在他一生超过 80 本著述中的位置呢？让我们首先比照一下维基百科英文版与法文版对他的介绍内容的差异，做一直观的判断。

在维基百科法文版中，德里达被定义为解构主义与后现代哲学家，英文版对他的定位则是欧陆哲学、后结构主义、解构主义与极端诠释学的代表。法文版介绍了他关注的主要领域，分别涉及哲学本体论、语言学、文学批评、美学、心理分析、女性主义、伦理学、政治学，英文版没有相应的介绍；法文版介绍他的思想关键词有下面 7 个：解构主义、阳具中心主义、延异、印迹、疑难、事件、礼物，而英文版 12 个，除了解构主义、阳具中心主义、延异、印迹外还加入了赌注、原书写、在场形而上学、元叙事（invagination）、毒药/解药、幽灵学（Hauntology）、擦除（Sous rature）*、场域（Khôra）**。法文版选出了 4 部著作作为他的代表作，分别是《论文迹学》、《书写与差异》、《明信片》（*La carte postale. De Socrate*

---

* Sous rature 是海德格尔最初开发的一种具有战略性的哲学工具。通常翻译为"擦除中"，它指的是文本中划掉了的单词依然可以清晰辨读。德里达强调被划掉的词"不准确而又是必要的"，说明能指并不完全适合于它要表达的内容。

** *Khôra* 又写作 *chora*，古希腊文写作 χώρα。指的是古希腊城市外的城区。柏拉图将它描述为无形的间隔，类似于一种非实体存在的间隔，在此间隔中，从可理解的领域的最初形态通过复制形成可感受物临时的形式，赋予其空间形式，因此具有母体功能。

à Freud et au-delà. Paris，Flammarion，1980)、《给出时间 1. 假币》(*Donner le temps*. 1. *La fausse monnaie*. Paris，Galilée，1991)，而英文版没有选。法文版罗列了 17 位对他思想产生影响的作者，他们分别是柏拉图、黑格尔、克尔凯郭尔、马克思、尼采、卢梭、弗洛伊德、索绪尔、胡塞尔、海德格尔、巴塔耶、拉康、德桑逊 (Desanti)、勒维纳斯、布朗肖、雅毕斯和福柯，而英文版罗列的 16 位中没有巴塔耶、拉康、德桑逊、雅毕斯和福柯，代之以乔伊斯、本雅明、卡夫卡和让·吉内特。

这两组谱系至少说明德里达在美国与法国的影响与定位是有差异的，尽管在思想领域，解构主义都被两边认定为他的思想贡献的主要标识，但美国更强调他作为后结构主义时代的思想代表。在哲学领域，法国将他定位为后现代哲学家，美国则称他为欧陆哲学家。在美国，他对文学批评领域的贡献更受重视，而在法国，他与法国战后思想界的思想谱系更受关注。无论如何这两组谱系给我们提供的一些信息有助于我们了解《书写与差异》在德里达思想中的定位。

首先，在法语版中，《书写与差异》被认作他四部代表作之一。其次，这两个谱系建立的德里达思想的 15 个关键词中的 13 个，即解构主义、延异、印迹、疑难、事件、礼物、赌注、原书写、在场形而上学、毒药/解药、幽灵、擦除、场域都已在《书写与差异》的文本中成形，其中的 11 个（延异、印迹、疑难、事件、赌注、原书写、在场形而上学、毒药/解药、幽灵、擦除、场域）已成为其解构策略的基本词汇与批评工具。最后，这两个谱系所列出的影响了德里达的 21 位主要思想家中，有 14 位在该书中占有重要地位。如果柏拉图、黑格尔、尼采、卢梭、索绪尔、海德格尔、乔伊斯是作为重要传统的神交对象进入这些对话的话，那么，弗洛伊德、胡塞尔、巴塔耶、勒维纳斯、布朗肖、雅毕斯、福柯等七位则是作为他的主要研究对象及对话对手参与其中。如果加上谱系中没有出现的让·罗塞特、列维－斯特劳斯与阿尔托，这本书收集的十篇文本的绝大多数是与当时有影响力的活着的重要思想者的直接思想交锋，更重要的是这种思想交锋的领域因为直接地、系统地质疑了本体论与在场形而上学的基础，与当时最有影响力的现象学、语言学、符号学、伦理学、心理分析，特别是深受结构主义影响的文学批评、美学、人类学等领域展开了对话，因而影响面相当广，其中与福柯、勒维纳斯与列维－斯特劳斯的对话可以说是思想史中的事件，影响深远。所以，说《书写与差异》是德里达解构思想的奠基性作品及其解构思想的基础工具箱并不为过。

三、挑战阅读与翻译的文本

德里达被誉为最难读、最晦涩的作家 *，他的文本对读者，甚至哲学家的阅读要求甚高。因为，他的思想风格浓度高，爱用双关

---

* 参照 Jean-Michel Salanskis, *La philosophie de Jacques Derrida et la spécificité de la déconstruction au sein des philosophies du linguistic turn*（《德里达的哲学与语言学转向的哲学中的解构的殊异性》），巴黎，大学出版社，2008，第 14 页。

语、典故、习语、有歧义的及生僻的词。阅读他的文本常常令人不安，需要反复重读，才能领会其文本的那种开放性与不确定性。这一特点是与他对哲学赖以生存的语言载体的解构性质疑直接相关的，他对语言及其意义的不确定性的揭示，不仅使知识的确定性受到挑战，也因此使他的文本带有不确定性、歧义性与不可译性。当年笔者用了近两年的时间才译成《书写与差异》，有的篇章反复译了五遍，现在重新校订，还是断断续续花了一年的时间。那么，这本文集的翻译难点是什么呢？我想借助 2017 年 12 月 16 日我应台湾法语翻译者协会年会暨专题讲座"译介人文社会科学——好的译本如何来呢？"的演讲来做一个简约的回答。

首先，《书写与差异》不是一本专题著作，而是一本文集，虽然它只收集了德里达最早期的十篇重要论文，但涉及的作者多达数百人。主题涉及哲学、文学批评、精神分析学、语言学、人类学、伦理学、神学等多个领域及其重要作者，具有跨学科、跨时代、跨文化的特点，因此，相比于专著或专论，其论述领域对译者的知识储备要求更高。其次，仅在哲学领域，它涉及西方形而上学传统转向后形而上学的主要作者与论述，对哲学专业的要求甚高。最后，由于德里达参与的巴黎泰凯尔小组是一个以翻译不可能性为写作标准的群体，对语言创新及其翻译有极高的认定标准，在写作上偏好晦涩及其无法交流与不可译的语言和书写风格。比如，他喜欢用长句，《书写与差异》最长的一句是一整页。这种散中心或去中心化的写作还体现在德里达喜欢在论证环节中插入长段插入语。再加上书中使用大量具有解构功能的词汇，也就是有歧义性的词汇，增加了阅读与理解的难度，对没有同样语言背景的读者来说，阅读原文的困难会更多，更不必说翻译之难度。因此，翻译《书写与差异》可以说是个勉为其难的工作。

庆幸的是相比起 19 年前，今天互联网提供的资讯与便利大大改善了我的修订工作的条件，但这并不能完全解决翻译这本书的困难以及面临的挑战。在这个新修订版中，下述几方面得到了改进。其一，进一步补充了一些材料，特别是德里达处理的一些中国读者不了解的作者及其作品，包括这篇再版序中的内容。其二，补充了"特殊用语/术语中西文对照表"中的古希腊语原文。其三，重新拟定了一些词汇的翻译，以求更接近德里达传达的思想，比如逆投资（contre-investissement/Gegenbesetzung）、去中心（décentrement）、闪避（dérobement），以求统一已有的翻译概念，如诺耶玛（noème）、诺耶思（noès）、拼装（bricolage）等。尽管有这些改进，相信译文中依然存在不少错漏与不足，敬请读者批评指正。同时感谢朱龙杰费心通看了一遍修订稿。

张宁

2020 年 8 月 30 日于巴黎

力与意

我们可能都是自索福克勒斯以来文了身的野蛮人。不过绝
对艺术中，除了垂直的线条和光滑的表面外，还该有点别的什
么。风格的可塑性，远不及意念的可塑性的空间那么大……我
们脑子里有太多的东西却缺乏足够的表现形式。

福楼拜：《作家生涯序》

I

如果有一天，**结构主义**撤离并将其作品的标记留在我们文明的
滩头上，那它的出现，将会成为思想史学者的一个问题。也许甚至
成为思想史的一个对象。但如果仅把它当成对象的话，史学家们就

错了，因为把它当成对象这个做法本身，就意味着忘记了结构主义的意义。结构主义首先是一种看的历险，一种面对对象提问方式的改变，面对历史对象，尤其是面对它自己的对象提问方式的改变。而其中最不寻常的对象就是文学。

相似的情形是，今天在所有领域，尽管路径千差万别，普遍性的反思都受到一种来自对语言的焦虑所引发的奇妙冲击。因为，这种焦虑只能来自语言，并且也只能在语言中发生。这是一个奇异的合奏，假如史学家们试图从中辨认出一个时代的符号、一个季节的样态或一种危机的征兆的话，他们是无法通过这种符号表征的演出去了解其本质的。无论我们这方面的知识如何贫乏，有一点是可以肯定的，那就是符号问题本身是不同于时代特征的另一种东西。梦想把它简化成时代特征，就是梦想暴力，尤其当这个问题，这个具有特殊意义的历史问题，触及的单纯是语言的示意性的时候，何况语言的示意性并非那么确定、并非那么至关重要，而且可能涉及的仅仅是问题的一部分。我们不难看到，在结构主义的偏执和对语言的焦虑不安之间存在的那种并非偶然的可类比性。因而，我们永远不能以第二或第三次的反思，将 20 世纪的结构主义（尤其是以轻捷明快的调子参与合奏的文学批评领域的结构主义）置于结构主义批评家为 19 世纪设定的任务之下：说它是对"想象力与感性的未来历史"① 的贡献。我们也不能把结构观念所具有的慑服力简化成

① J.-P. 理查因此在《马拉美的想象世界》（第 30 页，注释 27）中写道："如果我们的工作能够为想象力与感受力的未来历史提供新的材料的话，我们将由衷高兴，尽管这种历史 19 世纪尚未存在，但它无疑将延续让·罗塞特（Jean Rousset）对巴洛克、保尔·阿扎尔（Paul Hazard）对 18 世纪、安德烈·蒙格朗（André Monglond）对前浪漫主义的研究。"

一种时尚现象①，除非我们重新理解和严肃思考想象力、感性和时尚的含义，这个任务无疑至为紧迫。但无论如何，即便结构主义的某些内容属于想象力、感性和时尚字面意义上的流行范畴，那也不是它的本质性的内容。结构主义态度，以及我们今天面对和置身于语言中的姿态，都不仅仅是个历史时刻的问题。恰当地说，那是我们面对作为历史之源的语言的惊愕，是面对历史性本身的惊愕。也是在言语（parole）可能性面前，而且总是在言语可能性当中，对曾经摇撼了西方思想（这一思想的命运，是随着西方疆域的回缩而向外扩展的）的一种无与伦比的意外的重复，这种重复最终获得承认并且扩展到了世界文化的方方面面。因而，结构主义以其最内在的意图，像所有关于语言的问题那样，既摆脱了假设它的存在可能性的古典思想史，却又无知地依然属于它所质疑之领域，因为它就在古典思想史中才得以表达。

11

然而，结构主义本身携带的不可还原的、无反射性的自发性区域，及其未明言的关键幽暗处，却是结构主义现象值得思想史家们关注的地方。无论对错，这个现象中所有那些本身非自明的符号问题都值得细究，自然也包括那些在其方法有效性中属于如今被当作

---

① 克鲁伯（Kroeber）在《人类学》中指出："结构，看起来不过是面对一个意义早已完美界定，却忽然在几十年中变成一种诱人的时髦，然后被毫无区别地加以运用的词的脆弱性，比如'流线型的'这种词，它的流行是因为它的声音悦耳。"

为了重新捕捉隐藏在此时髦现象下的无可争议的深刻必要性，我们得首先从否定方法着手；选择这个词首先当然是一种排他的结构性集合体。要知道为何用"结构"这个词，就需要了解为什么人们不想继续使用"本相"、"本质"、"形式"、"格式塔"、"集合体"、"构成"、"复合体"、"建构"、"关联"、"整体"、"绝对观念"、"有机体"、"状态"和"系统"等词。就得理解何以上述每一个词都有不足之处，而结构观念却坚持从它们那里借用一些暗含的意义，并用它们来武装自己。

梦游症，而过去则被归于本能的那种无误性，一种越盲目就越确定的无误性的组成部分。给予它特殊的关注，将这巨大的梦游症领域，这个属于非清醒状态的**几乎一切**，这个贫瘠无声却又蚕食着问题本身的酸性物质，这个几乎**什么都不是**的东西，纳入人的行为与制度中去考察，丝毫不会影响那个被称作历史学的人文科学的庄严。

由于我们还依赖结构主义的丰富性，因此现在就去解除这个梦境还为时过早。我们应当在它身上冥思它的**可能**寓意。如果结构主义不是无意识语误的话，我们也许会把结构主义解释成对力的关注的一种松弛，只是，对力的关注本身，也是力的一种紧张。当人们不再有能力从力的内部去了解力，也就是说去创造时，就开始着迷于已经被力创造出来的**形式**。因此，所有时代的文学批评，本质上注定都是结构主义的。过去它对此并不自觉，现在它意识到了。所以文学批评在自己的概念、系统和方法中思考着自身。它意识到了自己与力的分离，出于报复，它有时会深沉地表明这种分离不仅是论述作品的话语条件，也是作品本身存在的条件①。这也正是为什

---

① 关于作家"分离"主题，请参照 J. 罗塞特第三章对《形式与意义》的介绍。德拉克鲁瓦、狄德罗、巴尔扎克、波德莱尔、马拉美、普鲁斯特、瓦莱里、亨利·詹姆斯、艾略特、伍尔夫都见证了分离正好是批评之无力的证明。强调批评活动与创造力的分离，这里指的只是将这两种活动，两种时刻相连的最普通意义上的本质必要性，有人会说是结构必要性。无力，这里说的不是批评家的无能，而是批评本身的无力。有时它们被混淆了。福楼拜没有否定这种混淆。读吉纳维夫·波莱纳（Geneviève Bollème）编撰的那本令人赞叹的书信集《作家生涯序》（Paris, Seuil, 1963）可以体会到这一点。福楼拜注意到批评家只能报告作品写了什么，却不能为作品贡献什么这一事实，他写道："当我们不能创造艺术时才从事批评，就如当不成兵的就去干刺探一样。普拉图斯如果认识亚里士多德的话，想必会笑话他！高乃依（在亚里士多德的批评阴影下）全力抗争！伏尔泰的创造灵感为布瓦洛建立的古典律所困！如果没有奥古斯特·希勒格尔，现代戏剧中的很多糟粕都能省略了。而当黑格尔的翻译完毕，老天知道我们将到哪儿去！"（p. 42）谢天谢地，黑格尔

么我们有时能从那些伴随"结构"分析技巧与精妙数理逻辑的喧嚣后面，感受到一种深沉的调子、一种忧郁的情绪。就像忧郁对于纪德那样，结构分析只有在某种力量败北之后，在高烧回降的过程当中才变得可能。正因此，结构主义意识不过是一种对过去发生的事，即对一般事实的意识，它是一种对既成的、已建构的、已创建物的反省。因而，它注定具有历史的、末世的和迫近黄昏的特质。

但是，结构中并非只有形式、关系和轮廓构成，它还有连带性和永远具体的总体。文学批评中的结构主义"视野"，用理查（J.-P. Richard）的话来说，是"讯问式"及"整体性"的①。批评的弱点也正是它的长处，那就是它能够挣脱、摆脱力的控制从而获得解放，并借此较好地把握整体，使全景及全景记录成为可能。全景记录这个结构主义工具的意象发明于 1824 年，如李特雷（Littré）的词典里所释，它"是为了从平面上立即获得环绕地平线的物体的运动景观"。这种模式和空间化方法，使我们可以更自由地**平面**扫视那种与其自身力量分离了的场域。尽管这个与自身力量分离的整体本身就同时包含形式与意义，但其意义却是在形式中被重新思考了的意义，因为，结构不过是形与意的**形式**统一体。可以说借助形式

12

13

的翻译还没完，这解释了何以有普鲁斯特、乔伊斯、福克纳及其他！马拉美与这些作家的区别，可能就在于对黑格尔的阅读。他至少选择去接近黑格尔。总之，艺术天才仍会诞生，只要愿意，人们可以不去读那些翻译。不过福楼拜惧怕黑格尔不是没有理由的，黑格尔说："人们可以期望艺术将继续在未来得到发展与自我完善，但其形式却不再能满足精神的最高需求。""起码在它最终的用途上，艺术对于我们来说是过去的遗物，它已失去了它的真实和生命。它邀请我们进行一种哲学反思，这种反思并不指望能确保艺术的更新，它只求确认其本质。"

① 《马拉美的想象世界》，第 14 页。

对意义进行中立化的做法，首先是作家的行为，然后才是批评家的行为，至少在某种程度上是这样的。不过我们有理由说，问题的关键也就在于这个度。总之，如今陈述这个思考整体的方案要容易多了，因为，这个思考方案不仅摆脱了古典史学所**限定**的那种整体，而且它要超越那**些**整体。当内容，也就是说意义的生命力，被中立化时，结构的凹凸线条就会明晰起来。这有点像一座荒无人烟或用气吹建的城市之构造，它被某种自然灾难或艺术变成了骷髅架子。但无人居住之城，并非只是被遗弃之城，而是被意义与文化纠缠盘萦之城。这种使它无法还原成自然状态的魅（hantise），可能正是事物在纯语言中呈现或缺席的一般模态。想要隐身于纯文学中的纯语言，也正是纯文学批评的对象。因而，说结构主义意识就是一种灾难意识并非自相矛盾，它既有被毁性又有摧毁性，即所谓**解结构性**（déstructurante），就如对坠落时刻的意识那样，而坠落时刻也正是意识进入全面运动状态的时刻。人在那**危在旦夕**之时就能感受到结构的存在。因为，巨大的危险使我们的目光集中在那维系了整个建筑的可能性也凝结了它的脆弱性的关键之处。因而，我们可以**用某种方法**去威胁结构以便更好地感受它，不仅从它的骨架上而且也从它的隐秘处去感受它，那隐秘处既不是它的构架，也不是它的遗迹，而是它自身的不稳定性。我们把这种操作叫作 soucier 或 solliciter（这个词来自古拉丁文中的 sollus，指整体，citare，指推动），换句话说就是摇动一个牵动整体的关节。结构主义这种牵动在成为方法时，只能给人以技术性解放的幻觉。其实，在方法领域里，它复制了一种存有的焦虑与撼动，即对基础的一种历史的和形而上学式的威胁。正是在历史**脱臼**的那些时刻，在我们被逐出**场**的时候，这个同时以试验性狂热和繁衍性模式为特征的结构主义激情，自行发展壮大。巴洛克主义恐怕只是它的一个例子。人们不是在论及巴洛克时说过它那"建立在修辞基础上的""结构性诗意"① 吗？不也谈到过 "爆炸了的结构"和一种从结构上看正在分崩离析的 "被撕裂了的诗"② 吗？

因而，确保这种从力中以批判性（从这个词的完全意义上说）的方式脱身的自由，就是对整体性的牵动与打开。不过，这种打开是不是也隐瞒了我们些什么呢？这指的不是它遗漏了的或者它视线外的，而是在它照明范围内有什么东西隐而不显？人们在读让·罗塞特（Jean Rousset）的精彩杰作《形式与意义：论从高乃依至克洛岱尔以来的文学结构》（*Forme et signification：Essais sur les structures littéraires de Corneille à Claudel*）③ 时，无法停止这么追问。我们并不是要反对别的批评家所指出的他作品的那种 "精妙"，相反，那些 "精妙" 之处（除了有些地方值得商榷外），比他们指出的更多，也更精彩。那一连串精彩透彻旨在阐明一种方法的实验，给我们传递了一种无言的不安，那种不安不只属于我们，也属于读者，而且它似乎在这本书的语言中，在它的操作与它最成功处跟作者本人的不安融为了一体。

罗塞特当然承认他与巴什拉（Bachelard）、普莱（Poulet）、史必

---

① 热拉尔·热内特：《一种结构诗学》，《泰凯尔》，1961年秋，第7期，第13页。

② 让·罗塞特：《法国巴洛克时代的文学》，卷一，《女巫喀耳刻与孔雀》（*Circé et le paon*），Paris，José Corti，1954，第194页。我们可以特别读到一个德国的例子："这首诗通过这种狂乱嚎叫、这种令人毛骨悚然的痛苦的呼叫，对就是个破碎世界，就是劫难的地狱近距离模仿。它把句子简约成错位的要素，粉碎了商籁体的架构：诗句要么太短，要么太长，四行之间缺少平衡；它让诗爆炸了……"

③ Paris，José Corti，1962。

泽（Spitzer）、雷蒙（Raymond）、皮孔（Picon）、斯塔罗宾斯基（Star-
obinski）、理查（Richard）等在精神上的亲缘与传承关系。然而，尽管
15 这种表面的亲缘关系、影响、借鉴与他所表达的诸多敬意，《形式与
意义》在诸多方面给我们的印象都像是他的一种孤独的尝试。

　　首先因为它**刻意**追求与众不同。罗塞特并非以保持距离，与众
隔绝的方式去寻求出众，而是小心谨慎地深入具有某种意向的共同
体，使那些潜藏在如今已广为接受并被认可的价值后面的谜现形，
这些现代价值因广为被接受的现实如今已变得十分传统，因此，它
们可以成为我们进行思考与质疑的一个批评的共同场域。罗塞特在他
出色的方法论导言中透露了他的这种意图，这个导言无疑将与《马拉
美的想象世界》的导言一道，成为文学批评中关于方法论述的一个重
要部分。在丰富的旁征博引中，他没有模糊自己的思想，相反地，他
将这些旁征博引的材料编织成一个网，以强化其思想的创意。

　　譬如在文学事实中，语言与意义是一个整体，形式从属于作品
的内容；用 G. 皮孔的话来说，"对于现代艺术，作品不是表达而是
创造"①，如今很多人之所以都一致赞同这些见解，那是因为在对

---

　　① G. 皮孔说："在现代艺术之前，作品仿佛是一种过去经验的表达……作品诉说那
些被构想到的和被看到的；以至于从经验到作品，当中只有技法的转折。对于现代艺术，
作品不是表达，而是创造：它使从前没见到过的东西显形，它构造而非反映"，在引用了
这个段落之后，罗塞特进一步具体阐明他的观点说："现代艺术的重要区别和它的征服力，
在我们看来，与其说是它具有的意识，不如说是它拥有的创作过程……"（这里强调一点，
罗塞特的意思是，我们今天普遍意识到的正是创作过程本身）对皮孔来说，这一变化不只
影响了艺术的现代意识，也影响了一般意义上的艺术。他在别处写道："现代诗歌史，整
个就是创作语言替代表达语言的历史……语言如今得创造它无法表达的世界。"见《文学
美学导论》，卷一，《作家和他的阴影》，Paris，Gallimard，1953，第 159 页。

形式或表达的概念的用法上，存在着很大的歧义性。同样的情形也
适用于**想象**这个概念，它是介于意义与文字之间的媒介或综合力，
是普遍性与独特性的共同根源，像所有被分离的环节一样，它是结
构性模式与连接"形式与背景"之亲密性的晦涩源头，因为是它使
作品成为可能，也是它使进入作品整体成为可能。在康德眼中，这
就是"艺术"本身的想象力，其源头处的真与美是一体的：尽管
《纯粹理性批判》和《判断力批判》里的讲法不同，但讲的**同样**都
是这个想象问题。它当然只是艺术，不过是人们"肉眼发现不
了"① 的"隐身的艺术"②。"审美理念可以说是想象（在其自由游
戏中）的一种**无法解释**（inexponible）的再现"③。想象，是只在其
作品中才显现的那种自由。这些作品并不存在**于**自然中，但也并非
在我们栖居的世界之**外**。"因而作为一种生产性的认识的想象，可
以说具有一种巨大的以自然提供的材料去创造第二自然的力量。"④
正因此，当批评家处理想象与美时，智力不应是他的主要能力，
"在那种我们称之为美的东西中，智力是服务于想象力的，而非后
者服务于前者"⑤。因为，"想象力之自由正在于它用不着任何概念
就能进行图式活动"⑥。"作为结构、作为不可分割之整体的谜一般

---

① 《纯粹理性批判》。我们将要引用的康德的文本，和我们后面要提到的多种文
本，罗塞特都没有使用。原则上，在遇到罗塞特作品中的引文时，我们将直接注明《形
式与意义》的页码。

② 《纯粹理性批判》。

③ 《判断力批判》，第 57 段。

④ 《判断力批判》，第 49 段。

⑤ 《判断力批判》，第 72 段。

⑥ 《判断力批判》，第 35 段。

的源头的作品，作为结构主义批评对象的作品，在康德看来，是应
当给予关注的头等要务。"① 罗塞特也这么认为。从一开始，他就
将一直没有得到足够研究的"文学事实的本质"与"关键的艺术功
能"联系起来，将想象力与它的"丰富的不确定性和对立性"联系
起来。这个生产隐喻的想象概念，也就是除了是动词"être"外的语
言中的一切，对于那些批评家来说，它仍然是被当今某些哲学家称作
被天真使用的**操作性概念**。要克服这种单纯的技术性，就是要对此操
作性概念做**主题性思考**。而这一点似乎正是罗塞特的目标之一。

　　要想最逼近地抓住创造性想象的运动，就得转向诗之自由那隐
而不见的内部。就得自我抽离以便接触到作品黑暗隐秘的本源。这
是奠立文学行为（包括写作与阅读）的那种转换经验，也是"隔
离"和"流亡"这些词所一向指认的某种无法被直接表明，只能通
过隐喻来暗示的内在世界的断裂与路径，而这种隐喻谱系本身尤其
值得思考。因为，它就是抽离世界而通向一个既非场所（non-lieu）
又非另一世界，既非乌托邦又非不在场的出口。用罗塞特所引傅西
雍（Focillon）* 的一句话来说，那意味的是"在这个宇宙之上再创

---

　　① 《纯粹理性批判》，第 93 段。

　　* 亨利·傅西雍（Henri Focillon）1881 年 9 月 7 日出生于法国第戎，1943 年 3 月 3 日
在康涅狄格州纽黑文逝世，是法国艺术史学家、著名的版画和中世纪艺术专家。1913 年
至 1924 年，他成为里昂美术馆馆长。先后任教于里昂大学美术学院、索邦大学，1937 年
当选为法兰西公学院院士。从 1932 年开始，他定期在美国任教，先后任教于耶鲁大学、纽
约大学等。与美国学界与艺术界交往甚密。1939 年 9 月因战争而被迫流亡美国。他通常被
誉为中世纪专家，主要作品有《罗马雕塑家：形式史研究》（*L'Art des sculpteurs romans：
recherche sur l'histoire des formes*，Paris，E. Leroux，1931）、《形式的生命与手的赞
歌》（*Vie des formes et Éloge de la main*，Paris，E. Leroux，1934）、《西方艺术：罗马和哥
特式中世纪》（*Art d'Occident：le Moyen Âge roman et gothique*，Paris，A. Colin，1938）。

造一个宇宙"(《形式与意义》，11 页)。即创造出整体之多余部分，这关键性的"无/无中生有"，使整体得以在语言中显现并发生；布朗肖以他深沉的声音**坚定**地提醒我们，这个"无/无中生有"，正是写作和一般意义的文学灵感的可能性所在。唯有纯不在场（非某物的不在场，而是预示了整体之在场的那种整体的）才可以予人灵感，换句话说，才可以发生作用并使人思考。纯粹之书自然是面向这种不在场的，因为这个不在场的丰富奇妙之处，正是它特有的、首要的内容。纯粹之书，也就是书本身，因为它身上那种最不可替代的东西，应当就是福楼拜梦寐以求的那种"关于虚无的书"。这个灰色的、以负数呈现的梦，正是纠缠其他想象的全书（Livre total）之根源。这个作为文学处境的虚空，正是批评所应正视的其对象之特殊性，因为我们所说的一切总是围绕着它。批评的这个对象，恰当地说应该是"无"本身隐身时所确定的方式，因为"无"本身不能作为对象。也就是作品作为本源之替身而自我定型的通道才是批评的对象。只有从替身的角度着眼，本源才是可能的，也才是可思的。罗塞特告诉我们，那些如此不同的天才如德拉克鲁瓦、巴尔扎克、福楼拜、瓦莱里、普鲁斯特、艾略特、伍尔夫及许多其他人，都相当明确地意识到这一点，都如此确定无疑，尽管原则上讲，这种意识不可能那么清晰明确，因为那不是对事物的直觉。在这种认同共鸣中，还应当加入安东尼·阿尔托的声音，因为他较为直截了当，他说："我以写作开始我的文学生涯，其实是为了说明我什么也写不了。当我有话要说或要写的时候，乃是我的思想最远离我的时候。我从没见解，而那每本只有七十来页的两本小书，就

18

是围绕着这深不可测、根深蒂固、经常施虐的见解之匮乏而进行的。"那两本书就是《未成形态之脐带》（*L'Ombilic des limbes*）和《神经比重计》（*Le Pèse-nerfs*）……①像意识到"无"那样意识到有话要说，这种意识不是整体所缺乏的，而是整体所抑制的。正是从对于"无"的意识开始，对某种东西的全面意识才开始丰富起来，从而获得意义与形式。所有的言语也都是在此基础上产生的。因为，对物自身的思考，已和纯言语经验混为一体；而纯言语经验又与经验本身混为一体。那么，纯言语难道不要求被记录吗？② 这是不是有一点莱布尼茨式的味道，即本质因要求而获得存在的形式，潜能（puissance）因要求实现而逼入世界？ 如果说写的焦灼，不是也不应是既定的伤感，那是因为本质上它不属于作家经验的变化或感动，而由存有焦虑（*angustia*）* 负责，由那个必然狭小的言语通道负责，因为所有可能的意义都在那个通道里相互推挤、相互阻挠并争取脱颖而出。在自主的超复合可能性（sur-compossibilité）** 中，它们无法预测地且不顾一切地相互阻挠、相

---

① 引自布朗肖，见《法国学刊》（*L'Arche*，第 27—28 期，1948 年 8—9 月号，第 133 页）。保尔·瓦莱里的《达·芬奇方法导论》一书中不是也描述了同样的情形吗？

② 纯言语难道不是由这种要求构建的吗？难道它不是铭写的一种特权再现吗？

* 此处作者借用焦虑（angoisse）一词的拉丁词源 angustia，意指狭窄与苦恼。

** 复合可能性（compossibilité）是莱布尼茨定义的一个哲学概念。它比逻辑可能性的范围更狭小。某物要存在，仅凭它自身是不可能的，它必须与构成现实世界的其他事物具有可融为一体的那种复合可能性才行，它使复合连续性的集合成为可能。这个想法与莱布尼茨关于可能世界的思想有关。他认为尽管我们的世界有成为所有可能世界中最好的世界之特殊性，但它却只是其中的可能性之一。其他世界可能与我们的世界大不相同。比如，我们的世界中需要的某些真理，如自然法则，可能在其他世界中并不存在。因此，区分所有世界的可能性和某一世界的内在可能性，即所谓的复合可能性就是必要的。这里德里达用这个概念讨论某种世界的复合可能性本身自带的超越因素。

互召唤，也相互激发。相对于它们的这种纯歧义潜能，古典上帝的创造性都显得过于贫乏。说，使我畏惧，因为在从没说够的情形下，已嫌赘言。倘若成为呼吸或言语的必要性，是要去约束意义，是要去约束我们对意义的责任的话，那么写对言语的束缚和强制就更进了一步①。因为，写，是希伯来式的"鲁哈"(*ruah*)* 焦灼，那种焦灼可以从人类的孤独及其责任中得以体会，可以从耶利米服从上帝去记录下它所说的话中体会出来（上帝对他说："取一卷纸来，将我对你说的都写下。"）；也可以从巴录（Baruc）传抄

---

① 这也是呼吸的焦虑，呼吸自行中断以便回到自身，以便换气和回到它的第一源头。因为，说话，就是知道思想必须自我陌生化以便得以说出并得以呈现。因此，思想给出自身以便重新获得自己。这就是为什么从那些坚持要最大限度地接近其写作行为之源的真正作家的语言后面，我们都能感觉到那种退一步以重新进入中断了的言语的姿态。这就是所谓的灵感。而元语言，可以说就是费尔巴哈所说的哲学语言："哲学只为着即刻回到它的正源，才从嘴边说出或从笔下流出的：它不是为了说的愉快而说（那正是它反感空洞字句的原因），而是只为了思想才说……论证只是为了证明**我所言是真的**；只是为了在思想的**发源地**重新找回思想的**异化**（*Entäusserung*）。因此，论证的意义离开了语言的意义是无法想象的。语言是**人类的类实现方式**，它是为了体现通过拆除个体间的隔绝而达成的那种类之统一所建立的人我关系，除此之外它什么都不是。这就是为什么说言语的元素是空气这种最具精神性、最具普遍性的生命中介"（《黑格尔哲学批判》，1839，见费尔巴哈：《哲学直言》，阿尔都塞译本，第 22 页）。

可是，费尔巴哈想到过汽化语言会忘记自身吗？想到过空气如果不能着陆的话，就不是历史发展的要素吗？这沉重、肃穆、坚实的土地。人们在上面劳作、耕种和写作的土地。在这毫不缺少普遍性因素的土地上，我们为了保存意义而铭写意义。

这里黑格尔将对我们更有用处。因为他也认为，在自然元素的精神性隐喻中，"空气的本质是永恒不变的、纯普遍性的透明"，"水的本质是……永远地给予与奉献"，"火的本质……活跃的统一体"，然而，在他看来，"土，则是这个有机结构的坚实枢纽，是这些元素的主体与过程，是它们本源和回归"[《精神现象学》，依波利特（J. Hyppolite）译本，第二卷，第 58 页]。写作与土地的关系问题，是这些元素的隐喻化可能性问题，也是隐喻之源及其意义的问题。

* 该词原意为风、呼吸、灵魂与精神。

《耶利米书》(《耶利米书》36：2，4) 中体会出来；还可以从人类建立圣灵学 (pneumatologie) 时将气、精神 (*pneuma*)、逻各斯归纳为上帝、天使、人类三种学问的那个时刻去领会。因为，那是个必须决定是否记录下所听到的上帝之言的时刻，也是确定录下的东西是否如实保存或有所遗漏的时刻。上帝，那个我们刚刚谈到过的莱布尼茨眼中的上帝，并不了解在多种可能性中做选择的那种焦灼：因为它在行动中构想了那些可能性，而且在它的知性与逻各斯范围内支配着这些可能性；在任何情况下，最佳选择都看中通道的最狭窄处，那就是神的意志。而每一种存在，都在可能的连续链中表达了宇宙的神圣整体。因此，不存在书的悲剧问题。世间只有一本元书*，它在所有的书中被播散。在《神义论》(*Théodicée*) 中，那个能够承受朱庇特女儿之神光的德奥道罗 (*Théodore*) 被她引往"命运之殿"；朱庇特曾在那里"审视了已消化了各种世界可能性的现有世界开始前的可能性"，并"做出最佳选择"，"他不时到这些地方走访以便享受重览这些事物的愉悦，更新他感到满意的那些选择"。德奥道罗因而被引入了一个"曾经是世界之一种"的寓所。"里面有一大卷文字记录：德奥道罗忍不住询问那是什么。女神告诉他，那是他正在参观的这个世界的历史。她说，'你已经看到了谢克特斯 (Sextus) 额前的号码，去查查它在书中的位置'；德奥道罗去查看了，发现谢克特斯的历史比他看到的缩写字母要多出许多。帕拉斯对他说：'把指头放在你所喜欢的任何一行字句上，你将从该行所标识的

---

* 即《圣经》。

20

大致内容，确实地看到被再现世界的细节。'他照着这么做了，而且看到了谢克特斯生命的所有特征。"*

写，不仅仅是要思考作为不可能之可能的莱布尼茨式的书。马拉美恰当地将这种不可能的可能称作限制。他对魏尔伦说："我会走得更远，我会说：因为我确信只存在着一本书，即那本元书，每一个写作的人都尝试着写它，天才们也不例外……"我是想要揭示这么一点，即所有的书或多或少都是一定数量拼凑起来的老调重弹：其实地球上只有一本书，即地球之法——国族当作摹本的《圣经》。一本著作与另一本的区别，提供的是不同文明时代与文字相互竞争要成为那个真实文本而留下的不同写本。写，不只是知道那本元书并不存在，存在的总是**众**书，在那里绝对主体所没有考虑过的世界的意义，远在具有一个统一意义之前就破碎了；写，不仅仅是知道未被写的与未被读的，只能以辩证的、从属性的否定方式从无底深渊中被拯救出来，也不仅仅是知道被"过多的已写物"所淹没的，正是令我们如此悲叹的那本元书的缺席。写，也不只是在如从前人们用以记账，用以记录日常开支和家庭大事以备查看的日记本那样的唯一真理文本中，看到相连的书页中神之确定性的丧

---

* 见莱布尼茨：《关于上帝之善、人之自由与恶之起源》（*Theodicy：Essays on the Goodness of God，the Freedom of Man，and the Origin of Evil*，trans. E. M. Huggard，New York，Yale University Press，1952，第370—372页）。

书中争论的要点，依然是人神之分、书与众书之别。在莱布尼茨看来，神的思想就是它的活动，神不在世界当中；而对于人来说，其行动是有限的，但其思想却是无限的。在世界当中，即意味着他必须随时做出选择。人的意愿作为其优点之一，是他能做选择的力量所在，当然，这也意味着人是有限的存在，他的行为并不总是契合其思想。神是无限的，因为它思行合一，也因为它外在于世界而具有超越性。

失，因为绝对《理性书》（Livre de raison）＊，就是上帝所读的那个未定稿，只不过上帝以多少延迟了的方式将它的笔借给了我们。神学确定性的丧失，指的是神之文字的缺位，首先指的是那个必要时也亲自书写的犹太上帝在书写中的缺席。它没有单独地，哪怕是粗略地给类似"现代性"这样的东西做出界定。作为神性符号的缺席及其挥之不去的魅，神学确定性的缺失控制了全部现代美学与批评。这并不奇怪，乔治·冈奎莱姆（G. Canguilhem）曾说："人，是由其诗的能力（son pouvoir poétique）所造就的，这种想法有意无意地回应了人是由他自己创造的世界所造就的思想，也符合人对事物根本性问题所给出的答案。如果创世的观念是歧义的，具有存有论和美学意义的，那绝不是出于偶然，也非出于混淆。"① 写，也不只是要了解文字与风格，如莱布尼茨思考过的上帝创世那样，不一定就是最佳通行证，也未必是绝对**意志**的通道，被写下的，未必就无限地**表达**了那个即像它又总是借助它聚集起来的宇宙。我们也不能够绝对地将意义置于写作之前，那么我们就只能让意义降格，同时让写作升格。这就是神学乐观主义和悲观主义的手足关系：没有什么比这更令人心安理得，也更令人绝望的了，也没有什么比莱

　　＊ 在传统的法国社会中，许多家庭都有一个账本，用来记录家庭的重要开销，如田地买卖、婚丧嫁娶。这个账本通常被称作《理智账本》，法语中写法与《理智书》（Livre de raison）完全一样，德里达这里借"理智"一词的多义性做文章。

　　① 《阿兰关于艺术创造的反思》，《形而上学与道德学学刊》（1952年4—6月号，第171页）。这个分析显示了写于第一次世界大战期间的《美术体系》所做的贡献，远比它预示了"现代"美学明显最具原创性的主题还要多。尤其像冈奎莱姆指出的那样，它以某种反柏拉图主义的姿态，却在深层保持对柏拉图的赞同去超越那种"没有恶意的"柏拉图主义。

布尼茨式的元书，对众书更具摧毁力的了。**这些**书靠什么存活，除了以孤独的方式它们又能以什么方式存在呢？它们是那么孤单，因为它们既是无限的世界，又是被隔绝的世界。写，是要知道那些尚未成文的东西没有别的居所，它们不会像天国（*topos ouranios*）或神的知性的**处方**那样开给我们。意义，为了找到居所，为了成为以延迟的方式呈现的自身，就得等着被说出来或被写出来。这就是胡塞尔在《几何学起源》中教我们去思考的。文学行为，因而能从意义的发源地发现它自身真正的潜能。梅洛-庞蒂在研究《真理起源》的专著的一节当中写道："文学中的交流，与其说是作家对那些属于人类精神之先验性的意义的简单召唤，不如说是通过行动或间接地以文学的方式去激发这些意义。对于作家来说，思想并不从外部指挥语言，因为，作家本身就是一种自行建构的新方言……"① 他还说："我的言语让我吃惊，它们向我通报我的思想。"②

写作，是**开启式**（我使用该词所含的新义）的，因而它既危险又令人不安。因为它不知往哪儿去，没有任何智慧能使它避免疾速冲向它所建构的意义，也就是说冲向它的未来。而只有当这种冲劲松弛下来时，它才可以任性。所以，写作没有保险。对作家来说，即便他不是无神论者，只要他是作家，写作就总是第一次航行，而且是没有任何恩宠的首航。约翰一世不是也这样谈到过作家吗？他说："我们所需要的不应当求助于写作，而应是借生命的纯净让神

① 此章节发表在《形而上学与道德学学刊》，1962 年 10—12 月号，第 406 - 407 页。

② 《现象学目前的问题》，第 97 页。

22

的恩宠在我们的灵魂中代替书籍，让神的恩宠像印在书页上的墨汁那样直接铭刻于我们的心间。由于我们拒绝了神的恩宠，才须求助于文字书写这第二种航行。"① 然而，除信仰或神学确定性之外，这种**第二性**的经验，难道不倚赖于被写下来的、被建构的意义，也先决地或同步地表现为被阅读的意义这样一种奇异的重叠吗？而且在这种重叠中，那个他者既监视着也确保着写作与阅读间不可还原的相互往来。因此，意义的产生，既不在写作行动之前，也不在它之后。影响着人类这种第二次航行的所谓上帝，不就是阅读与写作间被延迟了的那个互惠通道吗？不就是那种在书写与阅读、问题与答案的对话中的意义透明性之绝对证人与第三者吗？它既是被创造者，又是逻各斯之父。它就是逻各斯的循环性与传承性，是神的恩宠缺席的那种转换与冒险的奇异劳动。

因此，将作品仅仅理解成是对先在于它的那个神圣理念或"内在蓝图"的表达，恐怕是一种偏见，是人们称作**理念主义**的传统批评的偏见。这种由偏见形成的理论，也可把它称作神学，它在文艺复兴期间得到长足发展并非出于偶然。像古往今来的许多人那样，罗塞特起身反对这种"柏拉图主义"或"新柏拉图主义"。但他不会忘记，如果以"理念的丰富形式"（瓦莱里语）呈现的创作，不只是表达的纯透明度的话，那它就还同时也是启示。因为，假如创作不是启示，那么作家的有限性在哪儿呢？他那被上帝抛弃的手的孤独感在哪儿呢？如果创作不是启示的话，那神的创造性将会被一种虚伪的人道主义回收。如果说写作是**开启式**的，那并非因为它创

① 《评圣马修》。

造了什么，而是因为它以某种说的绝对自由，用符号使已存在者显现，以迹象的方式被昭示。回答的自由，只将世界—历史当作其唯一视界，只将"存有总是早就已经开始"这句只能这么说的话当作其唯一视界。创作，就是去揭示已经开始的存有，罗塞特这么说并未背弃古典批评。他理解古典批评而且寻求与之对话，他说："关于先决奥秘和作品对此奥秘的揭示，我们可以看到古今美学以某种方式达成的和解，这种先决奥秘可以在文艺复兴时期的绝对理念中找到回响，但它远离一切新柏拉图主义。"

真正文学语言的这种诗性的启示潜能，正是自由言说的入口，而自由言说，则是"存有"一词**意义**的释放［"存有"，我们瞄准的也许是"原始词"或"主题词"概念（布伯语）］。当已成文的东西作为标志—信号变成**已逝者**，它就在语言中诞生了。因为它只指向它自己，只是个无意义的符号，是一种游戏或纯粹的功能运作；因为它不再被当作生物或技术的自然信息来**使用**，不再被当作一个存在者向另一个存在者过渡的通道，或者能指向所指过渡的通道来**使用**。然而悖论的是，铭写所具有的诗的唯一潜能就是，从符号的沉睡中唤醒言语，哪怕远不总是尽如人意的。通过记录言语，铭写有其根本的意图，它要冒险将意义从实际感觉域中解放出来，从受制于偶然情境的自然承诺中解放出来。所以说，书写从来就不是简单的"声音的绘画"（peinture de la voix，伏尔泰语）。因为，它创造意义并把它存录下来，将意义托付给可以不断传递下去的雕刻、槽纹、浮雕、平面。它所创造的意义并非我们总是想要的那个意义，也并非人们曾经总是想要的那个意义；作为纯历史性、纯传承性之源的书写，只是某种书写史的终极目的，而关于这一书写史的哲学还有待降临。无论这种无限传承的方案是否达成，我们都应当承认并尊重它作为某种方案的意义。这种方案有可能失败，因为它的特征就是纯粹有限性及历史性。倘若意义的游戏能够溢出总是限制在自然、生命及灵魂的地域性的意义的话，那么，这种溢出就是"要写"（vouloir-écrire）启动的时刻。我们不能将"要写"理解为唯意志论。因为，"要写"不是一种原始意愿的后发性决定。相反，它唤醒的是意志之意志的意义，是为了与掩藏在经验世界后面的本质达成一致，是为了与纯粹历史性达成一致而去与经验性历史领域决裂的自由。"要写"，不等于写的欲望（désir d'écrire），因为，它不涉情感而涉及自由与义务。因为，在与存有的关系中，它指望成为感情外的唯一出口。但它只还是个仅仅被瞄准的出口，准心并非确切，是不是一条出路也未必有保证，而且它是否真能摆脱情感也是个未知数。被感动，就意味着有限性：写，如果它想要企及存在者（étant）之外的那个既不在场又不**直接**影响自我的存有，恐怕还得与有限性周旋。它恐怕要忘却那个差异，即在鲜活的、纯粹的、在场的言语中忘掉文字。

　　如果文学行动首先来自这种要写的动力，那就是对纯语言的认可，是对"纯"言语使命的担当，而这种纯言语只要被听到，就构成了作家之所以然。海德格尔说到纯言语时，认为不能以"它的符征"（Zeichencharakter），"甚至也不能从它的符指"（Bedeutungs-charakter）去"思考它的本质特性"①。

_____

① 《关于人道主义的信》（Lettre sur l'humanisme），第 60 页。

　　这样一来，是否会有将作品等同于一般意义的原始文字之嫌？是否会因此消解了文学区别于一般文字通常所赖以生存的艺术概念和审美价值？不过，也许使文学的特性脱离审美价值，反而能释放美。那么美的特性存在吗？它能使美获得什么呢？

　　罗塞特以为美的特性是存在的。在他看来，真正的结构主义，至少在理论上是不赞成忽视这种特性的（比如 G. 普莱就"对**艺术的兴趣有限**"①），这使得罗塞特更接近列欧·史必泽和马歇尔·雷蒙，他关注作品的形式自主性，认为作品是"自足的、绝对的、独立的有机体"（xx 页）。"作品是一个整体，而且总是以被当作整体来体验为佳"（xii 页）。不过，这又一次表明，罗塞特的立场是建立在一种难度很高的平衡之上的。出于他对分离前的统一基础的一贯敏感，罗塞特绕过普莱所指责的那种"客观主义"的危险，给结构做了一个并不纯客观的，也并不纯形式的界定；至少在原则上，他没有将作家的形式与意图、形式与写作行为分离开来："我把这些形式的常数、这些透露了每位艺术家根据需要所创造出的精神世界（univers mental）的关联称作结构"（xii 页）。因而，结构是一种形式与意义的统一体。的确，罗塞特有时对作品的形式或者说以某种形式呈现的作品的处理，给人的感觉是这些作品**仿佛**没有本源，他所处理的杰作（他只对杰作有兴趣）的成就**仿佛**与历史无关。在他看来，作品没有固定的历史。

---

　　① "出于同样的理由，G. 普莱对**艺术**的兴趣有限，他对在语言及形式结构中再现现实的作品也不感兴趣，他怀疑它们的'客观性'，而批评家的危险是从外部去把握它们。"罗塞特：《形式与意义》，第 xviii 页。

26 但正是在这一点上，他的结构主义显得颇为脆弱，罗塞特在这方面的所有尝试，当然远非全部，都有传统柏拉图主义之嫌。因为，如果为了保护作品内在真理及内在意义去对抗历史主义、传记主义或心理主义（而后者就守候在"心理世界"**表达**的附近）而只去迎合合理意愿的话，我们就有可能不再关注作品自身的内在历史性，即作品与并非只是心理性的或精神性的主体源头的关系。如果只想着把古典文学史固定在它"辅助性的"、"不可或缺的"、"绪论式的"和"约束性的"角色中（xii 页，n. 16），我们就很有可能会忽略掉它的另一种历史，即作品自身的意义史、它的**运作**史，而且使思考后者的难度变得更大。因为，作品的历史性，不只是它的**过去**，也不只是作者意向之前的那种苏醒或睡眠状态，而是它以**现在时**呈现的不可能性，即它不可能以绝对的同时性或即时性方式得以概括性表达。所以，我下面将要验证的是，倘若空间指的仅仅是**在场**和**梗概**（synopsis）的话，作品就没有**空间**可言。后面我们会看到这种做法在批评工作中所引发的后果。目前看来，即便"文学史"的技巧及其哲学会被"马克思主义""弗洛伊德主义"等学说更新，但那只不过是作品内在批评的保障，而这种批评的结构性时刻，相反的也不过只是作品内部遗传学的守护者而已，因为，在这种内部遗传学中，价值和意义是以它们特有的历史性和时间性被重构并被唤醒的。而且，这种特有的历史性和时间性不可能成为荒谬的**客体**，因为其自身结构必须摆脱那些古典的范畴。

　　诚然，罗塞特的蓝图是想去避免这种静态形式。所谓静态形式，指的似乎是摆脱了劳动过程，摆脱了想象，摆脱了使之可以持续表意的、以完成了的形式呈现的源头。因而，当罗塞特说明他的蓝图与 J.-P. 理查的不同时①，他强调的是事物与行为的整体、形式与意向的整体、完成与过程的整体，即文学事实作为具体形式的那种整体，他说："同时拥抱想象力和形态学有可能吗？在共时行动中去同步感受并把握二者有可能吗？我想尝试去这么做，不过，我确信我的步骤不是单一的，而经常必须是**取舍式的**（重点符号是我加的）。但它所追求的目标是在同一个行动中同时理解同质性的现实。"（xxii 页）

27

　　不过，虽然罗塞特承认不得不服从这种取舍方式，但他也因此获得解放并得到了补偿。所以，罗塞特的与众不同不是**任意**的。他的个性和**风格**，也不只是因为某种方法论抉择而确立的，而是通过他以自由"取舍"的方式发挥赌注的自发性而获得的。**实际上**，这种自发性会使罗塞特当作理论规范去建设的取舍法失衡。这种失衡也赋予了他的批评某种风格，即罗塞特风格，或罗塞特风格的结构形式。这种结构形式，正如列维-斯特劳斯在关于社会形态研究中，罗塞特在关于文学作品的结构性母体中注意到的那样，"摆脱了创造意志和清晰意识"（xvi 页）。那么，什么是这种取舍的失衡呢？什么又是它运动的优越性呢？这种优越性似乎是**双重**的。

---

　　①　"理查的那些分析是如此的睿智，其结果是那样的新颖而令人信服，人们不得不认为他说的有理，但根据他特有的透视角度，他所关心的首先是诗人的想象世界，是潜在之作品，而不是诗人的词法和风格"（第 xii 页）。

II

> 有的句子是魔鬼……一个单句毫无意义；它需要第二个句子来表达它的意思。此乃重要法则。
>
> 德拉克鲁瓦
>
> 山谷是女性常有的梦境象征。
>
> 弗洛伊德

一方面，结构变成了客体本身，变成了文学本身。因此，它不再是它从前几乎总是的那副模样：要么是一种启发式工具、一种阅读方法、一种揭示内容的功能，要么是一种内容与措辞之独立的、客观的关系系统；更经常的是二者兼备。因为，结构的丰富性并不排除相反却暗示了存在于文学客体中的关系形态；其实，某种结构的现实主义过去一直被多少明确地实践着。但是，从该词的双重含义上看，结构一词过去从来不是批评描述的**专有**术语。它始终是用以结集意义、识别主题、安排秩序及对应关系而进行阅读或写作的一种**手段**或关系。

尽管罗塞特有他的**理论意向**，但结构、建构的图式和形态关联性**实际**上成了他批评的唯一关怀。唯一的，或者差不多是唯一的关怀。因为它们不再是认知秩序（ordo cognoscendi）中的方法，也不再是存在秩序（ordo essendi）中的关系，而是作品本身的存在。这已事关结构主义的极端形态。

另一方面，结构，（随后）被他**一字不差地**理解为文学事实了，或者说被他实实在在地这么应用了。只是**严格说来**，结构的观念只涉及空间、形态空间或几何空间，只涉及形式与场域的秩序。结构，首先说的是一个有机的或人造的作品，一个具有内在统一性的集合体和**建构**；是由统一性原理支配的工程，是建立在确定地点的可见的**建筑物**。如史卡洪（Scarron）所言，"人类骄傲之宏伟建筑，/金字塔、墓碑，其高贵的结构/以手之灵巧见证艺术，/以劳作征服自然"。只有借助隐喻，我们才能将这种**地形学***书写转变成它的主题意义，即亚里士多德式的意义（指语言和主题或论点处理的拓扑理论）。早在 17 世纪人们就已谈到"词的选择与安排、**结构**与篇章构成的和谐，思想的适度……"① 也谈到"错误的**结构**总是有要加、要减或要改动的东西，而且要改的不只地点，还有词汇"②。

这种隐喻的历史怎么可能呢？这是不是说语言只能通过空间化才能确定什么？这是否足以解释语言一旦开始自称和自省就首先得自行空间化？这是个涉及所有语言和隐喻的问题。提出这个问题具有特别的紧迫性。

29

因此，只要结构概念的隐喻义没有获得**这样的**承认，也就是说，它的比喻性没有被质疑甚至被摧毁以唤醒它所含有的非空间性或原初空间性的话，我们就有可能因某种察觉不到却十分**有效**的滑

---

* 希腊语中，*topos* 指场所，*topographie* 指自然场所的地形描述，即地形学，而 *topique* 指修辞学中语言的局部理论。

① 盖兹·德·巴尔扎克著作，第八卷，第十五封信。

② 沃杰拉斯（Vaugelas），*Rem*，Ⅱ，第 101 页。

动，将结构概念的隐喻义混淆于它的几何学的或形态学模式，在最好的情况下，混同于它的运动学（cinématique）模式。也极有可能为外形而只重视外形，因而损害了结构中隐喻的赌注。（这里"外形"这个词，既有几何学意义也有修辞学意义。以罗塞特的风格来说，修辞学意义的辞格总是几何学式的，只是后者更为灵活罢了。）

然而，尽管罗塞特公开宣布结构就是形式结构与意向的统一体，他在分析当中却赋予空间模态、数学功能、线条与形式绝对的特权。我们可以在他的作品中找到很多这样的例子。诚然，他也承认空间与时间的相互依赖关系（《形式与意义》，xiv 页）。不过，他总是弱化时间的位置。在最佳情况下，他将时间简化成**一种维度**，它只不过是形式或曲线得以展开的场所。时间总是与线或面很默契地在空间中展开、摊开。它要求尺度。然而，尽管我们不知道列维-斯特劳斯所说的"在尺度概念与**结构**概念之间不存在任何必然联系"① 指的是什么，但我们必须承认对某些结构类型——尤其是对文学观念性的结构类型来说，这种联系是被排除在原则之外的。

《形式与意义》中，**结构的几何学或形态学视角只被机械地加以更正**，没有引入能量学的角度。因此，我们只需在细节上做些必要的修正，也许就可以像莱布尼茨责备笛卡儿那样，借助罗塞特去指责那种最为出色的文学形式主义，莱布尼茨批评笛卡儿想要通过外形与运动的性质解释一切，却忽视了力，并将力混同于动量。然而，在"与灵魂的关系"多于与肉体的关系的语言与写作领域中，"大小、外形及运动的概念并非像人们想象的那样，有那么明显的

① 见《结构人类学》，第 310 页。

不同……也包括我们感觉得到的想象物和有形物"①。

可以说，这个几何学不过是隐喻性的。的确如此。不过，隐喻从来就不是无缘无故的。隐喻引导求索方向并且固定其结果。当空间模型被发现且行之有效时，批评的反思就会依赖它，即便批评不肯承认，事实上却是如此。

让我们举个例子。

在一篇名为《波里厄特：环形与纽结》的文章开篇，罗塞特谨慎地预示道，如果文章强调"那些看来过分几何学的模型，那是因为高乃依比任何其他人都更多地使用对称的缘故"。而且，"这种几何学并非只为了满足自身"，"它还在那些鸿篇巨制中充当着以表达激情为目的的手段"（第 7 页）。

但这篇文章究竟要向我们传达什么呢？他要讨论《波里厄特》这部充满"疯狂激情，英雄气概"（第 7 页）的戏剧所具有的那种独一无二的几何形态。说明这部剧的几何结构不仅调动了作者的所有才华和全部注意力，而且它还成了高乃依路线的这个目的论的载体。一切都好像是，直到 1643 年，高乃依只是依稀让人看到或预感到尚不明朗的《波里厄特》蓝图，而这个蓝图后来融入了高乃依本人的蓝图，并获得了确保一切都能成功的圆满（entéléchie，亚里士多德语）境界。罗塞特对高乃依的作品及其成就进行了远距离透视，他的解读是从其终点处，从其已完成的结构出发进行一种目的论式的解读：**在《波里厄特》之前，一切都不过是草图，我们所能**

---

① 莱布尼茨：《形而上学论》，第 7 章。

考虑的只是草图中的缺陷，是那些相对于将会出现的完美形态而言尚未成形的和有缺陷的东西，或者是些只供**预示**完美的因素。"在《皇宫走廊》与《波里厄特》之间的许多年间，高乃依寻寻觅觅，最后找到了自己。我在此不追述这过程的细节，其中完成的《熙德》和《西拿》显示了他如何创立属于自己的结构"（第9页）。那么《波里厄特》之后呢？这一点罗塞特从未提及。同样，在早于《波里厄特》的其他作品中，除了《皇宫走廊》和《熙德》外，别的作品他也都没有涉及，而且，就是这两部，他也是用雏形主义的态度来处理的，他将它们当作《波里厄特》的结构之预兆。

因此，《皇宫走廊》中，谢莉黛因用情不专远离了她的情人。厌倦了自己的杨花水性（可是为什么呢？），她又重新回到情人的身边，而他却假装移情别恋了。他们再度分开，最终在剧终重新团聚。剧情安排是这样的："开始情投意合，然后相互疏远，中间复合失败，二次分手与头一次对称，最终又再度复合。像交叉环式地兜了一圈之后，终点回到了起点。"（第8页）其独特之处正是这**交叉环**，因为，没有比终点作为起点的回归更普通的了。普鲁斯特的作品亦然（参照第114页）。

《熙德》与《皇宫走廊》的剧情安排相似："也有一个环形运动的中间交叉"（第9页）。不过，它引入了一种新的表意功能，将全景记录立即转换成一种全新的维度。事实上，"根据（我们所强调的）**非常高乃依式**的法则，即逐渐被发现的相互依赖关系法则，情人们在环道上成长的每一步，都不仅是各自为己，也是相互推动、共同成长的环节；他们最终的结合因裂痕而得到巩固和加深，哪怕这些裂痕原本很有可能毁掉这种结合。疏远阶段不再是分手和移情别恋的阶段，而是对忠贞的考验阶段"（第 9 页）。因此，我们可以这么认为，区别《皇宫走廊》与《熙德》的，不再是当下在场情景的蓝图与运动（远离—贴近），而是经验的**质量**及其内在**紧张度**（忠贞的考验、为着对方的方式、破裂的力量，等等）。我们也可以认为，由于剧本的丰富性，结构的隐喻想要捕捉这种经验的质量感和**紧张度**便显得无力，因为形式之差异就不再能传达力的能量与紧张。

但是，我们如果只这么理解，可能就低估了罗塞特的才华。因此如果加入对**高度**的思考，我们这个类比工作的装备将能得到补充。人们从情感的张力中获得的（忠贞的质量、为对方而存在的意识等），都是（情感）**升华**的结果。因为如人们所知，价值是逐层递进的，**善**是至高无上的。这也就是为什么"爱情结合的深化"乃是"一种对更高层次的追求"（第 9 页）。深度即高度（Altus，拉丁语中指高度，也有深度的意思）。那个环形就成了"上升的螺旋线"，成了"螺旋式上升"。而《皇宫走廊》的水平面不过是一个隐藏这个向上运动之本质的表象。《熙德》只是使这个向上运动开始显露："它（在《熙德》里）的终点，虽然**表面**上看来回到了起点，却绝不是对起点的回归。因为情况变了，情感升华了。那是**本质所在**（着重号是我加的）：**高乃依式的运动**是剧烈上升的运动……"（可是从哪里我们可以开始谈这种暴力？这种不仅仅是力的量或方向的运动力呢？）"从对至高无上的渴望，结合双环交叉路径，这个高乃依式运动现在绘制出了一个上升螺旋，一个螺旋式的上升。这一形式组合将在《波里厄特》中获得它表意功能的所有丰富性"（第 9 页）。这个结构原本是接待式的，它像意义的情人一样

32

等待着，准备着要嫁给来临中的意义并为它繁殖后代。

如果既是价值又是力的美会服从规则和图式的话，我们可以信服这个说法。但是，我们还有必要去证明这个说法并没有什么意义吗？因为，如果《熙德》是美的，那是由于它有超越了图式和知性的东西。所以，如果《熙德》的美只是由于它螺线式的和螺旋式的环形结构的话，那人们所说的就并非《熙德》本身。如果说这些线条的运动并非说的就是《熙德》本身的话，那么使这种运动趋于完美的《波里厄特》也就不只是些线条的运动那么简单。也就是说，线条运动既非《熙德》的**真相**，也非《波里厄特》的**真相**，它也不是情欲、信念、义务等的心理真相。但有人也许会说，根据高乃依的看法它是真相的一种；当然，这并非那个具体的皮埃尔·高乃依的看法（此处我们所关心的问题，并非他的生平及其心理），因为，向制高点的运动，即那个图式最精妙的特性无非就是**高乃依式运动**（第1页）。同样渴望《波里厄特》式高度的《熙德》所标识的进路，就是这种"高乃依式的进路"（第1页）。此处，我们没有必要复述一遍罗塞特对《波里厄特》分析①，因为在那个分析中，罗塞特以高超技巧使那个**高乃**

---

① 至少让我们重述一下那个综合性结论和文章的梗概吧："在分析第一和第五幕后，我们会说它们的对称和变奏是一种过程和一种变形。我们还得加上高乃依剧的另一本质特征：它所描述的运动，是一种面向以无限为中心的上升运动……"（在那个空间模式中，无限指的是什么？它的重要性，这里不只指的是"运动"的那种不可还原的**特性**，还包括它的那种**质的特性**。）"我们还可进一步明确它的性质。那是一个受向上运动影响的双环轨迹，是一种螺旋式上升的运动；两条上升的直线相互分开、相互交错、相互远离，然后相互会合以便在超越剧本的一个共同轨道上延长……"（"剧本之外"的结构意义是什么呢？）"波丽娜和波里厄特在第一幕中相遇，然后分开；第四幕中他们的重逢，使双方变得更密切，而这高一层次的重逢，最终却是新的彼此离异；在第五幕中，他们又在一个更高的层次上会合，那是攀升的顶端，在那里，他们的最后冲刺使双方最终得以在自由和凯旋的制高点，即上帝那里结合。"（第16页）

依式运动图式达到了它极致的完美状态，并最大限度地整合了它内 *33*
在的复杂性，只是，我们要追问的是这种完美究竟是高乃依的还是
罗塞特的。前面我们已经说过，罗塞特过于倾向笛卡儿而远离莱布
尼茨。具体地看，他也有点儿莱布尼茨的意思，因为，他似乎也认
为面对一部文学作品，我们总得找出一条线，无论它多么复杂，只
要它顾及自身运动及其连接点的统一性和整体性就行。

事实上，莱布尼茨在《形而上学论》中写道："因为，比方说，
假定有人像占卜先生搞占卜术那样，在一张纸上胡乱涂上大量的
点。我说在那上面可以根据一定的规则找到其概念恒定且均匀的几
何线，以便让它按照手所标示的顺序贯穿所有这些点。同样地，假
如有人找出一条线，哪怕它一会儿直，一会儿转圈，一会儿又成别
的什么形状，也有可能找到使所有的点通过这条线并出现上述变化
的共有概念、规则或方程式。比如，没有一个面孔的轮廓是不可以
用几何线条，通过一定的规范运动来加以勾勒的。"

不过，莱布尼茨说的是神的创造性与智性："我借助这些比较
来勾画神的智慧之某些类似的不完美……但我并不打算以此来解释 *34*
整个宇宙所赖以存在的这个大神秘。"这种对数理空间再现的信任，
涉及质量、力量、价值，也涉及非神性作品被有限的心智阅读的问
题，它看起来（从整个文明的角度来看，因为这里处理的不再只是
罗塞特个人的语言问题，而是我们语言的整体性及其信誉）**类似**于
新喀里多尼亚的加那克艺术家相信用平面可以再现深度。① 何况如

---

① 参见 M. 勒恩哈尔德：《大洋洲艺术·大地之子》，第 99 页；《杜卡莫》(*Do Ka-mo*)，第 19—21 页。

今结构主义人种学家分析起他们这种信仰来，比从前多了一些谨慎，少了一些喜悦。

这里，我们无意以简单的摇摆、平衡或翻转动作，将长度与空间、质与量、力与形、意义的深度或价值与外形的平面对立起来。我们要做的正相反。不同于简单的替换，不同于只择其一不计其余的简单选择，我们应当寻找新的概念、新的模式和一种能摆脱形而上学对立系统的**经济原则***。这种经济原则恐怕也不是纯粹的、无形的力之能量学。我们要考察的差异，将会**同时**涉及场域差异性与力量差异性。如果这看起来像是用一个系列反对另一个系列的话，那是因为我们希望从经典系统内部，呈现出结构主义不加思考地、简单地给另一系列授予的那种特权。我们的话语不可化约地属于反形而上学的系统。而要中断这种从属关系只能通过**某种**组织、某种**策略性**的安排来加以预示，因为，这种组织、安排能从它自身场域及其能力内部反过来抵抗它自身的策略，从而导致一种遍及全系统的力的**错位**，使该系统全方位龟裂并彻底**解体**。

假定我们为了避免"抽象主义"而像罗塞特理论上想要做的那样去追求形式与意义的统一，那么我们就应当承认追求"最终在上帝那里结合"的充满激情的、质的、高强度的那种对至高处的向

35

---

* 有关经济学的概念，可参照奥地利哲学家恩斯特·马赫（Ernst Mach, 1838—1916）的思维经济原则及德国哲学家理查·阿芬那留斯（Richard Avenarius, 1843—1896）的"费力最小的原则"。后者认为哲学就是按照费力最小的原则对世界的思维；马赫则指出："由于人的生命短促，人的记忆力有限，任何一项名副其实的知识，如果没有最大限度的思维经济，都是不能得到的。因此，可以把科学看成一个最小值的问题，这就是花费尽可能少的思维，对事实做出尽可能最完善的陈述。"参见刘放桐等编著：《现代西方哲学》，上册，修订本，北京，人民文学出版社，1990，第 169-170 页。

往，在螺旋式上升运动中找到了**它的**形式。但是将这种（使**任何**上升隐喻得以成立的）结合进而说成是高乃依自己的**特有的与众不同**，是他的习语，岂不是言过其实了吗？倘若"高乃依式运动"的本质即在此，那么高乃依自己又将在何处呢？为什么《波里厄特》的美要比"受上升运动影响的交叉双环轨迹"更美呢？作品的力量、天才的力量，还有那一般意义上的生成的力量所抵抗的，正是这种几何学隐喻的东西，而这也正是文学批评的适当对象。从普莱所说的另一种意义上看，罗塞特有时看来"对艺术兴趣寡然"。

除非罗塞特认为所有的线条、所有的空间形式（不过所有的形式都是空间性的）先天就是美的，除非他像中世纪的某些神学，尤其是孔西德洪（Considérans）那样断定形式有先验美，因为它就是存有本身，它使事物存在，而神圣的存有即神圣的美。这样的话，我们也可以说畸形的东西本身也是美的，因为它们的线条和形态都是神光创造与反照下的宇宙秩序的明证。拉丁语中的形式（formosus），就意味着美。

布封（Buffon）不是也在他的《自然史补遗》（卷六，第104页）中说过："大多数的畸形物都是对称的，其部分的紊乱看来是在秩序中被规划了的"？

然而，罗塞特在他的理论性**导言**部分，似乎没有形式皆美的说法，而只有那些与意义相关的形式，那些因为首先与意义相通并为我们所理解的形式才是美的。可是为什么？我想再问一次，为什么他给予几何学如此的特权呢？即便我们同意在极端情况下，即在崇高美的情境中（都说高乃依有崇高美），如果美能被几何学纳娶并耗尽，那么几何学就必须实施暴力。

这样一来，对本质性的"高乃依式运动"至关重要的一些东西是不是就会丧失了呢？以这种本质主义或目的论的结构主义为名，其实是把所有那些不屑于几何机械模式的东西，简化成无关紧要的
36 表象：因为那简化的不只是不受曲线和螺旋线约束的剧本，也不只是作为意义本身的力与质，还有运动中那种纯粹相异性的**时间长度**。罗塞特对戏剧式或小说式运动的理解，就像亚里士多德对一般运动的理解一样，认为被欲求之形式的休眠状态是运动的启动通道。在高乃依式的意义动态学和他每个剧本中发生的一切，仿佛都是为了一种最后和平，为了体现出结构圆满现实的《波里厄特》而存在的。在这之外、之前和之后，运动本身的纯粹时间长度与有机运作都只不过是草图或边角废料。从《波里厄特》这个"完美无缺的首次成功"的角度来看，它们甚至可以说是一种放任、错误或罪孽。罗塞特在"完美无缺"一词下做了个注："从这一角度看，《西拿》还在歧途之中"（第 12 页）。

雏形主义（préformisme），目的论主义，对力量、价值和时间长度的化约，就是几何学，也就是结构。而这种**事实**结构，在某种程度上支配了该书的全部论述。罗塞特认为，初期马里沃作品中所有那些没有显示"双重记录"（叙事与对叙事的观照）方案的东西，不过是他借"一系列青春期的小说习作"为"他的成熟小说及其戏剧作品所做的准备"（第 47 页）。"**真正**的马里沃在那里**几乎**可以说仍是缺席的"（重点符号是我加的）。"在我们看来，这是值得记住的事实……"（第 47 页）下述分析和引语会是我们下结论的基础："这个

超越人物的对话草案，是借助以作者在场与不在场之转换为特征的断裂式叙述来呈现的，而它才是真正的马里沃草案……这么一来，马里沃式的演出与观众，人物/演员与观众的结合，就获得了第一个基本形式。这之后人们看到的将是它的完善过程……"（第48页）

当罗塞特明确地说"这种马里沃式的恒常结构"[①]，尽管在其初期作品中不明显，或者说隐而不现，却如同"小说幻觉所要求的解体"那样，"属于滑稽剧传统"（第50页，也见第60页）的时候，我们就更难接受了。马里沃的原创性是从这个传统"摄取"了一种叙述的自由，它所呈现的"既是作品又是作者对其作品的反省……"，即"批评意识"（第51页）。马里沃的习语，因而并不体现在这样被描述的结构中，而在于他那种使传统形式复活并创造一种全新结构的意愿。因此，被这样复原的一般结构的真相，既没有**描绘出**马里沃作品特有的有机体，更无法描绘其作品的力量。

但是，"被这样抽离出来的结构事实，看起来既像个恒量的双重记录模式 ……也**符合**（我这么强调）马里沃式人物对自身的认识模

---

① 请看"恒常结构"的一些公式："真正的剧本在哪儿？它在两个层面的叠印交织之上，在它们之间建立的移动距离及交换之中，而这两个层面给我们提供了一种双重观照和双重解读的微妙快感。"（第56页）"……从这个角度看，我们可以为马里沃的所有剧本下这样一个定义：'它是一种双层有机体，这两个层面逐渐接近直到二者完全结合。当二者融为一体时，也就是说，当被观看的一组人物像其他角色看他们那样反观自己的时候，戏也就结束了。真正的剧终，并非落幕时的婚礼，而是心灵与目光的交融。'"（第58页）"……我们在两个脉络中追随戏路的发展，这两个脉络给我们提供了两条平行的曲线，不过，二者是相互分离的，它们的区别在于不同的重要性、不同的语言和不同的功能：一个可迅速勾勒，另一个在其所有复杂性中展开，前者揭示后者的趋向、后者的深层的回应及其最终意义。这种内在的反观法，确保了马里沃戏剧中既严格又灵活的几何学技巧，同时，也确保双轨运动在爱情发展线上的展开。"（第59页）

式：一颗无视觉的'心灵'被某种视觉的意识域给捕捉了"（第64页）。可是，这样一个当时颇为传统的"结构事实"（假定就认定它确实存在并独特得足以代表那个时代），怎么就能与"马里沃式人物"的意识"相符"呢？究竟是这个结构切合了马里沃最独特的意向，还是相反地，马里沃代表了那个时代的某种文学结构的**范例**？（当然得说明它如何可以当作范例）。或者，由于这种文学结构，马里沃成了那个时代自身结构的范例？难道这里不存在研究数以万计、悬而未决的**个体**结构、作家或作品专题之前提条件的方法论问题吗？

如果说在罗塞特关于高乃依和马里沃的研究论述上，**几何学主义**显得尤其明显的话，那么，在他对普鲁斯特和克劳岱尔的论述中走俏的则是**雏形说**。而且，他的论述方式也不再满足于地形学描述，而是多了个有机论视角。也因此，他的雏形主义论述变得更丰富，也更有说服力。首先，是因为它使得可运用的材料更为丰富，也更具内在穿透力（也因此可以证实我们的感受：这本书的精华，并非作者的方法，而是他关注力的质量）。其次，是因为普鲁斯特和克洛岱尔的美学观与罗塞特的美学观在深处颇为吻合。

在普鲁斯特那里（如果我们没有忘记的话，关于这一点，我们从他那里获得的示范可以说是肯定的），对结构的苛求既是始终如一的，又是清醒自觉的，它通过开始与结尾的对称（既非真亦非假）、反复、循环、逆光、重叠及前后不一等奇观呈现出来。目的论在此并非批评家的投射，而是作者的主题。结局在起点处的暗示、写作主体与书的主角、叙述者意识与主角意识间的那些奇特的关系，所有这些都使人想到《精神现象学》中所说的生成风格和关于"我们"的辩证法*。这里涉及的也正是一种精神的现象学。罗塞特指出:"我们还可以为普鲁斯特之所以如此重视这种结局回归起点的小说环形形式想出更多的理由。在最后几页里,我们看到的还有主角与叙述者在经过长时间的时近时远(更经常的是远距离)地相互寻找后的重聚;他们的重逢与小说结局耦合,在那一刻主角变成叙述者,换句话说,变成他自己故事的作者。叙述者,也就是那个自我揭示的主角,那个主角想通过自己的经历渴望成为的对象,现在取代了主角,能够着手构建作品的完成式,他首先要着手写的,正是那个既为叙述者也为作品主角之源的《**坎布雷**》**。书的这个结尾不仅使书的存在成为可能,并且使之变得可以理解。这部小说的构思是用小说的结局去引发它的起点"(第 144 页)。说到底,普鲁斯特的美学观和批评方法并非在其作品之外,它们是他创作的核心:"普鲁斯特将这种美学变成其小说作品的真正主题"(第 135 页)。正如在黑格尔那里,哲学意识、批评意识、反省意识不仅是对历史运作和历史作品的观照,而且它首先是意识**自身**的历史。所以说这种以作品概念呈现的美学观正好包含了罗塞特的审美观并没有错。我们也可以说它确实是一种**被实践着**的雏形说:因为,"普鲁斯特在注释里说,最后一卷的**最后一章**,是紧接着第一卷的**第一章**写成的。余下的是后来才写的"。

我们所说的雏形说指的就是雏形主义,它是与**外遗传学**

39

---

* 黑格尔在该书中让读者体验一次他已经完成了的"发现之旅"。《精神现象学》的辩证转折,总是由读者被带入那个能够抓住黑格尔已经抓住的点来标识的,它使得它所谈及的概念变得真实,因为主客体的距离已被消除。黑格尔把《精神现象学》的结构定义为一种向其起点回归的环形运动。

** 坎布雷,指的是原乡。

（épigénétisme）相对立的著名的生物学学说，根据这一学说，胚胎中已包含了生物体的基本遗传构造，只是雏形罢了，随后的发展与其成年后的比例是一致的。这种**盒套**理论曾是这种雏形主义的核心，如今却只能让人发笑。可是人们究竟笑的什么呢？无疑，人们笑的是微型成人，还有给自然生命加上多于目的性的东西，即行动的天意及其作品中的艺术自觉。然而，当问题涉及的是一种不模仿自然的艺术，当它涉及的艺术家是人而非神，当它涉及的意识可以生成、繁衍时，雏形主义就不再那么令人发笑了。**逻各斯精液**就锁在其自身之中，不再输出，因为，逻各斯是个神人同形同性的概念。罗塞特在明示了普鲁斯特构造中**重复**的全部必要性之后写道："无论人们怎么思考《斯万之恋》的开篇技巧，都会很快就忘了，尽管它是那么紧密而有机地将部分连入了整体。然而一旦读完了《追忆逝水年华》的全部，人们就会注意到这绝不是一个可孤立来读的片段；因为缺了它，全篇就变得无法理解了。《斯万之恋》是小说中的小说，或者是画中画……它使人想到的不是众多 17、18 世纪小说家热衷于在他们叙述中使用的故事中的故事，而是那些可从马里沃的《玛丽安的一生》，从巴尔扎克和纪德那儿读到的内在故事。普鲁斯特在他小说的多重入口中的一个入口上安置了一面凸面镜，让它简约地反映全书"（第 146 页）。罗塞特用盒套式隐喻及其运作来描述普鲁斯特，尽管人们最终采用了一种更精妙也更恰当的意象来置换这一描述，但这种置换，本质上指的仍是同一种暗示关系。只是这种暗示是反省式与再现式的。

也因同样的原因，罗塞特的美学观与克洛岱尔的相吻合。他在有关克洛岱尔的评论之始就对普鲁斯特式审美下了定义。他认为克洛岱尔与普鲁斯特的相似性明显地超过了他们间的差异性。他们相似性的汇集点正是"结构性单调"之主题：（普鲁斯特说，）"重新思考维试宜（Vinteuil）作品的单调，我向阿柏廷（Albertine）解释说，伟大的文学家向来只制造一部作品，或者说通过不同的场所折射出他们给世界带来的同一种美。"（第 171 页）克洛岱尔说："《缎子鞋》（*Le soulier de satin*）是《金脑子》（*Tête d'or*）的另一种形式。它既概括了《金脑子》又概括了《共享正午》（*Partage de midi*）。它甚至就是《共享正午》的结论"……"诗人不过是展开了一幅已经建构好的图画"（第 172 页）。

　　这种使时间和力量中性化的美学，如同橡树籽**有别**于橡树那样的，在普鲁斯特和克洛岱尔那里都并非独立自主的。它是一种形而上学的表达，即"纯态时间"，普鲁斯特也把它叫作"非时间性的"或"永恒的"时间。时间的真相不是计时性的。时间的意义、纯**时间性**也不是计时性的。类似地（仅仅是类似而已），时间的不可逆转序列在克洛岱尔眼中，不过是上帝构想并创造出的神圣宇宙之真理的现象、表面和表象。这种真理就是那绝对的**同时性**（simultanéité）。像上帝一样，既是创造者又是构建者的克洛岱尔"对共在的事物有鉴赏力"（《诗学》）①。

―――――――――

　　① 罗塞特正确地评论道："这样一个并非孤立的宣言，对现实的各种层次都是有效的。一切皆服从于**构成**（composition）法则，这即是艺术家之法，也是造物主之法。因为，宇宙是共时性的，在宇宙之中，相互远离的事物，和谐共存，形成一种和谐的团结性；宇宙就是那个在万物关系中连接了造物主与艺术家的隐喻，它就是爱这个将孤立的灵魂连在一起的纽带。因而很自然，在克洛岱尔的想法中，允许两个彼此远离的人，如'关系无法解除'的普鲁艾兹和罗德灵格，通过相会像和弦的两个音符那样相互回应。"《形式与意义》，第 189 页。

　　这种形而上学意向最终通过一系列中介，使得罗塞特关于普鲁斯特的评论全部有效，包括他对克洛岱尔"戏剧的基础性场景"（第 183 页）的分析，对《共享正午》中的"克洛岱尔结构的纯态"（第 177 页）的分析，以及对克洛岱尔式戏剧整体性的分析，用克洛岱尔自己的话来说，这个戏剧整体性就是那样一个空间，在那里"我们像把弄手风琴那样随心所欲地操控时间"，"那几个小时留存而岁月却流逝了"（第 181 页）。

　　当然，我们不打算为了这种时间性形而上学或神学去检验这些分析。尽管由它们统领的这种美学对于阅读普鲁斯特和克洛岱尔既是合法的，又是富有成效的，我们也不难承认，**他们的**美学，也是**他们的**形而上学之女（或之母）。人们也会很容易赞同这里关涉的正是整个结构主义，或者说结构主义姿态所暗含的形而上学。特别是结构式阅读，总是预设了书的神学同时性，总是在结构式阅读的适当时刻呼唤这种神学同时性，一旦这种同时性无法企及，结构式阅读便会认为被剥夺了本质。罗塞特说："总之，在时间中展开的阅读，为了获得作品的整体感，应当让作品的所有部分同时呈现……像'运动中的画'一般，书只能在连续的片段中被发掘。对于高要求的读者来说，他的任务在于翻转书的这种自然倾向，以便使书的整体在精神的观照中呈现。完美的阅读，只有在将书转化成了创作与阅读互动关系之共时网络时才可能达成：因为只有在那个时刻，惊奇才会涌现……"（第 xiii 页）（什么样的惊奇？同时性怎么能够储存惊奇？这里取消的无非是惊奇的非同时性。因为，惊奇是从同时性与非同时性的对话中涌现的。只不过结构同时性**本身**更能令人心安罢了）。约翰-皮埃尔·理查说过："所有结构分析的困难在于，它得按顺序地、前后有序地描述那些事实上同时存在的东西"（《马拉美的想象世界》，第 28 页）。因此，罗塞特提及阅读中进入作为真理之同时性的困难；而理查所强调的是写作中考虑作为真理之同时性的困难。在两种情况中，同时性都神话般地被提升为整体阅读或整体描述的理想调节器。对同时性的追求解释了对空间意象的这种迷恋：莱布尼茨说过，空间难道不是一种"共存物的秩序"吗？只是，用"同时性"而不用空间这个说法，是要**强调**时间以免**忘掉**了它。"因此，时间长度获得了某种同质域的虚幻形式，而它与空间的结合特征，正是人们可将之定义成时空交错的那个同时性。"① 在这种对平面和水平线的苛求中，结构主义无法容忍的当然就是**体积**所包含的丰富暗示性，即无法在一种形式的同时性平面上展开的意义的全部要素。然而，如果说书首先是一种体积②，如果说意义的意义（指一般意义上的意义而非表意功能）是无限的暗示，如果说能指向能指的转移并无界限，如果说能指的力量就是纯无限的暧昧性，它不给所指留下任何缓冲和歇息的余地，而将之纳入自己的**经济学**中并使之再次表意并不断**延异**，这些说法难道都是偶然的吗？除了在马拉美的《无法完成之书》里，成文的东西没有自性（identité à soi）。

未完成，不等于说马拉美**没能成功完成**一本与自我合一的书，

① 柏格森：《论意识的直接材料》。

② 对于文学结构主义者来说（也许对一般的结构主义亦然），书的文字——卷缠在树皮和卷轴中的意义之运动、无限性、不稳定性和变化无常——还仍未取代（不过它能取代吗？）平面展开的绝对律法文字，即诚碑规定。

42

马拉美也没想这么做。他以不想实现元书的统一性来动摇人们以为安全牢靠的那些思想范畴：在谈及元书的"那种自性"时，他强调元书在"与自己的组合"中，既是"同一也是他者"。马拉美说，它不仅将自身提供给某种"双重解释"，而且，通过它"我将这完整的双重性十倍地四处播种"①。

43　　我们是否有权将这种非常适合于解释普鲁斯特和克洛岱尔的形而上学和美学当作结构主义的一般方法？② 罗塞特是这么做的，至少在我们试图呈现的范围内，他决定将所有那些无法在"先定的"目的论规划中被理解的，在同时性中被察觉的东西，归为没有资格可言的意外或浮渣。甚至在他那些完全由结构引导的关于普鲁斯特和克洛岱尔的专文中，罗塞特也得将每一个明显"可能独立于"（第 164 页）"中心主题"或"作品之总体结构"（第 164 页）的"事件和人物"当作"原发性事故"来处理；他必须面对"真普鲁斯特"和那个被他伤害的"小说家（指未完成的普鲁斯特）"，在罗塞特看来，真普鲁斯特也可能错失了爱的"真谛"（第 166 页）。同样地，"真波德莱尔也许只存在于《阳台》之中，完美的福楼拜也只在《包法利夫人》中才得以体现"（第 xix 页），而真普鲁斯特也不

①　有关马拉美之书的"自性"，参见雅克·谢和尔（Jacques Schérer）：《马拉美的元"书"》，第 95 页，以及第 94 页、第 77 页、第 129—130 页。

②　在此我们将不过于强调这类问题。问题固然平庸，但很难绕过，而且它多少在罗塞特工作的每个步骤中皆被提到，要么涉及一个被他讨论的作家，要么涉及一部单独的作品。难道每个作家、每部作品都只有一个基本结构吗？怎么识别它呢？如何予之以特权呢？标准，既不可能是一种经验统计学的积累，也不可能是一种本质的直观。这是个面对作品，也就是说面对那些结构非先验性之事物，向结构主义科学提出的问题。作品有一种先验材料吗？**不过**，对先验材料的直觉所提出的奇妙问题，涉及了优先审判权的问题。

是在所有的作品中都存在的。因此，罗塞特分析克洛岱尔也必须下这样一个结论：《人质》中的人物不是被"环境"拆散的，"准确地说"他们是被"克洛岱尔方案的要求"拆散的（第 179 页）；为了显示克洛岱尔在《缎子鞋》中没有"违背他自己"，也没有放弃他的"一贯方案"（第 183 页），罗塞特还必须展示他钻牛角尖的奇特本领。

最为严重的是，这种我们称为"极端结构主义"的方法，在某些方面看来与结构主义最珍贵及最具创意的意向相矛盾。这种首先在生物学和语言学领域崭露头角的结构主义，特别强调保护每一个整体在其自身层面上的结构一贯性和完备性。在某一既定构成中，它首先拒绝去考虑那些未完成的或有缺陷的部分，以及从某种终极目的或理想标准来看属于正常演化之盲目预期或神秘偏差的东西。要做一个结构主义者，就意味着迷恋意义的有机结构，迷恋每个时刻、每种形式的独立性及其特有平衡，迷恋它们的成功之建构；做一个结构主义者，也意味着拒绝把所有那些不能在某种理想形态中得以理解的东西降级为反常的事故。因为病理现象本身并不只是结构的缺席，它也是有结构的。它不能被理解成某种完美的、理想性的整体之机能不全、背反或解体。它也绝不只是目的的简单败北。

的确，拒绝目的论（finalisme）是结构主义难以实践的行为标准和方法准则。但也正是相对于目的，结构主义者的工作才难以忠实于其（不考虑目的的）叛逆意愿*。结构主义正是活在其意愿与

---

* 理论上说，结构主义认为分析结构本身就够了，无须考虑它的功能和目的等结构外的东西。然而，问题是，如果我们没有某种选择标准，没有一定的目的和意愿的话，无论是有意的或是无意的，我们就无法在结构的诸多因素中做出恰当选择，因而使得结构分析无从着手。

事实的这种差异之中，并倚赖这种差异活着。无论是生物学、语言学还是文学，对一种有机整体的把握如何可能不顾及它的目的，至少是有关目的的预期呢？如果意义只有在整体中才成立的话，而这个整体假如不是由某种目的预期推动，或由某种未必首先就属于意识范围的意向性推动的话，意义将怎样浮出呢？假如结构真的存在的话，那么，它们需要一个根本性结构，因为，这个结构能使整体在某种以最不确定的形式出现的目的预期中，为了**获得意义**而打开并溢出自身。这个打开，诚然释放了甚至混为一体的时间与发生源，不过，也可能因此而封闭了它们的生成可能性，使力量在形式中沉默无声。

因此，在应罗塞特之邀而进行的再次阅读中，我们会发现从内部威胁光明的，也正是从形而上学层面威胁整个结构主义的东西，它就是揭示并同时掩盖了意义本身的那同一动作。所以，**了解**生成的结构、力量的形式，就等于在**获取**意义的同时失去意义本身。生成和力量的意义，就其本质而言，乃是起点与终点的歇息，是一种演出中的停顿，是地平线或面孔的静止状态。在歇息和静止状态当中，生成和力量的质被意义本身给遮蔽了。意义的意义，是（尼采所说的）那种阿波罗式的。

无疑，说力量乃现象之源等于什么也没说。当力量被道出时，它就已变成了现象。黑格尔曾指出，用力量解释现象是同语反复*。不过，他这么说的时候，他得针对语言的无力感而非力量的

* 参见《精神现象学》，贺麟、王玖兴译，上卷，北京，商务印书馆，1981，"力和知性"章，第88—109页。

观念，因为，语言无法脱离自身去言说它自己的源头。力量是语言的他者，因为没有它，语言恐怕就不会成为语言。

为了尊重语言中的这一奇异运动，也为了避免反过来将其简化，我们还得努力回到明与暗（即显身与隐身）这个作为形而上学之西方哲学的基础性隐喻上来。说它是基础性隐喻，不只因为它是生物光学隐喻（从这个角度看，我们哲学的全部历史就是一种生物光学，是光历史或光论说的别名），还因为它就是隐喻本身：因为一般隐喻，这个由存有对存在者的首次**臣服**与**类似**移动授权的存在者之间的通道、所指之间的通道，就是在形而上学中不可救药地牵引并抑制话语的那个根本引力。把它看作"历史"的令人遗憾的、暂时的意外，当作思想在历史中（*in historia*）的一种衰竭和败北，那注定是在犯傻。正是思想在历史中（*in historiam*）坠入哲学，才使历史得以开始。这足以说明"坠入"这个隐喻值得加引号。在这个日心说式的形而上学中，输给"本相"（*eidos*，即形而上学视域中显见的形式）的力量已经与力量的本义分离了，正如音乐的特质在音响中已与自身分离了*。那么，我们如何借助明与暗来理解力与无力呢？

现代结构主义，或多或少，直接或公认地，是倚赖着现象学而

---

* "……确认一切质都是量的起点来自声学……（声理论）……那是要为那些绝对不可穿透的力找到数学公式"。见尼采：《希腊悲剧时代的哲学》。作者此处详述形而上学的几个特征，但没有说明它们之间的相互关联。其一，"日心说形而上学"指的是建立在光与暗隐喻上的哲学语言，光代表真理，暗表示错误。其二，这种语言总是暗含着"声学"的某种特权位置，如注重存在于生活口语中真理呈现的语音表述模式。其三，这个系统是由柏拉图启动的，他关于"本相"的学说包括上述两个方面。

46 成长壮大的，这一事实足以把它纳入西方哲学最纯粹的传统性当中，这个传统超越了它的反柏拉图主义，直接将胡塞尔引回到柏拉图。可是在现象学里，人们却找不到一个能思考强度或力量的概念，找不到思考潜力而不只是方向，思考**强度**而非只是意向性中的**"向度"**（*in*）的概念。因为，它全部价值首先是建立在一个纯理论主体之上的。显然，除非借助明与暗、意识的在场与不在场、意识的获得或丧失，否则一切都无从谈起。透明度是其最高的价值，单义性亦然。而这正是去思考超验自我之诞生及纯时间性的困难所在，也是去思考目的实体化过程的成败及所谓"危机"的那些神秘弱点的困难所在。当胡塞尔在某些地方不再将危机现象和目的实现之挫败当作"原发性事故"或非**本质性的东西**（*Unwesen*）时，他指出，遗忘**对真相发展、真理揭示及真理启蒙是记忆力以积淀物的方式加以**规定的，而且也是必要的。可是，为什么意识力与意识之乏力、乏力之力会在它的揭示动作中同时匿身呢？如果力与乏力的这种"辩证"是思想本身在与存有之关系中的那种有限性的话，它就不可能通过明与暗的意象在形式语言中被言说出来。因为，力并非晦暗性，它不会藏身于本身就是实体、物质或地穴（crypte）*的形式之中。对力的思考，不能从对立的对子出发，也就是说不能从现象学与幽暗学（*l'occultisme*）的共谋性出发。也不能从现象学内部出发去将**事实**与**意义**对立起来。

因此，我们应当争取摆脱的是这个语言。但不是**企图**去脱离

---

* 自加洛林风格以来，地穴一直是基督教教堂的组成元素之一。在上层教堂下建造的通常用作坟墓的下层教堂的穹顶。

它，因为这是不可能的，除非忘掉**我们自身的**历史，除非做梦。不要去**脱离**它，因为那非但毫无意义，还会剥夺我们的意义之光源。不如尽可能远距离地抵抗它。总之，我们绝不能以弃权方式委身于这个语言，因为，这种弃权正是如今最细腻的结构形式主义的恶性沉迷。

如果有一天，批评得解释文学书写并与之交流，它不必等到"哲学"率先组织起对语言的抵抗，然后再从哲学主导的美学方法论去获取批评的原理。因为，哲学在以自身的历史中曾经是以对诗之开端的反思而被确立的。哲学本身就是力量的曙光，它是意象、形式、现象开始说话的阳光明媚的早晨，它是理念与偶像* 的清晨，在那里，力量的释放变成它的歇息，力量的释放在光线中使力量的深度趋于平淡，并在水平状态中延伸开去。然而，如果我们指望文学批评已经被确定为文学的哲学，无论它是否意识到，也无论它是否愿意，那么这个事业就是无望的。因为这样一来，也就是说，只要它不明确地采取我们上面说过的那个不能简单地用结构主义路数去思考的策略性操作程序，文学批评就将没有办法，也没有动力去拒绝声律谐调法、几何学、视觉特权和"刺激眼球以获得视力"的阿波罗式的狂喜①。它也就无法超越自身去热爱力，去热爱移动线条的运动，把它们当作自身内部的运动和欲望而非线条的意外事故或神显（épiphanie）去热爱，直到热爱书写本身。

---

* idée 和 idole 在古希腊语中同源。idein 指看见，eidolos 指再现，而 eidos 指形式，也是柏拉图理型观念的来源。鉴于该词所含有的神性再现的视觉层面，我把它译为字面义"偶像"。

① 尼采：《偶像的黄昏》。

正是在这里隐含了我们开篇时所说的那种怀旧、那种忧郁、那种酒神精神的堕落。从《形式与意义》结尾处对克洛岱尔式的、结构式的"单调"的讴歌中，我们感受到了这种酒神精神的堕落，难道我们弄错了吗？

到了该下结论的时候了，不过，争论并未停止。因为，在酒神与阿波罗神之间、在激情与结构之间存在着的分歧，即**区别**，是不能从历史中抹去的，因为它并**不在**历史之中。从某种不寻常的意义上讲，这种区别也是一种原初结构：它是历史的开端，也是历史性本身。因为，这种**区别**既不简单地属于历史也不简单地属于结构。如果我们必须站在谢林的立场上说，"一切不过是酒神狄俄尼索斯"，那就必须知道并写出：作为纯力量的狄俄尼索斯，也是通过差异来工作的。他看，也被看。他睁开眼睛也凝视。像与自己的死亡有关那样，他始终与其外部世界、与可见的形式、与结构发生关系。因为，那就是他显现的方式。

福楼拜曾说，"形式总是不足"。怎么理解这句话呢？这是对形式之他者的一种庆幸，还是庆幸"有太多的东西"超越并抵抗形式呢？或是对酒神的赞美？不，这叫人生疑。正相反，那是他对"哎！形式不足"的叹惜。是将作品当作形式的宗教。而且，形式不够而东西太多，已经指的是比"风格可塑性更广大的"能量之幽灵和"理念"了。福楼拜这句话是针对勒孔特·德·李瑟尔，这是一个深情的提示，因为福楼拜"非常喜欢那家伙"①。

尼采没错，他说："福楼拜，就是帕斯卡的再版，不过，是以

---

① 《作家生涯序》，第 iii 页。

艺术家的特质呈现的再版"，他出于本能地判断说："福楼拜令人讨
厌，在他眼里，人什么都不是，作品才是一切。"①

因而得在写作与舞蹈之间做选择。

尼采徒劳地向我们推荐羽毛笔的舞蹈，他说："知道用脚，用
意念去跳舞：难道我还得说也必须知道用笔去跳舞，写作是必须学
习的吗？"福楼拜清楚地知道，而且他也有道理这么说，写作不可
能是彻头彻尾的酒神狂欢。他说过，"我们只能坐着思考和写作"。
尼采的愤怒是喜悦的："我可在这儿逮着了你，你这虚无主义者！
坐着别动，那正是反圣灵的**原罪**。只有那些在你行走中产生的思想
才有价值。"

不过，尼采并不怀疑作家从不站着写作，他也不怀疑写作首先
而且总是要俯下身来，他更不怀疑文字并非天空中的火焰密码。

尼采不怀疑，而查拉图斯特拉则确信："破损了的旧诫碑和只
刻了一半的新诫碑包围着我，我在那里等待。等待着我的重新坠
落，等待着我的死亡时刻的来临……"（Die Stunde meines Nieder-
ganges，Unterganes）必须坠落，必须劳作，必须俯下身去刻出新
诫碑并将它带到山谷里去，阅读它并让更多的人读到它。写，才是
出口，如同意义在自身中坠落而脱离自身：这是为世间他者而他者
的隐喻（métaphore-pour-autrui-en-vue-d'autrui-ici-bas），是以世间
他者之可能性呈现的隐喻，是存有如果想让他者显形就得自我隐身

49

---

① 《偶像的黄昏》，第 68 页。也许把尼采的说法和《形式与意义》的下述片段放在
一起，不是没有意趣的："书简作家福楼拜的书信对我们很珍贵，在那里我们找不到小
说家福楼拜的影子；当纪德声称他偏向于书简作家的福楼拜时，我觉得他选择了糟糕的
福楼拜，至少是那个小说家福楼拜竭尽全力要铲除的东西。"（第 xx 页）

的形而上学之隐喻。在他者中面向他者挖掘，因为在那里同一寻找其现象的纹理及掩藏着的真金。在向他者臣服中，同一永远迷失了自身或被迷失。坠落（Niedergang），下坠（Untergang）。不过，同一在失落之前什么都不是，它也不是它本身。因为，那个情同手足的他者，**首先**并不是所谓的主体间性的那种和平，而是相互质疑的运作与风险；它首先不能确定两种肯定的相互**结合**是那种**和平的回应**，它在黑暗中被空洞的质疑召唤。写作，就是他者进入存有那个原初山谷的时刻，是深度体验也是衰竭体验的时刻。是力量引力的机制，也是它的坚持。

看啊：这是个新的诫碑。可是将帮着我把它抬到山谷里去并将它铭刻入血肉人心的我的那些兄弟们，他们都到哪儿去了？

我思与疯狂史

……绝对决断的那个绝对时刻就是一种绝对的疯狂……

克尔凯郭尔

无论怎样，这本书是极为冒险的。一张透明的扉页把它与疯狂分开。

乔伊斯：《尤利西斯》

正如演讲的标题所示，我的这些思考①是以米歇尔·福柯的

---

① 除了一些注释及括号里的小片段外，这篇文章是 1963 年 3 月 4 日于哲学学院所作的演讲的文字稿。在建议我将它发表在《形而上学与道德学刊》的时候，让·瓦尔先生十分愿意保留文本的原样，让它保有活泼的言谈方式，既有严格的要求又不乏其特有的缺点：在通常情况下，用《斐多篇》的字眼，如果说写下来的东西，就天生丧失了"它父亲的援助"（指逻各斯），如果说它是从"活生生的话语"坠落下来的脆弱的"表达"，无法自助，那么它在模拟即兴的声音而必须放弃文字语言的风格和谎言时，不就更为露拙无遗，更为无助了吗？

《疯狂与非理性：古典时期的疯狂史》为起点的。①

福柯这本书在很多方面令人敬佩，它气势雄浑，风格强劲。对我这个不久前有幸听过他讲课的人来说，我对他不仅怀有门生的敬意和感激之心，更存几分敬畏之情。不过，这种门生意识却始于一种不能说是与师傅的争辩，而是与他的一种对话，或者更确切地说，与师傅无尽头地默默交谈，这种交谈也建构了门生本身。门生意识，因而是一种不幸的意识。这种意识就像不会说话而尤其不该回嘴的孩子*那样，当他开始在世间与人对话，开始去回答时，总有犯错而被当场逮住的感觉。正如眼下这个情况，这种对话很有可能被误解为一种挑衅，而弟子知道他得独自面对师傅质疑的声音，那声音不仅内在于他，而且前在于他自己的声音。他感到自己不断地遭到师傅的质疑、否决或指责：作为弟子，他被内在于他且前在于他的师傅的声音质疑，这个声音谴责他挑起这种争论，率先展开这种争论并提前否定这是个争论；那个被弟子内化了的师傅受到的质疑是来自这样一个有门生意识的弟子的质疑。身为门生的这种无尽痛苦，可能来自一个他还不知道或者说隐而未显的事实，那就是如同真实人生那样，师傅可能总是缺席的。

因而，必须扎破冰层，更确切地说打破镜子，打断那学生对先生的无尽的反思和沉思，并开始发言。

既然这些思考的取向远非直线式的，也不是单线条的，我将牺牲其他可能的开场白，直接进入那些将成为这些思考焦点的最一般

---

① 米歇尔·福柯：《疯狂与非理性：古典时期的疯狂史》，蒲隆出版社，1961。

* 法文中孩子（enfant）一词源自拉丁文 in-fans，指不会说话的人。

性的问题。这些一般性的问题，我们将要确定并加以详细说明，它们中有不少，也可以说是绝大多数，是些开放性的问题。

我的出发点可能显得牵强，也不自然。福柯在这本厚达 673 页的书中，只用了 4 页（54—57），还有那个类似第二章绪论的段落来讨论笛卡儿的《第一沉思》的一些片段。在那些片段中，疯狂、精神失常、精神错乱、丧失理智，看起来（我强调**看起来**这个词），是被从哲学的尊贵圈子中撵出去、排除并放逐出去的，它们被剥夺了获得哲学思考的权利，被剥夺了成为哲学思考对象的权利。其实，早在笛卡儿召集的那个法庭最后宣判"我思本质上**不可能**是疯子"之时，它们就被逐出了哲学园。

无论对错，我们之后再下定论：假定福柯全部方案的意义，可能就集中在这几页具有影射性且多少有点儿神秘的文字上，假定引导他这个读法的是笛卡儿和笛卡儿式我思，而这种读法作为问题性，又涉及了整个《疯狂与非理性：古典时期的疯狂史》的意向性意义与存在前提，如果这种假定可以成立的话，那么我提出两个系列的问题：

首先，我要提出的可以说是个先决问题：福柯对笛卡儿意向的那种**解释**是否合理？这个解释指的是福柯在下述两个方面提出的某种关联性及其语义关系：**一方面**是笛卡儿所说的，或者是我们以为他这么说的，或者我们以为他想要说的；**另一方面**是所谓"历史结构"、某种具有意义的历史整体性、某种整体历史的方案，虽然眼下轮廓尚未清晰，有人认为这个方案的**特别**提示就在笛卡儿所说过的，或人们以为他说过的，或以为他想要说的内容中。提出此解释的合理性问题时，我向自己提出下面两个问题，现在我把这两个先决问题放在一起来谈：

（1）我们真的从符号本身就能完全了解**符号**吗？换句话说，我们真的明白笛卡儿所言和他所欲言吗？这种从符号自身理解符号、从符号的直接材料对符号的理解，可以说只是理解符号的最初阶段，然而，它却是任何**诠释**必不可少的条件，是任何符号要求进入其所指所不可或缺的条件。一般说来，当人们试图从一种显性语言过渡到一种隐性语言时，首先就得明确什么是严格意义上的显性①。比如，精神分析学家跟他的病人必须说同一种语言。

（2）第一个问题还含有第二层含义：笛卡儿公开的意向，一旦被当作符号来理解，那这种意向与人们想要赋予它的那种整体历史结构有关系吗？何况有人想将笛卡儿的意向带入这个整体历史结构。笛卡儿的意向**真的具有人们要给予它的那个历史意义吗**？

"它真的具有人们要给予它的那个历史意义吗？"这说的还是一个问题的两个方面：其一，它有人们给它的**那个**历史意义吗？它有

---

① 在《梦的解释》（第二章第一部分）中论及梦与其言语表达关系时，弗洛伊德重提了费汉兹（Ferenczi）的说法：所有的语言都有它的梦语。一个梦（一种行为或一种一般意识）的潜在内容，只透过语言的统一性，才能与其显性内容交流，这是分析者必须尽可能说好的语言。（关于这个问题，参看达尼埃尔·拉卡什：《论分析中的多语性》，《精神分析》，第一卷，巴黎，1956，第167-178页。）如可能最好是：一种语言的认识与实践进步，本质上是向无限开放的（**首先，那是**因为在语言中，至少在"日常生活"语言中，在语言的不确定性中，在解放了暗含义与表征义之差异的语言的游戏空间中，能指具有原发性的、本质的暧昧性；**其次**，是因为不同语言通过历史进行的本质的、原创性的沟通；**最后**，是因为每种语言的游戏、它与自身的关系，或者它的"沉淀过程"），分析所具有的这种不保险或不足，难道不是本质性的而且是不可还原的吗？对哲学史家来说，无论他采取什么方法和方案，他所面临的难道不是同样的威胁吗？如果考虑到哲学语言的根就置身在非哲学语言中的话，情况就更是如此。

福柯要赋予它的**这样一个**意义吗？其二，它有人们要给予它的那个**历史**意义吗？这个意义是否在其自身的历史性中自我枯竭了呢？

其次，是第二系列的问题（我将略过笛卡儿，不再只讨论笛卡儿式的我思本身，而是将它作为一个更广义的问题性索引来检验）：用我们提出的方法重读笛卡儿式我思（或者说不采取新的解释，只用一种更传统、更普遍的，虽然并不见得更容易的方式，去阅读笛卡儿），难道就不可能对福柯这个疯狂史的**某些**哲学和方法论前提提出质疑吗？当然只是**某些**，因为福柯的工作很丰富，涉及面甚广，因而难以用一种方法，甚至以一种传统意义上的**哲学**去把握。如果真像福柯所说，像他引用帕斯卡时承认的那样，讨论疯狂，只能借助那使人"不至于疯狂"的"疯狂伎俩"，即借助理性去谈①，我们也许可以不必对福柯已经说过的添加什么，而只是在福柯关于

① 历史说到底就只能是意义的历史，即一般绝对理性的历史，福柯不可能没有体会到这一点，我们一会儿将回到这一点上来。他不可能没有体察到的是，他所认定的"古典经验"的某种困难的最普遍意义，对"古典时代"之外也同样有效。比如，他在第 628 页中说："那意味着在追踪疯狂最隐秘的本质时，将它限制在它的最终结构中，为了将它表述出来，我们会发现理性语言本身不过是在无懈可击的谵妄逻辑中展开的，而这使疯狂变得可以理解，同时又避开了疯狂。"理性语言……可是什么语言不是**一般**理性的一种呢？如果历史只能是一般意义的理性和意义的历史的话，那也就是说哲学语言一开腔，它就是在否定或遗忘疯狂，这其实是同一回事，即便在它装作承认并认可疯狂的时候，而那个时刻的否定或遗忘也许更为明确。真理的历史，因此正是这种否定**经济学**的历史。所以有必要，也正是时候，回到那个从某种极端的意义上对立于经典哲学之意义的非历史性（anhistorique）层面上来：这一次是为了以沉默的方式承认否定性，而不是要曲解它。因为是否定性，而非实证性真理，构成了历史的非历史性基础。那种否定性是如此消极，它甚至不能被如此命名。否定性从来都是由辩证法规定的——也就是说它是作为服务于意义建构的工作而由**形而上学规定**的。以沉默的方式承认否定性，也就是切入思想和语言分离的非古典形态。可能也是切入思想与作为话语的哲学的那个临界点，要知道这种分离只能在哲学中被说出，同时被遮蔽。

理性与疯狂之**共享场域**的精辟见解上，再**重复**一遍我思的意义，这个我思的某种意义，或者多种"我思"的意义，因为笛卡儿式的我思，既不是第一个，也不是最后一种我思的形式；我们也许可以从那里体会到一种经验，这种经验的最敏锐处的探险性、危险感、神秘性、夜发性及病理特质，绝不亚于疯狂的经验，而且我相信，它比福柯所想的要少一些**对抗**、少一点指责、少一些宾格化与客观化效果。

我们的第一步将采取**评论**的方式，尽可能忠实地伴随或追随福柯意图，将他对笛卡儿式我思的解释重新纳入《疯狂与非理性：古典时期的疯狂史》的整体方案中。在这一过程中应当呈现的是福柯所理解的笛卡儿式我思的意义。为此有必要回顾一下该书的一般目的，从侧面提出一些注定是开放性、边缘性的问题。

56　　福柯写疯狂的历史是想要写一部疯狂**本身**的历史——此乃该书的价值所在，然而，这也正是它的不可为之处。因为，想要写疯狂**自身**，写疯狂本身的历史，也就是说要给疯狂发言权。福柯希望疯狂成为该书的主体，指的是"主体"一词的全部含义：既是书的主题，又是说话的主体，既是书的作者，又是疯狂本身的自述。写疯狂**自身**的历史，也就是说让疯狂以它自身的存在方式，以它自己的权威发言，而不是用理性语言，也不用**关于**（sur）疯狂的精神病学语言，这里前置词"关于"的竞争性与修辞性是彼此重叠的，因为它涉及的是一个已被精神病理学碾碎、宰制、击败、监禁了的疯狂，一个已经被构成客体、被当作他者从语言及历史意义中放逐出去的疯狂，而这种语言与历史意义就是人们所混用的逻各斯。

因此，他是想摆脱客观主义的陷阱或天真（因为这种陷阱或天真，想要借用那些曾作为历史工具来捕捉疯狂的概念，以古典理性的语言，那种打磨过的、具有警察功能的理性语言），去写原始疯狂本身的历史，写它在被古典理性网罗、捕捉、禁锢之前的状态。这种摆脱圈套的愿望，始终贯穿着福柯的写作。也是他整个尝试中最为大胆也最为诱人的地方，而且还使他的写作充满令人赞叹的张力。不过，那也是他的方案中最为**疯狂**的部分，我这么说并非开玩笑。这个摆脱圈套的执拗愿望是卓越非凡的，因为，那个古典理性用来捕捉疯狂的罗网现在正等着这个想要写一部疯狂史而又不想重蹈理性主义覆辙的福柯，福柯想要绕开理性的企图，从一开始就以**两种**很难调和的方式表现出来。也就是说，它使福柯的表达显得不那么得心应手。

有时候，福柯整个地拒绝理性语言，即"绝对秩序"之语言（所谓秩序语言指的是客观性系统或普遍理性语言系统，即精神病理学所说的表述，它同时也指城邦政治秩序语言、哲学城邦的公民权，简称公民权，还指作为暗喻或政治形而上学的某种结构统一的哲学功能）。在这种时候，他使用这样一类句子（如他在提及 18 世纪末理性与疯狂之间对话的中断，那个中断将会导致语言的整体性和语言权被由社会理性与国家理性授权的精神病理学理性吞并）之后接着说："精神病理学语言，这个**关于**疯狂的理性的独白，只能建立在这样一种沉默之上。我没想过去写这种精神病理学语言的历史，而是想要写一部关于这种沉默的考古学。"整部书贯穿着一个主题，即将疯狂与沉默、"无语言系统的词"、"无说话主体"、

"一种自言自语、既无说话主体又无说话对象的语言联系在一起，这种语言固执地咕哝，自我折压，在喉头上打结，成不了句就坍塌了，然后就无声无息地回到它从未出发的沉默原点，那个意义煅烧的根部。"因而，为疯狂本身作史，就是对沉默的考古学研究。

那么，我们首先要问的是沉默本身有历史吗？接着还要问考古学是沉默的吗？它难道不是一种逻辑论说？一种组织了的语言？一种方案？一种秩序？一种语句？一种句法？一种"作品"？难道对沉默的考古学研究不会以最有效、最微妙的方式重新开始并**重复**（从这个词最无法还原的暧昧意义上理解）那种施加在疯狂身上的行为，即便在它指责这种行为的时刻？更不用说被福柯用来表示这种沉默，表示这种残废言语，表示一切使疯狂成为断语、禁言、窨语之源的所有符号、所有文献，毫无例外地都是从为疯狂所设的法律禁地中借用来的。

现在我们可以提出下面的问题，其实，福柯除了打算讨论沉默的时候，也这么问过（只是在我看来，他的问法过于旁敲侧击，也过于迂回）：这个考古学所使用的语言，这个必须用一种非古典理性的理性才能理解的语言，其来源和身份会是什么呢？这种考古学逻辑的历史责任是什么呢？应当把它安置在哪儿呢？是否将精神病理学工具锁进密室就足以找回它清白，就足以让它摆脱它与囚禁了疯狂的理性政治秩序的共谋关系呢？其实，精神病理学不过是这种秩序的代表，各种代表中的一个而已。关押或流放它并切断它的言路，恐怕也是不足够的；为了证明自己的语言的清白无染去否定精神病理学的概念材料，恐怕也是不足够的。因为**所有**的欧洲语言，所有或近或远参与了西方理性冒险的语言，都属于福柯所界定的那个捕捉疯狂并将之客观化方案的庞大代表团的成员。如果有历史罪责可言，而这种罪责又属于古典意义上所说的历史的话，这语言中**没有什么可以**逃脱这个历史罪责，**所有使用它的人**也都无法摆脱这个历史罪责，而福柯似乎要对它开庭审判。不过，这也许是个不可能的审判，因为，预审和裁决所用的词句本身就在不停地反复重复这个罪过。如果我们所说的**元秩序**是如此强势，而其强势在同类中又是绝无仅有的，那是因为它的特质是由多重条件决定的，因为它那普遍性的、结构性的、无限制的共谋性使所有那些能从它语言中理解它的人向它妥协，虽然它也给他们提供了谴责它的形式。因此，秩序仅在秩序中遭到斥责。

所以，想要**彻底**地摆脱那个流放了疯狂的历史语言之**整体性**，想要摆脱它去书写沉默的考古学，只有两种尝试可行。

要么对沉默保持沉默（那是一种仍未能在使之免受别的缄默症污染的**语言、秩序**中确定的沉默），要么跟着疯子走上他的流亡之路。疯子的不幸、其沉默的无尽之厄运，就是以最佳方式将出卖他们的人当作他们的最佳代言人；因为当我们要谈论疯子的沉默**本身**时，就已站到他的敌人那边去了，就已站在秩序一边了，即便我们可以在秩序中以质疑秩序之源来反抗秩序。因为，没有绝对理性，即（一般）理性，不能对付的诡计（即特洛伊木马战术）。理性秩序之所以是无法逾越的、不可取代的，具有帝王般那种使它不只是一种秩序或一种**事实**结构、一种既定历史结构、任何可能结构之一种的伟大，正是由于它拥有我们不得不借助于它来反对它，在它之

59

中质疑它的那种东西；在它的管辖区内，我们只能诉诸计谋与策略。这等于在传唤理性的某种历史规定性到绝对理性的法庭面前接受审判。以古典理性的历史形式出现的反理性革命（不过古典理性只是一般理性的一个范例而已。正因为绝对理性的这种独特性，"理性之历史"的表达才变得难以思考，"疯狂史"表达亦然），只能在理性中进行，这与黑格尔某种想法相吻合，我对福柯书中的这一点颇为敏感，虽然它没有具体引用黑格尔。既然反理性革命从被说出的那一刻，就不得不在理性**内部**进行，它就总是有它的局限性的，用内政部的用语来说，它只不过是场"骚乱"而已。显然，写一部反理性的历史，一部反理性的考古学是不可能的，因为，"历史"这个概念，哪怕表面上看从来就是个合理的概念。所以，首先应当质疑的也许是"历史"或"元"（archie）这种概念的意义。想质疑源头价值、理性价值和历史价值而去超越它们的书写，是不可能让一种考古学的形而上学框架限制住的。

如果说福柯是第一个敏锐地意识到这个挑战的人，他意识到这种说的必要性，他意识到从比古典时代更深远的理性源头中去寻找语言的必要性，他意识到要超越古典理性的客观主义方案去说的必要，这种必要性甚至不惜让理性语言向其自身宣战为代价，而这场战争是语言不断重获自身、不断自我摧毁，或者说不断重复自毁姿态的战争，那么，他书中进行的沉默考古学的企图，即那种具有语言纯正癖的、不妥协的、非暴力的、非辩证特征的企图，就常常不仅被他所承认的困难，而且被他所表述的**另一个**方案抵消、平衡，我几乎想说，抵触。而这个方案并非一个权宜之计，它是一

个全然不同的，也许更具雄心的、比前一个方案的抱负更有效的 *60*
工程。

　　我们能够从诸多段落中的下面这段话中，体会到福柯对他所面对的困难的承认。为了让各位能享受这段话的强烈美感，我就直接引用如下："力图捉住其（指的是疯狂的痛苦和怨语）原初状态的那种感觉，必然地属于一个已经捕捉了它们的世界。疯狂的自由，只能从囚禁它的监狱堡垒的高处才能被理解。它只拥有它郁闷的囚徒身份和被迫害者的沉默经验，而我们所拥有的，不过是逃犯的体貌特征。"稍后，福柯又说道，疯狂的"原初状态是永远无法在它自身中重建的"，因为，它是"一种无法企及的原初纯粹性"（vii 页）。

　　由于这种困难性或不可能性，必然地保存在用以描写疯狂历史的语言中，福柯承认有必要保持他话语那种"无助的相对性"，也就是说不能依赖理性或逻各斯的绝对性。这种必要性和不可能性，福柯在别处称为"无支点语言"，它原则上拒绝理性句法，但事实上做不到。原则上如此，但事实不然，只是这里所说的事实，不那么容易孤立地来谈。因为，语言事实，无疑是唯一拒绝最终被完全孤立来谈的事实。福柯还说："仅在这个简单的选词造句问题上，就潜藏并呈现出这项工程的主要困难。"

　　也许人们会说，福柯解决这个困难的方式不在于他的**表达**，而在于他的**实践**。必然如此。我的意思是说，疯狂的沉默没有在该书的逻各斯中**被说出**，也说不出来，因为它是通过书的**伤感**（pathos，我采取的是这个词的最正面含义）* 以隐喻的方式被间接地

---

　　* 拉丁文中指灵魂的激动，与逻各斯相对立。

表达出来的。对疯狂新颖而极端的礼赞之意向是无法表明的，因为，对沉默的**礼赞**总是要**靠逻各斯才能**表达的，总是要靠使一切客观化的语言进行表达的；为疯狂"说好话"仍将是对疯狂的语言实行兼并，尤其是当"说好话"指的也是"善言"的智慧及幸福时，*61* 这里的情形正是如此。

而且，说出困难，说出表达的困难，未必就克服了它；恰恰相反。因为，首先它并没有说明这种困难是通过哪种语言，通过什么说话机制被表达的。谁感受到这个困难？谁说了这个困难？没有人能在疯狂的无法切入的、无拘无束的沉默中去说出这个困难，也没有人能用古典理性语言，即狱卒的语言，去说出这个困难，只有一个能理解下面这种情况的人的语言才能表达这个困难，因为**对他**来说，**他所看到**的古典时代相互对立的理性与疯狂之间的对话、战争、误解、对峙或双重独白是有意义的。也因此才可能使逻各斯获得历史的解救，因为，只有在这个逻各斯中，疯狂与理性间**被规定**的双重独白、它们间对话的中断，尤其是那种对话的中断点，如今才得以复制，得以理解并得以表达（至少假定它们真的得到了理解和表达；不过，此刻我们根据的是福柯的假设）。

尽管福柯意识到了不可能性与困难性，这本书还是写出来了，既然如此，我们就有权去问最终支持了他这个无支点、无救援语言的是什么？是谁表述了这种无援？是谁写出的？谁会理解？用哪种语言？从逻各斯的哪个历史情境开始写？是谁写的这部疯狂史？谁应该会理解？因为，这样一个方案能够在今天实现，并非出于偶然。别忘了《疯狂与非理性：古典时期的疯狂史》中思想的大胆姿态，**相反，我们应该记住它**。我们得承认疯狂的某种解放已经开始了，精神病理学开放了，不管它多么微弱，而作为非理性的疯狂概念，即便它从未有过统一，也已解体。也正是在这种脱位性的开放性中，这样一种写作方案方能找到它的源头和历史通道。

尽管福柯比任何人对这类问题都更为敏感和关注，但他似乎并未赋予它们方法论或哲学前提的特质。的确，一旦问题及其困难得到理解，并被当作前提，就有可能导致所有的探索失去丰富性或者趋于瘫痪。因为，探索能通过它自身的实现证明针对疯狂的言语运动是可能的。只是这种可能性的基础是否还是太过于古典了？

福柯的书属于那些不愿沉浸在探索之预期喜悦中的著作。正因此，在沉默考古学困难得到承认的后面，我们还得看到他的另一个**截然不同**的方案，这个方案可能与沉默考古学的计划唱着反调。

由于作为考古学对象的那个沉默，并非聋哑症或本源无语症，它是一种突发的缄默，一种**被秩序**卡住的言语，所以，要从理性与疯狂撕裂前的某种逻各斯内部，从允许人们后来称作理性与疯狂（即非理性）相互对话、自由流通、相互交流（像中世纪城邦允许疯子们自由流动那样）的那个逻各斯的内部，从那个允许自由流通的逻各斯内部，进入理性保护主义的源头，这种保护主义一心想要自我保护，想要建立护栏将疯狂拦在外面，想要把自己变成护栏。这也就意味着要进入使理性与疯狂对话中断的那个点，那个使两种独白分裂的原点，即福柯所强调的那个绝对的**决断时刻**。那是个连接理性与疯狂又将它们分离的关键时刻；它应当被理解为秩

62

序、事实、法令潜能的原初实现，也应当被理解成一种断裂、顿挫、分离、二分（discession）的时刻。为了强调它就是分离本身，是**一般意义**上的意义、一般意义上的逻各斯的断裂和内部折磨，是通感（sentire）实现中的分离，我宁愿把它叫作**意见不和**（dissension）*。因为，不和总是内在的。即便是外部，也是从内部被切开了的，是黑格尔意义上的不一致（*Entzweiung*）与内在不和。

因而，要求进入逻各斯的最初不和的方案，似乎是一个有别于沉默考古学的方案，因为它提出的问题是不一样的。它得处理那块原初统一的处女地，处理那块使既连接又分离理性与疯狂的决断行动如此根深蒂固地根植其中的处女地。古典时代的理性与疯狂曾拥有一个共同的基础。这个共同基础就是逻各斯的共同基础，不过，它比福柯在他精彩开篇第一章里简捷而精辟地提到的中世纪要古老得多。它应当已经是允许中世纪自由交流因素的一种基础性的统一体，而此统一体也已经就是某种逻各斯的统一体，即某种理性的统一体；当然，这种理性已是历史的，只是它比其他后来的古典形式要少一些规定性；因为，它尚未受到"古典时代"的限定。正是在这种古老理性的元素中，二分与不和以变化的方式产生了，或者说以颠覆，甚至是以革命的方式产生了，不过，这是一种内在的革命、对自身的革命、在自身内发生的革命。因为这个开始启动的逻各斯，不只是所有不和的共同场域，也是福柯的语言发生的环境（这一点同样重要），在这个语言中，古典时代的疯狂史不仅是

---

* dissension 这个词的前缀 dis 在拉丁文中指分离与不和等，而 sension 的动词原形 sentire 意指同意、同感等。

事实上出现了，而且也**是合理地**在其限制范畴内被加以设计和描述的。因此，为了能够同时考虑决断的源头（或可能性）和关于这个决断之叙述的源头（或可能性），我们可能就应当从反省那个原初逻各斯开始，因为，古典暴力正是从那里开始的。如果需要提醒一下的话，中世纪以前、古典时代以前的逻各斯历史，并非一个黑暗的、哑然的史前史。无论中世纪与古希腊传统的断裂是如何短暂，假如那种断裂曾经发生过的话，这种断裂和变质，从逻辑哲学遗产的根本稳定性来看，也是为时过晚的、具有突发性的。

福柯不想明确讨论那个决断在真正的历史土壤中扎根的过程，至少因为两点理由。

第一，因为福柯在开始时用了一个神秘的暗示，说古希腊逻各斯与古典理性不同，因为"它没有对立面"。他说："希腊人与他们称作**傲慢**（ὕβρις/hybris）* 的东西关系密切。这种关系不是简单的定罪；提拉斯马克（Thrasymaque）与卡利克勒斯（Calliclès）的

---

* 古希腊语 ὕβρις，即法语 hybris，译成汉语指傲慢或狂妄自大。这是一个希腊概念，通常指"失衡""无度""失分寸"。它指的是受激情激发的极端行为或暴力感，尤其是骄傲和傲慢，但也指权力过度和持续成功被冲昏了头。希腊人之所以将节制和过度相对立，首先是了解自己和自己的极限。

在古希腊，从法律的角度来看，狂妄自大是被视为犯罪的暴力违法行为。这一概念涵盖了侵犯、性侵犯和盗窃公共财产或神圣财产等违法行为。在古希腊文中，傲慢是指一种为了获得快乐或满足，对受害者进行羞辱，或者企图让受害者自感羞耻的虐待者。亚里士多德在《修辞学》中把傲慢定义为，纯粹为了自我满足而去羞辱他人，并且通过羞辱他人感受自己高人一等的快乐。在古希腊的传说中，挑战神明的行为，通常会被用这个形容词来加以形容，这种行为常会带来厄运与神明的报复。在西方文化中，这个词一般用来形容极度自信与骄傲的心理状态，拥有这种心态的人会脱离现实，对自己的能力、成就、竞争力与处境有过度正面的评价，认为自己优于所有人，且看不起别人。

存在就足以证明这一点，尽管他们的言论传给我们时，已被苏格拉底的令人心安理得的辩证法包装过了。但希腊的元逻各斯没有它的对立面。"

因而得假定古希腊逻各斯没有对立面，也就是说古希腊人离那个基础性的、原初的、未分割前的元逻各斯最近，对于这个元逻各斯来说，所有矛盾对立、战争、这里所说的一切纷争，都只能发生在之后。在这个福柯并没有做的预设中，我们得承认"苏格拉底的令人心安理得的辩证法"的历史及其后代们，作为**整体**已经坠落，已经被从这个没有对立概念的希腊逻各斯放逐了。因为，如果苏格拉底辩证法，像福柯理解的那样是令人心安理得的话，那是由于它已经被驱逐、被排除出去、被客体化了，或者说被同化了（有趣的是这其实是同一回事），它被当作理性的他者在理性自身发展的某一时刻制服了并被包括进去了，所以才获得了某种前笛卡儿式的确定性，自控的适度性（6ωφροбύνη/sophrosyne）*，明智的、常识般的、合理谨慎的心安。

因此，情况应该是：（a）**要么是**苏格拉底时刻及其后继者们都参与了那个没有对立面的古希腊逻各斯；但如果确实如此的话，苏格拉底辩证法就不会是那么令人心安理得的了（我们也许稍后有机会说明它不比笛卡儿式我思更为让人心安）。在这种情形下，这个假设中由尼采、海德格尔及其他人引发的对前苏格拉底的迷恋就具

---

* 希腊文 *sôphrosyne* 由 *sôs* 和 *phrèn* 两词组成，前者意指健全的、合理的和健康的，后者则意指智力和理解力。该词因而有谨慎、明智，有节制、有分寸、均衡、沉着、适度、周全之义，与过度、失衡相对。

有神秘化成分，而其历史哲学动因则尚待发掘。

（b）**要么是**苏格拉底时刻及其辩证法战胜了卡利克勒斯式的傲慢，已经就是逻各斯被自我放逐和被流放出去的标志，已经就是某种决断、差异在逻各斯身上留下的伤口；那么，福柯在书中描写的那个排斥性结构，恐怕就不是与古典理性一道诞生的。因为，这个在此后的岁月中将被哲学反复消费、确认和落实，并对全部哲学史和全部理性史起着至关重要的作用的排斥性结构，并非古典时代所具有的特性，也非其特权。福柯以"遣送疯人船"为名所召集的所有符号，只不过是在一种积习很深的不和的表层上演出而已。除了并非那么自由，并非那么单纯的自由外，疯子的自由流动其实不过是浮在从希腊源头之始就已分裂自反的理性之表层的社会经济副现象罢了。不管我们处理那个肯定只是个假问题和假选项的预设是什么，我似乎可以确定的是，在任何情况下，福柯都不能**同时**确保那个令人心安理得的苏格拉底式辩证法和他关于古典时代之特殊性的论点，因为，古典时代的理性只有排除其对立面才能确定自己，也就是说，它把自己的对立面当作要防御和摆脱的客体来构建。它要囚禁的是它的对立面。

65

福柯想要写那个决断、分歧、差异的历史，那意味着他要冒险去建构那个以事件和结构形式突然出现在原初在场之统一体上的分化；因此，也就意味着他要冒险通过他的基本运作承认形而上学是真的，要使这些假设中的一个或另一个具有真值，并且可以在一个或另一个之间做出选择，就得**一般地**假定理性可以有对立面，有一个理性的他者，假定理性可以建构出一个对立面或在自身内部发现一个他者，而理性的对立面和它的他者是**对称的**。事情的本质也就在此。请允许我对此保持一点距离。

无论以什么方式去诠释古典时代的情况，即便是从古希腊逻各斯的角度去看（无论古希腊逻各斯是否经历过意见不合），关于**传统**的学说，即逻各斯传统的学说（难道还有别的传统吗？），看来已先决地卷入福柯的工程里去了。无论古希腊人与傲慢的关系如何（这肯定不简单）……这里我插入一段并提出一个问题：福柯究竟在疯狂的哪种恒常意义上将疯狂和希腊式傲慢联系起来？不管这种关联的意义是什么，它都涉及一个翻译的问题，一个涉及翻译的哲学这样一个严肃的问题。尽管对福柯来说，希腊式傲慢并不是绝对疯狂。决定它们之间的差异的想必是个极为险峻的语言学通道。译者们在这个问题上如此频繁地不小心，应当使我们警觉。[这里，我首先想到《斐勒布篇》（*Philèbe*）被译作疯狂与狂怒的那一段（第45e页）。①其次，如果疯狂有一个一成不变的意义的话，那么，这个意义与贯穿福柯分析的那些历史变动、那些**后天**经验、那些**事件**之间，又是怎样一种关系呢？因为，无论怎样，即便福柯的方法不是经验性的，这种关系的建立也需要更多的信息和调查。他所做的是一部历史，诉诸事件至少从法律意义上讲是不可避免的，而且也是至关重要的。不过，这个福柯从未做主题性审视的疯狂概念，除了能在日常大众语言继续苟延残喘外，如今难道不是一个早

66

---

① 参照《会饮篇》，第 217e/218b 页；《斐多篇》，第 244b-c/245a/249/265a 页；《泰阿泰德篇》，第 257e 页；《智者篇》，第 228d/229a 页；《蒂迈欧篇》，第 86b 页；《理想国》，第 382c 页；《法律篇》，第十章，第 888a 页。

被科学和哲学质疑了的伪概念？一个被瓦解了的概念吗？这个情况使得福柯在拒绝使用不断用来禁锢疯子的精神病理学或哲学材料时，最终别无选择地只能求助于流行的、意义歧义的、无据可考的关于疯狂的观念。如果福柯使用该词时加上引号，仿佛是在引用别人的话，引用那些被他研究的对象的话，以此当作他历史研究的工具，那么问题也不大。可是所有情形却好像是福柯确实**知道疯狂**指的是什么。所有情形都仿佛是说，用一种一劳永逸地、言外之意的方式，对疯狂概念，至少是它的名词定义，进行可靠而严格的预先理解（pré-compréhension）是可行的，也是可达成的。但事实上，我们可以指出，疯狂概念在福柯自己意图中（如果不是他所研究的历史思想的意图的话），包括了所有那些我们可以归为**否定性**的东西。因此，我们也可以想象使用这个概念会导致什么类型的问题。同样的问题也涉及贯穿该书的那个真理概念……我现在关上这个很长的括号。〕无论古希腊人与傲慢的关系如何，无论苏格拉底与原初逻各斯的关系如何，有一点是可以肯定的，那就是古典理性和中世纪理性都与古希腊理性有关，也正是在这种或多或少能立即察觉的传承领域内，在这个多少混杂了其他传统支系影响的领域中，古典理性的幸或不幸才得以展开。如果疯狂与理性间的不和始于苏格拉底时代，那么疯子在苏格拉底及后苏格拉底时代的处境——假设那时有那种我们称作疯子的东西——可能就首先值得我们研究一番。因为缺了这个，像福柯那样不用纯粹先验的方法，他的历史描述就会导致常见却难以回避的问题，如历史分期问题，地理、政治、人种志限定等问题。相反地，假如无对立面、无排他的逻各斯

67

统一体，在出现古典时代的"**危机**"前一直得以保存的话，那么（如果允许我说的话），这个危机就是次要的和派生性的，因为它并未牵动理性的整体。顺便说一句，在此情况下，苏格拉底的话语就没有什么可令人确信的。因为古典危机，恐怕就是从这个逻各斯的原初传统中发展出来，虽然这个逻各斯没有对立面，但它却携带着，并**说**着一切已存在的矛盾。因而，有关意义和理性传统的这个学说就显得更加必要，因为，只有它能给予福柯的话语以普遍意义和合理性，也只有它能给予所有关于理性与非理性之战的话语以普遍意义和合理性。原因很简单，因为这些话语希望得以理解。

第二，我刚才说过，不说明那个并非一种史前史的前古典时代的逻各斯历史，因为两个理由会有麻烦。在讨论笛卡儿之前，我将简要提及第二个理由，也就是第二个麻烦：因为福柯在分裂、不和与历史的可能性本身之间建立了一种深层的关联性。而分裂正是历史本身的源头。"在整个西方历史中，**疯狂的必要性**是与这个决断时刻联系在一起的，因为这个脱离了背景噪音，脱离了其单调独白的决断，继续着一种在时间中传递并完成了的有意义的语言；简言之，疯狂的必要性与**历史的可能性相连**。"

因此，如果理性通过排除疯狂的自由主体性并使之客观化以建立自身的这个决断，就是历史的源头的话，如果它就是历史性本身，是意义和语言的条件、意义之传统的条件、作品之条件的话，如果排斥性结构就是历史性的根本结构的话，那么，这个排斥的"古典"时刻，也就是福柯所描写的那个时刻，就既没有绝对特权，也不具有原型范例性（exemplarité archétypique）。它是个标本而非典型。无论如何，要想使这个古典时刻的独一无二性（无疑它是深刻的）显现，也许必须强调的不只是那些使它成为排斥性结构的东西，还必须强调那些能使它特有的、**被修改了**的排斥性结构，历史性地区别于其他结构，区别于其他一切东西，尤其是那些为什么能使之如此特殊的东西。并且我们还必须去对它的典范性提问质疑：究竟它只是多种可能性中的一个例子、一个"佳例"，还是一个具有特权的揭示性范例呢？这些困扰着福柯著作的充满无限难度而不易解决的问题，其实更多地呈现在他写作的意向上，而非事实上。

最后一个问题是：如果这个大分裂就是历史可能性本身，就是历史之历史性本身的话，那么"给这个分裂写历史"又意味着什么呢？是给历史性作史吗？是给历史之源作史吗？这个倒逆法（usteron proteron）恐怕不会是个简单的"缺乏逻辑"、逻辑谬误或已建构的比例谬误问题吧。谴责这个倒逆法并非对它吹毛求疵。如果存在一般理性之历史性的话，理性之历史就绝不会是其源头的历史，因为，理性的源头史已经对理性之历史做出特定要求，理性之历史应当是各种既定理性形态中的一种形态的历史。

福柯的这个第二方案，致力于寻找意义与非意义之共同根源，致力于寻求语言和沉默在其中分道扬镳的那个原初逻各斯，从"沉默考古学"可利用的资源看，绝非最差的选项。因为这个"考古学"既要去陈述疯狂自身，同时又拒绝这么做。因为"陈述疯狂自身"这个说法本身是自相矛盾的。陈述疯狂而不将它驱逐到客观性里去，才能让疯狂自我陈述。因为，疯狂本质上是那种不能自我陈述的东西：像福柯曾深刻指出过的那样，疯狂是"作品的缺席"*。

因此，福柯的这个方案绝不是最差的选项，而是个全然不同的且更具雄心的方案，这个方案应当会导致对理性的一种赞美（本质上，除了对理性的赞美外不会是别的），不过，这一回赞美的理性是比那个在既定历史冲突中自我对立与自我规定的理性更为深刻的一种。这又是黑格尔式的，总是如此……因而，这个方案非但不是最差的，反而是个雄心勃勃的壮志，尽管福柯这么写道：在**缺乏**（疯狂本身的）这种不可企及的原始纯粹性的情况下，结构研究必须回到那个将理性与疯狂相连并切断的决断上去，去发现赋予意义与错乱之对立统一以意义的那种使二者间保持持续的交流的、晦涩的共同源头以及原初的交锋（重点号为作者所加）。

69　　在描述古典理性是如何以他所说的"一股奇异之力"将疯狂变为沉默之前，福柯展示了这种对疯狂的排斥与监禁，是如何从另一个排斥史中找到一种准备好了的结构性栖息地的：那就是对麻风病的排斥史。遗憾的是，我不能花更多的时间专门讨论"遣送疯人船"章节里的那些精彩片段，这些片段也会向我们提出很多问题。

因此，我就从"那股力量"和那个大监禁开始，这个大监禁以 17 世纪中叶兴办疯人院和某些异类禁闭所的创举，完成了福柯全书所描述的那个古典过程的第一阶段。只是我们不知道禁闭所创

---

* 我将"l'absence d'oeuvre"译成"作品的缺席"，它指的是某种由制度化理性主导的建构的缺席。

办这种事件究竟是（那个时代）众多标志之一，还是一种基本症状，或者一种起因。这种类型的问题，可能看起来是一个外在于结构主义方法的问题，因为，在结构主义方法看来，结构整体中的一切都是相互依赖、相互流通的，因此，因果关系这类古典问题，恐怕从一开始就是一种误解。也许吧。不过我怀疑，当问题涉及历史时（福柯想写的是一部历史），如果只为了其描述的秩序并在这个秩序中进行描述，严苛的结构主义是否可能会导致避免全部病因学的问题，而这个问题却可以说是支撑着结构之重心的问题。在合法拒绝某种风格的因果关系的时候，我们可能并无权拒绝病因学的全部要求。

福柯论述笛卡儿的段落恰好是"大禁闭"一章的开始。可以说这段论述开启了全书，而且它占据了异乎寻常的开篇地位。在我看来，我刚才所提的问题放在这里是再合适不过的了。我们不知道福柯将之解释为疯狂的**哲学**囚禁的这个关于《第一沉思》的论述，是否注定要为那个历史、政治、社会剧的序幕，那个将要上演的**整体**剧的序幕定调。从纯理论知识和形而上学层面被描述的"这个政变"，是一个征兆？是个起因？是一种语言？我们必须假设什么或者澄清什么才能使这个问题，或者说这种区分在其意义中被取消？假如这股力量与那个剧情的整体性有结构性亲和关系的话，那么，这种亲和关系又具有怎样一种身份呢？最后，无论哲学在这个整体的历史结构中被赋予了什么样的位置，为何却偏偏选了笛卡儿这么一个特例呢？与笛卡儿同时代那么多以各种方式关注或不关注疯狂的哲人相比，他们同样也是有意义的，那笛卡儿的典范性又是什

70

么呢？

所有这些我们以扼要方式提及的问题，都是无法回避的，而且都远远超出了方法论的范围，然而，福柯都未做正面答复。他只在前言中用一句话处理了这个问题。他说："为疯狂作史，等于说对历史的整体做一个结构性研究，包括那些囚禁了疯狂而使它的原始状态永不可能得以自我重建的观念、制度、法律与警察措施、科学概念。"如何在那个"历史的整体"中安排这些因素呢？"观念"指的又是什么呢？哲学观念是不是有一种特权呢？它们与科学概念又是什么关系呢？那么多问题困扰着福柯的这项工程。

回答这些问题的先决条件首先是要对哲学话语的哲学内容进行内在的、自主的分析，我不知道在多大程度上福柯能够同意这一点。因为，只有当这种内容的整体性在其自身的意义上是自明的（但那是不可能的），我们才能够严格地将它放到它完整的历史形态中去。只有在那个时候，这种内容的整体性重新融入它完整的历史形态才不会是对后者的一种暴力，也只有在那个时候，这种内容的整体性才会是**这种**哲学意义**本身**的合法融入。尤其是关于笛卡儿，在对他的哲学话语的明显意向、明显意义做一种严格并穷尽的分析之前，我们是不可能对关于他、关于他话语的潜在历史意义、关于他对某种整体结构的从属关系等历史问题做出任何回答的。

我们现在感兴趣的正是首次接触且无法直接读出的那种明显意义，那种严格意义上的哲学意向。不过，我们首先得站在福柯的肩膀上开始我们的阅读。

71

疯狂必须出现，智慧才能克服它。

赫德尔

（在福柯看来，）笛卡儿也许在《第一沉思》里操纵了那股力量，这个操纵可能包括非常草率地将疯狂的可能性从思想中驱逐出去。

我现在首先读一下福柯所引用的笛卡儿的那个关键段落，然后介绍他对这段文字的解释。最后我打算让笛卡儿与福柯进行对话。

笛卡儿这样写道［当时正是他决定摆脱他一直相信的全部观点，重新着手从基础处（a primis fundamentis）进行思考。为此，他只需摧毁旧基础而不必逐一去怀疑其所有观点，因为，基础的崩塌会牵动整个建构。而认识的脆弱基础之一，自然也是最显而易见的感觉。因为感官时常使人上当，它们可以一直欺骗我，因而，我要怀疑所有源于感官的知识］："到目前为止我所获得的**一切**中最真实的也最肯定（的知识）都是从感官或通过感官学来的。可是，我有时觉得感觉是会骗人的，而不再完全相信那些曾经欺骗过我们一次的东西是明智的。"

笛卡儿另起一行，说道：

"不过［我强调 sedforte 这个鲁聂斯公爵翻译时没有译的词，笛卡儿在校对时并未觉得非译不可。因此，如巴耶特所言，读《沉思集》时，用拉丁文比用法语读更好。在克里色理耶的第二个法文版中，'sedforte'一词才获得了它的文法价值，被译作'不过，也许即便……'（mais peut-être qu'encore que）关于这个词的重要性，我们一会儿谈］，"我继续读笛卡儿的原文，"也许即便感官在触及那些**不易感受到的和遥不可及**的事物时，有时会欺骗我们（重点号

是我加的），但还有其他很多东西是通过感官认识的，我们却无法

72 对这种感知做出理性怀疑……"因此可能会有，**也许会有**源自感官
的但却无法对之做出理性怀疑的知识。笛卡儿接着说："比如，我
在这儿，坐在火边上，穿着便袍，手里拿着这张纸，以及其他一些
类似的东西。我怎么可能否定这双手、这个身体是我的呢？除非我
与那些精神失常者一样，脑神经受到胆汁黑色忧郁的干扰与笼罩，
以至于穷困潦倒之际始终以为自己是王公贵族，衣不遮体之时自以
为穿金戴银，把自己想象成土制品或玻璃制品……"

　　下面是福柯眼中最有意义的那句话："可是，他们是疯子（sed
amentes sunt isti），如果我以他们为榜样的话，不见得比他们少一
分错乱。"

　　我不打算在这段话的末尾结束我的引文，而打算在紧接着的那
段话的第一个词上中止这个引号，因为，这段话将我刚刚读过的那
段话重新引入一种修辞性的、说教式的运动中，而两段之间的联系
是极为密切的。这头一个词，即 Praeclare sane……也译作"尽管
如此"（toutefois），这是这段话的开头。在这段话中，笛卡儿想象
他可以一直做梦，而且世界未必比他的梦境更真实。他用故意夸张
法来概括关于睡眠与梦境的假设（"假如现在我们在睡眠中……"），
因为，这个假设和夸张法有助于他展开建立在自然理性上的怀疑
论（因为这种怀疑论也有它故意夸大的时候），这样做还可以排除
那些感官无法触及的非感性来源的真理，尤其是数学真理，因为这
些真理"无论我醒着还是睡着"都是真的，它们只屈服邪灵（Ma-
lin Génie）之人为的、形而上学的袭击。

那福柯是如何解读这段话的呢？

他认为，笛卡儿将疯狂放在梦和所有感知错误形态**一边**（"在……一边"这个说法是福柯使用的），但笛卡儿并没有将它们同样对待。福柯说："在笛卡儿的怀疑论经济原则里，存在着以疯狂为一方而以谬误为另一方的一种根本性的不平衡……"（顺便提一提，福柯常常在别处斥责把疯狂当作过错的传统简化法……）他接着说："笛卡儿并不像他绕过梦与过错的或然性那样去回避疯狂的风险。"

随后，福柯将下述两个步骤并置：

第一个步骤是，笛卡儿希望通过它表明感官只能在涉及那些"不易感受到"和"遥不可及"的事物时，才会使人上当受骗的步骤。那是个对感官之误的限制。而在我刚才引用过的那个段落中，笛卡儿确实说过："即便感官有时在涉及那些**不易**感受到的和遥不可及的事物时，会欺骗我们，但还有其他很多东西是通过感官认识的，我们却无法对这种感知做出理性怀疑……"笛卡儿在这一段落中似乎原则上将疯子排除出了他的假设。

第二个步骤是，笛卡儿用以表明想象和梦境不能创造那些构成它们的既简单又具普遍的元素的步骤，比如，"一般的有形体的自然及其体积、量和数等"、一切确非来自感官的元素、那些构成数学与几何学对象的元素，它们都不会受到自然怀疑论的任何影响。与福柯一起去相信笛卡儿是想从对梦和感性的**剖析**（我采取该词的严格义）中找到一个内核，找到一个不受怀疑论影响的邻近而单纯的元素，这很诱人。正是**在梦境和感觉中**，或者像福柯所理解的

73

那样，我才克服了并绕过了怀疑论而重新赢得了一个确定的基地。

因此，福柯写道："笛卡儿并不像他绕过梦与过错的或然性那样去回避疯狂的风险……无论是充满意象的睡眠，还是可被感官蒙骗的清醒意识，都不能怀疑普遍性的这个支点；就算承认眼睛会欺骗我们，'假设我们在睡眠中'，然而，真理并不会在夜里全部溜走。至于疯狂，那则是另一回事。"稍后他又说："在笛卡儿的怀疑论经济原则里，存在着以疯狂为一方而以谬误为另一方的一种根本性的不平衡。它们的处境因真理和寻找真理者而有所不同；梦与幻觉可以在真理结构中得到克服，而疯狂是为怀疑论主体所排斥的。"

的确，笛卡儿看起来没有像他挖掘梦的经验那样去挖掘疯狂的经验，而希望找到一个不可化约的、内在于疯狂自身的内核。他对疯狂的兴趣不大，他不接受这个假设，也不考虑疯狂这个问题。他将用法令方式排除它。如果我相信自己是玻璃身，那我肯定是疯了。然而，这种情形是被排除了的，因为我在思想。福柯省略了笛卡儿的很多精确严密的步骤，直接讨论那个我思时刻，他写道："发疯的不可能性，本质上不是因为它不可能成为思想的对象，而是因为它不可能成为思想的主体。"就思想本身的内在性而言，疯狂是被当作不可能性本身而遭到驱逐、弃绝和否定的。

据我所知，福柯是第一个在阅读《第一沉思》中，将妄想和疯狂与感性和梦幻隔离开来的人。他也是第一个将妄想和疯狂从哲学意义及方法论功能上隔离开来的人。这是他的独到之处。可是，如果古典诠释没有恰当地判断这种分离，难道只是出于没有注意到这个问题吗？在回答该问题之前，或者说在继续提问之前，让我们跟福柯一道去关注这个排斥法令，因为它预示了大禁闭的政治法令，或者说回应了后者，表达或伴随了后者，不管怎样配合了它，但这个排斥法令，比如说，对蒙田式的人物简直是不可能的，因为我们知道蒙田是如何幻想在思想行为中变疯或者说彻底疯掉的可能性。所以，福柯说笛卡儿式法令标志着"一种理性（ratio）的完成"。但因为"这种理性的完成"还没有被"理性主义的进步"耗尽，福柯把笛卡儿留在那个临界点上，是为了将笛卡儿姿态当作表征之一去思考那个历史（政治、社会）结构。因为，福柯认为"表达那个古典事件"的"符号，远远超过一种"。

我们已试着去理解福柯对笛卡儿的阅读。像我前面所预告的那样，现在我们尝试以天真的方式去重读笛卡儿，在重复那个"符号"与"结构"的关系问题之前，试着去看看那个**符号本身的意义**究竟是什么（因为，符号在此已具有某种哲学话语的独立性，已具有符征与符指的关系）？

重读笛卡儿，我注意到两点：

其一，在我们前面引用过的有关建立在**自然**理性基础上的**怀疑**论那个段落中，笛卡儿并**没有绕过**感性错误与梦的或然性，他也没有"在真理结构中"去"克服"它们，这么说的理由很简单，那就是他似乎没有以任何方式，没有在任何时刻去克服并绕过它们；他也从未否认所有从感官和想象中获得的知识有可能全是错误的。我们必须明白笛卡儿这里关于梦的假设是一种极端化的做法，也可以说是他对那个感官**有时**会蒙骗我的假设的故意夸大。因为，在梦中我所有的感官意象**全部**都是虚幻的。因此，不受梦境影响的确定性更

有理由不受感官秩序的**感觉**幻象的影响。所以，在这个层面上，我们
只要研究梦的个案，处理自然怀疑论和一般意义上的感官错误就足够
了。那么，什么是摆脱了感觉，摆脱了感官错误，或者说摆脱了想象
和梦幻而构成的确定性与真实性呢？它们是源自非感官的、非想象的
那些确定性与真实性，是一些**简单的、可认知**的事物。

其实，如果我睡着，我梦中所感受到的一切，可能如笛卡儿所
说是"假幻觉"，尤其是我梦见我的手和身体的存在，梦见我们睁
眼和摇头等。换言之，前面在福柯的解释中被当成荒诞离奇之物而
被笛卡儿排斥的东西，在这里却被当作梦中的可能性而得到认可。
等会儿我们再看看它的究竟。当然，笛卡儿也说过，假设我所有的
梦幻表象全是虚幻的，即便在这种情况下，对诸如我身体和我的双
手这样一些自然实在的东西的表象也是必要的，无论这种表象多么
虚幻，也无论它与被再现物的关系有多么虚假。即便在笛卡儿意义
上，这些表象、意象和意念中的一切，可能都是虚拟不实的，就像
笛卡儿明确指出的画家们的绘画再现那样，他们的想象为了创造出
一些新颖未见的事物显得那么的"荒诞离奇"，但绘画中至少有一
种元素是不可能被幻觉分解，也不是画家能捏造的，那就是**色彩**。
这只不过是一种**类比**，因为笛卡儿没有假定一般意义上的色彩的存
在必要：色彩只是感官对象中的一种。然而，**正如在**一幅画中，无
论它多么有创意、多么富于想象力，却总是存在着一种无法化约的
简单而真实的元素，即色彩，**同样地**，无论一个梦的构成多么奇
妙，它当中也有一种无法被全部分解的单纯元素。所不同的只是，
这个元素既非感官的，也非想象的：它是知性的，这也正是为什么

76

我们说画家与色彩只是一种类比的原因。

福柯对这一点并不关心。请让我在这里引用那段与我们有关的笛卡儿的话："因为事实上，画家们即便借助**高超的技巧**，使用荒诞离奇的形式去再现美人鱼和羊角羊蹄人身的森林神，也无法赋予它们全新的表象形式和全新的特征，他们只能把不同的动物混合起来重组一番。另一种可能是，如果**他们的想象力怪诞到足以**发明出一种人们在世界上找不到类似物的全新物，那他们的作品再现的就是一种纯虚构的、绝对虚假的东西，但不管怎样，有一点却是确定无疑的，即构图用的色彩是真实的。同理，虽然一般事物，如眼睛、头、手及其他类似物可以是想象的，我们却不得不承认，至少还有些更为简单、更具普遍性的东西是真实存在的，它们的混合就像实在的色彩之混合一样，我们思维中存在的所有事物的意象，无论真与实、假与虚，都是有形状的。这类事物属于一般意义上的有形物，都有体积、质量、尺寸、数量、所处的位置、度量它们的时间，还有其他类似的内容。这就是为什么说物理学、天文学、医学及其他依赖合成物作为研究对象的科学是很可疑的，而且是不可靠的，这个结论并没错；但算术、几何学及其他只处理极简、极普遍物的同样性质的科学，不需花大力气去证实它们是否真的存在，它们都具有确定性和无可置疑性。因为，无论我醒着还是睡着，二加三永远等于五，而四方形的边永远不会超过四条；如此清楚明显的真理，被怀疑有误或不确定，似乎是不可能的。"

我注意到接下来的一段也是以"无论怎样"（verumtamen）一词开始的，我们下面会关注这个词。

因而，这种简单性或可理解的一般性之确定性，很快会在邪灵的虚构中受到形而上学的、人为的和夸张的怀疑，因为其确定性的获得，不是通过不断地还原直到受到来自感觉或想象确定性之核的抵抗而完成的。那个核是通向另一种秩序及非持续性的通道。虽然那个核是可理解的，但我们通过这样的方法所获得的确定性依旧处于自然和暂时状态中，因为它假定了与感官的彻底断裂。在这个阶段的分析中，**没有一种感官的或想象的意义本身可以保存**，也**没有任何一种感性物的无可置疑性可以得到证实**。**任何意义、任何源自感官的"意念"都被排除**在真理范畴之外，**疯狂也一样**。这没什么值得大惊小怪的，因为，疯狂不过是感官幻觉的一个特例，而且它也不是笛卡儿这里最关注的问题，因而我们可以看到。

其二，在笛卡儿思路演进的这一时刻，关于怪诞（extravagance）的假设，似乎并未得到特殊的处理，也未遭遇任何一种特别的排斥。让我们重读一下那段被福柯引用的谈及怪诞的字句，并将它重新放回到笛卡儿的语境中去。笛卡儿在强调感官有时让人上当受骗后，紧接着说，"不完全相信那些曾经欺骗过我们的东西是明智的"。他在下一个段落以 sedforte 开头，这个词我刚才说到过。该词引导的整个段落并没有显示笛卡儿确定而稳定的想法，而是表达了被这种怀疑论吓坏了的哲学门外汉、哲学新手的反对意见与惊讶，还有他的抗议：您当然可以怀疑涉及"不易感受到的、遥不可及"之物的某些感知，可是还有其他的呢！如你坐在这里，烤着火，说着这张纸在你手中以及其他类似的感觉！然后他接纳这个天真汉，或对话者的惊讶，假装已考虑到这一点并写道："我怎么可能否定这双手和这个身体是我的呢？除非我与那些精神失常者一样……""如果我以他们为榜样的话，不见得比他们少一分错乱。"

统领着这一段落的 *sed forte* 一词的教学与修辞意义，其实是佯装反对的那种"不过也许"。笛卡儿刚说过所有源自感官的知识都可能骗了他。然后就假装回应那位想象中的哲学门外汉的惊讶和异议，说这大胆的怀疑让人恐惧，并对他说：不，并非所有的感性知识（都会使人上当），否则的话，你就疯了，而以疯子为伍，说疯话乃是非理性的。笛卡儿**回应了**这一异议：既然我在这里，我在写作，而你能明白我，我就不是疯子，你也不是，我们都是明智之人。因此，疯狂的例子并不能代表感性观念之脆弱性。这个回应要么是笛卡儿为了更好地、更彻底地、更决绝地摆脱对话者所采用的这一自然角度以使之失去安全感，而赞同这一角度，或装作安于此角度所带来的安逸现状。要么他所说的如果我怀疑我正坐在火炉旁等事实，你会以为我疯了，如果我与疯子为伍。你会以为我怪异，就是为了给你提供一个在你看来比较自然而且不至于使你不自在的假设，而这个假设涉及的经验比疯狂更常见也更普遍，那就是睡眠和梦境。然后，笛卡儿开始展开他的假设，这假设将摧毁知识的**所有感性**基础，并只揭示确定性的**知性**基础。尤其重要的是，这个假设不回避认识论的怪异之可能性，这比疯狂的可能性要严肃得多。

因此，对梦的参照，与笛卡儿本来会尊重甚至会排除的疯狂可能性相比，非但不是退后一步，恰恰相反。从我们正在处理的方法论这个层面上，它建构了对疯狂假设的故意夸张激将法。疯狂对感觉的某些区域的影响只不过偶然性的、局部性的。对笛卡儿来说，这里他要做的，并不是要去规定疯狂的概念，而是为了合法地从方法论上去借助通常流行的有关怪异的观念对意念之**真理性**提出问题。① 这里我们要记住的是**从这个角度来看**，沉睡者或做梦者比疯子更疯。或者说，从笛卡儿关注的认知问题角度来看，做梦者离真实的感受比疯子更远。因为，正是在睡眠而非在怪异想法的情况中，源自感官的意念之**绝对整体性**才变得可疑，因为失去了盖兰特（M. Guéroult）所说的那种"客观价值"。关于怪异的假设，因而并非一佳例，因为它没有代表性，它也不是进行怀疑的良好工具。这至少出于两个原因。

一是，因为它不含括感觉领域的**整体性**。疯子并不总是弄错，也并不在所有的事情上弄错，因为他总是错得不够，也总是疯得不够彻底。

二是，从教学角度看，它也是一个无效且不幸的例子，因为哲学门外汉会由于缺乏勇气接受哲人有可能说疯话这样的假设而去抗拒它。

现在我把发言权交给福柯。这回我只顺着他书中的逻辑而不在具体文本上做文章，面对我刚刚揭示过其原则的那个笛卡儿文本的情境，福柯可能会提醒我们那也许能在二读中为他的解释做辩解的**两种真理**，而他的解释有可能表面上与我刚才的解释有出入。

80

---

① 《疯狂：主题或索引》：笛卡儿在这个文本中根本没谈到疯狂本身，这一点是意味深长的。因为疯狂不是他的主题。他把它当作一个原则问题、一个认识论问题的案例来处理。也许那正是一种对此问题的深层排斥之征兆。不过，这种对疯狂本身的沉默，同时也意味着排斥的反面，因为它在该文中**涉及的不是疯狂**问题，也就无所谓对它的排斥了。笛卡儿没有在《沉思集》中谈论疯狂，但在别处谈过。

第一，在二读中可能会出现的是，笛卡儿只不过将疯狂当作许多个案中的一个，而非最重要的一个来思考的（而福柯可能是从疯狂概念的事实规定性角度而非笛卡儿所采取的概念使用是否合法的角度来思考的）。对于笛卡儿来说，疯狂不过是一种感官与肉体缺陷，它只比那种威胁所有清醒的正常人的缺陷稍微严重一些，但从认识论角度着眼，它却比梦境的缺陷要轻得多。福柯一定会说，这种把疯狂简化成感官错误的一个例子、个案的做法，难道不是对疯狂的排斥和禁闭吗？不是把我思庇护起来，把所有那些属于智力和理性的内容保护起来吗？如果疯狂不过是一种感官的偏差，或者一种想象力的偏差的话，那它就是身体的一部分，只属于身体。这种实体性的真正差别是将疯狂驱逐到我思之外的黑暗中去了。用福柯在别处的一个说法，疯狂因此被关押在我思的外在之内，同时也在其内在之外。疯狂因此成了我思的他者。因为思考中的我，不可能是疯子，有清晰明确意念的我，不可能是疯子。

第二，即便在我们的这种假设中，福柯可能也还会提醒我们说：在笛卡儿将疯狂的影射纳入知识问题性体系时，在他将疯狂不仅当作身体的一部分而且当作身体的缺陷来考虑时，当他只将疯狂当作观念、表象或判断力的修正来关注时，他恐怕就已经中性化了疯狂的那种独特性。我们甚至会谴责他像处理所有错误那样，不仅把疯狂当作认识论的缺陷，而且当作因意志的草率而造成的道德衰竭，因为只有这种意志的草率能错误地造成感觉的认知局限。他只差一步就能把疯狂变成原罪，而这一步，如福柯在其他章节指出的那样，很快就被笛卡儿轻而易举地迈过了。

81　　福柯当然完全有理由提醒我们这两点，只要我们停留在笛卡儿思路中那个幼稚、自然和前形而上学阶段，此阶段如福柯引文中出现的那样，是由自然怀疑论作为标志的。可是，一旦人们进入了怀疑论的哲学、形而上学批判阶段，这两种真实似乎就变得脆弱不堪。①

　　1. 首先，请注意在《第一沉思》的修辞中，在那个预示了梦的"自然"夸张法的第一个"尽管如此"（紧接着笛卡儿的这段话："可是，他们是疯子，如果我以他们为榜样的话，不见得比他们少一分错乱"）后面，紧接着的另一段话的开始，笛卡儿又用了另一个"尽管如此"。标识着**绝对夸张时刻**的第二个"尽管如此"，是对标识着**自然怀疑论内的夸张时刻**的第一个"尽管如此"的回应，因为它使我们走出了自然怀疑论，而进入邪灵的假设阶段。笛卡儿在承认算术、几何和那些原始概念避开了第一种怀疑阶段后写道："尽管如此，很久以来我脑海中就有一种想法，即存在着一个全能的上帝……"这段话就是导致了那个著名的虚构的邪灵运动的导火索。

----

　　① 　为了强调这种脆弱性并触及最大难度，我们不得不明确说明"感官和身体错觉"或"身体错觉"这些说法，对笛卡儿来说会是毫无意义的。身体错觉是不存在的，尤其在疾病中：黄疸病或忧郁症不过是某种错误呈现的**场合**，而这种错误是与判断中的意志之赞同或肯定同时出现的，比如"黄疸病人以为一切都是黄的，因为他的眼睛被黄色素覆盖了"，同理，"忧郁症患者把他的病态幻象当作现实"（见《规则Ⅻ》，笛卡儿在那儿特别强调这一点：最反常的感官与想象经验，从其自身的角度，就其自身的标准和发生时机来考虑，从不自欺欺人；从不欺骗理解力，"只要它局限在对呈现在它面前的对象的纯直觉中，无论这对象是以其自身出现还是以想象方式出现；并且只要不去判断想象是否忠实地再现了感官对象，也不要去判断感官是否获得了事物的真实面貌，更不要去判断外在真实是否总是如它呈现的那样"）。

　　这个对虚构邪灵的求助将使**完全疯狂**的可能性被召唤出场，这是一种通过假设强加的那种无法控制亦无责可负的彻底失控。所谓彻底失控，指的是疯狂将不再只是被思想物（res cogitans）边界之外由思想主体性检查并确保的城邦外的身体、物体，或身体-物体的一种失序，而是在纯思维、纯可认知物、清晰可辨的理念场域，摆脱了自然怀疑论的数学真理领域中引入的颠覆所造成的失控。

82

　　这样一来，疯狂、怪异就什么也逃避不了了，无论是身体的感觉，还是纯智力的感知。笛卡儿接着承认道：

　　（a）他在与哲学门外汉交谈时假装不承认的东西。他的原话是（笛卡儿在谈及"某些造意者的狡诈和欺骗性不亚于其能量"后接着说道）："我认为天空、空气、土地、色彩、形状、声音，以及所有我们所见的外部事物，都不过是它用以欺骗我的轻信所造的幻象和骗局；我认为自己是无手、无眼、无血、无肉、无感官的，却错误地相信自己拥有这一切……"这个说法将在《第二沉思》中被重新提及。因此，前面对怪异的处理也只是暂时的……

　　（b）他也承认那些摆脱了自然怀疑论的东西："它（指在求助于邪灵之前的那个骗人的神）有可能想要我每次都弄错二加三，每次算错四方形的边等。"①

　　因此，无论是源自感官的意念还是源自智性的观念，都无法逃避怀疑论的这个新阶段，所有那些前面被当作怪异而搁置的东西，

---

　　① 这里指的是《沉思集》中遵循的理性秩序。众所皆知，在《谈方法》第四部分，怀疑一开始就触及"几何学最简单的问题"，人们在这些简单问题上，不时地"犯谬误推理错误"。

现在都将被纳入思想的最本质内在性当中。

这是一个哲学和法律运作（怀疑论的第一个阶段就已经是了），它不再给疯狂命名，而是揭示出所有的合法可能性。**法律上**，在第83一种怀疑阶段中，没有人会反对被称为怪异所具有的颠覆性，尽管事实上，无论是笛卡儿，他的读者，还是我们，从自然的观点出发，任何针对这种事实的颠覆性的担心都是不可能的。（说真的，要想深入了解事物，就应当直接进入我思与疯狂诸种关系中那个涉及事实与合法性的问题。）在这种自然的心安理得后面，在这种貌似前哲学的信任后面，隐藏着对本质性或合法性真理的承认。也就是说，如果哲学话语和哲学交流（即语言本身）应当具有可理解的意义，也即是说应符合它们作为话语的本质和使命的话，它们就得在事实和法律上同时摆脱疯狂。它们就得保持自身的正常状态。而这一点并非笛卡儿式缺陷（虽说笛卡儿没有触及他自己的语言问题）①，也并非与某种既定历史结构相关的污点或它的神秘化过程，而是一种任何话语都无法摆脱的普遍本质之必要，因为它就是意义的意义。它是任何话语无法摆脱的普遍本质的必要性，即便对那种谴责神秘化过程或力量政变的话语来说，也不例外。但悖论的是，我这里所说的这些，严格地说都是福柯式的。因为，现在我们能够更好地体会福柯下述断言的深意，奇特的是这个断言也把笛卡儿从那些针对他的谴责中解救了出来。福柯说："疯狂，即作品的缺

---

① 和莱布尼茨一样，笛卡儿对"科学"或"哲学"语言充满信任，这种语言未必就是学校里传授的语言（《规则Ⅲ》），而且必须将它与"日常语言"区分开来，因为后者可以"欺骗"我们（《第二沉思》）。

席。"这是他这本书的基调。只是作品以最基础的话语开始，它始于意义的首次表达，始于那**个句子**，始于"如是"（comme tel）①的第一次句法的使用，因为，造一个句子即意味着**呈现**一种可能的意义。这个句子本质上是正常的。它自带的正常性，也就是**意义**，指的是意义这个词的所有含义，尤其是笛卡儿式的用法。无论使用它的人处于何种状态，是否健康或失常，也不管是谁传递了它，关于谁或在谁那里得以表达，这个句子都自带正常性和意义。它最简单的句法是：逻各斯就是理性，就是已经进入历史的理性。如果疯狂是超过任何人为的、被规定的历史结构之外的一般意义上之"作品的缺席"的话，那么疯狂从本质上，从一般意义上说，就是**切入**了作为**一般历史性**的生命之顿挫与创伤中的一种沉默、一种被截断了的言语。这种沉默没有被规定，也没有被强加于某个具体时刻，它本质上，**一般意义上说**与打开了历史和言语的一种政变、一种禁忌相关联。在一般历史性层面中（这个一般历史性既不同于非历史的永恒性，又不混同于历史事实的某种被规定了的经验性阶段），正是疯狂那不可化约的沉默部分，在一般历史性之外承载着语言并困扰着语言，因为语言只有**对抗**疯狂的沉默才能出现；"对抗"这里指的是语言形式借助力量对抗它的基础而使自己脱颖而出，同时它也借助力量对抗其他形式的对手而得以确保并心安。尽管疯狂的沉默是作品之缺席，但它却不是作品简单的铭写，也并不因为语言

84

---

① 也就是说，他开始含蓄地提到（作为本质和实存的规定性之前的）"存有"的时候；这只能意味着他让自己**被**存有**召唤**。如果言语前在于存有，并可以**简单地**呼唤它的话，那么，那个存有不会是存有的本来面目。语言的最后保障，就是存有的意义。

和意义的缘故就外在于作品。像无意义一样，疯狂的沉默限制着作品并成为作品的深层资源。当然，将疯狂这样本质化，有可能瓦解精神病理学工作的确定事实。这是个永恒的威胁，但它不应使严格而耐心的精神病医学工作者失去勇气。

因此，让我们再重新回到笛卡儿，任何必须从思想**内部**（而非仅从身体内部或其他外在机制内部）谈论疯狂的哲人或说话主体（哲学家不过是杰出的**说话主体**罢了），都只能在**可能性**层面、在虚构的语言或语言的虚构中进行。也正是在那里，这个说话主体才能在自己的语言中通过对抗实际的疯狂确认自身（实际的疯狂可能有时看起来喋喋不休，不过这是另一个问题），与疯狂保持距离，因为，那个距离是他继续说话与生存所必不可少的。不过，那个距离涉及的，却并非既定历史语言的缺陷，也非对它的安全感的追求（比如，笛卡儿式的对"确定性"的追求），而是任何一般语言
85 的本质和方案所具有的特有缺陷，或对安全感的追求；哪怕是那些表面上看来最疯狂的人，甚至是那些通过赞美疯狂与其共谋，以求最大程度接近疯狂的人，也无法回避这个距离。与疯狂的决裂更符合语言本质和使命，如果语言能更自由地衡量与疯狂的距离并更逼近它的话，那它就能更有效地保持与疯狂的距离：也就是说，直逼乔伊斯所说的那个只有"一张透明的纸"的间距，因为这张透明的纸距不是别的，它正是语言、意义、可能性和一种使一切中立化的那个"无"的**基本**的自由裁量权。在此意义上，我将不得不把福柯的书当成一个强有力的庇护和监禁的姿态，当作一个20世纪的笛卡儿式姿态。它是对否定性的一种恢复。表面上看，福柯要囚禁的

是理性，不过，像笛卡儿所做的那样，他要囚禁的只是过去的那个理性，而非一般意义上的那种可能性。

2. 其次，至于第二个事实，福柯可能会不同意我们的看法，因为它看来似乎只适合于自然怀疑阶段。在极端怀疑阶段，笛卡儿不仅不再将疯狂赶出门外，也不仅将它的威胁可能性安置于可理解界的核心地带，而是从合法性角度出发不允许任何既定知识逃避疯狂的威胁。因为，威胁着知识整体的怪异，或有关怪异的假设，并非知识的一种内部改动。因此，只要怀疑尚未解除，知识在任何时候都不能独自主宰疯狂并控制它，也就是说，不能使疯狂客观化。因为，怀疑的终结将带来一个我们等会儿会碰到的问题。

那就是我思的实现与存在的确定性，首次有效地摆脱了疯狂；只是，除了它首次不再指一种客观的、有代表性的知识之外，我们不可以从字面上认为"我思"之所以摆脱了疯狂，是因为它在疯狂的掌心之外或者因为如福柯所言"思想的**我**不可能是疯子"；而是因为在我思实现的那个时刻，在其权限范围内，**哪怕我是个疯子，哪怕**我的想法是完全疯狂的，我思的行为本身也是有效的。我思有一种摆脱了既定疯狂和既定理性相互替代的存有意义和价值。在我思的敏锐经验面前，如《论方法》所言，怪异不可挽回地属于怀疑主义这一边。思想因而不再惧怕疯狂："……所有怀疑论者最怪异的假设也无法动摇它。"（《论方法》第六部分）这个由此获得的确定性，并不躲避被囚禁的疯狂，因为它是从疯狂本身获得并得以确定的。**即便我是个疯子**，我思的实现也是有效的。那是一种绝对的

86

确定，它似乎既不需要排斥疯狂，也不需要绕过疯狂。无论是在自然怀疑阶段，还是在形而上学怀疑阶段，笛卡儿从未禁锢过疯狂。**他只在第一步骤的第一个阶段，即那个自然怀疑论的非夸张法时期，假装排斥疯狂。**

今天人们也许不再将这种疯狂的胆识、这种笛卡儿式我思的夸张魄力理解为魄力，因为与他那个时代的人不同，我们过于确信，也过于熟悉他的我思模式，反而对他的我思经验的敏感性体会不深，因为他那疯狂的胆识是要回到一个原初点，而那是个既不再属于**既定**理性也不再属于**既定**非理性，既不再属于二者之对立也不再属于可以二选一的原点。无论我疯了与否，**我思即我在。*** 从该词的任何意义上讲，疯狂因而都只是思想的（思想中的）一个个案（cas）**。因此，它意味着撤回到一个点，在那里任何以既定事实的历史结构形式呈现的既定矛盾，都会与那个零点发生关联，使既定的意义与无意义在它们这个共有的源头上汇合。从这个零点、这个笛卡儿规定的我思角度，这个此时此刻也是我们的角度出发，我们也许可以就这个零视角说如下的话。

这个不受任何理性与非理性间既定矛盾影响的点，是理性与非理性矛盾之既定形态史、它们被切断与中断了的对话史得以以这样一种方式显现，得以以这样一种方式表达的原点。这是个无法切割的定点，福柯式叙述的可能性就植根于此，还有作为叙述的整体之

---

* "Cogito，sum"，在拉丁文原文中，没有因果关系词"故"之义，因此，译作"即"较为能传达原意。

** 该词在法文中一词多义，含有场合、个案、病例、格等意义。同时它的拉丁文动词原形 cadere，意指坠落、衰落。

可能性，更确切地说还包括理性与疯狂交流的**所有**那些既定形式的可能性都始于此。它也就是思考整体并同时要去摆脱思考整体这个方案的起点①。摆脱整体，也就是要超越整体，对于存在者来说，其可能性只有趋向无限或虚无。因为，即便我思对象的整体会受谬误与疯狂影响，即便世界的整体性并不存在，即便无意义已侵入了世界之整体性，包括我思之内容、我思之行动、我思**时刻**之我在，即便我**实际上**进入不了整体，实际上既不了解也把握不了这个整体，我还是拟了这样一个方案，而它的意义就在于它是以对无限、未规定整体的预设来界定自己的。这就是为什么用可能性、法律及意义去超越现实、事实、存在者的这个方案是疯狂的，因为它把疯狂当作它自己的自由及其特有的可能性。这也是为什么从人类学的事实性意义看，这个方案是非人类的，它是形而上学的，是着了魔的：它首先是从与恶魔、无意义的邪灵之战中获得自己的，它以恶魔的高度来衡量自己，为了抵抗恶魔而减弱自己的自然人成分。在此意义上，没有什么比我思在其开始的那个特殊时刻更令人放心的了。但当苏格拉底式辩证法将我们置于那个超本质（epekeina tes ousias）的隐身太阳＊之光以求溢出存在者性（étantité）整体的时候，这个把世界的整体当作一般意义上的我能思考对象的整体来超越的方案，就不再比苏格拉底式辩证法更叫人心安了。戈劳孔（Glaucon）没有错，他这么写道："主！这是怎样一种魔鬼夸张法（daimonias uperbolis）？"也有人将它平淡地译作"神奇超验

---

① 它指的与其说是一个点，不如说是一般意义上的一个时间独特性。

＊ 也指善的理念，参照柏拉图的《理想国》。

87

性"。这种魔鬼夸张法比超越的激情走得更远，至少是当我们在这种超越激情中看到的只是人类这种存在者的病理学变化的情况下可以这么说。因为，这种超越还是世界内的超越。即便我们假定它是失序与失度的，但它暗示的却仍是以超越世界去开启并奠定该世界的夸张法的那种根本性失序与失度。因为，这种超越只**在**魔鬼夸张法打开的空间内才是过度与出格的。

如果这个难以置信的、独一无二的超越方案——这是个面向无规定性、绝对虚无、绝对无限的超越方案，是超越可思物整体、既定存在者性及意义整体、事实历史整体的方案，在怀疑论和笛卡儿式我思中已**显露端倪**，那么在此框架内，所有试图将该方案在某种既定历史结构中简化并监禁的工程，无论它是如何综合全面，都有可能错过其本质而使那个**端点**变钝。它还可能反过来对该方案实施暴力（因为理性主义、意义、**常识**也有暴力，而这也许就是福柯最终要指明的，因为，他所说的受害者总是意义的承载者，是被既定"常识"分割的、共享不足的、被仓促规定的常识所掩盖并抑制的**真、善**意义的**真正**携带者），它还可能反过来对该方案实施一种极权式的、丧失了意义与意义源的历史主义式的暴力①。我的意思是指"极权"这个词在结构主义意义上的用法，但该词的两种含义是否记录在历史中，我对此没有把握。结构主义式的极权主义大概会行使与古典暴力同类的禁闭我思的行径。我没说福柯的书是极权式的，因为至少在书的开始，他提出了一

---

① 它还可能抹杀任何有意义的哲学用以将其话语与无意义深渊建立某种联系的那种超越。

般**意义**的历史性源头的问题，因而也就摆脱了历史主义，我是在说他在落实他的研究方案时常冒极权之险。请听清楚了，当我说让那些世界中不存在的东西进入世界，当我说"逼其进入"（*Compelle intrare*，关于"大禁闭"章的铭写）时，假设这个世界在转向将夸张法引入世界之时变成了暴力本身时，当我说这种内在于世界（l'intra-mondanité）的简化，正是我们称之为暴力的源头与意义，而它后来也使得所有的束缚成为可能时，我并非在呼唤**另一个世界**，呼唤某种不在场或回避性的超越。因为，那将意味着暴力的另一种可能，而且它经常是第一种暴力的同谋。

因此，我以为（在笛卡儿那里）除了夸张法方案，所有的一切都可以化约为既定历史的整体性。而这个方案在福柯那里是被当作自述叙事（récit récitant）而非被述叙事（récit récité）来看待的。它不允许被讲述，也不允许被客观化为某种既定历史中的事件。

89

我知道在**笛卡儿式我思**的运动中，不只是夸张法这个端点应像一般意义上的纯疯狂那样沉默不语。因为只要触及这个点，笛卡儿就寻求安慰自己以确保我思本身受上帝保护，并且将我思行为与某种合理的理性行为等同起来。当他开始**说出**我思并对它**加以反思**时，他就是这么做的。也就是说，当他需要将这个只在直觉的当下，只在思想关注自身的当下，也只在这个点或这个端倪当下才有效的我思做时间化处理的时候，他就是这么做的。而这里我们应当关注的，正是这个我思与时间化运动的关联。因为，如果我思对于疯子，最疯的疯子也有效的话，那么想要思考它，记住它，传达

90 它，传达它的意义，我思主体就必须不是事实上的疯子。也许与上帝**及**某种记忆相关的①那种本质性的"衰竭"与危机正是从这里开始的。也许为重获被弃的真理而迅速遭返刚刚在理性秩序中获得庇护与确认的疯狂夸张法的徘徊性正是从这里开始的。至少在笛卡儿的文本里，禁闭就发生在这个节点上。也正是在这里，夸张法与疯狂的游荡性，重新变成了路线和方法，变成了上帝当作坚实之土赐予我们的这个世界中的"可靠的""稳定的"道路。因为，只有上帝才能最终使我离开我思的那个与沉默疯狂保持关系的特殊时刻，也只有上帝才能确保我的既定再现及既定知识，即确保我的话语，

---

① 在《第六沉思》的倒数第二段中，正常性主题与记忆主题是相通的，特别是记忆在受到作为"神性真实"的绝对理性保障的时候。

一般来说，上帝所保障的对明显事实之记忆，为什么意味着唯有神的理性之积极无限性，可以绝对地与时间性和真实性调和？这是因为，只有在所有超越规定性、否定性、"排他体"和"封闭体"的无限之中，这种时间与思想（真理）的调和才可能发生。黑格尔说过，如果说思想与空间之调和曾经是笛卡儿式理性主义所追求的目标的话，那么，时间与思想之调和，乃是 19 世纪以来哲学的任务。没有任何形而上学者质疑过神的无限性就是这两种调和的地点、条件、名称或视域这一点，无论是黑格尔，还是绝大多数像胡塞尔那样想要对真理及意义的基本时间性或者历史性进行思考和命名的哲人。对笛卡儿来说，我们所说的那个危机，终将在时间作为部分间必要连接之缺席、作为片刻向片刻过渡间的偶然性与断裂性中，获得其内在的（即智性的）源头；这预设的是与我们此处遵循的拉博特（Laporte）对笛卡儿哲学中关于瞬间之角色的解释相反的诠释。唯有将"只在我们的思维方式中相互区别"的保存和创作统合起来的那种持续的创造，才能最终与时间性和真理调和。是上帝排除了疯狂和危机，因为它将它们纳入了统合了印迹与区别的那种在场当中。这相当于说，在有限经验中、在具体时刻的经验中，以及在绝对理性或普遍理性的规定性经验中，危机、反常、否定性等是不可能被还原的。想要否定这一点，并企图确保外在于这种无限理性（即超越其所有规定性的普遍理性）视域（真实、意义、标准等）的肯定性，就是在将伟大的古典理性主义谴责为故弄玄虚的同时，假装抹杀否定性，并且忘却有限性。

以便摆脱疯狂。对笛卡儿来说，无疑只有上帝①才能让我摆脱那个 91
我思**在其特有时刻**不得不以最殷勤的方式向之敞开怀抱的疯狂。福
柯对笛卡儿的阅读的力度与启发性，并不是他所引的那个段落，因
为它涉及的是前我思和次我思阶段，而来自紧接着的那个段落，在

---

① 而上帝正是绝对理性**本身**的别名，是绝对一般理性和绝对一般意义之别名。如
果一般理性、绝对理性和未规定理性不是古典理性主义者眼中的那个上帝的别名的话，
那什么东西会排斥、简化或**绝对含括**疯狂呢？我们不能指责那些借助上帝以抗疯狂，寻
求庇护以确保自身不受疯狂威胁的避难疆域的个人或社会，我们所能指责的，只是他们
错把上帝的庇护变成一个现世中的**有限**庇护所，错把上帝变成一个第三者或一种有限
力；错的并不是这么做的历史内容和实际目的性，而是弄错了上帝思想和名称的那种哲
学特性。如果哲学产生了（对于这一点，我们永远可以质疑），那只是因为在某种程度
上，它形成了超越有限庇护所的思想方案。在描述这些形成于个体、社会及所有一般意
义上的有限整体之运动中防范疯狂的历史构成时，除了哲学方案本身，也除了这种描述
之方案，我们至少可以表述一切，而这是个正当的、巨大的，也是必要的任务。人们只
能说有限主义的理性主义哲学方案，作为工具和不在场证据，是服务于现世中一种有限
的社会政治历史暴力的（而且这一点是无疑的），所以它不必**首先**承认和尊重该方案自
身的意向性意义。然而，在其自身的意向性意义中，这个方案则是以无限思想的面目出
现的，也就是说，它是以那些不允许任何有限整体、任何功能或任何工具性的、技术性
的或政治性的规定将其耗尽的东西之思想的面目出现的。人们会说它的这种面目是它的
谎言、暴力及骗局，甚至是它的恶意所在。当然，我们有必要严格地描述将这种溢出意
向与有限历史整体连接起来的那个结构，并确认它的经济学。可是，这些经济学计策如
所有计策一样，只有为了某些有限言语和某种有限意图而用一种有限去取代另一种有
限，才是可能的。当我们**什么都不说**（不说有限的，也不说既定的），我们就不可能说
谎。当我们说绝对上帝、绝对存有、绝对虚无的时候，当我们不修改言语宣布了其意义
的那种有限的时候，当我们说无限的时候，也就是让无限（如绝对上帝、绝对存有或绝
对虚无，因为其无限意义不可能是形器规定性的一种）被说出来，并得以思考的时候，
我们就不可能撒谎。因为照亮神的诚实性主题、上帝与绝对邪灵的差异之光的间接性，
只是表面的。

简言之，笛卡儿知道如果没有上帝，有限思想就永不可能获得排除疯狂等的**权利**。
这等于说，事实上有限思想永远只能在历史中借助暴力去排斥疯狂；更确切地说，这种
排斥与这种事实与原则的**差异**，就是历史性，是历史本身的可能性。福柯难道说过不是
这么回事吗？"**疯狂的必要性……与历史的可能性**相连。"（黑体字为作者所加）

那里他触及了我思在其最敏锐点上的那个瞬间体验，在那个点上，理性与疯狂尚未分离，在那个点上，我思既不属于作为合理秩序的理性，也不属于无序与疯狂，福柯想要重新抓住的是理性和疯狂可被规定、可被言说的那个原点。从福柯认为我思必须在条理化的哲学话语中被反思、被言说开始，他对笛卡儿的解释，在我看来就具有启发性。而且**几乎总是如此**。因为，如果我思对疯子也有效的话——再说一次，我不信发疯这个说法有一种独特的哲学意义，因为发疯指的只是逻各斯任何一种既定形式的他者，是既无能力反思，也无能力言说我思的他者，也就是说这个他者没有使我思向另一个他者如是显现的能力，而这另一个他者可以是我自己。从笛卡儿说出我思的那一刻，他就将我思纳入了一种演绎与保护系统，背叛了我思的源头活水，为了避开错误，他强行约束了我思特有的游荡性。其实，笛卡儿在对我思的言说问题保持沉默时，他似乎暗示了，思考清晰与明白说出所是是一回事。我们可以说出我们**所想的**，也可以不需背叛地直说。相似地，仅仅相似而已——圣安瑟伦

92 在丧失理智者（insipiens）身上，看到的是一个不能思想者，因为他不能反思其所言。疯狂对安瑟伦来说，也是一种沉默，不过这种沉默喋喋不休的是一种不能思考其字句的思想。关于这一点，我们有必要进一步展开。在任何情形下，我思一旦在言说中被确定下来，它就成了作品。在它成为作品之前却是疯狂，因为，如果疯子可以挑战那个绝对邪灵的话，它却无法告诉自己这么去做，因为它不能将这种想法说出来。总之，福柯有理由说束缚游荡性方案已激活了总是被当作方法的怀疑论。将我思与合理的，即正常的理性同

一化，甚至不需要等待从事实上，如果不是从法律上，去证明作为防范疯狂的至高屏障之可信上帝的存在。从笛卡儿对**自然光加以规定**（这个自然光在其未被规定的源头上应当是不排斥疯子的）那刻起，从他用一系列原则和公理〔因果律认为原因与后果至少具有同样的真实性；在这个公理在允许证明上帝的存在之后，也将允许那"告诉我们欺骗必源于某种缺陷"的自然光公理去证实神的可信性（véracité divine）〕来规定自然光以便摆脱疯狂那一刻开始，他就将我思与正常的理性同一化了。因此，这些被教条规定的公理摆脱了怀疑论，也从未被质疑过，**作为交换**它们只能建立在上帝存在、上帝可信的基础之上。因而，它们被某种知识史、哲学所规定的结构控制。这就是为什么我思实现的那个夸张时刻必须被反复强调的原因，因为，在那个时刻我思衡量着与疯狂的距离，或者说让疯狂来调节与自己的距离。而那个时刻也必须与笛卡儿使用的语言和演绎系统区分开来，因为，笛卡儿从建议将我思纳入可理解性以便进行交流（即为他者去思考我思，这也包括作为另一个他者的我）开始，他就不得不将我思纳入他者使用的那个语言和演绎系统中去。而正是在这种与作为另一个自己的他者的关系中，意义才得以在对抗疯狂和无意义中获得确信……而哲学，可能正是在最接近疯狂之处抵抗了变疯之焦虑所获得的那种保险。也许我们可以用**悲怆**（pathétique）称呼这个沉默而特殊的时刻。至于夸张法在笛卡儿话语结构中，在理性秩序中的功能，我们的解读与福柯的解读可以说是完全一致的。因为笛卡儿以及他名下的一切典型机制，由于这个首先具有审查、控制并限制夸张法的功能并将之规定在其公理

93

从一开始就逃避了夸张法怀疑的自然光之以太中的确定性系统，变成了牢固维系在理性链条上的通道口。然而，我们相信只有首先清楚地呈现夸张法的那个端点，才能描述这一运动自身特有的位置与时刻，但福柯似乎并没有这么做。我的问题是，在那个我思运动依然摆脱理性的线性秩序，不受一般理性秩序及自然光规定性主宰的、本质上无法捕捉的时刻，笛卡儿式我思，是否在某种程度上，没有被胡塞尔式我思及对笛卡儿的相关批评所重复呢？

恐怕这只是其中的一个例子而已，因为总有一天我们会发现什么是这个被历史规定了的、教条式的基地，它也是我们的地基，因为我们对笛卡儿式演绎主义的批评、胡塞尔对世界整体的还原冲动与狂热，都不得不依靠这个地基去言说自身。我们可以在胡塞尔身上重复福柯在笛卡儿那里所做的批评：说明对事实世界进行中立化，为什么是一种操控、缩减、束缚性的中立化过程，为什么是对无意义的一种中立化，为什么是一种最为微妙的政变形式。事实上，胡塞尔将标准化主题与先验性还原愈来愈紧密地联系在一起。因为，先验现象学及鲜活在场的整个胡塞尔式主题的在场形而上学根源，是其获得确定性**意义**的深层**保障**。

我之所以将我思中的夸张法**一方**（我说它不能被关闭在既定的事实历史结构当中，因为它是一种超越一切有限的既定整体的方案）与那些在笛卡儿式哲学（或在那些支持奥古斯丁式或胡塞尔我思哲学）中属于一种事实历史结构的**另一方**分离开来，并非要以**永恒哲学**（philosophia perennis）的名义，主张在每一哲学中将麦粒与麦壳分离。恰恰相反，我是要考虑哲学的历史性本身。我相信没有哲学的历史就不可能谈一般的历史性，而我也同样相信如果只有夸张法一方，或者只有被规定了的那些历史结构及有限世界观（Weltanschauungen）另一方，那么也就不可能谈哲学的历史。哲学特有的历史性有它自己的建构场所，那就是夸张法与有限结构之间、溢出整体与关闭整体之间的那个通道以及它们间的对话，是历史与历史性的那个差异；也就是说，是那样一个场所，更确切地说是那样一个时刻，在那里我思及它所象征的一切（疯狂、失度、夸张，等等）被说出、被确认，然后衰退并必然被遗忘，直到它们在另一个溢出式陈述中被重新激活而获得复苏，而后者以后也将面临另一次衰退和另一次危机。从它的第一次呼吸开始，受制于危机与复苏这种时间节奏的言语，就只能在禁闭疯狂的同时打开其言说空间。而且这个节奏并非一种更为时间性的交替。它是将交替统合于逻各斯运动之上的时间化运动本身。可是，言语的这一剧烈解放是不可能的，也是不能维持的，除非它自我保存，除非它就是原初暴力这个动作留下的痕迹，除非它坚决并有意识地、最大程度地去接近这种言语使用的通道，近到足以去**言说**暴力，去与作为不可还原的暴力的自我进行对话，同时又保持足以使自己**生存**，以言语的方式生存的距离。正因为如此，危机或忘却也许并非意外事故而是要言说的哲学之命运，因为它只能在禁闭疯狂中求生存，而且假如每一刻新的言语不把旧疯狂解放，同时将那个即日的疯子当下因禁于自身的话，那么，作为思想它会死亡，而且死于一种更糟的暴力。只有感谢对疯狂的压制，某种"有限思想"，即某种历史，才可能获得主宰地位。如果不恪守这个既定历史的时刻而将这一真理

95 　扩展至普遍历史性的话，我们可以说有限性思想的统治只能建立在囚禁、羞辱、锁住与嘲弄多少伪装成了我们的疯子之上，而这个疯子永远不会是作为父亲、主人和国王的逻各斯疯子。

　　不过这是另一个层面的问题，这里我们就不能展开了。我仍将引福柯来作为本文的结语。在有关笛卡儿的那段大概 300 页左右之后，福柯在引荐《拉摩的侄儿》时不无遗憾地叹惜道："即便笛卡儿花了很长时间去承认所有的非理性力量都监视着他的思想，直到发现绝对邪灵为止。当怀疑触及其主要危险之时，他意识到他不可能是疯子。"我们今晚要尝试去做的是，试着置身于这种遗憾的间隙之中去体会它，它其实是福柯的遗憾，是福柯所认为的笛卡儿的遗憾；我们试着置身于那个说出"即便（笛卡儿）花了很长时间去承认……"的空间，试着不去熄灭这**另一种**光线，这黑色的、如此不自然的光线去看那种监视着我思的"非理性力量"。我们也尝试着履行笛卡儿面对哲学逆源之疯狂的威胁性力量用来满足自己的那个姿态。

　　在所有值得我感激福柯的理由中，因而也有这样一个理由，那就是他通过他的不朽之作而非他对《沉思集》的这种天真阅读，使我更好地了解到，在何种程度上哲学行为的本质与规划不可能不是笛卡儿式的，也不可能不是对笛卡儿主义的纪念，如果我们所说的笛卡儿式的，就是想要成为笛卡儿本人所理解的那种笛卡儿式的话。也就是说，如我至少试图表明的那样，要说出魔鬼夸张法（vouloir-dire l'hyperbole démonique）乃是思想宣布自己，**害怕**自己，并在它自己更高点上为了不在疯狂与死亡中毁灭或沉沦而确保自身的起点。因为**在它自己的最高点上**，夸张法、绝对敞开、非经济学（anéconomique）支出总是被一种**经济学**重新占有并重新捕获。因为理性、疯狂与死亡间的关系是一种经济论，是一种延异结构，其不可还原之独特性必须受到尊重。这种要说出魔鬼夸张法的意愿，不是众多意愿中的一个；因为它不能偶然地或自然地借助自愿主体性的说来补充，也不能借助自愿主体性的对象、宾语得到补充。与其说它是沉默的对手，毋宁说是沉默的条件，它就是任何一般意愿的那种原始深度。而且要重新捕捉这个意愿，恐怕没有什么比唯意志论更无能为力的了，因为这个作为有限性和历史的意愿，也是一种原始忍受性（*passion*）*。它身上留有一种暴力的痕迹。它更多地被写出而非被说出的，它被**经济学化了**。这种书写的经济学，是一种超越者与被超越整体之间被规范化了的关系，即绝对超越的**延异**。

　　将哲学定义为要说出夸张法的意愿，就是坦白地承认（而哲学可能正是这个巨型的坦白词）在哲学赖以安身并借以排除疯狂的历史言说中，哲学也背叛了它自身（或者说它作为思想而背叛了自己），它进入了危机，进入了自我遗忘期，而这个阶段对它自身的运动既是本质性的，也是必要的。它坦白的是，我只在**恐惧**中进行哲学思考，不过，这**坦白**的是怕变疯的**恐惧**。这种坦白在其当下，既是忘却又是揭密，既是（自我）防护又是暴露，是经济学计算。

　　不过，这个危机（在这个危机中，理性比疯狂更疯，因为理性

*　这里德里达使用的是该词的拉丁 passio（源头）一词所含的"被动"（passive）义，指的是忍受力而非主动力。

是非意义和忘却，而疯狂比理性更合理，因为它更接近意义的源头活水，尽管那源头沉寂无声或低语连连），却总是已经开始，而且永远无法终结。说它是古典的就足够了，也许不是古典时代意义上的古典，而是本质性的、永恒意义上的古典，尽管它在某种不寻常的意义上是历史性的。

没有任何一个地方能像福柯的书中那样，让**危机的**概念如此丰富，如此焕发了其意义的全部潜能及所有能量。这里，危机一方面指的是胡塞尔意义上的以客观主义、遗忘源头、借助理性主义和先验主义揭示恢复源头为名的那种威胁理性与意义的危险。这种危险指的是受到自身安全威胁的理性的运动。

这个危机也是决断，是福柯所说的那种顿挫，是抉择（κρίνειν, krínein）意义上的决断，是巴门尼德在其诗中所说的在两条分道口上的选择与分手意义上的决断，那两条路：一条是逻各斯之路，另一条是逻各斯所迷失了的无路、迷宫、逆转回旋（pal-intrope）；一条是意义之路，另一条是无意义之路；一条是存有之路，另一条是非存有之路。从这个分离开始，逻各斯从此以后就以它突然出现的那种必要暴力与作为自身一部分的疯狂分开了，自我放逐了，它遗忘了自身的源头，也忘却了它特有的可能性。我们所说的有限性不就是那个危机的可能性吗？不就是危机意识与危机忘却的某种同一性吗？不就是否定性思维与否定性还原的某种同一性吗？

理性的危机，其实既是理性的入口也是它的出口。因为福柯告诉我们，理性的危机与世间所说的疯狂的危机存在着奇异的共谋性。

埃德蒙·雅毕斯与问题书

现在我们能更好地阅读《建我居所》①这本诗集了。从前，它99的意义可能被常青藤遮蔽了，或者说常青藤汲取了它的养分然后转移了我们的注意力。让幽默与赌注、欢笑、舞蹈与歌声围绕着一句话优美地旋转，使这句话尚未来得及爱上它的根茎，就已在风中微微卷起，尚未来得及直起身来说一说诗的责任之正直与僵硬。

---

① 《建我居所》（收入埃德蒙·雅毕斯1943—1957年的诗歌），Paris，Gallimard，1959。该诗集由加布里耶·布努鹤（Gabriel Bounoure）奇妙的序言引荐。如今对雅毕斯的研究有了不同的局面：M. 布朗肖：《中止》，N. R. F.，1964年5月号；G. 布努鹤：《埃德蒙·雅毕斯，居所与书》，《法兰西信使》，1965年1月号；《埃德蒙·雅毕斯，或以书疗伤》，《新文学》，1966年，第7-9期。

在《问题书》①中，这种声音没有质变，这种意向亦未中断，只是语气加重了。一个强劲的古根被挖掘出来，它身上有道年轮不明的伤痕（雅毕斯告诉我们，根在述说，言语要生长，诗的话语是从伤口开始的）：那指的是以书写的诞生与激情形式呈现的犹太教。我们不知道这种书写**的**激情、文字**的**爱和耐力的**主体**究竟是犹太人还是文字本身。也许它是一个人群与一种文字的共同根源。在任何情况下，这都是个不可估量的命运，因为，它将"来自那本书的一个种族……"（《问题书》，第 26 页）的历史，嫁接在作为文字之意义的极端根源处，嫁接在历史性之上。没有文字的严肃性和辛劳，也许就不会有历史。借助（文字）痛苦的自我弯曲，历史在获得密码的同时得以反身自省。而那就是历史的起点。因为，从反省开始的唯一事物是历史。而这个弯曲、这个皱褶，就是犹太人。犹太人选择了书写，书写也选择了犹太人，作为交换，真理彻底地转入历史性之中，而历史则被它自身的经验性规定了。

> ……做犹太人的困难，是与写的困难混为一体的；因为犹太教与书写，说的不过是同一种期待、同一种寄望与同一种耗损。（《问题书》，第 132 页）

犹太人与书写的这种交换，是一种与奠基者的纯粹交换，是一种没有特权的交换。因为在此交换中，对本源呼唤首先指的是呼唤这个词的另一个意思，即**互相召唤**，这是《问题书》中最坚决的断言：

---

① 雅毕斯著，Paris, Gallimard, 1963。

你是那个写与被写的人。

依尔迪拉比说："当我们除了服从别无选择的时候，选择与被选择之间又有什么区别呢？"（《问题书》，第 30 页）

这本书通过一种向本质的悄然移动成为一个长转喻，它使犹太人的处境变成了诗人、说话者与书写者的典型处境。诗人在其享有的自由体验中，会发现虽然自身委身给了语言，却通过自己作为主人的言语获得了解放。

词，选择了诗人……
…………

作家的艺术就在于一步步地引导词们对他的书产生兴趣。（《建我居所》）

这指的是作为诗歌之父的诗人，通过诗进行的劳作、拯救、缓慢生成过程。

渐渐地，书成就了我。（《白色空间》）

因而，诗人是书的**主体**、书的实体、书的主人，也是书的仆人和书的主题。书是诗人的主体，是说话主体，也是认知主体，因为他**在**书中**针对**那本书而写。这个使书通过诗人的声音得以表达的运动，自我弯曲、自我连接，并成为自在、自为的主体，这个运动，不是一种思辨或批判性的反思，它首先是诗与历史本身。因为，主体在这个运动中破碎了，它为了自我再现向这个运动打开了自身。书写，既是被写，也是在它的自我再现中的沦陷。所以，在这本以无限反思、痛苦地质疑自身可能性自我展开的书之内部，书的形式

101

自我呈现为："通过想象中的犹太教教士的多种形态的对话与沉思，撒哈和于克尔的故事变成了被人和词汇毁掉了的爱的故事。它既具有那本书的分量，也有对游荡性问题的一种苦苦执着。"（《问题书》，第 26 页）

我们将通过那个转喻的另一个维度看到这一点，那个维度就是《问题书》所描写的上帝本身的生成。不过，它究竟在何种程度上算是另一个维度呢？诗人的智慧，因而是在这种受难中实现它的自由的，即主动将服从上帝转化成词的规则。如果没有这个转化，如果受难变成了臣服，那即是疯狂。

> 疯子是词之叛乱的牺牲品。（《建我居所》）

此外，在聆听根源的传唤并让自己从绝对律法命令中获得灵感的同时，雅毕斯也许放弃了他早期作品中的那种**神韵**、那种**任性**，但他一点也没有放弃言语的自由。他甚至承认自由应当属于大地，属于根源，不然的话，自由就只是空中的风：

> 扎列拉比用这样的意象传达了一个训诫："你以为鸟是自由的。你错了；花才是……"
>
> ……力马拉比说："只要我们意识到我们自身的束缚，像睡眠者意识到自己的感官那样，自由就会一点点醒来；那么，我们的行为终会获得命名。"（《问题书》，第 124 页）

自由，与那牵制它的东西，与它从被埋没的源头所获得的东西，与构成其中心和场域的那种引力，相互理解并相互交易。那个场域中的祭祀不一定就是异教的，只要元场域不是一个具体地点，不是一个圈地，不是一个排他之地，不是一个特别行省或一个城市中的贫民区。当犹太人或诗人宣布这个元场域时，他们并非在宣战。因为那是从记忆外召唤这个场域，这总是在绝对别处的地方。它不是经验性的，也不是属于任何国土的那种绝对所在地。它古老得无法追忆，因此也指向未来。说它是传统的探险更合适。自由与非异教徒之地并不相恰合，除非绝对的承诺之漠，即元诗，将它们分离。当自由允许自己被诗的言语说出的时候，圣土就总是在远方：

> 于克尔，你总是活得不自在，你总是心不在焉，你总是心在别处。……（《问题书》，第 33 页）

> 你梦想着什么呢？/圣地。/可你就在这圣地上啊。/我想着我要去的那块圣地。/可是我们面对着面，我们就踩在圣地上呵。/我认识的只是通往那个圣地路上的石子。

诗人与犹太人的诞生地，不在**此处**而在**他方**。他们四处漂流，远离自己的诞生地。他们只是言语和书写的原住民，是绝对律法的原住民。他们是"来自元书的种族"，因为，他们是未来之地的子民。

他们是元书的原住民。当然也是自主的原住民。这意味着诗人不只从上帝那儿接受了自己的言语及自己的律法。犹太教承受的律法与诗人的代祷求情无关。诗歌对于预言，就如同偶像之于真理。这也许就是为什么在雅毕斯那里，诗人与犹太人看起来是那么地一致，而又是那么地分裂；整部《问题书》就是对这种犹太社群承受他律的解释，而这种对他律的承受不可能真正属于诗人。诗之自主

102

性，绝无类比可言，因为它就是破碎了的诫碑*。

> 力马拉比说："自由，原本在诫碑被镌刻了十次，可是，我们是那么地不配享有它，先知因而一怒之下砸碎了诫碑。"（《问题书》，第 124 页）

从破碎了的诫碑碎片间长出了诗，也根植了言语权。如滋生在神圣律法外的野草一般，文本重新开始了它的冒险，远离"犹太人的母国"这个"被解释包围着的圣本……"。解释的必要性，如同诗的必要性，就是被流放了的言语形式本身。因为，开始就是诠释性的。不过，尽管诗人与教士有着回到圣本之**中**的**共同**不可能性和共同的解释必要，他们对解释的绝对命令却有着不同的说法。原初文本的视域与注释性写作的差异，使得诗人与教士间的区别无法还原。虽然他们如此接近，却永远不会相遇，那我们怎么可能指望他们能回到圣本之**中**呢？解释的原始开启，本质上就意味着教士与诗人将永远存在。因此解释永远有两种**。因此，绝对律法成为元问题，而言语权与质疑的义务也因此混为一体。人的书，也就是问题之书。

> 力马拉比说："犹太人用一个问题去回答所有的问题。"（《问题书》，第 125 页）

不过，如果言语权是绝对的，那是因为它不取决于历史**中**的偶

---

* 希腊文 Déka Logoi。这里指摩西十诫，犹太教与基督教诫条。

** 解释的两种形态将在后面的"人文科学话语中的结构，符号与赌注"一章中专门讨论。教士解释是一种寻求最终真理的解释，它将解释当作回归真理与本相的一条不幸而必需之路。诗歌解释不追求真理与本相，只肯定解释的赌注。

然事故。诚碑的破碎，说的首先是上帝身上的断裂变成了历史的起源。*

> 别忘了你就是断裂的核心。(《问题书》，第 137 页)

为了让我们发言，使我们惊讶并让我们质疑，上帝自我裂变。它没有采取说的方式而是以缄默的方式，让沉默中断了它自己的声音和符号，砸碎了诚碑。在《出埃及记》中，上帝为此表示后悔，它至少说过两次，一次在老诚条之前，一次在新诚条之前，即在原初言语与原初书写产生之间，在《圣经》中的始源与重复之间（见《出埃及记》32-14；33-17）。可见，书写本源上就是诠释性，因而是次要性的。当然指的是我们的书写，不过已经就是上帝的书写，它始于上帝声音的中断和上帝面目的隐匿。这种差异，这种上帝身上的否定性，正是我们的自由、那种超验性和那个动词，而这种自由、这种超验性、这个动词也只能在元问题之可能性中找回其否定源头之纯净性。元问题，即谢林所说的"上帝的反话"，总是首先面对它自己的。

> 上帝永远在反叛上帝自己……(《问题书》，第 177 页)
>
> ……上帝就是对上帝的质问……(《问题书》，第 152 页)

卡夫卡说过："我们是上帝脑子里的虚无主义思想。"如果上帝

---

* 在尼采那里，断裂的诚碑作为他者的标志与写作有关，它标志着一种断裂，而历史正是从那里开始的。对于在另外一种思想模式中看世界的中国读者来说，要体味到西方文明中神学终结与人的历史之开启所纠缠的哲学理路恐怕非研究一番神学认知方式不可。

在自己身上打开问题，如果上帝就是那元问题的打开本身，那么就不存在上帝的**单纯性**。这一点对古典理性主义是不可思议的，但此处却变得显而易见。上帝对自我怀疑采取了表里不一的操作方式，它没有以最简易的方式行动；它既不老实，也不诚实。因为诚实即意味着简易，它是一种虚假的美德。因此，它相反必须获得的是撒谎的德性。

"曾是我第一位师傅的雅克布拉比，认为撒谎是一种美德，他说那是因为没有谎言就没有书写，而书写乃是上帝的道路。"（《问题书》，第 92 页）这是条拐弯抹角、尴尬而暧昧的道路，是上帝借给自己的路。它既是上帝的反讽，也是上帝的诡计，是一条斜路，是上帝的出口，也是通向上帝之路，而人不只是它简单的迂回，也是它无限的迂回。书写是上帝之路。"于克尔，给我们说说那个作为上帝谎言的人。"（《问题书》，第 94 页）

这条没有任何真理在前指引的路，是沙漠中的路。书写，如同"绝对分离"的时刻，是荒漠之时。如阿拉姆语所示，法利赛人*，这些不被理解的文人，指的就是"被隔离了的人"。上帝不再跟我们说话，它自行中断了它的声音。所以我们必须自己承担起词。我们必须与生命隔离，与共同体隔离，我们必须委身于痕迹，必须成为观看之人，因为，我们不再能从乐园最近处听到那个声音。"撒哈，撒哈，世界是从什么开始的？/从言语吗？/从观看吗？……"（《问题书》，第 173 页）书写，在失落了的言语与诺言之间那个破碎了的线上移

---

* 古代犹太教的一个教派成员，以严格遵守成文法见称，《圣经》中称他们是言行不一的伪善者。

动。它与言语的**区别**在于，它是上帝自我分离的错误和愤怒，是丧失了的直接性，也是乐园外的劳动。"乐园就是言语，而沙漠是书写。每一粒沙子都是一个意外的符号。"（《问题书》，第 169 页）犹太经验是一种反省，是生命与思想的一种分离，它意味着书所穿越的是一种位于两种直接性、两种认同之间的无限的隐遁。"于克尔，（你正写着的书）有多少页是为着生，多少页为着死，多少页使你与自我分离，多少页使你与书分离并最终放弃掉书？"（《问题书》，第 44 页）荒漠之书是沙砾构成的，它是"疯狂的沙砾"、无穷的沙砾、那数不胜数的浮沙之漠。"伊维里拉比写道，拾一把沙子……你就会知道那动词是多么的虚妄。"（《问题书》，第 122 页）

犹太意识就是痛苦意识，而《问题书》就是这种意识的诗歌；它被铭写在精神现象学的边缘处，因为犹太人没有末世储备，为了避免限制他的荒漠，避免关上他的书，避免治愈他的痛苦，他只能在精神现象学的道路上走一段。* "阿尔塞拉比说，红色书签是书首页的标志，因为，伤痕是一开始就被记录了下来的"（《问题书》，第 122 页）。

如果不在场是问题的灵魂，如果分离只能从上帝的自我断裂中产生，如果与绝对他者的无限距离，只能在一本游荡和奇迹总是可能的书之沙砾中受到尊重，那么《问题书》就既是不在场的不绝咏唱，也是一本关于书之书。不在场，试图在书中出场，也在被说出时同步隐身；它自知既是失败者，也是迷失者，因此，它是不可切 *105*

---

* 德里达参照黑格尔《精神现象学》中的那个不幸意识的时刻。黑格尔使用的第一个例子是亚伯拉罕。

入的，也是不可企及的。接近它，就意味着失去它；显示它，就意味着遮蔽它；供认它，就意味着撒谎。"伊达尔拉比说过，绝对虚无是我们的基本关怀"（《问题书》，第 188 页），因为，绝对虚无，正像绝对存有一样，只能沉默不语，只能隐而不现。

不在场。首先是**场域的缺席**。"沙拉说：言语取消了距离，使场域绝望。究竟是我们格式化了言语，还是言语塑造了我们？""**场域的缺席**"是收集在《建我居所》中的一首诗的题目。它是这么开始的："空地、着魔的扉页……"而《问题书》坚守在这空地上，在这乌有之乡，在城市与沙漠的相间地带中，因为在那里根是扎不下来的，也是不能存活的。除了词，任何东西都不会在沙漠中或石头路上开出花来。城市与沙漠既不是国家，也不是风景，更非林园，它们传唤雅毕斯的诗，确保它们的呼叫得到必然无限的回应。开罗，既是城市又是沙漠，雅毕斯从那里向我们走来，如我们所知，他也有过出埃及的出口。他用"从天使那里盗来的匕首"建造的居所，是个沙漠中用词做成的轻巧帐篷，在那里游牧的犹太人被无限性与文字击中，被破裂了的绝对律法击碎，自我分裂（希腊语无疑告诉我们很多有关律法、游荡、非同一性与自我的那种奇特关系，以及有关分享/分歧、命名和游牧性的那种共同根源：nem-ein*）。文字诗人只能献身于"不幸"，那是尼采召唤或承诺"将沙漠藏于自身"者的那种不幸。诗人或犹太人，捍卫着保护其言语的

---

　　* nemein 是古希腊语中动词 nem-ô 的第一人称的现在不定式形式。指分派、使出现、占有。其延伸词有 nomè 和 nomos，前者指牧场，后者指分享/分歧、乡土及其风俗，也指一般意义上的法律。

沙漠，因为，那言语只能在沙漠中才能被说出；捍卫着保护其书写的沙漠，因为，书写只能在沙漠中才能留痕，才能独自地走出一条路，一条任何笛卡儿式**解决方案**都不能确保其垂直性，也无法确保其出口的路。"路，在哪里？路，永远有待寻找。一张白纸填满了道路……我们将在同一条路上走上十次、百次……"（《问题书》，第 55 页）在不知不觉中，书写在沙漠中描绘并辨认出一座隐形的迷宫、一座沙漠之城。"我们将在同一条路上走上十次、百次……而所有这些路又都有它们自己特有的路。否则的话，它们也许就不是路了。"（《问题书》，第 55 页）《缺席书》的整个第一部分，可以当成对道路与书写的沉思来阅读。"正午时分，他再次发现自己面对着无限，面对着一张白纸。所有的足迹、所有的线索都已消失，都已被湮没得无影无踪。"（《问题书》，第 56 页）而沙漠通往城市的这个通道、这个绝对的界限，就是写作的唯一栖息地："一个游牧者将他驮在骆驼背上引向最近的哨所，从那里他坐上开往城市的军车，当他回到他的街区和他的住所，那么多的词汇请求他，而他坚持躲开了它们。"（《问题书》，第 59 页）

那也是作家的**不在场**。写作，也是自我退出。不是躲到帐篷里去写，而是从他的作品中撤出。搁浅在远离自己的语言处，挣脱或摆脱语言，让它独自行走，无依无靠。让它离开言语。作为一个诗人，就意味着知道怎样离开言语，让言语自己说话，离开言语让那些只能通过书写形式出现的东西自行说话。（如《斐多篇》所说，成文的东西，被剥夺了"父亲的帮助"，"独自地离开"，盲目地"左摇右晃"，它"对身旁的相识者无动于衷，对那些不相干者亦一

106

视同仁"；它游荡着，迷失了自己，因为这一次它虽没被写在沙漠中，却被写在了"水面上"，那其实是一回事，既不相信"书写乐园"，也不相信用笔播种者的柏拉图所说的如是说。)* **离开**作品，就意味着仅为着给它提供通道而存在，就意味着只为着成为它过程中的一个透明元素而存在：因为这既是一切，也是虚无。从作品的角度着眼，作家既是绝对的一切，也是绝对的虚无。他像上帝一般：

> 谢尔维拉比写道，如果你有时认为上帝看不到你的话，那是因为它把自己变得那么卑微以至于你将它混同于在你窗框上嗡嗡叫的那只苍蝇。而那正是**上帝全能**的证明；因为它既是绝对的一切，又是绝对的虚无。(《问题书》，第 117 页)

作家就像上帝：

> 斯坦拉比说，孩子，当我第一次写下我的名字，我觉得是在开始写一本书。(《问题书》，第 23 页)

> ……可我不是这个在写的人
>
> 因为这个人在写
>
> 而作家却谁也不是。(《问题书》，第 28 页)

> 我，色拉菲，那个缺席者生来就是为了写书的。
>
> (我就是不在场，因为我是讲故事的。只有故事才是真实的。)(《问题书》，第 60 页)

107　　然而（这只不过是那不断撕扯《问题书》扉页的诸多矛盾性假

---

* 《斐多篇》，275c–276d 页。

设之一例；它们必然这么撕扯，因为上帝本身就已是自相矛盾的），只有成文的，在给我命名的同时使我得以存在。因此的确不假，事物只有在被命名时才获得了存在，也同时丧失其实际存在。如黑格尔所言，这是将存在牺牲给词，也同时是以词奉献给存在。此外，仅仅被写下来是不足够的，得通过写而获得一个名字。人必须有个名字以便自称。这假定了伊戈拉尔拉比说的那个"我的名字是个问题……"（《问题书》，第 125 页）"……如果没有我所写的，那么，我将比风中晾着的一张床单更默默无名，比一扇窗框更透明无物。"（《问题书》，第 123 页）

这种与文字**交换或对抗**其实际存在的必要性，即存在之得失的必要性，对上帝来说，也同样必不可少：

> 撒哈，我不只是找过你，我总是在找你。我要通过你回到符号的源头，回到那只是风在沙上、在海上勾勒而尚未成形的文迹，回到鸟与顽皮的鱼留下的未驯服的文迹。上帝，这个风之主、沙之主、鸟之主、鱼之主，等待着从人那里得到的书，也是人期望从人那里得到的书；前者最终成就了神，而后者最终成就了人……（《问题书》，第 189 页）

> 泰尔拉比："所有的字母构成物，都是不在场的。
> 因而，上帝是它名字之子。"（《问题书》，第 47 页）

埃克哈特大师说过："当上帝的创造物说上帝的时候，上帝才成了上帝。"人通过书写给予上帝的这种援助，与书写无法"自救"（《斐多篇》）并不矛盾。神圣的东西，即人的消失，难道没有在书写的这种困境中被预示吗？

不在场之所以不能简化成文字，那是因为它既是文字的以太，又是文字的灵感。文字是隔离物也是边界，它在将意义囚入格言孤独的牢房的同时使之获得了解放。因为，所有的书写都是格言式的。任何"逻辑"，任何连词的扩张都不能克服它那本质上的非连续性和非实在性，也不能克服它那**言外之意**的沉默天性。所以，他者与意义合作是原发性的。在符征与符指的结合中有一种本质性**滑动**，它不只是一个词的简单主动的欺骗，也非语言的幽暗（背景）记忆。试图用叙述、哲学话语、理性秩序或推理演绎去还原这种滑动，就是误解了语言本身，因为，语言就是与整体的断裂本身。这个断裂的裂片，并非一种既定的风格或既定的败笔，而是被写物的形式。除非上帝自己写；但即便如此，这个上帝还得是古典哲学家心目中那个既不受质疑也不会自我中断的上帝，而绝非雅毕斯笔下的那个自行断气的上帝。（可是，正是这个古典上帝的那种无限性，不能容忍任何问题，也缺乏对书写的切实需要。）与莱布尼茨式的绝对存有和元书正相反，书写承载的绝对逻各斯的合理性所服从的，是间断性原理，那不只是因为这种间断性能限制并固定意义，如尼采所说："格言，我先于其他德国人掌握的那个句子，就是永恒性的各种形式。"而首先是因为这种间断性能使意义显现。当然并非由它独自使然；只是如果没有字母、词、句子、书之间的断裂，任何意义恐怕都不会被唤醒。**假定**绝对自然拒绝这种间断性**飞跃**，那么我们就能理解绝对书写为什么永远不会是绝对自然。因为，书写只靠飞跃运行。而这使它险象环生。死亡在字母间漫步。而书写，就意味着以牺牲性命且弃绝自然的勇气进入精神。

108

雅毕斯对符号间这种慷慨距离格外关注。

> 光，就在你所读的不在场之物之中……（《问题书》，第
> 25 页）

> ……所有的字母都形构着不在场……（《问题书》，第 47 页）

不在场，是字母拼读与表意的许可证，也是语言在转向自己的扭曲中被字母言说的**内容**：字母们说的是自由，是被确认的，却是缺席的，是那些由它们形构同时又被它们关在网中之物。

最终，不在场就像文字的呼吸，它使文字**活着**。安德烈·布勒东说："名字必须发芽，否则的话，它名不副实。"因为，文字就意味着不在场和隔离，所以，它就像格言一般地活着。它就是孤独，它诉说着孤独，并靠孤独活着。它若在差异之外便是死字，它若中止了孤独，它若停止了断裂，它若取消了距离，它若放弃了对他者的尊敬，它若中断与他者的关系，即与他者的非关系，它便死了。因此，文字有某种动物性，它使文字的欲望、不安和孤独获得了形式。

109

> 你的孤独
> 是松鼠的字母
> 只限于在森林中使用。（《拱顶石》，见《建我居所》）

麇集了受惊符号的森林，如沙漠和城市一般，无疑表达的是乌有之乡，是飘忽不定，是无路可走，是被冒犯的根茎的孤独竖立，远离阳光，引颈指向隐身的天空。不过，森林除了它刚性的线条外，也意味着慌乱的字母们攀缠的树木，还有被诗割伤的灌木

丛林。

> 字母们在树的痛苦中雕刻果实
> 在孤独中……
> …………
> 水手在桅杆的痛苦里
> 刻上一个名字
> 在这个符号中
> 你独自一人。

雕刻用的树木或嫁接用的树木，不再属于果园；它属于森林，属于桅杆。树之于桅杆，就像沙漠之于城市。符号，如同犹太人、诗人、人、上帝，它只能在自然孤独与建制孤独之间做选择。它们因而成了符号，因为它们使他者变得可能。

诚然，文字的动物性看上去首先就像众多暗喻中的**一个**（比如，在《建我居所》中，性是个元音，等等，或者是"在一个共犯的协助下，它有时换了性别和灵魂"，还有这句"他们笔下的元音，就像被钩钓出水面的鱼唇；而辅音就如剥掉了的鱼鳞。它们活在行动的夹缝中，活在墨汁的陋室里。被无限性纠缠着……"）。但文字的动物性更是**那个**暗喻本身，即暗喻的语言之源头，在那里，绝对存有与绝对虚无，作为暗喻外之暗喻条件，从来不发声。文字的暗喻或动物性，正是作为神圣生命之符征的那种首要无限的歧义性。它是对惰性文字的**心理**颠覆，也是对自然的颠覆，或者说是对重新变成了自然的言语的颠覆。这种作为符征生命的超强力量从语言的不安和游荡中产生，而语言总是比知识更丰富，因为，它的运动总

是比安然定居的知识确定性走得更远。"怎么说出我所知道的呢/用 *110*
那些意义/繁多的词?"(《建我居所》,第 41 页)

引文已经显示,《问题书》中那有组织的歌词的力量是评论无
法企及的。不过,我们依旧可以去探求其来源。难道这种力量不是
来自不仅冲击着词的堤坝,也冲击着埃德蒙·雅毕斯经验中的特殊
点,还有他的声音与风格的某种非凡汇流冲力?在那里汇集,压缩
并提醒着一个人群千年的痛苦和反省,而这种"痛苦"的"过去与
持续性,与书写本身的过去与持续性已经浑然一体",这种命运召
唤着犹太人,同时也切入他们的声音与符码之间;他们为那丧失了
的声音哭泣,黑色的眼泪如同墨迹。《建我居所》是从《墨之
声》(1949)借来的诗句。而《问题书》写道:"你猜想在被说出的
东西与被写下的东西之间,我可能更重视前者;因为,在被写下的
东西中,我的声音被隐去了,我的声音让我听到的是创造性的声
音,而不是一个奴仆的共谋之声。"(《问题书》,第 88 页)

[在埃马纽埃尔·勒维纳斯那里,我们能在苏格拉底主义与希
伯来主义的区别之间,在文字的苦难与文字的高度的区别之间,在
呼吸(le pneumatique)与符号的区别之间,找到同一种犹豫和同
一种焦虑之运动。]

在这种原发性失语症中,当上帝或诗人的声音缺失时,人们就
得满足于呐喊与书写这些言语的替代物。这就是《问题书》,是那
种纳粹式的重复,是我们时代的那种诗意性革命,是试图通过各种
方式、各种路径去重新占有语言(仿佛这么做是有意义的),从绝
对逻各斯之父那里讨还对语言的责任的当今人类的非凡反思,尽管

这么做总是徒劳无功的。比如，我们可以从《缺席书》中读道："这是一场决战，被伤口出卖的战败者在倒下时，描述了战胜者献给那个稀里糊涂被选中的挑战者的那一纸谢词。其实，这场战役的发生，不过是为了强调动词对于人的绝对霸权及动词对于动词的绝对霸权罢了。"这个汇流点难道就是《问题书》？

　　不。如果歌的张力只来自汇流点的话，歌就唱不下去了。汇流点必须重复源头。呐喊之所以歌唱，是因为它以谜语的方式，让水从崩裂了的礁石缝隙中涌出，让那唯一的水源、那崩裂前的统一体浮现。之后才可能有"潮流""汇流""水势"。诗，总是冒着无意义之险，因为没有这种危险，它将一无是处。要想使雅毕斯的诗有意义，要想使他的**问题**有意义，就必须假定那个起源不是相遇，那个统一体不是相遇，假定如今的这种相遇中，潜藏着另一种相遇。而且，那种相遇是第一性的，也是独一无二的，因为它也同时意味着分离，像撒哈和于克尔分手那样的分离。相遇**就是**彼此分离。这样一种与"逻辑"唱反调的主张，折断了绝对存有的统一性，因为，在那个第三人称单数的"是"（est）的脆弱环节中，他者和差异同时被纳入了意义的源头。不过也可以说，我们总是必须已经思考过存有，才能去讨论相遇和分离，与什么和与谁，还有相遇**即**分离这些东西。这是肯定的。只是，这个"总是必须已经"意味的正是存有王国之外的那种原初放逐，意味着作为存有思想的放逐，也意味着绝对存有从不显现**自身**，从不**在场**，从不在**当下**，从来不在差异之外（指的是"差异"一词如今所要求的全部意义）。无论是存有，还是存在者之主宰的上帝本身，都表现为在差异中呈现的东西，也就是说，表现为差异本身，表现为被隐匿了的东西。

如果如我们目前所做的那样，将微不足道的涂鸦添加到一首伟大的诗中以求将它简化成所谓的"主题结构"，那么我们就得承认这样做其实并没有什么创意。因为，正是在作为历史性与人类言语之解放的上帝自疑自问、上帝自身的否定性那里，在作为上帝**之欲**望、上帝**之**问题［这个双重所有格，在成为语法问题之前是个本体论问题，或者说是**铭写**（graphein）的本体论与语法根源］的人类书写那里，在作为上帝自我分裂之怒的历史与话语等这些问题中，存在着久经考验的母题。这些母题并非首先属于雅克布·波希姆（Jakob Boehme），也并非只属于德国浪漫主义、黑格尔和晚期舍勒（Scheler）等人。上帝自身的否定性、作为书写的放逐，还有文字的生命，所有这些，都早已见诸希伯来神秘思想之中。它们就是那种"绝对传统"。雅毕斯意识到了他的作品与希伯来神秘思想的种种共鸣，他有时甚至以此借题发挥（如《缺席书》，第 12 页）。

不过，这种传统性并非正统。有人也许会说雅毕斯**也**有与犹太社群隔绝的方面，假设犹太社群这个观念是有意义的，或者说是有其古典意义的。他不只是在那些触及信条的地方与之隔绝，而是在更深的层面上。雅毕斯承认自己很晚才发现自己某些方面属于犹太教传统，对他来说，犹太人不过是苦难的寓言："你们全都是犹太人，甚至那些反犹、仇犹者，因为你们已经被指任为殉道者。"（《问题书》，第 180 页）因此，他得与他的同胞辩论，与那些不再是想象中的犹太教教士辩论。这些人都指责他的这种无血无肉的普遍主义、本质主义和寓言主义，指责他的以象征和想象力将事

112

件中性化的做法。

> 对着我，我的同胞们说：

> 你不是犹太人。因为你不去犹太教堂……（《问题书》，第 63 页）

> 你所引用的教士都是些江湖骗子。这样的教士存在过吗？ 而你却受他们不洁言词的染指。……

> ……对别人来说，你是犹太人，而对我们来说，你是那么 不像。

> 最冷静沉着的同胞对着我跟我说：不对犹太人和非犹太人 做任何区别，这不已经就不是犹太人的作为了吗？他们还说： "兄弟爱就是给予，给予，给予，而你永不可能将你本身给出 去。"以拳击胸的我想过："我什么也不是。因我有颗分裂的大 脑。可是一个人难道没有自身的价值吗？非得在砍头与信仰之 间做选择吗？"（《问题书》，第 64 页）

在这段对话中，雅毕斯并非被指控者，因为他承担着对话与争 论双方的角色。在这种与自己的不合拍中，他比犹太人更犹太人， 也比犹太人更非犹太人。不过，犹太人的自我认同也许并不存在。 犹太人可能就是这种成为自我之不可能性的别名。犹太人是分裂 的，首先因为他处在文字的寓言性与直译性（littéralité）这两面性 之间。假如犹太人是在差异与直译性中创立并安顿自身的话，那 么，犹太人的历史就不过只是其他经验性历史中的一种而已。假如 犹太人让自己在一种抽象普适性的代数中衰竭的话，那么，他恐怕 *113* 也绝无历史可言。

在热血的文字事件之肉与过冷的概念之皮之间奔跑着的是意义。它就是那书中所发生的。一切都（发生）在那本书中。一切都得存在于那本书中，包括所有其他的书。这就是为何那本书永不完结。它永远在痛苦中于如豆小火旁守候暗夜。

——灯在桌上，家在书里。

——我终于住进家中。

．．．．．．．．．．．．

——书在哪里？

——就在书中。（《问题书》，第 15 页）

那本书的所有外部出口都完成于书之中。毫无疑问，书写的目的，存在于书写的范围之外："自我达成的书写，不过是轻蔑的一种表达。"如果书写没有在承认无限分离中趋向他者而撕裂自身，如果它只是自我选择，只是为写而写的那种乐趣，只是艺术家的自我满足的话，那么，它就毁了自己。它就在蛋的圆润和绝对同一之圆满中丧失了自己。的确，走向他者，也意味着否定自我，意义在通向文字写作的过程中发生了异化。而意向为了得到表达，必须超越自身，挣脱自身。"我憎恨那些被说出的东西，因为在那里我已不复存在。"（《问题书》，第 17 页）还有一点也是无疑的，就像书写的目的超越书写那样，书写的源头也不在书中。作为书的建造者和守护者的作家，只能守候在家的大门口。他是摆渡者，他的命运总具有一种引荐意义。

"——你是谁？——家的守护者——……你在那书中吗？

——我在门槛处守着。"

但是，事情的关键正在此，即与书相关的所有这种外在性和否定性，都产生在**书之中**。包括我们所说的书外的出口、**书中**的他者和门槛。他者和门槛只能被写出，只能在书之中才能得到承认。我们只能在书之中离开书，因为，对于雅毕斯来说，书不在这现世中，它只在它所写的世界之中。

"因为有了书，世界才得以存在……""书都是书的作品。""……书繁殖了书。"存有，也就是在书中获得存在，即便它不是中世纪称作绝对上帝之书的那种再造自然。上帝本身也要从书中浮现，是书将人与上帝联系起来，是人将存有与自己联系起来。"如果上帝存在，那是因为它在书中**存在**。"雅毕斯知道书被授予权力，也同时遭受威胁，书的"回答仍成问题，而书这个家园所受到的威胁，则源源不断"。但是，书只能受到虚无、非存有和无意义的威胁。如果这种威胁能够存在，那么，如这里的情形那样，它将会被招认出来，被说出来，并遭到驯化。这也就是说，这种威胁只能来自书这个家园，来自书本身。

因此，所有的历史忧虑，所有的诗歌忧虑，所有的犹太教忧虑，都折磨着这首问题不止的诗。所有的肯定、所有的否定、所有的矛盾性问题都被收集在书的那个统一体中，收集在一种与众不同的绝对逻辑之中。这里应当说它是绝对语法。不过，这种忧虑和战争、这种各式水流的泛滥，难道不是基于某种不是问题（la non-question）的平静而沉默的背景之上的吗？对问题的书写，难道不是通过决断和抉择开始进行的歇息和回答吗？难道不是对问题实施的初次暴力吗？难道不是问题遭遇到的初次危机、初次忘却吗？难道不是作为历史的放逐的必要开始，也就是说，作为放逐自我隐身的放逐之必要开始吗？

我们所说的不是问题还没有成为信条，如我们所知，书中的信仰行为可能早于对《圣经》的信仰，并可能在《圣经》中得以保存。我们所说的这个不是问题就是未被染指的确信：存有就是元语法；世界完全就是通过铭写与诗的译码来建构或重构的一个密码；书是原初的，任何事物在存在之前，而且为了能够获得存在就已**在**书中；只有**触碰到**书，它才可能诞生；只有从书的角度出发的失败，才会死亡；书的无法通行的岸边永远是**第一位**的。

但是，假如那本元书（指这个字的全部意义），只不过是存有的一个**时间顿符***呢？（它指的是使绝对存有显现在其没落的余晖中或者在其松开的怀抱中走向完结的时代，它将像一种进入末期的疾病，像某些垂死者顽强而唠叨不绝的超强记忆，去繁殖关于那已死之书的书。）假如书的形式可以不再是意义的典范呢？假如存有绝对地外在于书，外在于书的文字，外在于某种超验性，而这种超验性不再让铭写和意义触碰，不再依赖于书写，尤其是奋起抵抗书写呢？假如存有在这些书中自我迷失了呢？假如这些书就是存有的耗散呢？假如存在世界、它的在场、它的存在意义，只在模糊性/不可辨读性中，在一种根本的模糊性/不可辨读性得以揭示，而这种根本的模糊性/不可辨读性并非某种丧失了的或被追求的可辨读

115

---

* 顿符（épochè）一词这里取的是其希腊词源中 époque 所含的"顿挫""停顿""歇息"之义。时代之所以成为时代，乃是因为某些重大事件标识了它，并成为思考的起点。在此意义上，顿挫即意味着时间的歇脚处和暂停。

性之同谋，也非从神圣百科全书上撕下的一页之同谋呢？假如世界甚至不是雅斯贝尔斯所说的那个"他者的手稿"，而首先是任何可能的手稿的那个他者呢？假如"反叛是字纸篓里一张揉皱的纸……"（《问题书》，第177页）这种表述总是为时过早吗？假如说恶之所以**无法辨认**，那不过是因为上帝的笔误和拼写错误造成的，因为"**在绝对恶中，我们的生命具有一个被颠倒了的、被排除了字母的形状，所以它在《书之书》中无法辨认**"（《问题书》，第75页）。假如这个说法总是为时过早呢？假如绝对死亡不让它**本身**刻入书中呢？众所周知，犹太人的上帝每年在这本书中登记上那些幸存者的名字。假如死魂灵，在任何情况下，都多少有别于那些总有机会复苏的死字母呢？假如书不过是对死亡最有效的忘却呢？假如书不过是一种最古老或最年轻书写的隐身，是书、语法以及以存有意义为名在书和语法中被预示的一切在另一个年代的隐身呢？假如它是另一种无法辨读的文字的隐身呢？

我们所说的根本模糊性/不可辨读性并不是非合理性，并非令人绝望的无意义，也绝非那些会因费解和无逻辑引发恐慌的东西。对模糊性/不可辨读性的这样一种解释——或者说这样一种规定——已属于书，已被包含在书卷的可能性当中。原始的模糊性/不可辨读性，并非只是内在于书，内在于理性或逻各斯的一个时刻，但也并非就与此相反，因为它与书、理性或逻各斯没有任何对称关系以至于无法通约。因此，原始的模糊性/不可辨读性前在于书（非时间顺序的意义上的），甚至它就是书的可能性本身，它携带着"理性主义"与"非理性主义"日后成为对立面的可能性本身。在模糊性/不可辨读性中显身的存有超越了这些范畴，它在书写的同时超越了它的名称。

谴责雅毕斯没有在《问题书》中讨论这些问题是可笑的。因为 116 这些问题只能在文学行为中沉睡，因为文学既需要这些问题的生命力，又需要它们昏睡不醒。书写，会因为简单的抹除问题而死于纯粹的警惕。写，难道不是依然混淆了本体论和语法吗？而在这语法中记录的，不是还有僵死句法的所有断层，还有言语对抗语言的所有冒犯，以及对文字本身的所有质疑吗？向文学提出的那些被写的问题及文学所承受的所有折磨，总是通过文学并在文学中被变形、被刺激并被遗忘；总是变成通过自身并在自身中所进行的自我修订，变为羞辱，也就是说，总是变成生命的伎俩。生命在文学中自我否定，目的只是为了更好地生存，为了更好地存在。在文学中，它对自己的否定并不多于对自己的肯定：因为它以延异（différance）的方式，自我延迟并自我书写。书总是**生命之书**（由犹太人的上帝掌握的《生命之书》乃是其原型）或是**幸存之书**（由埃及人掌握的《亡者书》是其原型）。当莫里斯·布朗肖写道："人究竟能否**胜任**一种根本性的拷问，说的终究是人能否**胜任**文学？"从生命的某种思想出发，我们还可以说，人**无法**同时胜任二者。除非我们承认纯文学就是非文学，或者说纯文学就是死亡本身。关于书之源头的问题，是那种绝对的拷问，是对所有可能拷问的拷问，也是对"上帝之拷问"，这个问题从不属于任何一本书。除非它在说出其记忆中，在其提问的时间中，在其**句子**的时间与传统中，自我忘却，除非自我记忆将它与自己**联在一起**的句法，使它变成一个伪装的陈述。因为关于提问的书，已经远离了问题的本源。

因此，如雅毕斯所说，要想上帝成为善，**对上帝的质疑**，不就得将一种最后的陈述转换成问题吗？那么，文学可能只不过是这个问题的下意识位移：

> 理达拉比说，有一本上帝之书，上帝通过它质问自己，也有一本人之书，它的大小跟上帝的那本一模一样。

暴力与形而上学：
论埃马纽埃尔·勒维纳斯^①的思想

希伯来与希腊思想——我们的世界在这二者的影响之间移　*117*
动，它们各领风骚一段时间；虽然还从未出现过，它们应当能

117

---

① 勒维纳斯：《胡塞尔现象学中的直观理论》，第一版，Alcan，1930；第二版，
Vrin，1963。《从实存到实存者》，Fontaine，1947。《时间与他者》（*Cahiers du Collège phi-
losophique*），Arthaud，1949。《与胡塞尔和海德格尔一起发现实存》，Vrin，1949。《整体与
无限：论外在性》，La Haye，M. Nijhoff，1961。《困难的自由：论犹太教》，Albin
Michel，1963。

我们也将在下文中引用他的其他文章。对上面提及的主要作品的引用将用题目缩写
法，依次如下：*Théorie de l'initiation dans la phénoménologie de Husserl* 缩写成 THI；
De l'existence à l'existant 缩写成 EE；*Le Temps et l'Autre* 缩写成 TA；*En décourant
l'existence*，缩写成 EDE；*Totalité et Infini*，缩写成 TI；*Difficile Liberté* 缩写成 DL。

当这篇文章写成的时候，时逢勒维纳斯两篇重要作品问世：《他人的印迹》（*Tijd-
schrift voor Filosofie*，Sept. 1963），《意谓与意义》（*Revue de métaphysique et demo-
rale*，1964，no. 2）。遗憾的是，我们只能在此简要提及。

够平分秋色，取得二者之间的和睦与均衡。

马歇·阿诺德：《文化与混乱》

哲学，也许自黑格尔或马克思、尼采或海德格尔以降就已经死了，也许它应当仍朝着其死亡之意义继续游荡，也许它一直就活在对垂死的自觉之中，这种自觉是以沉默的方式，在**宣布了哲学永恒**的那句话的阴影中被招认的；哲学，也许有**一天会在**历史中完结，也许它一直活在痛苦之中，活在为反抗非哲学而在取消他自身之可能性的同时暴力打开了历史，而所谓非哲学正是它的反面基础、它的前身（指前哲学思维）或事实、它的死亡及其资源；也许超越哲学的死亡或必亡性，甚至可能正因此，思想才有一个未来，甚至如人们今日所言，从仍保留在哲学中的东西里获得一个全然不同的未来；更奇妙的说法是，因此未来也将有一个未来，这都是些本身不自带答案的问题。因为它们从诞生之日起，或至少有一次，是作为哲学无法回答的问题向哲学提出的。

也许这些问题本身并不是**哲学**式的，也不属于**哲学范畴**。但无论如何，它们恐怕应当是能够奠定当今世界中仍被人们凭借记忆称作哲学共同体的唯一的问题，尽管研究机构和语言、出版物和技术，像资本或苦难一样在世界相互拉动、滋生蔓延，这些问题至少应当继续被追问下去而不被放弃。因此，这是个问题共同体，它的权威是脆弱的，因为要提的问题还尚未明确，这使得想要回应以面具假象出现的问题的虚伪难以出现，也使得提问的声音在问题的句法中难以得到传达。这是个具有决定性的、启动性的、绝对原创性的共同体但却备受威胁，因为它的问题尚未找到它要找到的语言载体，也就无法保证其自身的可能性。因此，这是个关于问题可能性的问题共同体。尽管可提的问题很少，可以说绝无仅有，但正是这些问题，如今还蕴藏着决断的、不可撼动的尊严和义务，一种不可撼动的责任。

为什么说它是不可撼动的呢？因为，问题对象之整体性**已经**是不可能的，存在者、客体和规定性之整体性**已经**是不可能的，事实的历史**已经**是不可能的，因为，只存在问题的一种历史，也只存在一种对纯问题的纯记忆，它可能只允许纯问题以这样一种传承可能性存在、以这样一种记忆可能性存在。我们早已知道问题也早已开始，它是对**另一种**绝对源头、另一种绝对决断的奇特确定性，这种既确保了问题的过去，也解放了一种不可比较的问题传授的方式，即问题的规训。借助（所谓借助，即是说**已**知道怎么阅读了）这种规训［虽然它还不是已经变得难以想象的否定传统（即否定性规定），而且早于苏格拉底式的反讽（ironie）＊、精神助产术（maïeutique）、悬置思维法和怀疑论］，一种禁令出现了，它要求将问题当作问题加以保存。**问题**的自由（双重所有格）＊＊应当被说出来并得到保护，作为问题的问题之居所已落成，也因此形成了它的传统。如果说这个命令有一种伦理学的意义，那是因为它后来使得所有一般的伦理法则成为可能，而它自身却并不属于伦理学的**领域**。它既不是沉默的律法，也并非不诉诸言语自由的命令。它既非

119

＊ 指苏格拉底式反讽。

＊＊ 在法语句法中，"la liberté de la question"既可指"提问的自由"，也可指"自由地提问"，两个名词呈互相所属关系。

律法，也非命令，因为它不确认也不锁定问题的可能性，也就是说，它并不在预设问题之可能性的同时将之隐藏。问题因此总是被锁定的，它从来不是一下子就能以它的面孔显现的，它只有透过命题的晦涩性中所包含的那种已开始规定问题的答案，才会显形。它的纯粹性只有通过诠释的差异性才会显现并被重新唤起。

因此，那些追问哲学可能性及其兴亡的人，已经在问题关于自身的自我对话中被捕捉，出其不意地被抓住，他们已在哲学的记忆之中，被卷入问题与自身的交往之中。所以，本质上，这种交往的命运就是问题在自身中就自身所进行的思辨、反思和提问。因此，也就开始了问题的客体化、二度诠释及其在世界中的特有历史的规定性；也开始了一场战役，这场战役强调的是一般问题与"哲学"作为一般问题的某种有限或必亡的既定时刻及既定模式之间的差异。也就是哲学作为问题本身**之**能力或历险与哲学作为该历险**中**既定的事件或转折的差异。

这种差异如今得到了较好的思考。它的问世并得以**如是**地思考，对于只关注事实、技术或观念的史学家来说，无疑是最不起眼的，也是最无关紧要的。但以它所蕴涵的全部意味来看，它也许是我们时代最深刻的特征。更好地去思考这种差异，也许就是因为特别想知道，从这种无数哲人一直自知深陷其中的传统中是否还应当意外地产生些什么，而这么做的条件，将是坚持不懈地追索差异的源头并尽全力、尽一切可能去接近它。这并非回到初步摸索阶段，也不等于惰性地退回童年。情况恰好相反。

自黑格尔以降，这离我们并不久远，在他巨大的阴影下，一直向我们灌输并提醒我们这种整体重复最好被当作哲学第一要务来对待的两个洪亮的声音，一个是胡塞尔，另一个是海德格尔。尽管他们之间差异极大，但他们对传统的求助（这与传统主义毫不相干）都受到某种共同意向的引导，而这种共同意向成就了胡塞尔的现象学，也成就了海德格尔的"存有论"①，这么称呼后者是为求方便与近似而暂时所为。

现在，我们现在可以十分扼要地做如下概括：

首先，整个哲学史是从其**古希腊**源头被思考的。我们知道这指的并非西方主义或历史主义②。而是因为哲学的基础性概念首先是希腊的，而离开希腊元素去进行哲学表述和谈论哲学恐怕是不可能的。在胡塞尔眼中，柏拉图是其终极目的仍在幽暗中沉睡未醒的某种哲学理性和任务的建构者；而对海德格尔来说则相反，柏拉图标

121

---

① 海德格尔在试图修复沉睡在形而上学中特有的存有论意向之后，在从"形而上学存有论"中唤醒了"根本存有论"之后，面对"存有论"一词所含的传统暧昧性无法根除的情形，最终提议放弃使用"存有论"及"存有论的"这些词汇。见《形而上学导论》（*Introduction à la métaphysique*）。存有问题，因而不隶属任何存有论。

② 也就是说相对主义：哲学的真理，不取决于它与希腊事件或欧洲事件的事实性关系。相反地，它必须借助被胡塞尔和海德格尔规定的不同源的某种突现或召唤，才能进入希腊本相和欧洲本相。而对他们两位来说，"哲学的突现"［见胡塞尔，《哲学的出发还是突破》（Aufbruch oder Einbruch der Philosophie, *Krisis*）］是标示欧洲"精神形态"之特征的一种原初现象。对他们二者来说，"哲学"这个希腊词（φιλοσοφία/philosophia）告诉我们的是：哲学，首先而且尤其是规定了希腊世界之存在的某种东西。而且，哲学从它的本质来讲，也决定了西欧历史的那种最内在性的过程。"西欧哲学"这个词组的反复锤炼，其实是一种同语反复。为什么？因为，"哲学存在"，本质上就是希腊的——所谓"希腊的"，说的是哲学之源，本质上首先是来自希腊世界的，并且它只选择了希腊作为自身发展的场所。见海德格尔：《什么是哲学?》，阿色洛斯（K. Axelos）和柏夫雷（J. Beaufret）译本。更确切地说，它是关于理解希腊暗示的应有方式，请参考《通向语言的道路》，布罗克美尔（W. Brokmeier）译本。

志的是存有思想在哲学中被遗忘，并被规定的时刻。他们之间的这种差异，只因为其共同的希腊根源才变得具有决定性意义。这种差异在他们的后继者中亲如手足，完全服从于同一种宰制，即同一的宰制，无论是在（胡塞尔）现象学那里，还是在（海德格尔）的存有论当中，这种同一的宰制都没有消失。

其次，胡塞尔和海德格尔以不同的方式将引导我们进入的这个考古学，每次都规定了对形而上学的某种服从或僭越，总之，是对**形而上学的一种还原**。尽管这个姿态，对他们各自有着非常不同的意义，至少表面上看是如此。

最后，**伦理学**范畴在他们那里不仅是脱离了形而上学的，而且都与伦理学外的另一种更在前、更根本性的东西相配合。因为当它不是这么被安排时，当律法、决定力及与他者的关系汇聚成"元力"（archè）的时候，它的伦理特性就丧失了。①

这配合在那独一无二的哲学之唯一源头上的三个母题，可能指向的是一般哲学所有资源的唯一可能方向。假如在胡塞尔现象学与海德格尔存有论之间展开一种对话的话，尽管它们在所有的地方，或多或少地有直接的牵连，但只有在那唯一的希腊传统性之内部，这种对话似乎才能得以理解。在这个从希腊—欧洲经验发展出来的基本概念系统向全人类进军的时候，这三个母题恐怕也因此先决地规定了逻各斯整体，规定了世界性历史哲学条件的整体。恐怕没有

---

① 胡塞尔说，"绝对理性在'理论上''实践上''美学上'等没有什么区别"（《作为人类意识觉醒的哲学》，保罗·利科译，见《真理与自由》）。海德格尔说，"'逻辑的''伦理的''物理的'这些词汇，只有在元思维走向消亡的时刻才会出现"[《关于人道主义的信》，慕尼埃（R. Munier）译]。

任何哲学想要动摇它们，能够不以臣服于它们开始，或者不以变成哲学语言的自我摧毁而告终。在科学和历史哲学只能预设的某种历史纵深处，我们知道将安全感寄托在希腊因素上，寄托在某种知识与信念上，这种知识与信念既非出自习惯也非出自舒适，正相反，它们只会使我们去思考所有的危险，去体验一切牵挂或一切苦恼。譬如，危机意识对胡塞尔来说指的只是某种先验母题的暂时的，却几乎是必要的失而复得，而在笛卡儿和康德那里，这个先验母题本身已开始使那个希腊构想趋于完备，那个构想就是使哲学成为科学。比如，当海德格尔说，"很久以来，已经太久了，思想就脱水了"，像岸上的鱼儿，他要还给思想的元素仍然是希腊元素，是希腊的存有论思想，这种思想的突然出现或者说它的呼唤造就了古希腊。因此，我们所说的那种知识和那种安全感并不存在于这个世界，更确切地说，它们指的是我们语言的可能性及我们世界的基石。

正是在这种深层意义上，埃马纽埃尔·勒维纳斯思想震撼了我们。

在干旱深处，在无限扩展的沙漠中，勒维纳斯的思想不想再做存有及现象性的思想基础，它使我们对一种前所未有的去动机与解占有欲过程充满期待：

其一，在希腊语中，我们的问题已经用我们的语言、用一种富含其历史上所有冲积层的语言被宣布了，勒维纳斯的思想用一种不断发挥其自责的诱惑力的语言，呼吁我们从古希腊逻各斯中脱位，从我们自我认同中脱位，也许是从一般一致性中脱位；它呼吁我们

122

脱离希腊场域，也许是脱离一般场域，以趋向某种甚至不再是（对神过分殷勤的）源头和场域的东西，趋向某种**呼吸**、某种不仅先于柏拉图和前苏格拉底，甚至先于所有希腊源头就已被吐出的先知言语，趋向那个绝对希腊的他者（但希腊的他者，是否就是非希腊的呢？它能否**被命名**为非希腊的呢？我们的提问迫近了）。对勒维纳斯的思想来说，古希腊逻各斯已整个出现，腐殖土厚厚积压着的不是地面，而是环绕着一个更古老的火山。这个思想不想借助文献学，只想凭借埋藏在经验中的对直接当下裸露性的忠诚，去摆脱"绝对 *123* 同一"与"绝对一"（换言之，即指存有与现象之光）这种压制性的希腊宰制，诚然与世上任何其他相似的压制不同，这是一种存有论的和先验性的压制，而且它还是现世中所有压制的源头及其不在场证明。这个思想最终想要摆脱的是这样一种哲学，它迷恋"在战争中显现并得以用主宰了西方哲学的整体性概念固化下来的存有之面孔"（《整体与无限》，x 页）。

其二，这个思想无论如何想在其第一可能性中将自己定义为形而上学（而这是个希腊观念，只要我们顺着问题脉络往下走就不难发现）。这是种勒维纳斯想要恢复其隶属的形而上学，他要从这种形而上学中修复出用以对抗源自整个亚里士多德传统的概念。

其三，这个思想要从形而上学中呼唤伦理关系——与作为无限的他者（infiniment-autre）的无限性的非暴力关系、与他人的非暴力关系——因为唯有这种伦理关系才能打开超验的空间并解放形而上学。而且它既不需依赖伦理学，也不需依赖形而上学外的其他东西，更不需将它们的源头混同于别的水源。

因此，它表达了一种与希腊式言说史辩论一番的强劲意愿。说它强劲，是因为即便它不是同类尝试的头一次，却达到了类似对话的高峰而且透彻入里，使得那些希腊人——首先是胡塞尔和海德格尔这两个仍是希腊人的哲人——不得不去回答他。虽然启发了勒维纳斯的弥赛亚末世论（eschatologie messianique）并不想为所谓的哲学自明性所同化，甚至也不想对后者进行补充（见《整体与无限》，Ⅹ页），但它也绝没有发展成一种犹太神学或犹太神秘主义（人们甚至可把它理解成神学与神秘主义诉讼），没有变成一种教义、**一种**宗教，乃至**一种**道德来展开。因为它在最后时刻从不以希伯来论题及文本为权威依据。它希望借助**经验本身**获得理解。而经验本身和那种经验中最无法还原的东西，指的正是朝向他者的通道和出口；而最无法还原的他者中的他者，就是他人。这种借助与我们通常称的哲学步骤不可相互混淆，不过它触到了被超越的哲学不能不被关涉的一个点。说真的，弥赛亚末世说从未诉诸过文字表述：它只是在赤裸的经验中示意一个它能被理解而获得反馈的空间、一个空穴。这个空穴并非各种开口中的一个。它就是开口本身，是开口的开口，是那种不让任何范畴和整体将之封闭起来的东西，也就是说，所有那些来自经验而不再任由传统的概念领域进行描述的东西，所有那些抗拒哲学素（philosophème）的东西。

那么，让希伯来与古希腊两种源头、两种历史言说相互辩论、相互超越的意义是什么呢？掀起一种新潮流？生产一个并非亚历山大时代犹太传统与希腊传统亲和性的螺旋式重现的奇异共同体？如果考虑到海德格尔也想要开辟一条通往既依赖哲学又超越哲学的古

124

代言路的通道，那么勒维纳斯想开辟的这另一通道和另一言路又意味的是什么呢？尤其是那个让它们得以进行对话的哲学支点的意义又是什么呢？正是这个问题空间将成为我们用来阅读勒维纳斯著作的起点，当然这只是个十分片面的阅读①。诚然，我们并无野心去探索这个空间，哪怕以羞涩的开始为名。我们只能勉强地尝试远远地对它做出暗示。首先，尽管我们会在括号和注释中标示出我们的困惑，我们将要在评论风格上忠实于这种思想的主题和胆识。也忠实于它的历史，因为它的耐心与不安已概括并且携带着我们要谈论的那种相互质疑的东西②。然后，我们将试着提出一些问题。如果这些问题能成功地触及这个论辩的灵魂，它们会与反对意见没什么差别，不过，说它们是勒维纳斯向**我们**提出的问题也许更为确切。

我们刚刚说过"一种思想的主题"和"历史"。这是个经典的困难，它涉及的不只是方法层面的困难。篇幅的限制只会将这种难

---

① 之所以片面，不只因为这篇文章选择的角度，也不只因为勒维纳斯著作的庞大规模以及本文在材料和其他方面的限制，而是因为勒维纳斯的写作值得专门的研究，他的写作风格几乎不可能与他的写作意向分开来谈，尤其是在《整体与无限》这部书中，也不能容忍这种以概念模式为形式的、作为评论首要暴力的散文式肢解。当然，勒维纳斯推崇善用散文，前提是它摆脱了酒神式激情诱惑或暴力，并且不让诗歌劫持，但这无济于事：因为，在《整体与无限》中，他令人钦佩地对隐喻的使用，即使不是总是，在大多数情况下，远没有滥用修辞，而是在修辞中隐含了最决定性的话语运动。如果我们过分拒绝用已解魅了的散文去重述这些话语运动的话，我们算是忠诚于他的写作，还是不忠呢？此外，这部著作中的主题演绎，既非纯描述性的，也非纯推理性的。它以一种惊涛拍岸式的无限坚持得以展现：总是同样的浪向同一道岸的返回与复归，每一次返回与复归，一切都会无限地自我更新与自我丰富，所有这些对评论与批评的挑战，决定了《整体与无限》是一部著作，而非一篇论文。

② 在《困难的自由》的结尾部分的"署名"小标题下，可以发现勒维纳斯哲学传记的方位标。

度加大。我们将不选择这么做。我们拒绝把勒维纳斯的思想及著作的历史屈就到《整体与无限》这部宏伟巨著中汇集了的丰富主题秩序和主题束（我们不采用"系统"这个词）中去。因为假如我们必须至少一次相信这本书中的最大被告（指黑格尔）的话，那么只谈结果而省略过程是毫无意义的。但我们不会进而牺牲意向忠实的自我统一体以迁就那个可能只不过是纯混乱的所谓变成过程。我们不打算在开口与整体之间做选择，因而会缺乏连贯性，不过，我们也不会刻板地听任这种不连贯性的主宰。不可能系统的可能性将使我们远离经验主义。无须在此反思这种犹豫不决后面的哲学，只需在括号中注明：我们用简明的词汇就已触到了勒维纳斯的问题性本身。

I. 光之暴力

离开希腊是勒维纳斯在《胡塞尔现象学中的直观理论》一书里暗中策划的。在 1930 年的法国，那是第一部研究胡塞尔整体思想的重要专著。在他用自己所掌握的当时胡塞尔已出版的著作及所授课程材料对现象学的发展所做的那个出色的介绍中，在他对胡塞尔的沉思以及那些未发表作品中可能"含有"的"意外"所持的谨慎态度中，他就对胡塞尔有所保留。理论（θεωρία/theoria）帝国主义 * 那个时候已困扰着勒维纳斯。步柏拉图后尘的现象学，应比所

126

---

 * 在希腊语中，*theoria* 一词与 *théa* 一词同源。后者意指场面、视觉，暗示这里可以通过视觉自显。

有其他的哲学更受制于光。（因为）它未能减低那种最后的幼稚，即观看的幼稚，就将"存有"先决地规定为"客体"。

在这一点上勒维纳斯的批评还是很含蓄的，而且也并不成系统。

首先，要培育一种对抗光的哲学话语是很难的。当勒维纳斯对这种纯理论主义（théorétisme）和胡塞尔式现象学的不满在 30 年后成为他与传统断裂的主要动机时，他依然需要给赤裸的他者面孔这所有暴力面对之都得沉默缴械的非光之"神显"（épiphanie）以一些光线，尤其是给那些与现象学相关的部分。

其次，也很难忽视下面这一点，即胡塞尔在《观念Ⅰ》* 中很少将存有先决地规定为客体，绝对存有只在纯意识中才被承认。的确，人们常认为这个区别并不重要，因为意识哲学也总是关于客体的哲学。而勒维纳斯对胡塞尔的阅读，在这一点上一向是细腻的、灵活的且层次分明的。在《胡塞尔现象学中的直观理论》中，理论就已经恰如其分地与一般客观性区分开了。我们后面将会看到，实践意识、价值论等对胡塞尔来说，也是对客体的意识。勒维纳斯清楚地承认这一点。因此，他对胡塞尔的指责，针对的恐怕实际上是主客体相互关系那不可还原的至上性。但后来的勒维纳斯却越来越强调胡塞尔现象学中那些使我们越过或未及"主客体相互关系"的东西。譬如，如"作为与相异性的关系的意向性"、"非客体的外在性"、感受性、被

---

　　* 指胡塞尔在《哲学与现象学研究年鉴》上发表的《纯粹现象学和现象学哲学的观念》第一卷，该书的第二卷和第三卷在胡塞尔生前从未发表。以下简称《观念Ⅰ》。

动生成、时间化运动，等等①。

再次，超存有（ἐπέκεινα τῆς οὐσίας/epekeina tês ousias）的太阳，对勒维纳斯来说，将永远照亮着思想的纯清醒状态及其取之不尽的源泉。它不仅是超越了整体（即存有整体或意向客体整体、同一整体或自我整体）的那个绝对无限的古希腊经验②，而且也是用以摧毁存有论和现象学的工具，因为存有论和现象学都臣服作为绝对存有或绝对我的那种绝对同一之中性整体。于 1947 年汇集在《从存在到存在者》里的所有论文，都被放在"将绝对善置于绝对存有之上的柏拉图式公式"之下〔在《整体与无限》中，"爱欲现象学"（Phénoménologie de l'Eros）描述了在爱抚经验本身中的超存有运动〕。1947 年，勒维纳斯把这个非神学的，也并非向"某种更高存在"超越的运动，叫作"逾越"（ex-cendance）。立足于存有，这种逾越是"对存有的脱离，也是对用来描述它的那些范畴的脱离"。这是个伦理学逾越，它已经勾画出那个作为后设神学、后设存有论、后设现象学的形而上学场域，更确切地说，是它的非场域。我们得回到勒维纳斯对超越存有的阅读，回到它与存有论的关系上来。既然涉及光，就让我们暂时注意一下，这种阅读把柏拉图式运动解释为不再导向太阳，而是导向光与存有之外，导

127

---

① 参照《胡塞尔的现象学技术》，《罗雅蒙手册》（Cahiers de Royaumont）；《意向性与形而上学》，《哲学学报》，1959。

② 拉丁传统是另一个祖先，它将是笛卡儿式的：绝对无限观念，总是像那些溢出思想的东西那样，向思想预示自身。我们仅仅只点了两种哲学姿态的名，除了其作者外，它们在勒维纳斯眼里完全是清白无辜的。在这两种预期之外，传统将只认识无限名下那种绝对不能够溢出绝对同一的"假无限性"，即作为非无限视域的无限，或作为整体对其部分之超越的无限。

向存在之光以外的运动。我们将会在《整体与无限》的结尾处有
关创造与丰产性的论述中读到："我们将**以我们的方式**与柏拉图
的绝对善高于绝对存有之观念相遇"（着重号是我加的）。**以我们
的方式**，也就是说伦理学逾越方向并不是善的中立性，而是他
者，也就是说那种（是）超存有之外的东西本质上并不是光，而
是丰富性与慷慨利他性。所谓创造不过是他者**的创造**（即对他者
的创造），它只能像某种亲子关系那样，像摆脱了所有逻辑学、
存有论和现象学的范畴的父子关系，因为在这些范畴中，他者之
绝对性必然就是同一性。〔不过，柏拉图式的太阳，难道不是已
经照亮那显形的太阳了吗？难道逾越不是已经就在这两个太阳的
转-义（méta-phore）中发挥作用了吗？柏拉图的那个绝对的善，
难道不就是一切光之必然幽暗的源吗？即光（外）之光。我们常说
光的核心是黑的①。再说，柏拉图的太阳不只是照明，它还孕育。
善是那显形太阳之父，它使万物"发生，成长，给它们养料"（见
《理想国》，508a-509b）。〕

    最后，勒维纳斯的确对于胡塞尔分析中所有那些使理论意识的
至上性温和化或复杂化的东西十分关注。在专论《非理论意识》的
一个段落中，他承认在《观念 I》中，一般客体性的至上性并非必
然地与理论态度的至上性混为一谈。"在一种新的、无法还原的存
有论结构"中存在着非理论的行为与客体。"譬如，胡塞尔说，**价
值化**行为构建了某种**价值论**（Gegenständlichkeit）的客体，相对于

---

    ①   参照 G. 巴什拉（Bachelard）在《大地与休息之遐想》中给出的哲学与诗歌的
例子。

物的世界它是特殊的，它是一种新地域的存在……"勒维纳斯也多次承认，赋予理论客观性以重要地位与《观念 I》中最常选取的先验导向有关，即延伸物的知觉。（我们已经知道这个导向可能对胡塞尔来说不过只是一个临时性的例子。）

尽管勒维纳斯的解读十分谨慎，尽管他在胡塞尔文本的字面含义与精神间不断滑动（他最经常地用胡塞尔的精神来质疑其字面意义①），尽管他很强调"胡塞尔思想中的起伏变动"，他还是明确地表明了他与胡塞尔的分道扬镳，而且不打算重新考虑。胡塞尔眼中"其历史作用根本就不算问题"的"现象学还原……"对勒维纳斯来说却仍然是自然态度的囚徒，因为现象学还原只能在理论上通过

129

---

① 这个图式（schéma）［康德主要概念之一。作为知性产物的概念都具有它特有的图式，即使概念内容在经验世界可以得到普遍验证的那种过程。它并非一种图像，而是一种规则，所有的概念都必须图式化，以便使感性现象与知性范畴发生联系。没有图式，范畴就无法描述任何对象。所以在康德看来，图式论乃是"潜藏在人类灵魂深处的艺术"。——译者注］总是左右着勒维纳斯与胡塞尔的关系。绝对理论主义与客体主义，在勒维纳斯看来，就是胡塞尔背叛他自己的意向性分析及现象学精神的结论和文字证据。比如在《意向性与形而上学》中："胡塞尔现象学的伟大贡献，在于他强调意向性或与相异性的关系，并不能被主体—客体两极化来固定。诚然，胡塞尔用先验意向性来解释与分析客体化意向性的这种溢出的方法，是为了将客体化意向性带回到其他直觉上来，如带回到（莱布尼茨式的）'小知觉'上来那样。"（胡塞尔会愿意在勒维纳斯的这个"解释"下签名吗？我们远远无法那么确定，但现在不是讨论这个问题的时候。）接下来的描述，是对绝对脱离了自我而趋向他者的某种意向性经验之前客体领域的一种描述（对我们来说，这个描述，却似乎从未溢出某种胡塞尔式的字面义）。同样的图式也存在于《现象学技术》与《整体与无限》中：与胡塞尔"基本学说"相对的，是他的"文字"。"如果这些不受怀疑的视域，在从字面上理解的胡塞尔现象学中，被反过来解释为针对客体的思想，那又有什么关系呢！"

这种自然态度才成为可能①。"胡塞尔给予理论的自由就像他给自己纵情于理论本身的自由那样"。该书的第四章题为"理论意识",它在一种紧凑而细腻的分析内指定了那个隔离场域:我们不能够在保持客体化行为的至上性的同时,坚持非理论意识的那种不可还原的原创性。如果"第五研究(Untersuchung)中的意识观念在我们看来不仅肯定了理论意识的至上性,而且还把它看作使客体**存在**的唯一入口",如果"显露在我们面前的实存世界具有给理论观看的那种客体存在的图式",如果"实在世界就是知识世界",如果"在他的(胡塞尔的)哲学中……知识或再现②与其他图式并非同一层次的生存图式,也非某种次要的图式"的话,那么"我们就必须与胡塞尔的这些立场分道扬镳"。

我们已经能够预见因为拒绝纯理论合理性之优势,这种思想往后得陷入怎样一种不适之中,而且为了对抗神秘主义暴力、历史暴力,为了对抗被狂热崇拜、迷狂*劫持,它得不断地诉诸最远离经

① 这个建议,恐怕不是胡塞尔轻易会接受的。同样地,勒维纳斯对于胡塞尔信念论题的分析,及其对《观念Ⅰ》第 117 段的整个分析(《胡塞尔现象学中的直观理论》,第 192 页),是否考虑了胡塞尔在论题与意见(doxa)这些观念上所做的出色扩充中已表露了对尊重实践、价值和审美这些领域之特殊性的一种关切?至于说到还原的历史意义,胡塞尔在 1930 年出版的著作中,确实还尚未将它当作一个论题来处理。我们将会回到这一点上来,眼下我们关心的不是胡塞尔思想的真相,而是勒维纳斯的思路。

② 至于再现这个他与胡塞尔的重要分歧论题,及其在胡塞尔现象学中的尊严和地位,勒维纳斯似乎从未停止过他的犹豫。不过又一次,几乎是一向如此,他还是在内容与字面之间犹豫。他有时也在原则与事实之间犹豫。我们在下述片段中追寻这种犹豫不决:《胡塞尔现象学中的直观理论》,第 90 页及之后;《与胡塞尔和海德格尔一起发现实存》,第 22—23 页,尤其是第 52 页;《现象学技术》,第 98—99 页;《整体与无限》,第 95 页及之后。

* extase,指一种灵魂出壳,脱离感觉世界的状态。

验的理性主义和普适主义。我们也能预见想要通过对纯理论主义的   *130*
一种还原而导出这样一种隔离形而上学* 的进路的难度。因为，到
目前为止，他用来反对纯理论主义和客体主义的传统反对意见所针
对的恰好就是这种隔离、这种距离、这种无感性（impassibilité）。
相反地，如果他谴责纯理论主义的盲目性，谴责它无法脱离自身以
趋向绝对的外在性、趋向彻底的他者、趋向"比客体性更客
观"（《整体与无限》）的无限他者，那他的谴责将会更为有力，当
然也更为冒险。那样的话，勒维纳斯的真正批评对象，将会是理论
客体性与神秘交融之间的那种同谋关系，是同一个暴力的前形而上
学的统一体，是在修改中的对他者的同一种禁闭的交替更迭。

    1930 年，勒维纳斯转向海德格尔以反对胡塞尔。当时《存在
与时间》已经问世，而且海德格尔的教学开始广为传播。除了有关
胡塞尔文本的评论和"文字"外，勒维纳斯所有写作都转向了那个
"海德格尔赋予了特别意义"的"存有论"（《胡塞尔现象学中的直
观理论》）。在他对胡塞尔的批评中，勒维纳斯保留了两个海德格尔
式的论题：（1）尽管"胡塞尔的这个观念是那么的深刻，他认为在
存有论领域中，科学的世界是位于具体的、含混的知觉世界之后并
且依赖于它的"，但他"把这个具体世界首先当作被感觉之客体的
世界恐怕是错的"（《胡塞尔现象学中的直观理论》）。海德格尔走得
更远，对他来说，这个世界并非首先是提供给观看的（这种说法不

---

   * 指勒维纳斯所追求的绝对差异形而上学。在勒维纳斯看来，胡塞尔的现象学认识
论依然是同一形而上学，因为认识客体被认识主体吸纳，而只有绝对他者是无法被认识
吸纳的，关于主客体的绝对隔离的形而上学也因此成为可能。

知海德格尔是否会接受），它"作为一种行动中心、一种活动或**牵动场域，就是其存有本身**"（《胡塞尔现象学中的直观理论》）。
(2) 虽然胡塞尔反对历史主义和自然主义历史观有他的道理，但他却忽略了"从另一种意义上去理解的……人的历史条件（指海德格尔意义上的）①"。存在着人的某种历史性与时间性，它们不只是人的述谓词，而是人的实体之"实体性"本身。正是"这个结构……占据了海德格尔思想中如此重要的一个位子……"（《胡塞尔现象学中的直观理论》）

131

我们已能预见到这样一种思想往后会陷入怎样一种不适，因为它拒绝"哲学"的优势，这种优势"似乎……既独立于人的历史条件，又独立于追求将一切纳入**永恒范畴**（sub specie aeternitatis）* 的理论"（《胡塞尔现象学中的直观理论》），它之后得不断地像求助于"经验"那样，求助于那个"作为历史之'超越'将众生从历史辖区拔出……"的"末世论"（《整体与无限》）。这里并不存在什么矛盾，只不过是概念的转移而已，这里我们应当追踪的是历史概念的转移。也许那样一来，那种表面的矛盾，将会像被其基础概念域包围着的哲学幻觉那样烟消云散。这种矛盾，常被勒维纳斯称为"形式逻辑"矛盾。

让我们跟着观念的这种转移。胡塞尔思想中那些被勒维纳斯以

---

① 在《与胡塞尔和海德格尔一起发现实存》中，这个批评的论题，在人们不再因为了解的有限性而对胡塞尔这方面的论述产生新的惊喜的时代（1940—1949），将仍是至关重要的："在胡塞尔那里，感官现象从来不是由历史规定的。"（我们不想在此说明这句话最终如何与当时人们所认识的胡塞尔的意图相矛盾。只是，这些意图，事实上不是已经比勒维纳斯以为的，更成问题吗？）

* 斯宾诺莎的概念。

海德格尔式风格及充满尊敬而适度的方式指责的东西，很快就变成了针对海德格尔的指控，而且激烈程度有增无减。当然，他并没有把海德格尔这种从一开始就拒绝将对象之自明性当作其最终目的的思想指责为纯理论主义的捍卫者。因为，对于这个思想，意义的历史性，用勒维纳斯的话来说，"毁掉了作为精神的真诚存在图式的那种清晰度与建构"（《与胡塞尔和海德格尔一起发现实存》）；最后，对于这个思想来说，"自明性不再是智力活动的根本性图式"，"存在是不能还原为自明性之光的"，而"存在的戏剧""在光之前"就已经上演（《与胡塞尔和海德格尔一起发现实存》）。但无论如何，在某种特殊的深度上——它不过使得事实与指责更有意义罢了——（勒维纳斯认为）海德格尔仍会以古希腊柏拉图传统的名义并且从该传统内部去质疑并还原胡塞尔的纯理论主义，而这种传统是受制于观看机制和光之隐喻的，也就是说，它是受制于主客体对立所赖以生存的内与外这一空间性对子的。（不过，这个对子难道彻头彻尾地是**空间性的**吗？）虽然他想要还原纯理论主义，但他恐怕还是得保留那些使纯理论主义成为可能的东西，如光、揭示、理解/含括或预解/预含（pré-compréhension）。而这些正是写于《与胡塞尔和海德格尔一起发现实存》之后的那些文本所要告诉我们的。"海德格尔式牵挂被理解/含括（尽管它本身表现为一种牵挂）整个地明照着，它已经被以光为特征的'内外'结构规定了。"勒维纳斯在海德格尔未能征服的这个点上去摇动这个"内外"结构，但他绝没有打算将这个结构抹去，也没有打算否定它的意义及其存在。此外，在涉及主客体对立或我思与我思对象之对立（cogito-

132

cogitatum）的问题上，他也没有否定这个结构。勒维纳斯以他那强劲而忠诚的思想风格（这也正是海德格尔的风格）表达了对传统真理的领域或分层的尊重；那些他对其前提条件加以描述的哲学通常都没有被他拒绝和批判。比如，在这里，他只想借助这种真理使奠定了"存有分裂成内与外之前的某种条件"显形，并使之隐身，同时在一种应当是全新的意义上，建立一种极端隔离、极端外在性的形而上学。我们能感觉到这种形而上学将会很难在一种完全受控于"内/外""内在性/外在性"结构的传统逻各斯基础上找到它的语言。

因此，"海德格尔的时间性不必成为知识，它是一种迷狂，是'脱离自我的存在'。它不是对理论的超越，而已经就是一种朝向外在性的对内在性的脱离"。那种**共在**（Mitsein）结构本身也将被解释成某种柏拉图式的遗产，因而属于光的世界。的确，按照勒维纳斯的看法，借助爱欲与亲子关系的经验，借助等待死亡的经验，应当会产生一种不再可以被理解为对"埃利亚学派的绝对存有观念"的改动的与他者的关系（《时间与他者》）。因为，埃利亚学派的存有观念要求的是将多样性纳入统一体帝国之下去理解。在勒维纳斯看来，这种存有观仍旧支配着柏拉图哲学，甚至在他的阴性概念（阴性在主动性与被动性的范畴中，被当作相对于主动的、形式的阳性而存在的消极的、材料性的东西）及城邦"应当模仿理念世界"的概念中都有这种观念的影子（《时间与他者》）。

"正是……向着某种不见融于统一体的多元主义，我们希望开辟一条道路；如果敢于这么做的话，就与巴门尼德分道扬镳吧"（《时间与他者》）。可见，勒维纳斯鼓动我们去做的是第二次的

弑父行为。必须杀掉那个仍然依照其律法支配着我们的希腊之父，　*133*
而这一点是那个希腊人柏拉图永远无法真诚去做的，他只能将它延
异成一种幻觉式谋杀。而这种幻觉已经就是言语的幻觉。只是，一
个希腊人做不到的，会在一个只能装扮成希腊人，**说着**希腊语去，
为接近国王而假装说着希腊语的非希腊人手里成功吗？既然问题涉
及的是谋杀一种言语，我们怎么能够知道谁会是这个假装行为的最
后牺牲者呢？佯装会说一种语言可能吗？那个也是巴门尼德的弟子
埃利亚学派的外乡人，为了战胜巴门尼德首先应当承认了对方是有
道理的：要把非存有屈从到存有里去，就必须"跟我所不知道的存
有之对立面告别"，就必须将非存有限制在它与存有的相对性中，
也就是说，限制在相异性运动当中。

　　为什么在勒维纳斯看来，这种谋杀（行为）的重复性是必要的
呢？因为只要多样性与相异性不被理解为**实存者**（existant）在其**实
存**（exister）中的绝对**孤独**，柏拉图式的姿态就是无效的。当时因为
谐音上的原因（《时间与他者》），勒维纳斯选择用（实存者和实存）
来翻译海德格尔的 Seiendes 和 Sein。这个选择将会持续地引发某种歧
义：其实，如果不是总是的话，勒维纳斯也差不多总是将**实存者**理解
为作为人的存在者（l'étant-homme），即**缘在**（Dasein）* 形式中的存
在者（Seiendes）。然而，被这样理解的实存者，却并非海德格尔式的
一般的存在者（Seiendes），而是指的——首先因为那是同一个根
源——海德格尔称作**绝对实存**（Existenz）的那个东西，即"存在的

---

　　* 依照张祥龙的译法。参照《海德格尔思想与中国天道：终极视域的开启与交融》，
北京，三联书店，1996。

方式，更确切地说，就是向存在的相异性敞开并在这种相异性中存在的存在者的存在方式"（Was bedeutet "Existenz" in *Sein und Zeit*？Das Wort nennt eine Weise des Seins，und zwar das Sein desjenigen Seienden，das offen stehtfür die Offenheit des Seins，in der es steht，indem es sie aussteht）（《什么是形而上学》前言）。

然而，这种"实存者"在其"实存"中的孤独将是原初的，我们恐怕不能以**实存**的中性统一体来思考它［勒维纳斯常在"有"（il y a）的名义下，深刻地描述这种实存的中性统一体］。但更确切地说，这个"有"不就是那种未规定的、中性的、无名的存在者之整体，而不是存有本身吗？我们有必要系统地将勒维纳斯的"有"这个论题与海德格尔所用的"es gibt"*（《存在与时间》，《关于人道主义的信》）进行比较。也有必要将勒维纳斯用以对抗海德格尔式焦虑所使用的恐惧或恐怖，与那个海德格尔在《什么是形而上学》后记中所说的"位于本质焦虑紧邻"的敬畏（Scheu）做比较。

正是从这种孤独深处，产生了与他者的关系。没有这种孤独，没有这原初的秘密，弑父之举就是哲学的一种戏剧性虚构。以这个秘密是**存在的**或者它就**是**实存者的秘密为借口，从"实存"统一体出发去理解它，"就等于自闭在统一体中并让巴门尼德摆脱一切弑父行为"（《时间与他者》）。因此，勒维纳斯从那时起就转向一种原初差异的思想。那么，这个思想是否与海德格尔的意图有矛盾呢？勒维纳斯的差异和海德格尔所说的差异又有什么不同呢？它们之间的相近除了语词外还有什么呢？而什么是最原初的差异呢？这些将

＊ 德文 geben 有"给"的意思，因此"存有"有赠给之义。

是我们下面要考虑的问题。

光与统一的世界，"光的世界之哲学、无时间性的世界之哲学"。在这种太阳政治学（héliopolitique）中，我们只能在"融合的理想中追求社会的理想……主体……在一种集体再现中丧失了自己，在一种共同理想中沉沦……就是这个'我们'自称的集体性，转向那可理解的太阳，转向真理，感觉到那个在它身旁的他者，而非与这个他者面对面……那个**相互共在**（Miteinander sein）也仍是那种'与……一起'的集体性，它的真实形式只有围绕着真理才能被揭示"。不过，"就我们而言，我们希望指出的是介词'与……一起'（mit）不应当用来描述与他者的那种原初关系"。因为在这种相互关系或同伴关系之中，勒维纳斯瞄准的已是先于"共在"关系的那种面对面及与面孔相遇的那种关系，在他看来，这种共在关系，恐怕不过是与他者的那种原初关系的衍生与修订的形式。"无中介地面对面"，无"融通"地面对面。这种既无中介也无融通，既无间接性亦无直接性的面对面，就是我们与他者的关系的真理，而对于这个真理，传统逻各斯是永远不会欢迎的。这个勒维纳斯将不断光顾的、从鲜活经验中获得的难以思考的真理，是哲学言语试图要庇护的，但它随即却使哲学言语在自己的光芒中暴露出不幸的裂纹及其僵硬，而这种僵硬被误解为是它的牢靠性。无疑，我们可以指明勒维纳斯的写作就是这样，他总是在关键点上沿着这些缝隙运动，通过否定，通过否定之否定巧妙地推进。他的特殊进路并非那种"要么……要么"式的，而是一种"既非……也非"式的。隐喻的诗意力量常常就是这种拒绝取舍的印迹，也是语言伤口的印

135

迹。通过这种印迹，在它的开口处，经验本身沉默地显现。

既无中介又无融通，保持绝对的逼近与绝对的距离的面对面："……在爱欲中，距离在与他者的最近处得以完整地保持，而它的哀婉动人正是由这种接近性与二元性所构成"。这是个非在场的共同体，因而也是个非现象性的共同体。它既非无光之共同体，也非蒙上眼睛的犹太教堂*，而是前在于柏拉图之光的共同体。它是中立光之前的光，是以第三者身份来临的真理、"人们共同向往的真理"、判断与裁决的真理之前的光。只有他者，彻底的他者，能够以共同真理之前的面目呈现，以非呈现（non-manifestation）及不在场的方式呈现。只有这种绝对他者的现象，可以说是非现象性的，而它的在场（存在）就是某种不在场。并非简单的纯不在场，因为逻辑最终将会在它那里重新获得益处，而只是**某种**不在场。这样一种表述清楚地表明：在这个他者经验中，非矛盾逻辑，也就是说所有被勒维纳斯指为"形式逻辑"的东西，都从根源处受到质疑。这个根源在勒维纳斯看来，恐怕不只是我们语言的根源，而且还是西方哲学整体①的根源，尤其是现象学及存有论的根源。（形式逻辑的）那种幼稚性，使它们无法去思考他者（也就是说去思想，因此理性也是"思想之敌"，不过，勒维纳斯并未这么说）并将他者安置在它们的话语中，所造成的后果恐怕是双重的。（a）不

＊ 在基督教的圣像学著作中，《旧约》中的犹太人及其教堂被再现为一个蒙上双眼的妇人，这则寓言要说的是，犹太人不能辨认耶稣基督的启示，因而是不辨是非真假者。

① 黑格尔本人不会逃脱这个规则。矛盾将是无止境的，但最终将被克服。勒维纳斯的这种非凡胆识在于他用黑格尔对康德的形式主义的指责反过来批判黑格尔，并将思辨性反思当作认知逻辑和同语反复进行谴责。我们可以想象这个工作的难度。

思考他者，这些哲学就没有时间，没有时间也就没有历史。没有瞬间的绝对相异性，也就不可能有时间，因为瞬间的绝对相异性不可能在主体或实存者的一致性中产生与建构。它是借助他人才进入时间的。柏格森和海德格尔恐怕都忽略了这一点（《与胡塞尔和海德格尔一起发现实存》），而胡塞尔更是如此。（b）更为严重的是，胡塞尔舍弃了他者（他并非采取断奶式的方式舍弃，因为这种方式还与他者保持关系并尊重之，而是以忽略的方式将他当成认知对象去理解、识别并加以同化），舍弃他者就等于自闭在一种孤独之中（这是一种牢固的、与自我一致的糟糕的孤独），就等于去抑制伦理的超越性。因此，我们现在知道这对于勒维纳斯意味着什么，如果巴门尼德传统忽略了"实存者"那不可还原的孤独，它也就同时忽略了与他者的关系。这个传统不思考孤独，孤独在它面前无法呈现，因为它本身就是整体和不透明性的孤独封闭体。"唯我主义（solipsisme）既非反常，亦非诡辩；它就是理性本身的结构。"它是理性的独白，是光的孤独。由于现象学与存有论不可能尊重他者的存在和意义，它们因而会变成暴力的哲学。也因此，整个哲学传统也会在其意义深处参与同一的压迫性和极权性。这就是光与强权之间那隐秘的古老结盟，也是纯理论客体性与政治技术支配的久远合谋①。"如果他者可以被占有、被认知并被把握的话，那么它

136

———————

① 另一个不适是：勒维纳斯从没有简单地谴责技术。因为技术可以避免发生更严重的暴力，可以避免"反动的"暴力，可以避免植根于场域与自然逼近景观的那种神圣喜悦之暴力。"技术把我们从海德格尔的世界及绝对场域迷信中抽离出来。"它提供了"让人的面貌赤裸显现"（《困难的自由》）的机会。我们将会回到这个问题上来。这里我们只想让大家凭直觉预感到，非暴力的哲学**在历史中**从未存在过（不过，在其他地方它可能有意义吗？），它所能做的只能是，在**暴力经济学**（économie de la violence）中选择较少的暴力。

也就不再是他者了。占有、认知、把握，都是权力的同义词"(《时间与他者》)。看与知、有与能/权力，只在同一既压抑又明亮的一致性中才能展现，而在勒维纳斯眼中，它们仍然属于现象学与存有论的基本范畴。光给我提供的所有一切，仿佛都是只给我提供的，也只为我提供。因此，日光的**隐喻**就只不过是转移了我们的视线，为光的历史暴力提供了一个不在现场的证明：它将政治技术的压制转成了哲学话语的虚假清白。因为，我们一直相信这些隐喻开脱并解除了事物与行动的重负。如果说只有借助语言历史才能存在，而语言（除了它在命名存有**本身**或者命名"虚无"这些几乎绝无仅有的时刻）本质上是隐喻性的，伯尔杰斯（Borges）说得对："也许普遍历史不过只是一些隐喻（组成）的历史罢了。"光，不过只是这"一些"根本性"隐喻"中的一个例子，然而，这是怎样一个例外之例！有谁能驾驭它，说出它的意义而先不让自己被它主宰呢？哪种语言又能够永远摆脱它呢？比如，作为他者之**神显**的面孔形而上学，如何能够摆脱光的隐喻呢？光也许没有对立面，如果有的话，也绝不是黑夜。倘若所有的语言都在光中交战，只是**改动**了那同一个隐喻而选择**最佳**之光的话，那么，伯尔杰斯之后所说的那些话就仍是有道理的，他说："也许普遍历史不过只是几个隐喻的不同**语调**的历史。"(《帕斯卡的领域》，重点号是我加的)

II. 现象学、存有论、形而上学

虽然勒维纳斯这些进路都具有批评意义，但它们都服从于那种充满确定性的声音。这种确定性是通过他对异国趣味、爱抚、失眠、生育、劳动、瞬间、疲劳的具体而细腻的论述与分析显现的，是在他切入古典概念那难以描述的、坚不可摧的端点时以拒绝的方式寻找自己的概念的时候显现的。《整体与无限》这部巨著不仅丰富了这些具体的分析，而且还将它们组织在一个强有力的建构之内。

勒维纳斯把这种超越对他者的蔑视或忽视的积极运动，也就是超越以欣赏、占有、理解和认识为手段的他者观的运动，称作**形而上学**或**伦理学**。而这种形而上学的超验性是**欲望**。

他的欲望概念是尽其可能地反黑格尔式的。它指的不是否定或同化的运动，不是为了成就"自我意识""自我肯定"而首先需要的那种对相异性的否定（《精神现象学》，《百科全书》）。对于勒维纳斯来说，欲望，相反指的是将他者当作他者来尊重与认识，是意识**应当**禁止自我僭越的那种形上伦理学时刻。而这种僭越和同化的姿态，在黑格尔那里，相反却根本是必要的。而勒维纳斯却将它当作某种前形而上学的、自然的必要性，他以精妙的分析将欲望与享受（jouissance）区分开来，黑格尔似乎没有做这样的区分。享受只在劳动中被延迟：黑格尔式的欲望，在勒维纳斯那里恐怕指的是需要。不过，倘若我们细心地追寻《精神现象学》中有关欲望确定性与真实性的运动，我们就会怀疑，情况恐怕远比勒维纳斯的理解要复杂得多。尽管勒维纳斯声称反对克尔凯郭尔，但此处他却加入了《恐惧与颤抖》的那些论题的行列：欲望运动，只能以欲望之悖论和欲望之放弃的方式出现。

138

　　无论是纯理论意向性还是需要的情感性，都无法穷尽欲望的运动：因为它们的意义和目标都将在同一的整体性与一致性中得以完成，得以充实，得以满足。而欲望则相反，任意召唤它的是，它必须无限度地与之保持不切合性的那个他者的绝对不可还原之外在性。欲望只与过度（démesure）相等。任何整体都永远无法在欲望身上关闭。因此，欲望的形而上学就是无限隔离之形而上学。没有任何一种隔离意识像犹太意识，像不幸意识那样，它在黑格尔式的精神之漫长旅程*中，像阿布拉海姆的不幸**那样，被规定为和解视域中回归自我、回归绝对知识的某种形态和过程的备胎与暂需品。在勒维纳斯这里，则没有这种回程。因为欲望没有那种不幸。它既是开放的，又是自由的。被欲求的无限性可以支配欲望，但却永不能以它的在场满足欲望。"如果欲望得止于上帝处，我将会羡慕你——地狱。"［我们是否可以引用克洛岱尔来评论勒维纳斯呢？尽管勒维纳斯与自己"年轻时所欣赏的"（《困难的自由》）克洛岱尔有过论战。］

　　无限的他者是无形的，因为，看到它只不过是打开了理论和需要的那种虚幻而相对的外在性，是一种提供我们**用以**享用和消费的临时外在性。而无法企及的而又无形的是至高无上者。这个说法——也许反馈着那些引起勒维纳斯共鸣的柏拉图式回声，但我们会很快发现，它尤其获得了其他人的共鸣——以最高级形态的过

_139_

---

　　* Odyssée 是个隐喻，是对希腊英雄奥德修斯漫长漂流，历经艰险重返家园的描述。其古希腊词源是 odos。

　　** 在《精神现象学》中，黑格尔以阿布拉海姆作为不幸分裂意识的范例。阿布拉海姆被迫在上帝要求他牺牲爱子伊萨克及其对儿子的父爱之间做选择。

度，撕裂了隐喻的文字空间。因为，无论多高，高度总是可以企及的；但至高无上，却比高度更高。因此，无论怎么增加高度恐怕都衡量不了它。它既不属于空间也不属于现世。那么，这种进入空间又同时被空间超越的语言铭写的必要性又是什么呢？如果形而上学超越的端极与空间性高度无关，那么，最终什么能使从让·瓦尔（Jean Wahl）那儿借来的"越升"（trans-ascendance）说合理化呢？面孔这个论题，也许能帮助我们了解这个问题。

我即同一。而相异性或内在于我之否定性、内在的差异，不过是一种表象：它们不过是一种**幻象**，是"绝对同一的一种赌注"，是我的"认同模式"，而这个我的本质时刻就是身体、财产、房宅、经济学等。勒维纳斯花了不少精彩笔墨去描写它们。不过，同一的这种赌注并非单调的，它并不以独白式的、形式上的同语反复方式进行自我重复。这种利己主义的认同劳动和具体生产具有**某种**否定性。它是一种有限的否定性，它是一种内部的、相对的改动，通过这种改动，那个我在其自身的认同运动中影响自己。因此，同一的这种赌注，是在自身中面对自身改变自身的运动。提供并引发劳动的那个阻力，仍旧是同一的某个时刻，是与劳动者一道形成系统及整体的那个具体时刻。也正因此，勒维纳斯才将这种**历史**描写为对他者的盲目失明，描写成同一的劳动过程。我们可以自问的是，如果否定性被锁定在同一的自我循环中，如果劳动真的不与相异性发生碰撞而能自我提供抵抗的话，历史是否还是历史，是否还会**有历史可言**？我们还可以问，历史本身难道不是从勒维纳斯将之定位于历史之外的那种与他者之关系开始的？这种问题架构可以引导我们对《整体与无限》的整个阅读。总之，我们因此看到了前面我们所说的那样一种历史性概念的位移。应当承认如果没有这个概念的位移，任何反黑格尔主义的逻辑都不可能一以贯之。而有了这个概念的位移，反黑格尔主义的**必要**条件也就具备了。

我们必须注意的是，这种具体的（非形式的）同语反复或虚假（有限的）异质论（hétérologie）主题是个棘手的论题，虽然它在《整体与无限》的开始被提出的时候颇为含蓄，但之后却成了该书所有断言的前提条件。在勒维纳斯看来，如果（劳动、历史等的）否定性与他者从来没有关系的话，如果他者并不只是对同一的简单否定的话，那么，无论是隔离还是形而上学超越都不能在否定性范畴内被思考。同样地，如我们前面所看到的单纯的内在意识，如果没有那种彻底的他者的突然进入，恐怕不可能给自己提供时间和各种时刻的绝对相异性，同样地，那个我如果不与他者相遇，也不可能在自己身上生产出相异性。

要是我们不相信这些使得"我与同一的方程式"成为可能的最初命题的话，以后就不再可能会接受勒维纳斯的说法。要是我们不同意勒维纳斯的下述断言的话，我们也就跟不上他的思路了：他认为黑格尔意义上的那些提供给劳动或欲望的东西（比如，自然客体性），属于我的范畴，属于我的经济学（即属于同一），而且它们并不向我提供那种只能来自他者（他人）的绝对阻力；要是我们尝试去思考，这种阻力在其最纯粹意义上，意味的就是事物阻力之可能性的话，当然不能将他者的阻力混淆于这种事物阻力之可能性（因为实存世界并非我，也并非我存在的那个世界，不管我以一种多么独特的方式，比如，作为世界之源在世界中存在……），要是我们不同意他所说的同一的真正阻力并不是物的阻力，也不是**实在**（réelle）的阻力，而是**知性**（intelligible）的阻力的话①，要是我们不服从纯知性阻力那个概念的话，那么，我们就再也理解不了勒维纳斯了。而且我们将无法摆脱某种难以界定的不适感，去理解这些使同一和他者从它们的古典不对称中解放出来却又让它们颠倒过来的概念运作方式；或者（一个古典脑袋恐怕会这么说）**装作**听任这种颠倒方式而骨子里却仍是**原封不动地**对这种代数式置换无动于衷*。

那么，什么是这种与绝对的他者的相遇呢？它既不是对他者的再现，也非对他者的限制，更非与同一建立的概念关系。我与他者不允许任何关系概念凌驾于其上，也不让任何关系概念将之整合进去。那首先是因为总是**已经给予了他者**的概念（即语言材料），无法在他者身上自我关闭，同时又将他者含括进来。因为，予格（dimension dative）或呼格（dimension vocative）的维度开辟了语言的原初方向，如果没有暴力的话，这种维度就不可能让自身被包括在对象的宾格或系词维度中并发生变动。因此，语言不能将它自身的可能性汇集在一个封闭的整体中，也不能在自己身上同时**包含**自己的源头或目的。

说实话，我们不必怀疑这种与绝对的他者的相遇是**什么**。它就

141

---

① 《自由与命令》，《形而上学与道德学学刊》，1953。

* 代数式替换，指的是以"他者"代替"同一"这种公式般的替换。德里达认为真正的工作应当是重新审查这两组概念的内涵及其关系，而非简单地以一方替代另一方。

是相遇本身，是在自己之外，面向那无法预料的他者的唯一的出路、唯一的历险。是**没有回头之望**（Sans espoir de retour）这种说法的完全意义上的那种遭遇，而这也是为什么那**什么**也**不**等待的末世论，有时看起来是令人无限绝望的。说真的，在《绝对他者之印迹》中，末世说"看起来"不仅仅是令人绝望的，因为它给人的印象是以弃绝尘世为其根本意义。勒维纳斯在将礼拜仪式、欲望和作品描写成与元家计学/经济学、与漫长回归之路*的断裂、回归同一的不可能性之时，他所说的末世论，是一种"对我或我的时代之解放没有任何希望的末世论"。

因而，这种与绝对的他者相遇的概念领域是不存在的，因为这种相遇的可能由他者、由不可预性决定，它"不服从任何范畴"。而概念假定了某种预期、某种视域，它使相异性可以在被宣布的同时弱化，而变得可预测。无限的他者则是任何概念都束缚不了的，它也不能在任何一种依旧是同一的视域中被思考，因为在同一的视域这种基本统一体中，所有的突现、所有的意外总是通过理解/含括被接纳并被认可的。因此，我们的思考应当抵制我们过去相信的，如今仍无法不相信的某种自明性，因为它乃是思想和语言的真正的以太。试着反过来思考就会切断呼吸。因为那不仅仅意味着去

---

* Économie，古希腊词源是 oikos 和 nomos，前者指家庭，后者指法则与规范。换句话说，希腊意义上的 Économie 指的是相对于城邦公共生活的家庭生活的规则，故将之译作家计学。而奥德赛自荷马以来就象征着远游（《奥德赛》）和归家（《伊利亚特》）这样一种回归自我的漫长旅程。因此，在家计学和奥德赛之间有一个共同点，即"在家"，仍然是同一的变格。而德里达解构策略所展开的是一种不计利害的赌注式经济逻辑，我将之译为"经济论"。

思考仍是其同谋的那个**反面**，而且还意味着为了那个超越古典取舍的相遇而挣脱自己的思想和语言。这个首次的相遇，显然不是以直觉接触的形式出现的（在勒维纳斯所赋予的那种意义上的伦理学中，首要而关键的禁忌就是对接触的禁忌），而是以隔离的形式出现的（相遇是一种隔离，是"形式逻辑"的另一种裂缝①）。这种   *142* 不可预测的相遇**本身，无疑**就是时间那种唯一可能的开口，是**超越**历史唯一的、纯粹的未来，是**超越**经济论的唯一的、纯粹的开口。但是，这种未来、这种超越并非历史的另一种时间，也并非历史的另一明天。它就在经验的核心处显现。它并不以一种完全在场显现，而是以一种"印迹"形态显现。因此这种经验本身，远在一切教义、宗教皈依和宗教信条或哲学信条之前就本源地、彻头彻尾地具有末世说特性。

　　与他者在既保持了距离又中断了一切整体性的凝视**和**言语中面对面，这种先于或者说超越了社会、集体性、共同体的分离中的共在（être-ensemble comme séparation），被勒维纳斯称作**宗教**，因为它开启了伦理。而伦理关系就是一种宗教关系（《困难的自由》），它指的不是**某种**宗教，而是宗教**本身**，是宗教的宗教性。这种超越了否定性的先验性，并不是在对一种实证性的在场之直觉中完成的，它"只是创立了一种语言，在这种语言中，第一个词既不是否，也不是然"（《整体与无限》），而是质疑。但那却不是理论性质

① 在勒维纳斯面对众多赤裸裸的经验谴责"形式逻辑"无能为力的段落中，我们将特别注意《整体与无限》第 168、237、253、345 页中的片段，它们对丰产性的描述应当承认"绝对同一的那种二元性"。（二中有一，三中有一……希腊绝对逻各斯是否已经幸免了这种秩序的震动了呢？难道它不是已经接纳了这些震动？）

疑，而是一种整体的质疑，一种焦虑、匮乏，一种恳求，一种对自由的祈求，也就是说它是绝对命令：它是唯一可能的伦理性命令，也是非暴力的唯一化身，因为它就是对他者的尊重。是对他者本身的直接尊重，因为这种尊重，或许我们可以不必按着勒维纳斯字面意义去说，不需借助普遍性的中立元素，也不需借助对康德意义上①的那种绝对律法的尊重。

于是，这种对形而上学的恢复，使得勒维纳斯可以将现象学和存有论那些先验还原极端化并系统化。看，一开始无疑就是一种带有敬意的认知，而光，借助最忠实的元素，以第三者的最中立的方式，使被认识对象呈现。（以看为要素的）理论关系之所以成为形而上学关系所偏爱的图式并非偶然（参看《整体与无限》）。因为当第三项在其最中立的不确定性中，是存有之光（它不是同一和他者所是的那种存在者与非存在者）时，这种理论关系就是存有论。在勒维纳斯看来，存有论总是以有利于存有之统一性的方式将他者纳入同一之中去。而进入存有思想的那种纯理论自由，不过是与同一的认同过程而已，即与光认同的过程，因为光给予我的，就是我以

---

① 这个断言既忠于康德［"尊重始终只适用于人"（《实践理性批判》）］，又是彻底反康德式的，因为如果没有普遍性的形式因素，没有律法的纯粹命令，对他者的尊重、尊重于他者都无法再逃出经验与情感的直接性。不过，按维纳斯的意思它们又怎么逃得了呢？人们可能会在这儿遗憾，勒维纳斯没有组织过任何系统的、有韧性的较量去专门对付康德。据我们所知，他只在一篇文章中，几乎是顺便隐射过"康德回响"和"我们感到尤其亲近的康德的实践哲学"［《存有论是根本性的吗?》，《形而上学与道德学学刊》，1951；又见《现象学与实存》］。这种较量之所以有必要，恐怕不仅是因为伦理学主题的原因，也因为整体与无限之间的差异，而关于后者，康德比其他思想家也许更有想法。

为我遇见的东西，纯理论自由也就是勒维纳斯赋予其特殊意义的那种**经济学的**自由。它使一种内在的自由、前形而上学的自由，我们几乎可以说它是一种形而下的自由、一种经验性的自由，虽然它在历史中被称作理性。在此条件下，理性也许就是自然。当理论被当作本体论、被当作同一的教条主义和自发性而受到批判时，形而上学就自我打开了，当它脱离自身时，它就接受了他者在伦理运动中对自己的挑战。尽管形而上学在事实上是居后的，但作为存有论的批判，它在法律上、在哲学上都是处于第一位的。如果说"西方哲学自苏格拉底以后，真的最经常地就是一种受绝对理性支配的存有论"①，而绝对理性只接受它自己给自己提供的东西，它永远只是记得它自己的话，如果存有论就是一种同语反复和一种自我学说（égologie），那么，形而上学就一直都在将他者**中性化**，我指的是中性化这词的全部含义。有人可能会说，现象学的中性化过程赋予了这种历史、政治及警察式的中性化过程一种最为微妙和最为现代的形式。在勒维纳斯看来，恐怕只有形而上学能够将他者从"解除了存有之阻力"的**存有之光**或现象之光中解放出来。

144

海德格尔的"存有论"，尽管有其诱人的外表，却并未摆脱这种进路。在勒维纳斯看来，它还仍只是一种"自我学说"甚至是一

---

① 勒维纳斯经常指责苏格拉底所掌握的知识什么都不传授，它只传授那些已知的知识，而且一切都来自自己，也就是说，来自绝对我或作为绝对记忆的绝对同一。回忆大概也是绝对同一的一种过程。［至少在这一点上，勒维纳斯不能够反对克尔凯郭尔（参照让·瓦尔：《克尔凯郭尔研究》，第308—309页）。］他对柏拉图主义的批评，在这里实际上是克尔凯郭尔式的。的确，每当谈到记忆时，克尔凯郭尔就将苏格拉底与柏拉图对立起来。也许对他来说，因为这个问题应属于苏格拉底却与之"分道扬镳"的柏拉图式的"思辨"（《后记》）。

种"利己主义学说"："《存在与时间》可能只支持了一个论题，即存有是不能与对（像时间那样展开的）存有的含括/理解分开的，存有已经就是对主体性的呼唤。海德格尔式的存有论的首要性并不依赖于显见的老生常谈：'要认识存在者，就得先理解存在者的存有。'肯定**存有**对于**存在者**的优先性，就已经宣布了哲学的本质，就是使与作为存在者的**某人**的关系（即伦理关系）服从于与**存在者之存有**这种**非人格**的关系，以便于掌握和主宰存在者（即让它服从于一种认知关系），就是使得公正服从于自由……这是一种将绝对同一保持在绝对他者之内的方式。"尽管这种对海德格尔思想的处理可能有许多误解（我们将在后面对它们进行检讨），无论怎样，勒维纳斯的意图看起来都是清楚明了的。对存有的中立思考就是将作为存在者的他者中立化了："因为被当作第一哲学的存有论是一种强权的哲学"，一种中性的哲学，无名的、非人的普遍性的暴政。他这里所保留的那些针对国家异化的批判前提中的反黑格尔主义，可能既不是主观主义的，也非马克思主义的，更不是无政府主义的，因为它是一种"只能作为命令之原则"的哲学。海德格尔式的那些"可能性"仍是些权力。尽管它们想要成为前技术的、前客体性的权力，它们却并没有较少地去压制和占有这些前技术的、前客体性的东西。另一个悖论是这个中性的哲学，却与一种场域哲学、植根哲学、异教暴力哲学、劫持哲学、狂热主义、奉献哲学（即供奉无名神，供奉无绝对上帝的神灵的哲学）相互沟通（《困难的自由》）。更全面地说，它是一种"可耻的唯物主义"，因为本质上，唯物主义首先并不是感觉论的，它只承认中立的至上性（《整体与

无限》）。**至上性**这个勒维纳斯如此频繁使用的观念，很好地表达了
他的整个批评姿态。他认为，根据古希腊元力观念（ἀρχή，archè） 145
所呈现的意义，哲学的开端是直接转换成了伦理命令或政治命令
的。而**优先/至上**观念，从一开始就指的是原则**与**首脑。这样一来，
所有被勒维纳斯质疑的古典思想，都被拖入了那个古希腊公共论
坛（ἀγορά/agora）*，并被要求采用它们并非总是愿意或曾经以为
自己愿意的一种政治伦理语言去辩论，它们被要求转变身份，并供
认它们自己的暴力蓝图：承认它们已经就在城邦中以迂回的方式很
好地说明了权力得归谁，尽管哲学表面看来无这种利益诉求。这
里，勒维纳斯保留了对作为意识形态的哲学进行一种非马克思主义
式阅读的前提。勒维纳斯的进路肯定是艰难的，因为他在拒绝唯心
论和主体性哲学的同时，又必须谴责"非人格动词的绝对逻各斯"
的中立性（《整体与无限》）。（我们也许可以明白，勒维纳斯已经通
过他的思想历程，将自己不那么舒服地安置在胡塞尔与海德格尔的
差异之中，他总是用二者中的一种风格和进路去批评另一种，结果
是以将他们当作"绝对同一博弈"中的同伙，以及同一历史、哲学
政变中的同谋一道打发到幕后去。）勒维纳斯的思路是，动词不仅
应当是人格动词，它还得溢出所谓的说话主体而趋向他者。而无论
是中立性哲学还是主体性哲学，都不会承认这种任何言语都无法统
合的言语轨迹。的确，如果他者就是他者，如果一切言语都是为着
他者的，那么任何作为绝对知识的逻各斯都不能**含括/理解**这种朝
向他者的对话和轨迹。这种不可包含性，这种与逻各斯的断裂，并

---

* 古希腊词。指集会地、集市和公共场所。

不是非理性主义的开始，而是打开了言语并因此使得逻各斯或理性主义成为可能的那个伤痕与灵感。因为彻底的逻各斯，为了保持自己，仍得超越其自身的整体性而将自己提供给他者。比如说，如果存有论，或者包括了（存在者之）存有的逻各斯存在的话，那是因为"它已经被那个从自己提供了论题后面重新浮现的存在者说出。而这种'向着绝对他人的说'、这种与作为对话者的绝对他人的关系、这种与**存在者**的关系，先于任何存有论。它乃是存有的终极关系。因为存有论假设了形而上学"（《整体与无限》）。"前在于作为知识基础和存在意义的一般存有所显示的，是与表述了自身的存在者的关系，也就是说，伦理学前在于存有论。"伦理学，因此就是形而上学。"道德并非哲学的一支，而是第一哲学。"

他者对作为同一的整体和统一体的存有论，即存有的绝对溢出，是以无限性的方式发生的，因为任何整体都无法将他者束缚住。这个无限性不能被还原成无限之**再现**，就是形而上学超越的那种端极，因为它超出了它在其中被思考的思想对象（idéatum），超出了我所能思考的、作为观念之对象或单纯的"客体现实"的范畴。继柏拉图关于**"超存有"**的思想之后，勒维纳斯通过笛卡儿式的无限观念再次使形而上学在西方存有论中浮现。但无论柏拉图还是笛卡儿（还有别人，如果允许我们不像勒维纳斯那样认为在哲学队伍中只有他俩既不理解真正的超验性，也不理解绝对无限这种怪异观念的话）都不会承认的是，将无限表达为面孔（visage）*。

面孔，它不仅仅是既可以指事物之表面（surface），又可以指

---

* 法语中 visage（面貌）、viser（瞄准）、voir（看）是同源词，指被看物。

动物之外观（faciès）的面（face）、外表（aspect）或种类。它也不仅仅是如该词原义所指的因为裸露而**被看到**的东西，它也是观看者，但不完全是那种在某种纯理论关系中的看物者，而是与对方相互对视的对视者。所以，面孔只有**在**面对面中才是面孔。就像舍勒说过的那样："我看见的不只是他者的眼睛，我还看到他对我的注视。"（不过我们这段引文不应当让我们忘记，勒维纳斯一点也不缺少舍勒之风。）

　　黑格尔不是也这么说过吗？"如果我们要问在所有这些人体器官中，灵魂的灵魂会在哪一个器官中全面地显现的话，我们立即会想到的是眼睛，因为灵魂集中在眼睛上；它不只通过眼睛去看，而且反过来也通过眼睛显示自己。正如说到人体的外表时，我们也曾经说过它与动物的外形相反，人的这个外表揭示着心灵的在场和搏动，同样的意思可以用来谈论艺术，艺术的任务就是使现象在其表面的所有点上都变成眼睛这个使精神显形的灵魂司令部"（《美学》）。（关于眼睛和灵魂的内在性，还可参看我们此处无法引用的黑格尔的那长篇美文，见《美学》第三卷，第一部分。）

147

　　强调一下，这里可能是我们将在后面要展开来谈的一个具体的论点的时机（这个论点即是）：勒维纳斯非常接近黑格尔，虽然他不希望如此，但却很接近，尤其是在他以看似最激进的方式反对黑格尔的时候。那正是他与所有的反黑格尔的思想家共有的一种处境，而这种处境的最终意义恐怕还需要思考。这里我们想特别强调的是，在涉及欲望与眼睛、声音与理论的关系方面，勒维纳斯与黑格尔的汇合点就如他们之间的差异一样是很深的，而且汇合点并非简单地加入，相异点也非简单地相互并列。的确，和勒维纳斯一样，黑格尔也认为不以"消费"为目的的眼睛悬置了欲望。它甚至就是欲望的限制本身（也许是其资源所在），它是第一理论器官。因此我们应当从死亡与欲望的关系而非生理学角度去思考光与眼睛的开放性。在讨论了味觉、触觉和嗅觉之后，黑格尔在《美学》中还写道："视觉，相反地借助于光，与物体存在于一种纯理论关系之中，光这种非物质的材料在照亮物体的同时赋予它们自由，光不像空气与火那样，以一种感觉不到的却显见的方式去消费物体。因而，免除了欲望的视觉，投向那在空间中以物质形态存在的一切，只是这些保存着其完整性的物体，只以形状和颜色显现。"

对黑格尔来说，将欲望中立化正是视觉的特长。但出于同样的理由，这却是勒维纳斯眼中的首要暴力，尽管他认为，当注视缺席时，面孔也就非其所是。因此，他所说的暴力恐怕是一种无声的注视之孤独，是一种无言语的面孔之孤独，是看的**抽象**。与我们可能的认识相反，在勒维纳斯看来，看**本身**，并不会**尊重**他者。因为，除非超越把握与接触，超越触觉、嗅觉与味觉，尊重只能是欲望，而他所说的"形而上学"欲望，跟黑格尔式的欲望或需要不同，它不追求消费。这也就是为什么勒维纳斯听到的是光之上的声音。["思想是语言，它在类比性声音而非光的元素中得以思考。"这里这个**类比性**想要说的又是什么呢？是差异与相似？是感性之声与作为智性言语的思维之声的关系？是感受力与表意功能的关系，还是感官与意义的关系？这也是欣赏 Sinn（感官/意义）一词的黑格尔所提的问题。]

因此，《整体与无限》中的形而上学运动，也是相对于看的那种听的超/先验性。不过，黑格尔的《美学》也是这么说的："听觉，是另一种理论感官。它产生的东西与视觉所看到的东西相反。听觉与色彩、形状等无关，而与声音、身体的振动有关，这些振动并非如嗅觉的感觉对象那样，是一种分解和蒸发过程，而是一种本身保持完整无损的对象物之颤动。应该说这是个观念式的运动，单纯的主体性、共振体的灵魂通过它得以显现，耳朵感受这种振动的方式与眼睛感受颜色或形状的方式一样，都是理论式的，客体的内在性也因此成了主体本身的内在性。"但是，"……听觉跟视觉一样，都不属于实践感官领域，而属于理论感官领域……它甚至比视觉更观念化。因为，艺术品安静的、无利害诉求的默观，远不是要取消客体，相反地，是要让客体以它们的本貌及原位继续存在，视觉所把握的东西本身并非是观念性的，相反地保持着其感性存在形态。而听觉则不然，它实际上并不需要转向客体去感受其赖以显现或自我揭示的体内颤动的结果，它感受到的不是物体的材料外形，而是来自物体灵魂的第一性的观念性"。

因此，**类比**问题可能会将我们重新导向到这个**颤动**的观念，这个观念在黑格尔的《美学》中看起来颇为关键，因为它打开了通向观念性的通道。另外，要有系统地对黑格尔与勒维纳斯关于面孔论题的思想进行比较，恐怕就不仅得参考《精神现象学》中专论面相学的章节，也得考虑《大百科全书》中有关精神、面孔和语言的第 411 段。

由于我们现在已熟知了的原因，面对面，是脱离了所有范畴的。因为，面孔在面对面中同时以表达和言语呈现。它不只是注视，也是注视和言语的原始统一体，而且还是眼睛与会说话并会喊

149 饿的嘴的原始统一体。它因此也是那个能**听到**无形者之物，因为"思想是语言"，而且"它在类比性声音而非光的元素中得以思考"。面孔的这个统一性，从其表意功能上讲，前在于感受力的器官与感官的那种分散性。面孔的意义因而是无法还原的。此外，面孔并不**示意**。它并不体现，并不扮成，也并不示意任何其他东西，除了它自身，除了灵魂和主体性等以外。思想是言语，因此它就直接地是面孔。在这一点上，面孔主题属于语言和身体本身最现代的哲学论题。他者，并不以其面孔示意，因为，他就是面孔本身："……绝对他人，不需要任何隐喻，他直接面对着我，绝对地呈现其面孔"①。他者，因而只在面孔中"亲自"给出自身，不需要借助任何寓言。让我们回忆一下费尔巴哈关于这个问题的说法吧，他将高度、实体和面孔的主题打通来讲："在空间中最高位的，也就是人身上最高质量的、离他最近的、与他绝对不能分离的东西，那就是**头颅**。如果我看到一个人的头，我所看到的就是他的人本身；但倘若我只看到躯干，我所看到的就只有他的躯干。"② **与他绝对不能分离的东西……**就是存在于其基本谓词及"本身"中的实体。勒维纳斯在讨论作为面孔的他者时，也常提到亲自（kath'auto）和"实体"。因此，面孔就是在场，就是本质（ousia）。

面孔不是隐喻，也不是修辞法。关于面孔的话语不是一种寓意，也并非我们会试图去相信的那样，是一种拟人法（prosopopée）。那么，（相对于身体其他部分而言）面孔之高度，可能就**部分**（只是部

---

① 《先验与主体性》，《形而上学与道德学学刊》，1962。
② 《哲学宣言》，阿尔都塞译本。

分而已，后面我们会看到这一点）决定了我们刚才讨论过的**至高无上**这个说法。如果至高无上的那个高度，如我们试图说明的那样，**并不属于**空间（而这正是为什么最高级得在建构隐喻的同时，摧毁空间），那并非说它对空间很陌生，而是说它就是（在）空间（中），是空间的本源，它通过言语和注视、面孔及从高处指挥身体和空间的首脑，为空间指定方向。（亚里士多德将善的超越原理比作军队的首领；他却忽略了面孔，忽略了军队的神就是那个绝对的面孔。）面孔不表意，*150*也不以符号呈现自身，但它**表达自己**，**亲自**在自身中给出自己。所谓亲自指的是"物自身的自我表达"。所谓自我表达，就是**在**符号**后面**表达。根据《斐多篇》中驳斥铎忒（Thot）（或荷马）的说法（这个说法多次被勒维纳斯当成自己的），在符号后面，**首先**不就是有可能帮助（参与）言语并给它以支援吗？只有鲜活言语在它的控制和权威（magistralité）下，它才可以自我援助，只有鲜活言语才是表达本身，而非辅助性符号。只要它是真的言语，它就是"创造性的声音，而非女仆式的帮腔之声"（埃德蒙·雅毕斯）。我们知道所有的文字之神（古希腊、古埃及、亚述、巴比伦）都是些辅助神，是服从于大神的秘书，是阴险狡猾而且有时用不光彩的手段取代众神之王的走私者。对勒维纳斯来说，写下来的东西与作品并非表达，它们只是符号而已。

超存有，至少是《整体与无限》参照柏拉图模式的第二个论题。这个论题也能在尼古劳斯·冯·库斯那里找到。"如果说产品制造人可以放手让他的产品追求它随后必追求的独立命运的话，教授者的言语却无法与说出它的人分离。"① 因此，对作品的这种暗

① M. 德·甘迪亚克（de Gandillac）：《尼古劳斯·冯·库斯作品选导言》，第 35 页。

示性批评，至少一次，将尼古劳斯·冯·库斯与黑格尔区分开来。

　　这个问题链恐怕得专门处理。"口头话语"是不是"圆满的话语"？写下来的东西难道只是"重新变成了符号的语言"吗？或者从另一种意义上看，它难道不是一种"言语活动"？这个活动的特征是我在那里"缺席并丧失了我的产品"，因为这些产品与其说是表达了我，毋宁说是背叛了我。表达的这种"坦率"难道本质上不就是上帝的鲜活语言吗？这个问题，对在人与神的"相似性"中思考面孔的勒维纳斯，无疑是没有意义的。传授的高度与权威，难道不是属于书写这一边的吗？难道我们不能在这一点上翻转勒维纳斯的所有命题吗？比如，我们不是可以指出书写可以自助，因为它既**有时间**也有自由，因此它比言语更容易摆脱经验世界的迫切性吗？我们不是也可以指出通过对经验性的"经济学"的要求做中立化处理，书写实质上比言语更为"形而上"（勒维纳斯的意义上的）吗？我们不是还可以指出作家比说话者更容易隐身，也就是说更容易以他者的身份去表达自己，也就更容易面向他者吗？我们不是还可以指出被剥夺了其符号**快感**和效果的作家，能更有效地放弃暴力吗？的确，写作者也可能只打算无限繁殖他的符号，因此至少可以忘记他者，忘记这个如同死亡一样的无限的他者，而将写作当作**死亡的延异**与**经济论**来实践吗？这种暴力与非暴力的界限，也许并未发生在言语与写作之间，而存在于它们各自的内部。关于**印迹**的专题（勒维纳斯将它区别于效果、踪迹或符号，因为它们与作为绝对隐形的他者没有关系）有可能会导致对书写的某种平反。那个其超验性及慷慨缺席只在无归路的印迹中预示的绝对的"他"，难道不

151

是比成为言语的发声者更容易成为文字作者吗？而作品，既非游戏，也非死亡，它被勒维纳斯规定为超经济学（trans-économie）的纯消费。它既不简单地混同于文字，也不简单地混同于言语。它也并不是一种符号，因此，它的概念不能涵盖人们在《整体与无限》中遇到的那个"作品"的概念。所以，勒维纳斯一方面十分接近尼采和巴塔耶，另一方面又离他们甚远。

莫里斯·布朗肖说他不赞同这种口头话语的绝对优越性之说，因为它类似那种"使我们接近说话者的人道主义和苏格拉底式的平静的言语"①。此外，希伯来特殊性怎么可能贬低勒维纳斯如此赞美的书写呢？譬如，"承认文学对人的作用，可能就是西方的最终智慧，因为通过书写，《圣经》的子民会辨认出自己。"（《困难的自由》）还有，"在书写中，精神是自由的，它只在根部上与（书写）牵连"；之后还有，"比热爱上帝更热爱律法书（Thora）"就是"为了防止直接接触绝对神圣的癫狂……"（同上）我们可以清楚地看到勒维纳斯想要从鲜活的、原初性的言语**本身**中拯救的东西。如果没有这种鲜活言语的可能性，如果没有这个视域，书写就什么也不是。在这个意义上，书写永远是次要的。要将它从这种可能性和视域中摆脱出来，将它从这种实质上的次要性中摆脱出来，也就等于否定它的书写身份，就等于在没有语言的情况要摆脱语法或词汇，要摆脱控制论或电子学。但是，只有在上帝那里，作为在场、作为书写本源和视域的言语才能无误地实现。也许我们应当能够指

152

————————

① 《对未知的认知》（Connaissance de l'inconnu），《新法兰西杂志》（*Nouvelle revue franccaise*），1961 年 12 月号。

出的是，唯有这种对上帝言语的参照，才能使勒维纳斯的意向与《斐多篇》中苏格拉底的意向区别开来；而这种区别，对于一种追求原初有限性的思想来说，却不再是可能的；还有，如果书写是那么次要的话，可在它之前就不可能发生什么。

至于勒维纳斯与布朗肖的关系，尽管勒维纳斯频繁提出他们之间的相近处，在我们看来，他们之间深层而无可置疑的相似性，似乎全部都体现在那关键的否定性时刻，即那个有限性空穴，在这个有限性空穴中，弥赛亚的末世论在等待之等待中发出回音，而勒维纳斯已经开始从中听到某种回应。当然，这种回应依然是种等待，但对于勒维纳斯来说，它不再让人等待。但当末世论的肯定性，反过来用以照亮他们的共同道路时，当问题的有限性及纯否定性被升高时，当中立者被规定时，他们之间的这种相似性似乎就终止了。布朗肖无疑会将他所说的那个交流空间中的不对称延伸到勒维纳斯的所有命题："我相信，这就是我们应当从肯定中听到的关键的东西，我们必须保持独立于这种肯定所呈现的神学语境。"可是，这可能吗？独立于其"神学语境"（这个说法肯定会被勒维纳斯拒绝），那么，这整个话语不就垮掉了吗？

符号在世界中，藏在符号背后，就意味着*之后*以神显的方式保持它对世界的不可见性。在面孔中，他者**作为他者**亲自显身，也就是说作为不自我暴露者、不让被论题化者显身。我不能将他人变成某种论题、当作对象和宾格来谈论。我只能，我只**应当**对着他者说，并以不属于某种范畴、不属于言语的某个**格**，而是以言语的突现和升华的呼格来呼唤他。只有范畴的阙如，才能使他人不会缺

失；但要使他人不缺失，必须让他以不在场的方式呈现，以非现象
性的方式出现。面孔，总是藏在其符号和产品身后，总是深藏在其 *153*
永远神秘含蓄的内在性中，并以其言语的自由与历史的所有整体性
断开，因为面孔不"属于这个世界"。他是世界的源头。我只能**对
他**去谈论他；我只能以必须企及他的状态才能企及他。但我必须只
把他当作不可进入者、无形者、不可触知者去**接近**他。这种神秘
性、隔离性及金杰斯（Gygès）* 的隐身术（"人的处境本身"），正
是所谓的**心灵**（psychè）的状态本身及其身份。这是一种绝对的隔
离，是自然的无神论，是根植于真理与话语中的谎言的自由，所有
这一切"对造物主来说是一种伟大的荣耀"。至少这是一次不会迷
失家园的肯定。

要想使面孔不借助隐喻去呈现他者，言语就绝不能仅是思想的
翻译。诚然，思想就必须是言语，而身体就必须是语言的部分。理
性知识就绝不能是词汇中的首要词。如果我们相信勒维纳斯的话，
胡塞尔和海德格尔基本上是接受了语言从属于思想，而身体从属于
语言这种古典的从属关系的。相反地，梅洛-庞蒂"比别人更好地"
指出："未实体化的思想在说出言语前先去思考言语，是思想构成
了言语世界，这种说法是一种神话。"但勒维纳斯之所以凭借他特
有的运动力去担当这种极为"现代"的胆识，那不过是为了让这种
胆识服从于在他看来应该是这种胆识所假设的一种无限主义，只是
这种无限主义的形式往往过于古典，它不是黑格尔式的，而是前康
德式的。因此，关于身体本身作为语言和意向性的那些论题，并不

---

* 古希腊神话人物，能隐身。

能绕过那些古典的暗礁。如果勒维纳斯承认思想**首先是**，而且不可还原地就是与他者的关系的话（这一点看来并没有摆脱梅洛-庞蒂的想法①），那么思想就只能**首先**是语言，不过，那是个与从外部召唤我并使我无法重新回到自身的不可还原的他者的关系，因为在他身上呈现了那种无限性，它不让思想在它身上自我关闭，而且禁止一切独白，"哪怕这种独白具有梅洛-庞蒂式的'肉体意向性'"。因此，一反所有的表象与习惯，我们这里得必须承认的是思想与语言的分离，及后者对前者的服从关系正是有限性哲学的特质。这个论证将会再次通过梅洛-庞蒂、海德格尔和胡塞尔把我们带回到《第三沉思》的笛卡儿式我思上去。因为它所遵循的原理，似乎支撑了这一思想的全部，即他者只有在其相异性绝对不可还原的情况下才是他者。也就是说，他无限地不可还原；而无限的他者只能是绝对无限。

　　因此，作为言语与注视的面孔不在世界当中，因为它打开并超越了整体。这也正是为什么它标识了一切权力、一切暴力的边界，也标识了伦理的原点。从某种意义上说，杀人永远是冲着面孔去的，但也因此永远丧失了面孔。"杀人，是对摆脱了权力的东西行使权力。它之所以仍是一种权力，那是因为面孔的自我表达诉诸感性；但它也是能力的丧失，因为面孔撕裂了感性。""他人，是我能够想要杀害的唯一存在"，但也是唯一要求我"你绝不杀人"并对我的权力加以绝对限制者。面孔并不使我与世界上的另一种力量相对立，但它从世界的**另一个**任何有限权力无法企及的源头跟我说

---

　　① 的确，有别于勒维纳斯，对于梅洛-庞蒂来说，相异性现象，如果不是唯一的，也本质上是时间化运动的现象。

话，从那里看着我。这是个奇特的、不可思议的非现实阻力的观念。据我所知，自从他1953年写作的那篇文章（我前面已经引用过）以来，勒维纳斯就不再使用"可理解的阻力"（résistance intelligible）这个至少字面上仍属于绝对同一的领域的说法，它过去似乎也只是用来表示某种非现实的阻力。在《整体与无限》中，勒维纳斯用的则是"伦理阻力"。

因此，摆脱了作为权力之概念的东西，并非一般的实存，而是他人的实存。那首先是因为关于他人的概念实际上并不存在，尽管表面上看是存在的。我们因此得以手工作坊的方式，从哲学与语文学相互制约并统合其关怀及严密性的方向上，去思考"绝对他人"这个词，因为这个词被**他者**之中立性那日益放大的绝对字母悄悄地瞄准着，而这个我们用得习以为常的他者恰恰正是我们概念领域的那个乱源。那么，他人（ἕτερον）是否只是一个无概念的普通名词呢？不过，我们首先要问的是，它是不是个名词？他人不是形容词，也非代词，因此，如诸多辞典归类的那样，他是个名词/体词（substantif），但是这个体词不属于通常的名词种类：它不是普通名词，因为它拒绝一般意义上的他者、别人（heteron）范畴中使用的定冠词。它也不是个复数。李特雷（Littré）注意到，"在司法行政措辞中的'他人'前的定冠词'le'不应当被理解为**他人**的冠词，因为它暗指的是**财产/利益和权利，即他人的财产和权利**"，而这句话的开始是："他人（autrui）来自拉丁语 alter-huic 一词，这个他者属于宾格（cas régime）：这就是为什么**他人**总是后置词，也是为什么他人比**别人**（les autres）少一些普遍性。"因此，在不必将语言变成思想的意外事故的同时，我们应当意识到：语言中那种总是"处于宾格地位"且较少普遍性的东西，在其意义上是无性、数、格变化的词，也是类型外的词。那么，什么是语言中这种意义的**格**（cas）的根源呢？什么是语言中这种被语言赋予意义的后置成分的根源呢？他人，也不是一个专有名词，虽然它的匿名性意味的只是所有专有名词的无法命名的资源。我们也许得耐心思考的是，当古希腊有关"另一个"（heteron）的想法在似乎被他人（l'alterhuic）弱化了的时候，在语言中会发生些什么；当这个观念变得似乎无力控制那唯有它才能将之当作相异性（即一般他者）预解的东西时，当它同时遮蔽了反过来向它揭示其意义的那个不可还原的中心（即**作为他人的他者**）时，在语言中又发生了什么。我们也得去思考并非发生在概念运动之内的这种遮蔽与这种预解间的共谋关系，因为法语中的**他人**并未指定其他属的种类。我们还得思考的是这种关于一般他者的思想（因为它也并非一种类别），因为正是在这个希腊思想的内部，产生了我们历史（中）的这种非类别**差异**（différence non spécifique）。更准确地说我们得思考的是，在古希腊对"另一个"进行规定前，在犹太基督教对他人的进行规定前，他者究竟意味着什么？勒维纳斯深入挑战的，似乎正是这类问题：在他看来，只有他人的突然出现，才能进入他者的那种绝对的、无法还原的相异性。因此，我们还得去思考的是 autrui（他人）中的这个 Huic（他人）部分，因为它的超越性还不是某个你的那种超越性。也正是在此，勒维纳斯对布伯或加布里埃尔·马塞尔的反对意见是有意义的。在将绝对的**您**之威严高度与绝对的我你亲密的相互关系加以对立之后（《整体与无限》），勒维纳斯似乎将对**印迹**的沉思转向了一种关于 Ille 和 Il 的哲学*（即作为远方异乡人的邻人的哲学，这个词的原义指的是作为爱之对象的"邻人"，勒维纳斯就利用了这种词的暧昧性）。这是一种"他"的哲学，这个"他"，对于勒维纳斯来说，并非与"你"相对立的非人称客体，而是他人那种隐形的超越性①。如果面孔中的表达不揭示什么，那是因为那不可揭示的东西所表达的，超越了任何论题性、构建性分析，也超越了任何现象学范畴。勒维纳斯认为，在胡塞尔思想的不同阶段，**另一个自我**（alter ego）的超越性构成，就像他在《笛卡儿的第五沉思》中尝试汇集的相关描述那样，都预设了它试图追踪

156

---

* *Ille* 是拉丁语的指示代词，相当于法语中的 celui-là，即汉语中的"那个"。法语中的 *Il* 正是来自拉丁语的这个指示代词，它在法语中既表示"他"也表示"它"。这里指我你之外的第三者。

① 尽管勒维纳斯否认有想要"'纠正'布伯的荒谬意图"（《整体与无限》），但本质上，却是指责布伯所说的那种我你关系，因为：1. 这种相互而对称的关系，是对高度，尤其是对隔离与秘密的暴力；2. 这种形式化了的关系，可以·"把人统摄于物，就像将人统摄于人那样"（同上）；3. 这种关系倾向于偏爱、"私人关系"，及那种"自足的、遗忘宇宙"的夫妻"私密性"（同上）。尽管勒维纳斯的思想反对中立性，但它也有对第三者、一般见证、世界的面孔的要求，因为这个世界的面孔，能使我们提防我你关系的那种"倨傲的唯灵论"。有人可能会说，不知布伯是否能在勒维纳斯对他的这个解释中认出他自己。顺便说一下，布伯似乎已经预见到了这种对他的批评意见。他不是明确地说过，我你关系既非一种偏爱亦非排他性的，因为它前在于一切经验性或然性的介入吗？因为，使我们转向上帝的这种基于绝对我你关系的关系，正是打开与他人关系的那种可能性。从其原初本真性去理解的话，这种关系既没有转移我们的视线，也没有岔开我们的视线。如同我们想用以使布伯感到尴尬的那些矛盾那样，这个矛盾，正如"'我与你'后记"所告诉我们的那样，服从一种"更高层次的判断"，服从于"上帝作为绝对人格的那种悖论称谓"……，"上帝……使其绝对品格参与到与人的关系之中。因此，人转向上帝时，不需要绕过任何我你关系。上帝将他们合理地引向自己，并且为他们转变成'上帝的面孔'提供了可能性"。

其起源的那种东西。他人的构成，恐怕不像另一个自我，即自我现象那样，可以通过间接呈现式（apprésentative）的类比原则，被单子主体所建构。在他看来，如果承认伦理关系就是原初性的面对面关系，就是绝对相异性的出现，就是除了从它自身外不允许从另一个机制派生、引发并建构的外在性的话，那么胡塞尔遇到的所有困难，都应当会"迎刃而解"，因为这是一种绝对的外在，一种无限地溢出了"我思自我"（ego cogito）的单子的外在性。在这里，勒维纳斯又一次用笛卡儿来反对胡塞尔，他认为胡塞尔应当误解了
157 《第三沉思》中的笛卡儿。笛卡儿在对我思进行反思中，意识到的是无限不仅不能被建构成（可疑的）客体，而且它在溢出我思时使我思成为可能（这种溢出并非使隐喻在其中自我破裂的空间性溢出），而胡塞尔却"在我思中看到了某种主体性，这种主体性除了它自己别无支点，我思建构了无限观念本身，并将之当作对象提供给自己"（《整体与无限》）。然而，无限（的）（他者）不能成为对象，因为它是言语，也是意义与世界之源。因此，现象学解释不了伦理、言语和公正。

可是，如果一切公正始于言语的话，那么，所有的言语都是不公正的。如果修辞将他者导入招魂术、蛊惑宣传或甚至并非教学的（真正的教学让教授者从他的高度上下来，却不会让他的绝对外在性损伤弟子的自由）教学法*中去的话，修辞可能会回到将他者

---

　　* 言语（verbe）在其古希腊语词根上指的是驾驭、指挥、支配（mener, conduire）。如对灵魂的支配"la menée-de l'âme"（psychè＋agein＝psychologie）即招魂术；对人民的支配"la menée-du-peuple"（demos＋agein＝démagogie）即蛊惑宣传；对儿童的支配"la menée-de-l'enfant"（pais＋agein＝péd-agogie）即教学法。

还原的那种理论暴力上去。而言语在修辞之外发现了面孔的裸露性，而没有面孔的裸露性，任何别的裸露恐怕都是无意义的。所有的裸露，"甚至在羞耻中被体验的身体之裸露"，对于面孔的那种不需隐喻的裸露性来说，都不过是些裸露"形态"而已。这个论题在《存有论是根本性的吗?》已经有过十分明确的表述："面孔的裸露，不是风格的一种形态。"并且它仍然以否定性神学的形式表明，这种裸露甚至不是开口，因为开口是相对于"某种环境之圆满"而言的。因此，"裸露"一词，在被用来表示它本身外的东西后就被摧毁了。《整体与无限》的一切阅读和质疑，大致上都可以围绕着这个断言展开。因为，这个断言在我们看来，非常隐晦地支持了，或许过分隐晦地支持了勒维纳斯称为面孔与《绝对面孔之超越》(l'audelà du Visage) 间的那种决定性分野。《绝对面孔之超越》是《爱欲现象学》外，处理爱情、生育与时间现象学的专篇。既是言语又是注视的面孔的这种裸露性，既非理论亦非定理，它被提供与展露为一种匮乏、苛求，一种可提供自助的言语与呼唤救助之注视的不可思议的统一体。

我们对这一点的共同理解是，如果不对称性、非光性和绝对命令将有限的存在联系在一起，如果他者只能是（有限或无限的）同一的否定规定性的话，那么，它们恐怕就只能是暴力与不公正本身。但我们已经看到情况却并非如此。无限（如无限的他者）不可能像整体那样粗暴（因为整体总是被**界定了的**，总是被取舍、话语的主动决断规定为一种**有限整体**：整体，对于勒维纳斯来说，意味的就是有限整体，而且这种规定性是一种无言的公理）。这正是为

158

什么只有上帝能阻止勒维纳斯的世界成为最坏的纯暴力世界，即不道德世界本身。勒维纳斯所描写的鲜活的、赤裸经验的结构，也就是下面这样一个世界的结构本身：在这个世界中，如果无限的他者并非无限，如果它侥幸是个裸露的、有限的、孤独的人——这是个奇怪的条件，那么战争将会肆虐。但在这种情况下，勒维纳斯大概一定会说，连战争甚至都不会再发生了，因为那里既不会有面孔，也不会有真正的不对称。因此，这指的应当不再是那种上帝已在其中开始说话的赤裸的、鲜活的经验。换句话说，在一个面孔（如非现世物那样）能得到完全尊重的世界中，战争就不会发生。而在一个面孔绝对得不到尊重的世界里，同样也不会再有面孔，也就不会再发生战争。因此，上帝被卷入了战争。上帝的名字，如同和平的名字一样，也是战争系统中的一个功能，它是我们能够说话的唯一基础，也是语言能够永远发言的唯一基础。没有上帝或者与上帝在一起，都不会有战争。战争假定了上帝，也排除了上帝。我们只能在这样一个系统中才能与上帝建立关系。**因为有战争**，所以，战争就是面孔与无面孔的有限世界之间的差异。不过这种差异，不就是上帝以在场与不在场**博弈**于其中的那个一直被人们称作世界的东西吗？唯有世界之赌，能使我们**思考**上帝的**本质**。从某种意义上说，我们的语言恐怕很难接纳前在于上帝的那个世界之赌（因为正是这个世界使得上帝的在场与不在场成为可能），勒维纳斯亦然。

因此，对于勒维纳斯来说，面对面，原本并非指的是两个平等的、直立的人的面对面（vis-à-vis）。因为，后者假定的是仰着脖子，抬着眼向着高处的上帝的那种面对面。而语言是这种面对面及直立着的可能性条件，只是它不排除注视父亲时的那种卑微性和谦卑性，这种注视就像记忆中尚未会走就被搀着走、在成年主人的手中被递来递去、躺着不会走而又说不出话来的幼儿的注视。有人会说，人就是来得太早的上帝，这个上帝知道与已经存在的绝对存有相比自己永远是迟到者。不过，有一点是肯定的，那就是上述这些意见，至少可以说不是评论性的。这里我们既不参照那些心理分析熟知的主题，也不参照胚胎学或人类学关于人类婴儿结构性早熟的假设。我们只要知道人的诞生就足够了①。

　　尽管上帝的名字常被提起，对作为与无限（的）他者之关系的经验与对"物"的回归，却并非神学意义的，即便它之后成了能够奠定神学话语的唯一基础，而这种神学话语到已"冒失地借用存有论处理了关于上帝与被造物间关系的思想"（《整体与无限》）。而在对物的回归中，我们会碰到勒维纳斯意义上的那种形而上学基础，即人文主义与神学的共同根源：人与上帝的相似、人的面孔与上帝的面孔的相似。"……绝对他人就像上帝"（同上）。通过这种相似性的转换，人的言语就能回升至上帝，这几乎是个前所未闻的**类比**，而它也正是勒维纳斯关于话语的那种话语运动本身。是作为与上帝交谈的那样的类比："话语就是与上帝说的话语……形而上学就是这种与上帝在一起的语言之本质。"是与上帝说的话语，而非**参与了**上帝的话语。是与上帝说的话语，而非关于上帝及其属性的

159

---

①　关于相对于孩子或人躺着的位子（如躺在床上的病人或死人）而显得上帝的高高在上这个主题，及临床医学与神学的关系，可参照费尔巴哈：《哲学短论》（*Kleine philosophisch Schrifen*），莱比锡，1950，第233页。

神学。我与他者关系的那种不对称性，是"主体间性的空间中的弯曲，它意味的是一切真理的那种神圣意向"。它"可能就是上帝的在场本身"。是作为隔离、在场/不在场的上帝的在场，勒维纳斯与巴门尼德、斯宾诺莎和黑格尔再次分道扬镳，他认为唯有它可以消费有关"虚无创世的思想"（idée de création ex nihilo）。作为隔离的在场，作为相似性的在场/不在场，不过，这种相似并不是（笛卡儿意义上的）劳动者烙在其作品上的"存有论印记"，也不是（尼古拉·马勒伯朗士意义上的）劳动者烙在"他根据自己形象创造的存在和相似物"上的①"存有论印记"，这种相似，既不能被理解成通融或知识，也不能被理解成参与或体现。它既非上帝的符号，也非上帝效应。无论是符号还是效应都没有超出绝对同一。我们就"在上帝的印迹中"。这是个会与有关"上帝在场"的一切影射不相容的命题。是一个随时准备返回无神论的命题：假如上帝**是印迹的一种效果**呢，假如神圣显现观念［神的生活、神的实存、圆满显现（parousie）等说法］，假如上帝的名字，不过只是显现中的销迹运动呢？这意味着要知道印迹是否允许在其系统中去思考在场，或者说反过来思考也是可行的。肯定是**可行的**。因此，思考**真理的秩序**才是这里要面对的问题。而勒维纳斯的思想就介于这两种假设之间。

上帝的面孔在显露时，就永远地隐去了。以同样的方式，对

---

① 这里应当了解的是，马勒伯朗士也曾与光及上帝之面孔问题交锋［参照 *De la recherche de la vérité*，Xème Eclaircissement《关于求真》，澄清之十］。［马勒伯朗士（N. Malebranche, 1638—1715），法国哲学家、神学家。——译者注］

《整体与无限》从未命名的那个耶和华面孔的各种呼唤，被聚集在它们形而上学的意义统一体中，被聚集在勒维纳斯所揭示的那种经验之中。耶和华的面孔，就是"与摩西面对面说话的那个永恒的主"的**完整的**人格及其**整体**显现，但它也对摩西说，"你不能看到我的脸，因为人不能看到我之后继续活着……你站在那岩石上。当我的光轮经过，我会把你安置在石缝中，在我离开之前我会用我的手遮住你。当我收手的时候你会看到我的背影，但我的脸不会让你看到"（《出埃及记》）。隐而不见的下命令的上帝的面孔，是个既比面孔们多又比其少的面孔。尽管勒维纳斯十分谨慎，《整体与无限》中神学与形而上学的暧昧共谋正是从这里来的，不知他是否会同意埃德蒙·雅毕斯《问题书》中这无限暧昧的句子：

> 所有的面孔都是那绝对上帝的面孔；正因此**他**没有面孔？ *161*

面孔既非上帝的面孔，也非人的轮廓：它是它们的类似物。这是我们在求助于绝对同一之前或不去向它求助时应当思考的一种相似性①。

---

① 我们将不超出这个分析框架。因为想要在此进入那些关于内在性、经济论、快乐、居所、阴性特征、爱欲以及所有以《超越面孔》的名义提出的主题，并对其做专门描述，将会是枉费心机的，尽管这些主题的现状值得进一步质疑。勒维纳斯的这些分析，也并非只是对"形式逻辑"的某种坚持不懈的、没完没了的破坏，因为它们对于传统的概念领域的分析是那么的细致与自由，以至于我们只用短小篇幅去进行评论，恐怕会不恰当地背叛了它们。我们只需知道我们刚才所勾勒过的是它们所依赖的概念图式，而不必从这些概念图式去重新推演它们，我们只需不断地更新这些图式就足够了。

Ⅲ. 差异与末世说

我们现在尝试指出其原则的那些问题，从多种不同的意义上讲都是语言问题，即语言的各种问题和关于语言的问题。不过，假如我们的评论没有太离谱，有一点却是可以肯定的，那就是勒维纳斯思想中没有任何一点不涉及这些问题。

关于最初的争论

将问题先说出来会让我们放心：我们提出的所有问题都依赖于他内在的对话，也都在他的话语中展开，我们需要做的只是从不同的距离、从不同的意义上去倾听他就行了。

A. 这样一来，《从实存到实存者》与《时间与他者》似乎都排斥了"种类逻辑"及绝对同一和绝对他者这些范畴。因为这些范畴本身缺乏勒维纳斯想要重新引入的那种经验的独特性："与柏拉图的宇宙世界相对立的是精神世界，在精神世界中，爱欲的含义是不能被种类逻辑还原的，而我取代了绝对**同一**，他人替代了绝对**他者**"。可是，绝对同一与绝对他者这些范畴，却在《整体与无限》中重新生效，指示力（vis demonstrandi）与传统的断裂能量，恰恰就是绝对我合成了绝对同一，绝对他人合成了绝对他者。虽然勒维纳斯并不使用这些术语，他常提醒我们要注意防止将**同一性**（identité）和**自我性**（ipsêité）混淆，将绝对同一与绝对我（Moi）混淆，即将同一（idem）和自性（ipse）混淆。这种混淆，在使用希腊概念 autos* 和德语 selbst 时可以说是直接的，但在法语中却不会自发地显现，然而，尽管前面那些提醒，这种混淆还是重新变成了《整体与无限》中的某种潜在的公理①。如我们所见，勒维纳斯认为在我（moi）中，不可能有内在性的差异及根本性的、原生性的相异性。如果内在性、秘密和原初隔离从前还允许与绝对同一、绝对他者这些希腊范畴的古典用法分道扬镳的话，那么，将绝对同一与绝对我混用（将二者变成同质的概念与同质的有限体），则是以同样的罪名将希腊哲学与最现代的主体性哲学混为一谈，而后者正像从前的勒维纳斯那样，最为注重绝对我与绝对同一、绝对他人与绝对他者的区别。如果我们不注意这种双重运动，不注意这种似乎是对其本身条件及其最初步骤进行挑战的进路的话，那么我们将有可能会疏漏掉这种针对概念、状态和整体的抗议之独特性：因为这种抗议不像通常的情形那样，是以主体性实存的名义提出的，相反，它是以反对主体性实存的名义提出的。它既反对黑格尔，也不赞同克尔凯郭尔。

勒维纳斯经常提醒我们不要将他的反黑格尔主义与克尔凯郭尔式的主体主义或存在主义混为一谈——多么吸引人的混淆，因为在勒维纳斯看来，克尔凯郭尔仍旧是些粗暴的、前形而上学的自我主

---

* 从该词包含的三个意思可以看到这种混淆：（1）指"他"的间接格（de lui, à lui, lui＝*ejus*, *ei*, *eum*）；（2）指示形容词"同样的"（même＝*ipse*）；（3）指示代词"同一"（le même＝idem）。而法语的 même（同一）一词，同时含有拉丁语的 *idem*（一致）和 *ipse*（自己）两层意思。

① 关于同一性、自性和等同这些关键性的主题，要对黑格尔与勒维纳斯进行比较，可特别参照让·依波利特（Jean Hyppolite, 1907—1968）的《精神现象学的发生和结构》（第一卷，第 147 页）和海德格尔的《同一与差异》（*Identität und Differenz*）。

义："正如克尔凯郭尔所想的那样，不是我，而是绝对他者将我拒之于系统之外"(《整体与无限》)。我们可以打赌说克尔凯郭尔对这种差异充耳不闻吗？可以打赌说他也反对这种概念域吗？正是作为主体性实存的他，可能注意到了绝对他者拒绝系统这一事实。当然，绝对他者不是我——谁又不赞成这个说法呢？——但它是**某种绝对我**，这是勒维纳斯为了支撑其言说必须假设的东西。这个从绝对我向作为**某种绝对我**的绝对他者的过渡，正是从**一般**主体性实存向本质的而非经验性的**自我性**（égoïté）的过渡。哲学家克尔凯郭尔**不仅**关心索伦·克尔凯郭尔自己（"主体性的自我主义呐喊，仍然与克尔凯郭尔的幸福或救赎有关"），而且他也关心一般的主体性实存（这种表述并不矛盾），这也就是为什么说他的话语是哲学性的，并不属于经验自我主义的层面。从某种程度上讲，当一个哲学主体说**"我"**时，他的名字永远是个化名。这正是克尔凯郭尔抵抗本质性个体实存之"可能性化"（possibilisation）而加以系统假设的一种事实。拒绝概念的是主体性实存的那种本质性。而这种主体实存之本质性的预设难道不是以尊重绝对他者作为前提的吗？而这个绝对他者难道不是只有作为主体性实存才能成立吗？为了拒绝克尔凯郭尔式的主体性实存观念，勒维纳斯甚至不得不排除有关主体实存之**本质**和**真理**的观念（也就是说，排除我之**本质**和**真理**的观念，首先排除的是作为他者之我之**本质**和**真理**的观念）。这个做法恐怕也在他与现象学和存有论分道扬镳的逻辑之中。至少我们可以说，勒维纳斯要想这么去做就得放弃哲学话语，否则的话很难行得通。如果想要**通过**无法彻底挣脱的哲学话语尝试打开一个超越它的突破口，那唯一的机会就是借助**语言**（勒维纳斯承认语言之前和语言之外没有思想）从**形式性和论题性的角度提出关于归属与突破口的关系问题，即关闭问题**。所谓形式性角度，指的是采取最有现实可能性、最表面、最形式化的方式：不以逻辑方式，换句话说，不以哲学的方式，而是以某种记录下来的对哲学与非哲学的描述与记录的方式，而在这种前所未闻的**记录**方式中，哲学概念也许只是其中的一种**功能**而已。

平心而论，我们得补充一点：克尔凯郭尔对与绝对彻底他者（Tout-Autre）的不可还原性的关系还是有所理解的，但他的理解不是在现世的唯我主义和审美意义上的，而是在概念的那种宗教的彼岸，接近亚伯拉罕意义上的。勒维纳斯认为应当将言语交给绝 *164* 对他者，难道他没有在绝对范畴与绝对律法的那种绝对伦理时刻，看到以匿名的方式对主体性及宗教的遗忘吗？在他眼中，那个伦理时刻就是黑格尔主义本身，他明确地这么说。但这并没有妨碍他在反复重新肯定伦理学，并指责黑格尔没有建构道德学。的确，勒维纳斯意义上的那种伦理学是没有律法、没有概念的伦理学，它的非暴力纯净性只在概念和律法被确定之前才能得以保持。这么说并非对他的一种非议：别忘了勒维纳斯并不想给我们提供道德法则或规范，他也不想规定**某种**道德，他所追求的是一般的伦理关系之本质的限定性。但这种限定性并不想以一种绝对伦理**理论**的身份出现，它关注的是绝对伦理学之绝对伦理。因此，也许事关重要，因为这种伦理学之伦理如果本身没有自我否定并自我遗忘的话，任何一种既定伦理和既定律法都不可能有产生的机会。那么，这种绝对伦理学之绝对伦理是超越一切律法的吗？它难道不是众法之绝对之法吗？它是中断了对抗连贯性的话题连贯性的一种连贯性。是在反抗概念中隐身的一种无限性概念。

我们常常要面对这种强加在勒维纳斯与克尔凯郭尔之间的相近性，尽管有勒维纳斯的那些提示，我们还是能明显地感觉到勒维纳斯对黑格尔主义的非议，从本质上及其最初灵感上，都有别于克尔凯郭尔对黑格尔的抗议。相反，将勒维纳斯的思想与费尔巴哈的反黑格尔主义，尤其是雅斯贝尔斯的反黑格尔主义及其反胡塞尔主义做一比较的话，恐怕应能发现他们之间一些比他与克尔凯郭尔之间更为深刻的汇合点和亲和性，而对绝对印迹的沉思，恐怕还能进一步确定这一点。我们这里说的是汇合点而非影响：首先是因为，印迹是一个哲学意义不明的概念；其次是因为，据我们所知，勒维纳斯从未在任何地方哪怕是间接地提到过费尔巴哈和雅斯贝尔斯。

可是，勒维纳斯为什么在尝试超越黑格尔主义与古典的反黑格尔主义之争（这也是一种共谋关系）这个如此困难的转折时，要求助于那些他似乎已经先决地拒绝了的范畴呢？

165　　这里我们不打算谴责他的语言之不连贯性或者系统之矛盾性。我们要讨论的是，进入传统概念领域以摧毁之那种必要性及其意义。为什么这个必要性会最终摆在勒维纳斯面前？它是外在性的吗？它只会影响载体吗？只会影响我们可以置入括号中的某种"表达"吗？还是它隐藏了古希腊逻各斯中某些不灭的、难以预料的资源？隐藏了某种想推开它的人总**逃不脱**的无限包容力？

B. 在同一时期，勒维纳斯也曾把**外在性**概念打发走。外在性概念是以空间的那种清晰单元作为参照的，它取消极端的相异性，即取消与他者的关系，取消彼此间的那些绝对片刻的关联，取消与绝对死亡的关系等等，而这些关系都不是绝对内在（Dedans）与绝对外在（Dehors）的关系。"与他者的关系是一种与绝对神秘的关系。是与他者的外在性，或者说与他者的相异性的关系，因为，外在性乃是一种空间属性，它借助光将主体带回到其自身，并构成了它的全部存在"（《时间与他者》）。而副标题为"论外在性"的《整体与无限》却不仅仅是大量使用了外在性概念，勒维纳斯还想在那里表明**真正**的外在性并不是空间性的，绝对的、无限的外在性就是绝对他者的外在性，而它不是空间性的，因为空间是绝对同一的场域。这就是说，绝对场域总是绝对同一的场所。为什么必须用"外在性"一词（如果它有意义的话，如果它不是一个代数的 x 的话，它就会固执地向空间与光示意）来表示一种非空间的关系呢？如果所有"关系"都是空间性的，为什么还必须将宽恕绝对他者的那种尊重指称为（非空间的）"关系"呢？为什么必须**磨损**（oblitérer）外在性这个概念而不是将它抹掉或使它变得模糊不清，同时又说外在性的真相就是它的非真相、**真的**外在性并非空间性的，也就是说并不是外在性呢？因为必须**在整体语言中**去说无限对整体的**溢出**，必须在绝对同一的语言中去说绝对他者，必须将**真正的**外在性当作非**外在性**来思考，也就是说，必须通过绝对的内外结构（structure Dedans-Dehors）和空间隐喻来言说，必须仍旧依赖隐喻的废墟，穿戴着传统的破布片和魔鬼破衣来言说，这可能意味着不先放逐于内外结构的哲学逻各斯是不存在的。这种脱离自身场域而向着绝对

166

场域、向着空间场域的自我流放，对哲学逻各斯来说就是天生的**隐喻**。这种隐喻在成为语言中的修辞手段之前，也许就是语言生成本身。而哲学本身就是这种语言；无论在最佳情况下，还是在其表达的不同寻常的意义上，哲学都**只能说这个语言**，也只能说这种隐喻**本身**，这等于说它在非隐喻的沉默视野，即绝对存在中，思考隐喻。没有作为（那种）诞生的伤痕与有限性的空间，我们甚至不能打开语言，甚至根本无法思考外在性，无论真假。因此，我们可以通过使用去**磨损**（user）这些传统词汇，像磨损贬值了的旧币一样去**磨损**它们，我们可以说真的外在性就是没有内在性的非外在性，我们可以在上面画杠，在画了杠的东西上面画杠：被画下的杠所抹掉的，仍然是空间性的。我们抹掉的不是绝对场域的句法，因为**它**的古老铭写已无法从语言的金属性**上**加以辨认，而它就是这金属本身，既是它过于晦暗的硬度，也是它过于闪亮的亮度。语言，这大地与太阳的儿子，就是文字/书写。我们总是徒劳无功地试着要切断语言与外在性、内在性的关联，使它脱离断奶期，忘掉"内""外""外在的""内在的"等词汇并通过法令将它们逐出游戏之外；因为我们找不到一种没有与空间断裂的语言，因为在汽化或水生语言中，相异性的丧失是更为确定的。因为从绝对内—外和绝对光—暗等展开的意义，不只居住在被放逐了的词中，它们也被直接地或间接地安置在概念域的核心部位。这是因为它们指的不是空间**中**的某种侵入。绝对内外或绝对昼夜结构，在一个被遗弃了的、迷失了方向的纯粹空间中是没有任何意义的。这个结构是从既非空间内又非空间外的一个**包含性**的源头、一种**被铭写下来**的方向中产生的。

这个观看的文本**也是**言语的文本。我们可以将它称作绝对面孔。但从那个时刻起我们不应再指望将语言隔绝于空间，不应再指望将空间从语言中排除出去，或指望使言语避开光，再用一只大手遮挡着光去言说。将这样那样一些词，如"内""外""外在的""内在的"等从语言中放逐出去是白费气力的，将光的文字烧毁或禁闭起来也是徒劳无功的，因为语言是作为光的坠落而被整个地唤醒的。也可以说，语言与太阳是一道升起的。虽然"太阳没有被命名。……但它的潜能却在我们当中"（圣约翰·波斯）。说绝对他者的无限外在**性并不**是空间性的，说它既是**非**外在性也是**非**内在性，说它只能通过否定的方式来指称，这不就是等于承认无限（in-fini 这个词本身也是通过否定方式获得其实际意义的）是不可言说的吗？这不就是等于承认作为语言本身的"内外"结构，标识了言语及进入言语的东西之根本有限性吗？没有任何哲学语言能够最终缩减语言中空间实践的这种天然性；我们应当思考的是莱布尼茨所区别的"世俗语言"和"才学语言"或哲学语言的那种统一性。尽管他运用了所有修辞功力，我们还是得更耐心地思考日常生活语言与哲学语言之间那种不可化约的共谋性；最好思考思考某些历史语言与哲学语言之间的这种不可还原的共谋关系。哲学语言的某种根深蒂固的自然性、哲学语言某种本源的天真性是可以通过每个思辨概念（当然除了名词绝对上帝和动词绝对存在这些非概念外）加以验证的。哲学语言属于一（或几）种语言系统。因此，那些通过非思辨性的上溯而获得思辨性的东西就永远具有某种暧昧性。既然这种暧昧性是原发的，也是不可还原的，那么哲学可能就必须承受它、思考它，并在这种暧昧性之上去思考自身，哲学就得在思辨中，甚至在哲学意义的纯粹性中接纳这种双重性和差异性。在我看来，似乎没有人比黑格尔更深入地尝试过这么做。我们恐怕应当像黑格尔为德语"扬弃"（Aufhebung）这个概念所做的那样，去重新思考每一个概念，同时避免天真地使用运气、幸运或意外相遇这些范畴，黑格尔认为"扬弃"这个概念在德语中的暧昧性及显现是**令人愉快的**：（因为）"它在语言中有双重含义，有保存、保留之义，也有中止和**完结**之义。此外，保留也含有一种否定的意义……从词汇学意义上看，扬弃的这两种规定性可以当作该词的两种意谓来考虑。值得注意的是，一种语言会用同样一个词来表达两种相反的意思。我想强调的是，思辨性思想能在语言中找到本身具有某种思辨意味的词**是令人愉快的**，而德语中却有好几个这种词。"（《逻辑学》，卷一，第 93－94 页）黑格尔也在《历史哲学》的注释中提到，"在我们的语言中"，历史（Geschichte）一词中含有的两种意义的结合，即被记载的历史 historia rerum gestarum 和史实的载体 res gestas，并不是一种"单纯的外在偶然性"。

此后，如果我只能以（有限的）空间外在性的否定方式来指称他人不可还原的（无限的）相异性的话，那可能是因为它的意义是有限的而绝非无限的。无限的他者和绝对他者的那种无限性，并不是那种**作为**肯定无限性、上帝或上帝类似物的绝对他者。假如无限的他者，是肯定无限性，假如它本身不具有无界定（l'in-défini）和疑难（ἄπειρον/ apeiron）的那种否定性的话，它就不可能是它所是。"无限的他者"，意味的难道首先不就是我通过无止境的努力与体验也无法企及的那种东西吗？我们可以像勒维纳斯希望的那样，在将否定性劳动逐出超验性的同时去尊重作为绝对他者的他者吗？绝对肯定无限性、上帝，假如这些词是有意义的，它们指的就不可能是无限的绝对他者。如果我们像勒维纳斯那样认为绝对肯定无限性容忍，或者说苛求，无限相异性的话，那我们就得放弃语言，首先要放弃的是**无限**和**他者**这些词汇。因为无限只在"无—限"（in-fini）的形式下才被理解为绝对的他者。只要我们将绝对无限当成肯定性圆满（即勒维纳斯的非否定超越性的端极）来思考的话，绝对他者就变得不可思、不可能且不可言说。也许，勒维纳斯想从（传统的）绝对存在和绝对逻各斯之外，呼吁我们面向这种不可思、不可能、不可言说的东西。但是，这个召唤**必须是既无法被思考亦无法被言说的**。总而言之，除非用一个否定词（即无—限），否则的话，古典无限的肯定性圆满是无法在语言中得以传达的，而这个否定词可能确定了思想与语言断裂的最深层的那个点。而这个断层，之后只能在语言中发出回响。这正是为什么说，那些不再追求将思想和语言分离并将它们加以等级化的现代思想，本质上都是原初有限性的思维路径。不过它们因此得放弃"有限"（finitude）这个词，这个古典思路的永恒囚徒。但这可能吗？**放弃**一个古典概念意味的又是什么呢？

169

　　他者只能在（我的**和**他的）有限性和必死性当中，才可能是他所是，即才可能是无限的他者。当然，条件是只有它进入语言，假如在进入语言之后，**他者**这个词依然是有意义的，可是勒维纳斯不是告诉过我们在语言之前没有思想吗？正因此，我们提出的问题，对比如笛卡儿式的古典无限主义肯定不会引起太多的麻烦，因为这种古典无限主义将思想和语言分开，而后者从来没有前者走得快，走得远。我们这些问题不仅对它妨碍不大，而且很可能原本就是古典无限主义自身的问题。让我们换一种方式向勒维纳斯提问，想要在对他者的描述中取消空间以便释放肯定无限性，不就是要取消面孔（即注视—言语）的那种本质有限性吗？而这个面孔，就像勒维纳斯一再强调的那样，**是身体**，而不是某种空灵思想的形体隐喻。所谓身体，**也**就是说在这个词完整的、字面上的空间含义上，所具有的外在性和地域性；即空间的零点，诚然也是空间的源头，但这源头在"的"（de）之前没有任何意义，它不能与它的属格"的"分开，也不能与那个使它发生并引导它的空间分开，即**被铭写下来的那个源头**。**铭写**，就是被书写下来的源头：它被勾勒出来，从此在某种系统中，以它不能再控制的形态，**被刻录下来**。没有这个铭写的形态，源头恐怕就不可能有自己的载体。如果绝对他者的面孔，**不是那么不可还原**的空间外在性的话，那么就仍然有必要对灵与肉、思想与言语进行区分；或者最好是对真正的、非空间的面孔与它的面具、它的隐喻、它的空间形态也进一步加以区分。那样一来，整个绝对面孔的形而上学恐怕就会土崩瓦解。同样，这个问题既可以来自古典无限主义的思想与语言的二元论，或者思想与身体的二元论，也可以来自最现代的关于有限性的思想。在这个问题中呈现出的这种奇异的结盟，也许意味着在哲学中、在语言中、在**哲**

学话语中（假定还有其他类型的话语），我们不能够**同时保存**肯定性无限与面孔的论题，因为面孔乃是身体、注视、言语和思想的非隐喻统一体。在我们看来，对于这个统一体的思考，只有在无限（无界定）相异性视域中才可能进行，而且这种无限（无界定）相异性视域也是绝对死亡和绝对他人的那种不可还原的**共同域**。也就是有限性视域或视域之有限性。

但这一切，让我们再重复一遍，又一次发生**在哲学话语**中，在那里（无须隐喻的）绝对死亡的思想**本身**和肯定性无限的思想向来互不相融。如果面孔**是身体**的话，那它就不是不朽的。作为死亡的无限相异性，是无法与作为肯定性和在场（上帝）之无限相异性相调和的。形而上学超越，不可能同时既是对作为死亡的绝对他者的超越，又是对作为上帝之绝对他者的超越。除非上帝意味的就是绝对死亡，而这个可能性，毕竟从来没有被将上帝理解为绝对生命、绝对无限真理和绝对的肯定性在场古典哲学整体地**排斥过**。可是，如果排斥的不是特殊**规定性**的话，那么这个**排斥**意味的又是什么呢？它说的是上帝**不是什么**（被规定物），也不是任何一种生命，因为它就是一切？上帝因此既是绝对的一切又是绝对的虚无，既是绝对的生命又是绝对的死亡。那意味着上帝是在绝对一切与绝对虚无、绝对生命与绝对死亡等的差异中存在、显现与**被命名**的。上帝就在差异中存在，而且实质上就是那绝对差异本身。这种差异就是人们所称的绝对历史。上帝**被铭写**于其中。

可以说勒维纳斯是反对这种哲学话语的。但是在这场战斗中，由于他轻视这种话语而丧失了最佳武器。因此面对我们所提出的那些关于语言之经典难题，他失去了那些古典资源。他在这些同样也困扰否定性神学和柏格森主义的问题中苦苦挣扎，但却不能像他们那样，在屈从于自身衰落的语言中为自己找到话语权。否定性神学让自己在一种自知堕落的、有限的、与作为上帝的认识力的逻各斯相比次一等的言语中去言说。那首先不是与上帝面对面、呼吸对呼吸地自由交流的两种言语的绝对话语问题，尽管尊卑双方能自行中断或进行这种交流。同样地，柏格森在一种屈服于空间的语言中，找到了对时间绵延之直觉表达的权利，并同时谴责其智性的空间化过程。他的问题不是要拯救而是要摧毁"形而上学"，即"试图绕过象征符号的科学"（柏格森）中的话语。许多对立的隐喻被他有条理地在这种语言的自毁中繁殖，以唤起那种无声的形而上学之直觉。把这种语言界定为历史的残留物，无论好坏地先用它来谴责它自身的背叛，然后将它当作机能不全物、修辞废料、为了**形而上学而迷失了的言语**而遗弃，这样做并没有任何不自洽之处。跟否定性神学一样，柏格森直觉融通哲学也赋予自己将哲学话语当作外来因素来穿越的权利（对错乃是另一个问题）。但是，当我们不再赋予自己这种权利时，当形而上学可能性就是言语的可能性时，那会发生什么呢？当形而上学责任就是语言的责任，因为"思想的本性就是要说"（《整体与无限》），而形而上学就是一种与上帝对话的语言的时候，那又会发生什么呢？如果绝对他者只能被当作外在性去言说，并且只通过外在性，即非相异性，才能被说出来的话，那么怎样才能去思考它呢？假如必须建立并维持绝对隔离之言语所根植的那个空间，本质上是个既忽略绝对隔离又忽略绝对相异性的空间呢？假如果真像勒维纳斯所说的那样，只有话语（而非直觉接触）可以是公正的，另外，任何话语本质上都自身携带着空间和绝对同一性，那么，这是否意味着话语原本就是暴力的？是否意味着被战争盘踞的哲学逻各斯是我们可以宣布和平的唯一场所？如果是这样的话，话语与暴力的区别①恐怕永远将是个无法企及的视域。而非暴力恐怕就是那种话语的终极目的而不是它的本质。有人会说，话语这种东西的本质在于其终极目的，而它的当下在场则有赖于它的未来。确实如此，不过条件是，它的未来和终极目的是非话语的：是作为**某种**沉默、某种言语的超越、某种可能性、某种言语之无声视域的和平。终极目的总是具有那种当下在场的形式，即便它是一种未来的当下在场。只有话语敞开后才有战争，而战争的平息有待

172

---

① 这里，我们想到勒维纳斯和埃里克·韦伊对话语与暴力所做的具有共性的区分。但对他们来说，这种区分的意义却是不同的。勒维纳斯在向埃里克·韦伊"系统和有力地运用暴力这个术语来反对话语"致敬时，顺便提一下，他强调他赋予这一区分以"一种不同的意义"（《困难的自由》）。我们很想说这是个截然相反的意义。因为埃里克·韦伊所承认的非暴力话语是存有论，即存有论方案（比如《哲学逻辑》，第28页及之后，《存有论之诞生和话语》）。"如果人们不纠缠于自身，而是关心什么是存有的话，那么人与人之间的协议就会自行建立"；他的端点是无限一致性，他的风格则至少是黑格尔式的。但对勒维纳斯来说，这种存有论的一致性，正是暴力本身：因为，"历史的终结"并非绝对逻辑的，它并非绝对逻各斯在自身中与自我的绝对一致性，也并非与绝对系统相一致，它是从隔离、绝对者散居中获得的绝对和平。反过来，勒维纳斯这种尊重隔离、拒绝本体论一致性视域的和平话语，对埃里克·韦伊来说，同样不也是暴力吗？让我们简单地陈述这个不同：在韦伊那里，暴力只会，或者说恐怕只会随着相异性或相异性意志的降低而减弱。这与勒维纳斯说的恰好相反。对勒维纳斯来说，一致性总是有限的（因为在他赋予该词的意义上，整体性拒绝赋予无限整体概念以任何意义），而对韦伊来说，反而是相异性概念暗示了那种不可还原的有限性。不过，他们都认为只有无限才是非暴力的，而且，无限只能在话语中才得以表达。因此，我们有必要探究造成这种趋同与分歧的共同前提。我们有必要去问这两个思想体系所共有的对暴力和纯粹逻各斯的预先规定，尤其是对它们间不兼容性的预先规定，是否与某种绝对自明性有关，是否已经与思想史、绝对存有的历史的某个时代有关。值得注意的是，巴塔耶在《爱欲主义》中，也受到埃里克·韦伊概念的启发，而且他明确地承认这一点。

于话语之终结。和平就像沉默，它是语言在自身外召唤自身的那种奇特使命。但是由于**有限**沉默也是暴力的元素，因此，语言只能通过承认战争并于自身中实践战争而无限期地追求正义。以暴抗暴，那是暴力的**经济学**。而这种经济学不能够被还原成勒维纳斯使用这个词时所指的那种含义。假如光就是暴力的元素，就得用另一种光与之搏斗，以避免最严重的暴力，那另一种光就是沉默，是话语出现之前抑制着话语的那个暗夜。这种**警觉性**是某种严肃对待历史，对待有限性的哲学所能选择的暴力较少的一种暴力，因为这种哲学自觉到它自身是彻头彻尾**历史**的（从某种意义上讲，它既不容忍有限整体，也不接受肯定无限性），也自觉到自身所具有的勒维纳斯所说的另一种含义的**经济论**特点。不过，这种经济论仍是一种想成为历史，就既不能在勒维纳斯称作绝对同一的有限整体论，也不能在绝对无限的肯定在场中**安然自得**（chez soi）的经济论。诚然，言语是暴力的第一次败北，不过悖论的是，暴力在言语的可能性之前并不存在。哲人**不得不**在光之战中说话与书写，虽然他自知已卷入这个战场，而且也自知除了否定话语，也就是说冒最严重的暴力之险，他无路可逃。这正是为什么这种在话语中承认战争，承认和平尚未到来，意味的是好战主义的对立面，而好战主义**在历史中**的最佳同谋就是和平主义（irénisme），关于这一点谁又比黑格尔说得更精彩呢？**在历史中**，这个哲人知道无法摆脱的历史，不是勒维纳斯意义上的（整体）历史，而是整体外的历史出口，是作为超验运动本身的历史，是作为溢出整体性的运动本身的历史，因为没有这种运动，任何整体都不可能显现。历史并不是被末世说、形而上学

或言语所超越的那种整体。它就是超越本身。如果言语是一种形而
上学超越运动的话，那么它就是历史而非对历史的超越。在一种圆
满的有限整体（即绝对同一）中去思考历史是困难的，在某种完美
肯定性的无限中去思考它，也同样不易。在此意义上，如果形而上
学超越运动就是历史的话，那它就仍是充满暴力的，因为，这正是
勒维纳斯一直从中获得灵感的那种合法的自明性，这个历史就是暴
力。形而上学的**经济学**是：以暴抗暴，以光抗光，也就是（一般
的）哲学。关于这一点，我们可以套用克洛岱尔的意思来说，一切
"在强光下被画在光上的东西，就如同**变成**了霜的空气"。而这种生
成过程就是战争。这种论战就是语言本身，是语言的铭写。

关于先验暴力

而且，由于脱离不了光的影响，形而上学总是在批判现象学的
同时倚赖现象学的前提预设，尤其是当它想像勒维纳斯式形而上学
那样成为话语和知识传授的时候，更是如此。

174

A. 但是这种现象学只是将形而上学预设为严格意义上的方法
和技巧吗？诚然，勒维纳斯抛弃了胡塞尔研究中所做出的绝大多数
的字面结论，但他却保持了胡塞尔的方法论遗产："……我所使用
的这些概念的表达及展开全部属于现象学方法"（《整体与无限》
《困难的自由》）。可是，这些概念的表达及展开，只不过是思想的
一件外套吗？它所说的方法难道只是可以被当成工具借用的东西
吗？三十年前，勒维纳斯不是效仿海德格尔支持过方法不能被孤立
开来的说法吗？因为方法总是隐藏着"人们对所研究的那种存在的
'意义'的某种预设"（《胡塞尔现象学的直观理论》），尤其是在胡

塞尔的个案中。勒维纳斯当时写道："……因此，我们不能在表述中将直观理论当作哲学方法与所谓的胡塞尔式**存有论**分离开来"（《胡塞尔现象学的直观理论》）。

而这恰恰最终说明的是（指出这一点并不太难），现象学方法正是自柏拉图以来西方哲学将自己当作科学和理论所选择的决定，而它也是勒维纳斯想借助现象学方法所质疑的东西。

B. 除了这个方法外，勒维纳斯想要从"胡塞尔的根本学说"中获得的，不只是描述的灵活性、严格性，还有经验意义上的那种忠实性，即意向性概念。那是一种扩充到它再现性与纯理论层面之外、扩展到胡塞尔或许误认作首要结构的意向活动—意向对象结构（structure noético-noématique）之外的意向性概念。在勒维纳斯看来，无限的压抑性可能妨碍了胡塞尔切入意向性的真正深度，即意向性作为欲望，作为现象或存有之外的面向他者的形而上学超越的那种深度。这种压抑性应当是以两种方式产生的。

一方面，是以**恰合性价值**（valeur d'adéquation）形式出现的。作为纯理论视觉和直觉的胡塞尔式意向性也许就是"恰合性"。而这种恰合性应当耗尽并内化了一切真正的距离和相异性。"因此，175 视觉本质上是一种外在性对内在性的恰合：在视觉中，外在性被注视它的灵魂吸纳，作为一种**恰合的思想**，外在性**先验地**表现为某种被赋予意义的载体（Sinngebung）"（《整体与无限》）。然而，"思想与其对象恰合的那种意向性，并不能界定意识的根本性层面"。的确，在勒维纳斯将意向性当作恰合性来讨论的那个具体时刻，他并没有指名道姓地提及胡塞尔，而人们可能会认为他所说的"思想……恰合的那种意向性"想要指的就是"某种意向性，诸如……，一种其中至少……的意向性，诸如此类"。不过，根据勒维纳斯的论述语境，其他段落对德文赋予意义（Sinngebung）一词的暗示，都清楚地让人觉得胡塞尔在其文本中，不大可能承认"作为意向性的任何知识，已经就预设了无限的观念，预设了典型的**不恰合性**"（《整体与无限》）。因此，假定胡塞尔已感受到溢出客体性和恰合性直觉的那些无限性视域的话，他也许会**直接地**将这些视域解释为"针对对象的思想"（pensées visant des objets）："在胡塞尔式的现象学中，如果这些意想不到的视域，按字面意义来看，被反过来解释为针对对象的思想那又何妨！"（前面已引过）

另一方面，假定胡塞尔式的我思是向着无限开放的话，那么依勒维纳斯的看法，它恐怕应当是向着作为对象的无限（un infini-objet）开放的，也就是向着无相异性的无限或假无限开放的："如果胡塞尔在我思中看到的是一种不需要任何外在支点的主体性的话，那么，我思就构成了无限本身的概念，并将其作为自己的对象。""假无限"（faux-infini）勒维纳斯似乎从不使用的黑格尔式的说法，也许正是因为它是黑格尔式的，却经常笼罩在《整体与无限》中的许多谴责姿态上。如同对黑格尔那样，"假无限"对勒维纳斯也同样指的是无界定（indéfini），即无限的**否定**形式。但由于勒维纳斯将真正的相异性当作非否定性（即非否定性超越）来思考，他就可以将他者变成真正的无限，将同一（那种否定性的奇异共谋）变成假无限。这对黑格尔来说恐怕是绝对荒谬的（对通过他发扬光大并重整的形而上学亦然）：怎样将相异性与否定性分隔开来？又怎样将它与"假无限"分隔开来呢？真无限怎么可能是同一呢？或者反过来说，绝对的同一怎么可能是无限呢？假如像勒维纳斯所言，同一就是暴力性的整体的话，那就是说同一是有限的、抽象的整体，因此是不同于他者的（另一个整体），等等。作为有限整体的那种同一，不应当是同一，而应当仍是他者。实际上，勒维纳斯应当是在同一的名下谈论他者，在他者的名下谈论同一的。假如有限整体即是同一的话，那么它在如此被思考、被提出之时，它就必然变得有别于自己的他者（即战争）。如果它不这么做的话，它也就不大可能进入与他者（其他有限整体）的战争之中，也就不可能是暴力性的。如果它不是暴力性的，也就不可能成为勒维纳斯意义上的那种同一，即有限整体。一旦进入战争——而且战争也是存在的——有限整体一定是被当作他者之他者来思考的，也就是说它成了作为另一个（我）的他者。不过再说一次，那时它就不再是勒维纳斯意义上的那种整体了。在这种作为西方哲学唯一语言的语言中，难道我们可以不重复黑格尔主义吗？因为黑格尔主义就是这种语言的绝对自我展现。

在这种情况下，不让黑格尔裹挟的唯一有效立场恐怕是：坚持假无限的无法还原性（也就是说，从深层意义上讲的那种原初有限性）。本质上，这可能就是胡塞尔在指出意向性未完成的那种不可还原性，因此也是相异性之不可还原性时所说的，对不可还原的存在者的意识，本质上永远不会成为自我意识（conscience-soi），也不会在绝对知识的圆满中绝对地自我结集。但是，这一切可以**表述**吗？我们可以（用时间这个词）去思考"假无限"，将它当作经验之真相那样加以思考，而不是将它当作**已经**（déjà，这个词允许我们思考时间了！）得以宣告、表达、思考并言说出来的，因此必须认可的那种**真**无限去思考吗？所谓的哲学，它也许不代表思想的全部，不能思考"假"，甚至不能在对"真"之优先性和优越性致敬之前去选择思考假（同样的逻辑也适用于思考他者与同一的真正关系）。这后一个问题也许是勒维纳斯向胡塞尔提出的质疑，但它表明每当勒维纳斯反对黑格尔时，他都只能是在确认黑格尔，确认黑格尔已经**确认**了的。

不过，还有比不恰合这个论题更严格，字面上也更胡塞尔的胡塞尔式论题吗？视域无限溢出论题？有谁又比胡塞尔更执着于指出视域本源上而且本质上就是内在性与外在性的那种不恰合呢？有谁又比胡塞尔更执着于强调对超越性和广延性的事物的感觉，本质上永远是未完成的呢？谁又比胡塞尔更执着于说明内在的感觉是从经验流之无限视域中产生的呢（比如参照，《观念Ⅰ》，第 83 段及其他一些地方）？尤其是谁又比勒维纳斯更好地使我们首先理解了胡塞尔的这些论题呢？因此，问题不是要记住胡塞尔论题的存在，而是要问胡塞尔是否最终**综述**了这种不恰合性，并将经验的那些无限视域还原成可得性**对象**之条件。而他这么做是不是通过勒维纳斯所指责的那种二度诠释进行的。

我们很难相信这一点。在我们刚刚谈及的那两种意向性方向中，**康德意义上的理念**，指的是对某种视域的无限溢出，由于某种绝对原则性和不可还原性的绝对本质之必要性，这种视域**永远不**可能变成客体，或者让对客体的某种直觉填满，并与之相**匹配**，就是

177

上帝的直觉也不行。视域本身不可以是客体，因为它就是一般客体的那种不可客体化之源泉。恰合性之不可能性是这样一种极端物，它使得无论是自明事实的**始源性**还是其**确真性**（apodicticité）都必然地是不恰合的（比如参照《观念Ⅰ》，第3段；《笛卡儿的沉思》第9段及其他一些地方）。（当然，这并不是说胡塞尔忽略了某些特殊的、有充分根据的恰合自明性的可能性。）视域概念之重要性，正是在于它不能**变成**任何构成的客体，也不能面对无限去展开客体化劳动。在我们看来，胡塞尔式的我思，似乎并不构成无限观念。现象学中从没有视域的构成，有的是构成的一些视域。胡塞尔式视域的那种无限性，具有无界定的、开放的形式，这一视域向构成之否定性（即客体化运动的否定性）提供了无限的可能，这难道不是抵抗整体化，抵抗能使他者突然变得无迹可寻的圆满无限之在场幻觉的最可靠的东西吗？假如对无限与无限（甚至是无限与有限！）不恰合的意识，是一种渴望尊重外部性的思想的特点的话，那么至少在这一点上，我们就很难了解勒维纳斯怎么可以摆脱胡塞尔。意向性不就是尊重本身吗？不就是他者对同一的永不可能还原的特性吗？不就是他者**看起来像**同一的他者的那种不可还原性吗？因为，如果没有这种他者作为他者的现象，就不会有尊重的可能。尊重现象意味的是对现象性的尊重。而伦理学就意味着现象学。

在此意义上，现象学就是尊重本身，是尊重本身之发展及其成为语言的过程（devenir-langage）。胡塞尔说在纯理论意义上，理性与实践不能二分指的正是这个（前面已引过）。这并不是说作为伦理的尊重，是现象学的**衍生**物，也并不是说这种尊重将现象学假定为自己的前提或优先价值。现象学的前提是一种独一无二的秩序。它不下任何"命令"，指的是命令的世俗义（现实的、政治的意义，等等）。它甚至就是对这种命令的取消。但它并不为了取消这种命令而代之以另一种命令。因为它根本漠视等级秩序。这也就是说，伦理既不会在现象学中解体，亦不会屈从于现象学；伦理在现象学中发现它自身的意义、它自身的自由和极端性。而且，（时间化和相异性）这些不在场论题，与使现象学成为在场形而上学的那种东西相互矛盾，并不断对伦理发生**作用**，这一切在我们看来是无可争辩的，我们将在后面着重强调这一点。

　　C. 在纯理论主义和客体意识至上方面，勒维纳斯是否能更合理地摆脱胡塞尔呢？别忘了这里我们要讨论的"至上"指的是客体至上或**一般的**客体性至上。然而，现象学如果没有无限地更新、扩充、柔化关于一般客体这个概念的话，恐怕它就没有什么贡献。自明性的最终裁决是向无限性敞开的，也是向所有可能的客体类型敞开的，即向一切可想象的意义敞开的，也就是说向一般意识敞开的。任何言论（比如，《整体与无限》想要唤醒伦理自明性之绝对独立性的说法），如果不从一般的现象自明性这一层面获取养料就不可能获得意义，就不可能被思考并被理解。只要这种伦理意义得到**思考**，就证明胡塞尔是有道理的。因为当我们谈到伦理、超越和无限等时，不只是这些名词的定义，而是这些定义前引导着概念的那些关于本质的可能性就已经事先被预设了。这些表述，必须对一般意义上的具体意识有意义，否则的话，任何话语和思想都是不可能的。这个绝对"先决"自明性的领域，就是伦理现象学根植于其

179

中的先验现象学领域。虽然这个根植并非**实在的**，也并非一种实在的依赖关系，但要想非难先验现象学，说它**其实**没有能力引发伦理价值或行为（或者说它多少会直接地抑制伦理价值或行为），恐怕也是白费劲儿。既然一切确定的意义、一切被思想的意义、一切意向客体（比如，伦理学的意义）都假设了**一般意向客体**的可能性，那么，**原则上**从先验现象学开始就是恰当的。也就是说，**原则上**，从某种意向客体的一般可能性开始是恰当的，请记住这一关键点，对胡塞尔来说，那并不指一个**实在的**（réel）时刻，因而它与**别的任何东西**没有任何实在（等级的或其他类型的）关系：别的任何东西也只能在意向客体性（noématicité）中才能被思考。在胡塞尔眼中，这尤其意味着，**事实上伦理在实际生活和历史中不可能**依赖**于这种先验的中立化过程（la neutralisation tanscendantale），也不可能以任何方式屈从于它。无论是伦理还是世间的其他东西皆是如此。先验综合，原则上且在其意义上，陌生于一切事实性（facticité），也陌生于一般的实存。事实上，它既不在伦理之前，也不在伦理之后；它既不在任何东西之前，也不在任何东西之后。

因此，我们可以去谈伦理的客体性，以伦理的独特性去谈作为客体（即意向客体）的伦理价值或命令，而不需将这种客体性简化成错误地将其范式提供给（但这并非胡塞尔的错）人们共同理解的那种客体性（如理论、政治、技术、自然客体性，等等）。说真的，纯理论（théorétique）有两种意义：一种是勒维纳斯的批评所特别针对的那种流行义；另一种指的是使一般意义的**显现**，特别是使非纯理论（指原初义）的显现得以成立的那种更为隐晦的意义。在这第二种意义上，现象学就正是一种纯理论主义，但那是因为一切思 *180* 想和一切语言无论原则上，还是事实上，都与纯理论主义相联系。现象学测量的就是这个度。从某种（一般）纯理论性知识角度出发，我才能知道作为非纯理论的意义（如勒维纳斯意义上的伦理和形而上学）是什么，而我也才能尊重它之所然，尊重它之意义所在。我才能有一种眼光去辨识那种不能被当作物、表面、定理来观看的对象。我才有了观看面孔的眼光。

D. 但我们知道勒维纳斯与胡塞尔的根本分歧并不在此，也不在于人们从前指责胡塞尔意义观念的那种非历史性，因为胡塞尔在这方面"具有一些人们当时想不到的惊喜"。〔就像勒维纳斯的末世说，说三十年后，从"**整体或历史之外**"（《整体与无限》）向我们说话所引起的惊喜那样。〕那再次假定了整体是有限的（虽然他从未在概念中这样记录过），因此历史作为历史可以是有限整体，也就是说，在有限整体之外，历史并不存在。也许像前面建议的那样，我们必须指出的是在有限整体中，历史是不可能的，也是没有任何意义的，在实证和现实的无限性中，历史是不可能的，也是没有意义的；历史只有在整体与无限的那种差异中才能成立，那恰恰就是勒维纳斯所说的那种超越性和末世说。因为**系统**无所谓有限，亦无所谓无限。结构性整体在其游戏中摆脱了这种取舍。它既摆脱了考古学，也摆脱了末世说，它将二者纳入其中。

在关于他人的问题上，他们分歧才显示出来。我们已经看到：根据勒维纳斯的看法，胡塞尔在将他者，尤其是在《笛卡儿的沉思》中，当作以类比自我所属的特有域而间接呈现（apprésentation）的方式建构的那种自我现象时，应该忘记了他者的那种无限相异性，并将他者化约成同一。勒维纳斯常说，将他者当作另一个自我（alter ego）就等于取消了他者的绝对相异性。

（a）然而，要想显示胡塞尔对尊重他人的相异性的意义有多么关切并不难，尤其是在《笛卡儿的沉思》中。胡塞尔所关切的是，*181* 如何将**作为他者**的他者以其不可还原的相异性向我呈现的情况描述出来。我们后面将会看到，这个向我呈现的他者就是原初不在场，就是作为自我现象的那个他者的他者：是对于作为一般自我（eidos，ego，即本相自我）之自我的某种不可还原的非现象性现象。因为如果没有他者以其相异性为自我（即一般自我）**显现**的话，遇到另一个自我是不可能的（即便是在勒维纳斯所描写的那种相遇形式①中），而且想要在经验和语言中尊重他者也是不可能的。如果

①　实质上，勒维纳斯拒绝承认这个关于"另一个自我的构成"的概念有任何尊严。当然，他会像萨特那样说："我们与他人相遇，但并不构建他人"（《存在与虚无》），而在这种意义上被理解的"构成/建构"一词，正是胡塞尔时常警告其读者要防范的。构建，并不反对任何相遇。不言而喻，它不创造什么，不建构什么，也不引发什么：无论是实存经验，还是事实，不用说，它甚至也不产生意义，这一点虽然不那么明显，但同样是确定的，只要我们在这个问题上有所准备，尤其是能够分辨出胡塞尔式直觉中那些被动性和主动性时刻与使差异变得不可能的那个特殊时刻的差别。也就是说，抓住那个使"构成"与相遇相互对立的问题性失去意义，或者只具有衍生义和附属义的时刻。我们无法在此介入这些难题，只需记住胡塞尔的下面这个提醒："如同涉及另一个他者的情况那样，这里'意识的实现'（Bewusstseinleistung），指的不是我创造（erfinde）和我制造（mache）这种至上的超越（指上帝）。"（巴什拉译本）

相反地，如果我们要想拒绝胡塞尔意义上的构成的话，却得借助"相遇"这个观念。而这个观念除了受到经验主义的监视外，它是否没有暗示在"相遇"之前就存在着一种没有"他者"的时间和经验？可以想象我们进入了一些怎样的困境。胡塞尔的哲学谨慎，在这一方面是个典范。《笛卡儿的沉思》常常强调的是，没有任何东西在**事实上**和**真正地前在于**我们对他人的经验。

没有彻底他者的现象，如果没有彻底他者作为彻底他者的某种自明性的话，那么我们就不可能去谈论什么彻底他者，也不可能使它获得任何意义。没有谁曾比胡塞尔更敏感于这种自明性和这种现象之特征的不可还原性、特殊性及其所显示的原初非现象化过程。尽管我们不希望也无法将我们不谈**及**而只面**向**他谈的那种他者论题化，这种不可能性和这种绝对命令本身也不能（如勒维纳斯所做的那样）被论题化，除非在他者作为向某个自我的他者显现的基础之上。胡塞尔跟我们谈的正是这种**系统**、这种显现以及这种将他者本身论题化的不可能性。胡塞尔的问题是：（其他那些自我）它们并非我的一些简单的再现或在我这里被再现的某些客体，也并非在"我这里"展开的某种验证过程的一些综合统一体，它们恰好就是些"他者"……，是"些为着这同一个世界而存在的主体……，是感受这个世界的主体，他们因此具有跟我一样的感受，像我一样感受世界并在世界中感受'他者'"（《笛卡儿的沉思》，勒维纳斯译）。这就是我永不可能成为的那种他者的显现，是被当作自我的**意向性现象**而遭到质疑的那种原初非现象性。 *182*

（b）因为，胡塞尔最核心的肯定，是针对作为他者的他者的意向性的那种**不可还原的中介**（médiat）特质（这里我们将守住迷宫般的《笛卡儿的第五沉思》所呈现的那种最明显、最毋庸置疑的意义）。显然，从某种本质的、绝对的和确定的自明性来看，作为先验他者的他者（即世界方位中的另一绝对源头和另一零点），永不可能以原初的方式、以其本来面目提供给我，它只能通过类比的间接呈现方式提供给我。求助于类比间接呈现方式的必要性，并不意味着将他者以类比的、同化的方式还原成同一，而是要肯定和尊重隔离，肯定和尊重（非客体性）中介的那种不可逾越之必要性。如果我不以类比间接呈现的方式趋向他者，如果我直接地、原原本本地企及他，并且无声地融入他特有的生存经历的话，那么，他就不再是他者了。与表面现象相反，间接呈现式转换（transposition apprésentative）这个论题表达的是对绝对源头的那种极端性隔离的承认，是对消解了的绝对存在者之间的那种关系的承认，也是对秘密的那种非暴力尊重的承认，即对成功同化过程之反面的承认。

先验、自然体和自然物，对于我的意识来说就是些一般意义的他者。它们是外部世界，它们的超越性就是已经不能还原的相异性之符号。虽然勒维纳斯不这么认为，胡塞尔却相信"他者"在指物的时候，也就已经具有他者的意义了。它意味着认真对待外部世界的现实。事物与他者此处所共享的这种一般相异性的另一个符号是，事物也（像他人一样）总是在自身中隐藏了什么，而且它只通过预测法、类比和间接呈现来暗示自身。胡塞尔在《笛卡儿的第五沉思》里这么说过：类比性间接呈现，部分属于一切**感知**。但是，在他者作为超越物的个案中，隐藏面孔之独特的、原初呈现的那种原则可能性，原则上总是先天开放的。而这种可能性在涉及他人时，却是被绝对排斥的。尽管超越物的相异性已是不可还原的，但它只因为我原初**感知**的那种无限未完成性才如此。因此，它不能与同样也不可还原的他人的那种相异性相提并论，因为他人除了未完成面向（他人在空间中的身体，我们关系的历史等等）之外，还有一个更深的非原初性面向，即为了看到事物的另一面而绕事物一圈的那种根本不可能性。然而，没有第一种相异性，即身体的相异性（而他人从一开始就是身体），第二种相异性就不可能显现。我们应当将这两种相互铭写的相异性系统放在一起进行思考。他人的相异性之所以不可还原，是因为不确定性的双重力量所致。陌生人乃是无限的他者，因为本质上讲，任何丰富的个人资料不会给我提供**从他的角度出发**，如他亲身体验过的他的经历的主观面孔。这种生存经验，绝不可能像所有专属于我的（mir eigenes）和我所**特有**的东西那样原原本本地提供给我。这种非亲身（non-propre）的超越性，不再是始终只能从局部出发却无法抵达之物的那种超越性：它是**无限**的超越性，而非**整体**的超越性。

勒维纳斯和胡塞尔在这一点上相当接近。不过，胡塞尔承认这种**如是**（如是显现的）的无限的他者，具有一种修订了一般自我意向性的身份，他因此让自己获得了谈论这样一种无限的他者的**发言权**，而且也意识到他所使用的语言之来源及其合法性。他描述了非现象性的现象性系统。而勒维纳斯虽然**实际上**谈的是无限的他者，但却拒绝承认这个无限的他者是自我的某种意向性修订，因为，这对他而言是一种极权暴力行为，因而，他不仅剥夺了自己的语言基础本身，也剥夺它的可能性。假如无限的他者不是在这个他称作同一的也是先验描述的中立地带如是显现的话，那他怎么去谈那个"无限的他者"呢？回到他者作为他者显现，将自己提供给语言、提供给**所有可能的语言**的那个唯一可能的原点，即回到那个意向性现象，可能正是参与施暴，至少是与暴力共谋，从批判的意义上讲，是**赋予**事实上的暴力**以权益**；但那指的却是事实性之不可

184

还原的区域，是伦理非暴力本身所预设的原初的、先验的、前在于任何伦理选择的一种暴力。那么，前在于任何伦理的暴力这种说法有没有意义呢？如果我们所隐射的先验性"暴力"，是与现象性本身及语言之可能性连在一起的话，那么，这种暴力应当在意义和逻各斯被修辞学、招魂术和蛊惑宣传等规定之前就位于它们的根源处。

（c）勒维纳斯写道："作为他者的他人，不只是另一个自我。他还是那种我所不是的我"（《从实存到实存者》和《时间与他者》）。"体面"和"日常生活"不恰当地让我们以为"他者，是通过共情，作为另一个我本身，作为另一个自我而被认识的"（《时间与他者》）。而这正是胡塞尔没有做的。胡塞尔只想将他人当作在其自我形式中、在其有别于世间事物的相异性形式中的他人来认识。假如他者不被当作另一个先验自我来认识的话，那他将会完全在世界中，而不能像我那样作为世界的起源而存在。拒绝承认他者身上有个这种意义的自我，从伦理意义上讲，甚至就是暴力的姿态本身。倘若他者不被当作自我来看的话，那么他所有的相异性都可能会塌陷。因此，如果没有曲解胡塞尔最经常、最公开宣称的那些意向性的话，似乎是不可能假设胡塞尔将他者变成了另一个我（指该词的事实性意义），变成了对我**生活**的一种**事实的**（réelle）修订的。如果他人是我之自我生活的一个事实时刻的话，如果"这种将另一个单子包含进我的单子中"是真实的话，那么，我应会感受到它的原初性（originaliter）。胡塞尔不断强调在那里存在着某种绝对不可能性。作为另一个自我的他者，意味的就是不能还原成我之自我的作为他者的他者，那正是因为它是一个自我，而且具有自我的形式。他者的自我性，允许他像我一样称"自我"，这也正是为什么他是他人，而非**我之事实经济学**中的一块石头或一个无言之物。正因此他是面孔，他可以对我说话，倾听我，命令我。没有这种对称就不可能有任何不对称，而这种对称并不属于现世，它不是什么实在物，因此对相异性、不对称性没有强加任何限制，相反，它使它们成为可能。这种不对称，是一种全新意义上的**经济论**，而这对于勒维纳斯来说可能是难以忍受的。

　　尽管这种表述在逻辑上是荒谬的，但这一经济论就是两种经验之非对称性的那种先验对称性。他者对我来说是一个自我，而我知道他和我的关系就像跟一个他者的关系。这些运动在哪里比在《精神现象学》中得到更出色的描述呢？如果勒维纳斯式地向着他者的超越运动，不包括我在我的自性（ipséité）中，自觉到我对于别人来说也是他者这一该运动之本质意义之一的话，那么这个超越运动将没有任何意义。因为没有这一点，"我"（即一般意义上的自我性）不能成为他者之他者，也就永不会是暴力的受害者。勒维纳斯所说的暴力，恐怕就会是无牺牲对象的一种暴力。不过，既然在他所描述的不对称性中，暴力的作者永远不会是他者本身，而总是同一（自我），既然所有的自我对别人来说都是他者，那么没有受害者的暴力应当也是没有作者的暴力，而我们可以毫不费劲地翻转所有这些命题。只是我们会很快看到假如《诗歌》中的巴门尼德借助这种被第三者介入过的历史幻象，使我们相信他曾多次犯下了弑父罪的话，那么对着青年苏格拉底诉说的那个巨大骇人的白色阴影*，在我们开始谈论关于被隔离的存在、统一体、差异、同一和他者的伟大话语时，就依旧在继续微笑。假如我们试图让巴门尼德明白自我等于同一，而绝对他者不过是解除了与绝对同一之关系的那个绝对无限的他者的话，那么，他在《整体与无限》之外又会做些什么呢！譬如：（1）巴门尼德可能会说，那个无限的他者只能是他者，即"别的什么（autre que）……"。所以，**"别的什么"应当是有别于我的**。那样的话，那个无限的他者就不能解除与某个我的关系了。因此，它也就不能再是无限的绝对的他者了。假如它摆脱了与某个我的关系，那它就更不可能是绝对他者，而应该是绝对同一。（2）而无限的他者绝对不可能是同一，否则它就不可能是无限的他者。尤其是当它作为（非一般意义的自我）自己（soi）的时候。而作为这个别我的无限的他者，就不是他所是，即不再是无限的他者了，等等。

我们相信，这个练习其实恐怕不只是"绝对同一博弈"中冗长词汇或者辩证法技巧的卖弄。它可能是因为关于"无限的他者"或"绝对的他者"的表达，在说出来的时候无法同时获得思考；而且绝对他者不能绝对地外在①于同一，否则它就不再是他者了，因此，同一也不是一个自我封闭的整体，不是勒维纳斯所称的那种经济学、劳动和历史中与自己、与相异性表象赌注的某种同一性。如

---

* 指柏拉图在《巴门尼德篇》中记载的那个 65 岁的大个子巴门尼德。

① 或者至少不能**存在**，也不能是什么东西，而这正是勒维纳斯深层拒绝的那种存有之权威。他的话语仍得服从于他所质疑的那种机制，这是一种必要性，而这种必要性之规则，则需我们尝试在文本中系统地加以记录。

果相异性本身不是已经就在绝对同一之中，指的是"在"这个词所传达的含括之义，那么，怎么有可能产生"绝对同一之博弈"呢？如果相异性本身不是已经就在绝对同一之中，指的是在**博弈**或**运作中**的机器或有机体中的那种与赌注有关的活动或脱位之义，那么，怎么有可能产生"绝对同一之博弈"呢？也许可以指出的是，永远关闭在整体和历史中的那种**劳动**，对于勒维纳斯来说，本质上仍然是某种赌注。只要采用一些预防措施，我们会比他更容易接受这个建议。

最后，请允许我们承认我们对下面这类提议完全不能理解："存在的产生是多重性的，是绝对同一和绝对他者的分裂所导致的。而那种分裂正是存在的最终结构"（《整体与无限》）。可是什么是同一和他者**之间的存在之分裂**呢？什么又是同一与他者**之间**的分裂呢？难道这种分裂没有至少假设了同一就是他者之他者，而他者就是自己的同一吗？不要再只去想巴门尼德与青年苏格拉底的习题。《智者篇》中的那个陌生人似乎像勒维纳斯那样，以相异性的名义与埃利亚学派分道扬镳了，因为他知道相异性只能被当作否定性去思考，而且也只能当作否定性去**谈**——但关于这一点勒维纳斯一开始就是不赞同的；而且与存在不同，他者总是相对的，被当作**相对于他者**（pros eteron）来说的，而这并不影响它成为**本相**（εἶδος/ eidos）（或在某种非概念意义上的**种类**），也就是说，这并不影响它成为自己的同一（d'être le même que soi），而"自己的同一"，就像海德格尔在《同一与差异》中所说的那样，确切地说他是在涉及《智者篇》时说的，已经就预设了中介、关系和差异的前提，即与

自己同一的每一个（ἕκαστον ἑαυτῳ ταὐτόν）。从勒维纳斯的立场出
发，他恐怕会拒绝将他人同化到这里所讨论的他者中去。可是，如
187 果没有对一般**他者**的相异性的参照——我们不用还原这个词——又
怎么去思考或怎么去说"他人"呢？因为他者相异性这个概念，从
那之后就不再具有仿佛被限制在实在的或逻辑的客体性区域中的那
种允许他者与**他人**简单**对立**的狭隘意义了。此处的他者所涉及的区
域应当比依然牵涉他人概念的主体性（即客体性）哲学所展开的区
域更深层，也更原始。

他者，如果不是另一个自我（alter ego）的话，那它也就不可
能是它所是（即作为陌生人的我之邻人）。这种自明性比"体面"
和"日常生活"之异化更为在前。勒维纳斯难道没有将"另一个自
我"说法处理成仿佛"这另一个"是实在主体的定语［或者说处于
前本质的（pré-éidétique）层次］吗？他难道没有将"另一个自我"
处理成我之实在的（经验的）同一性之意外的、修饰性的改变吗？
然而，另一个自我说法的那种超越性句法，无论在哪种意义上，都
不容忍任何一种实词与形容词、绝对与定语之间发生关系。其奇特
性也正在此。强调意义的有限性正是它的必要性：他者只有作为一
个自我，即某种形式上的我之同一（le même que moi）才可能是
绝对的他者。反之，作为物（res）的他者，其他者性比作为我的
他者之他者性与绝对性要弱，其同一性也比作为我的"同一"之同
一性要弱。既更具他者性，又更弱于他者，这说明的仍是相异性的
绝对就是同一。而这个矛盾（因为勒维纳斯拒绝把绝对他者叫作另
一个自我，他所理解的那种形式逻辑方法，至少会有一次导致这种

矛盾），这种在语言的理性逻辑中传达我与他人关系的不可能性，它们并不是"非理性"的符号，而是我们不再能从绝对**逻各斯**的严密性**中**获取灵感的标志，也是在作为对话与差异的语言源头处思想被中断了的呼吸之标志。这个作为理性具体条件的源头，一点儿也不缺少"非理性"，不过这种非理性不能在语言中被"理解"就是了，因为它是被语言记录下来的。

因此，任何将他者转成**我**生活中的某个**真实**时刻的还原，即将他者变成另一个经验自我状态的还原，是否就是一种我们称作暴力的可能性，或者说暴力的经验或然性，而这种经验或然性预设了胡塞尔之描述所针对的那些必要本质关系。而进入作为其相异性本身的另一个自我的自我性，反而是最为和平的姿态。

188

虽然这个姿态并非绝对和平的，但它是符合经济学的。因为，先验的、前伦理的暴力与（一般意义上的）不对称之元力（ar-chie），就是同一，是它最终使得不对称的反面和勒维纳斯所说的那种伦理非暴力成为可能。实际上，（只有两种可能，）要么，只有同一存在，那么同一就既不能显现，也不能被言说，甚至也不能施展任何暴力（因为它要么是纯无限，要么是纯有限）；要么，就既有同一，**也有**他者，那样一来，他者就只能是作为同一（即自己的同一：自我）的那个同一的他者，而同一也只能作为他者之他者（即另一个自我）的那种同一（即与自我的同一：自我）。我知道本质上我也是他者之他者，即此奇异对称性的自明性，而在勒维纳斯的描述中，这个迹象从未显现过的。但没有这种自明性，我就不可能在伦理不对称的情况下，对他者产生需要（或）对他者有尊重的必要。这种触及并溢出他者的先验暴力，并非来自某种伦理抉择和伦理自由，但它从源头上建立了这两种有限自性（ipséités）的关系。其实，这就是从他者的"面孔"进入他者（即进入他者那种不可还原的相异性）之意义的必要性，是从他者的非现象性之现象进入他者之意义的必要性，是从他者不可论题化的论题进入他者之意义的必要性，换句话说，也是从某种我之（一般意义的）自我的意向性变动进入他者之意义（勒维纳斯的话语之意义应当是建立在这种意向性变动之上的）的必要性，是从为我如是显现的他者（son apparaître-pour-moi-comme-ce-qu'il-est）出发，将他当作他者来谈论，或向作为他者之他去谈论的必要性：假定如我们前文所说的，谈前伦理暴力是有意义的话，那么他者（即藏匿其本质隐匿过程的那种显现，它将他者带到光线中来，使之裸露并隐藏那些在他者身上隐藏的东西）就是任何话语从其最初源头上就无法摆脱的那种必要性，也就是暴力本身，或者说是某种不可还原的暴力的先验之源。而这个作为与他者关系的不可还原之暴力的先验之源，同时也是非暴力的，因为，它打开了与他者的关系。我们说的，就是这样一种**经济论**。也正是这种经济论，通过这样一种开口，使得介入他者可以在伦理自由中被同时规定为道德暴力或道德非暴力。很难想象，如果没有对一般自我与另一个自我间的关系、对一般世界之多元间的关系之先验的、本质超验性的分析，暴力这个观念（譬如，被同一遮蔽或压抑的他者，勒维纳斯认为理所当然的概念，其实既意味着同一的变异，也意味着他者作为如是他者的变异），可以获得任何纯伦理意义上的严格规定。因为，他者只能在与同一的关系

189

中才显现为他者，这是古希腊人不需要通过后来出现的先验自我学（égologie）去加以认可的自明性，也是作为有限性领域中的意义与话语之源的暴力①。同一与他者间的那种差异，并非众多差异或各种关系中的一种，除了如黑格尔而非勒维纳斯所说的那种既自我规定又自我否定的对于无限的不安外，它在无限中没有任何意义。诚然，这种暴力是在关于无限的思想视域中得以显现的。只是这种视域，并非无限的他者的那种视域，而是某种统治的视域，在这一视域中，同一与他者间的差异，即延异（différance），不再有效，和平本身也不再有意义，那首先是因为这一视域中不再会有一般现象性和一般意义。无限的他者和无限的同一，如果这些词对有限存有一种意义的话，那就是同一。黑格尔只承认绝对无限的否定性、不安或战争，就是以某种终极和平**为目的**的无限自身之历史

190

————————

① 话语与暴力的这种共生性（connaturalité），在我们看来，并未**在**历史中**显现**过，它也并非与这种或那种交流形式相关，或者说与这样那样的"哲学"相关。我们想在此指明的是，这种共生性属于历史真正的本质，属于超验的历史性，这个概念只能从某种言语的共振中才可以得到理解，而这种言语的共振，在某种还需厘清的意义上，乃是对黑格尔、胡塞尔和海德格尔的回应。历史或人种社会学的信息，只能以事实范例的身份，在这里用来证实或支持本相先验之自明性。即便这种信息的处理（收集、描写与阐释）采取了哲学意义与方法论意义上最大限度的谨慎，也即是说，即便它得到了正确的本质阅读，并且尊重了本相的一般性的所有层次，但在任何情况下，它也无法**奠定**或**证明**任何意义上的本质必然性。比如，我们无法确定，当克劳德·列维-斯特劳斯在《忧郁的热带》那些优美片段中，展开"文字交流的初级功能是为了便于奴化过程……"这个"假设"时，这些技术性、先验性的谨慎是否被他采纳。如果书写——还有一般意义的言语——在自身意义上保留了某种本质暴力的话，那它也是不能用"事实"加以"指证"或"验证"的，无论这些事实借自哪个领域，即便此领域可以提供"事实"的整体。我们经常看到的是，"人文科学"的描述性实践，在没有对展开的命题之源头与功能采取任何的谨慎的情况下，以最为诱人的（指该词的全部意义）的混淆方式，将经验调查、归纳性假设和本质直觉混为一谈。

运动，而在那种最终和平中，相异性要么在圆满中被综合，要么就会绝对地被**剔除**①。那么，我们如何解释要思考**以**我们一般所称的历史目**的为着眼点**的那种**事实之必要性呢**？这等于是要问关于他者**作为**他者的**思想**意味着什么，而在这个特殊个案中，那种"如是"的光是否就是隐匿本身？这个个案特殊吗？非也，我们应当翻转这些术语："他者"既是光与暗那不可思之统一体的名称，也是这一统一体的意义。这也就是说，"他者"就是隐匿的现象性。那么，那里是否有"被矛盾对立面（揭示与隐匿了的**他者之绝对印迹**）排除了的第三条道路"呢？而这条路只有被当作第三条才能显现并得以言说。假如将它称作"印迹"的话，那么，这个词也只能作为隐喻出现，而对这种隐喻的哲学澄清，将会不断引出这些"矛盾的命题"。否则的话，它的独特性，即它区别于**符号**（这是个勒维纳斯惯用的词）的东西，就不可能显形。但我们**必须**让它显形，因为这一现象假设了它被符号在始源处染指之前提。

因此，对于现象性来说，战争是与生俱来的，战争，甚至就是言语和显现的形式本身。在《精神现象学》中，黑格尔没有放弃使用"人"这个词并非出于偶然，他在描写发生于**意识科学**领域（现象性自身及其运动的必要结构）中的战争（如绝对主奴之辩证关系）时，没有借助人类学的参照，所谓意识科学，即在其运动之必要结构中的现象性本身的科学，经验与意识之科学。

因此，假如话语本源地就是暴力性的，那么，它就只能通过**施暴**，通过自我否定来肯定它自己，并向那个建构了它但却永远**无法**

---

① 相异性、差异、时间并没有被消除，而是以扬弃的方式为绝对知识所保留。

以话语身份占有那种否定性的战争宣战。它也没有义务去重新占有 *191*
这种否定性，因为如果它这么做的话，和平的视域就会在黑夜中消
失（那将是作为前暴力的最糟的暴力）。而话语的这种对战争的战
争可能是最轻的一种暴力，也是抑制最糟之暴力的唯一方法，是抑
制那种原初的、前逻辑沉默之暴力的唯一方法，也是抑制某种甚至
可能并非白昼之反面的、无法想象之暗夜的暴力的唯一方法，也是
抑制某种甚至可能并不是非暴力之反面的绝对暴力之暴力，即纯虚
无或者纯无意义的唯一方法。话语，因此以暴力的方式被选择来对
抗纯虚无或纯无意义，并在哲学中用来对抗虚无主义。为了避免这
种情况，我们就必须使赋予勒维纳斯话语以生命力的那个末世论兑
现承诺，不再作为末世**说**和"超越历史"的和平观念以话语的形式
自我产生。我们就必须建立"防范恶之报复"的"弥赛亚的凯旋"。
这种作为勒维纳斯著作的视域，但却"溢出了其框架"（《整体与无
限》）的弥赛亚的凯旋，只有在悬置同一与他者间的差异（连接或
对立），即悬置和平这种**观念**时，才能取消暴力。但是这一视域本
身，却不能在此时此刻（即一般的当下）被说出，那种终结不能在
此时此刻（即一般的当下）被说出，末世**说**只有**穿越暴力**才是可能
的。而这个无限的穿越，就是所谓的历史。忽视这后一种暴力的不
可还原性，就等于在除了冒最糟暴力之险外我们无法拒绝的哲学话
语秩序中，回到前康德式的那种无限主义教条上去，而这种教条主
义却不会对其自身所负有的有限哲学话语之责任提出任何疑问。的
确，将责任委托给上帝并非对责任的一种完全放弃，因为上帝并非
一个有限的第三者。因此，这样被思考的神的责任，既不排除也不

缩减我的责任完整性，以及有限哲人的责任完整性。相反地，神的责任，要求并呼唤后者将之当作自己的终极目的和源头。只是，这两种责任的不相恰合的**事实**，或这种对历史或无限的那种不安的唯一责任之**事实**，对于前康德理性主义者，应当说对前黑格尔理性主义者来说，还不是一个**论题**。

192　　只要这种绝对原则的自明性不解除，它就将总是如此。这种绝对原则的自明性，用勒维纳斯自己的话来说，也就是即便是在我脱离自身以趋向他者的时候，"对我来说不成为自我的这种不可能性"，因为没有这种不可能性的话，那个我也就不大可能脱离自身；勒维纳斯强调这种"不可能性""标志着我的本质悲剧，即我被束缚在自身存在之上的那种事实"（《从实存到实存者》）。尤其是那个他所知道的事实。这种认识就是末世**说**的首要话语和首要词，因为它使得隔离和对他者言说成为可能。这种认识并非众多知识中的一种，它就是知识本身。"这个'总是——又总是他者'的东西，正是知识的根本特征，等等（谢林语）"。任何对其语言负责的哲学，都不能放弃这种一般的自我性，而关于隔离之哲学或关于隔离之末世说，与任何其他学说相比，更是如此。**哲学**存在于原初悲剧与弥赛亚凯旋之间，在那里暴力在知识中转向自身，在那里原初有限性向自身显现，在那里他者就在同一之中，并得到同一的尊重。这个有限性作为**一般哲学问题**在不可避免的开放性提问中显现：**为什么**作为脱离自身以趋向他者的经验之本质的、不可还原的、绝对一般性的、无条件的形式，仍然是那种自我性，**为什么**一种并非**我**（即一般的自我，指这个词的本质性超越意义）亲历过的经验，是不可

能的，也是不可想象的？而这种不可思、不可能正是一般理性的局限。换句话说，如果像谢林所说的那样，"自我性乃是有限性的一般原则"的话，为什么是**有限性**？如果"绝对理性和绝对自我性就其真正的绝对性来说是同一个东西的话……"（谢林语），如果"理性……就是一般的先验主体性的普遍本质结构的一种形式"（胡塞尔语）的话，那么，**为什么是绝对理性**？作为现象学的这种理性话语的哲学，本质上不能回答这个问题，因为任何回答都只能在语言中进行，而语言却是通过这个问题打开的。（一般意义的）哲学，只能向这个问题打开，也只能在这个问题中并通过它打开自身。哲学只能**让自己接受质疑**。

胡塞尔明白这一点。他把经验的不可还原之自我性本质叫作元事实性（Urtatsache）、非经验事实性、超验事实性（这个概念人们也许从未加以留意）。"这个'我是'，对于说出它并且以它应有的理解说出它的我来说，是我的世界之意向性之元基础（der intentionale Urgrund für meine Welt）① ……"**我的世界**是个开口，那里产生了所有的经验，也包括向作为他者的他人之超越这种典型经验。在为了某种"我是"而属于"我的世界"外，不可能显现什么。"无论这是否合适，也无论这是否在我看来显得荒谬（不管出于哪种偏见）它都是我**所应面对的元事实**（die Urtatsache, der ich standhalten muss），身为哲学家，我一刻也不能够对它移开我的视线。对于哲学之子们，这可能正是那些唯我论或心理主义、相对主义幽灵复活的幽暗角落。真正的哲人不会逃避这些幽灵，而会去照

193

① 《形式逻辑与先验逻辑》，巴什拉译本，第317页。胡塞尔加了着重号。

亮这个暗角。"① 从这个意义上理解，"自我与我的世界"之意向性关系，不能从绝对陌生于"我的世界"的某种无限他者那里打开，它也不能由"规定了这种关系的上帝强加在我身上……因为主观先验（l'a priori subjectif）是先于上帝之存在的，也是先于那些毫无例外地为我这个思想者而存在的所有一切。上帝也是如此，是因为我的意识实现过程（effectuation de conscience），它对我来说才是它所是；因此，我不能因恐惧亵渎神灵而将我的视线移开，相反，我得正视这个问题。像另一个自我那样，这里所说的'意识活动过程'，指的不是我发明和制造了这种至上的超验性"②。上帝，**实际上**并不比依赖**另一个自我**更多地依赖于我。但只有一般的自我存在，上帝才有**意义**。这就意味着在任何无神论或信仰之前，在任何神学之前，在任何有关上帝或与上帝同在的语言之前，上帝的神圣性（比如无限他者的无限相异性）应对一般意义上的自我是具有意义的。让我们顺便指出，先验现象学认识到的那个"主观先验"，是挫败中立极权主义，挫败无人称的"绝对逻辑"，挫败无对话的末世说，挫败那些按常规归类在黑格尔主义名下的一切的唯一可能性。

关于作为先验的元事实性（archi-factualité）的自我性的问题，可以在"活生生的当下"之元事实性方向上得到更深入的重述。因为自我性的生命（一般意义上的经验）具有活生生的当下那种不可还原的、绝对普遍的形式。它是一种只能以现在时的形式存在的经

194

---

① 《形式逻辑与先验逻辑》，巴什拉译本，第318页，胡塞尔也加了着重号。
② 《形式逻辑与先验逻辑》，巴什拉译本，第335—336页。

验。这种在现在时形式外的绝对不可能性、这种永恒的不可能性，界定了不可思性就是理性的局限。其意义只能以（过去了的）现在时形式来思考的某种过去之概念，不仅对于一般的哲学来说，标志的是那种**不可能—不可思—不可表达性**（l'impossible-impensable-indicible），甚至对于想要跨出哲学的存有思想来说，也同样如此。然而，这个概念却在勒维纳斯后期作品对印迹的思考中变成了一个论题。在"活生生的当下"这个既最简单又最困难的概念中，所有时间的相异性都能得以建构并显现：另一个过去了的当下，另一个未来的当下，还有在意向性变动中、在我的活生生当下之现实性和统一性中重新被体验的另一些绝对源头。只有我活生生的当下之现实统一性，才使得其他的当下（即其他绝对源头），在所谓的记忆或预期中（比如，不过其实也是在时间化恒常运动之中）的显现成为可能。但是，也只有过去和未来之当下的相异性，才使得活生生当下的绝对同一性，既可以是自我的同一性，又可以是它的非同一性。也许我们有必要从《笛卡儿的沉思》① 那里指出，为什么当事实生成问题被还原了的时候，他者作为**另一个当下**的建构与他者作为他人的建构间关系中那种**前提性问题**（antériorité）就是个必须打回共同结构性根源的假问题。尽管在《笛卡儿的沉思》中，胡塞尔只提到这两种运动的**类比性**（第 52 段），但在许多未发表的作品中，他似乎认为它们是不可分离的。 *195*

―――――――――

① 当然，这里我们不可能这么做；我们远没有想要将《笛卡儿的第五沉思》当作关于该问题的最后定论而默默欣赏，我们这里只想考虑并尊重它对勒维纳斯批评的那种抵抗力。

如果我们最终想将暴力规定为使他者得以以其本来面目显现的那种必要性，规定为使他者只能在同一中、为着同一而被同一尊重的那种必要性，规定为他者被同一在其现象的真正自由中所遮蔽的那种必要性的话，那么，时间就是暴力。这种在绝对同一中的绝对相异性之解放运动，就是时间化运动的最绝对无条件的普遍形式，即活生生的当下。如果活生生的当下，即时间向他者本身开放的绝对形态，就是自我生命的绝对形态，如果自我性就是经验的绝对形式的话，那么，当下、当下的在场和在场的当下，就是本源性的、永恒的暴力。活生生的当下本源地受制于死亡。而在场，作为暴力就是有限性之意义，也是作为历史意义的那种意义。

但是为什么如此？为什么是有限性？为什么是历史①？为什么我们能够质疑这种作为有限性和历史的暴力？凭什么？为什么会有这个为什么？而这个为什么从哪里可以让自己以哲学规定性的方式得以理解呢？

至少我们曾尝试表明，勒维纳斯的形而上学，在某种意义上预设了它要质疑的那个先验现象学。只是，这种质疑的合法性在我们看来仍有些极端。我们质疑作为暴力的先验元事实性的根据是什么呢？我们凭什么质疑作为暴力的有限性？话语的本源性暴力，又凭什么命令自己反过来对抗自己，要求自己永远作为语言在承认作为他者之他者的同时反抗自己呢？要回答这些问题（比如说，要想质疑有限性暴力，只能从有限性的他者和无限思想开始）无疑就只有

---

① 胡塞尔：《为什么的问题本来就是个历史问题》（*Die Frage des Warum Ist ursprünglich Frage nach der Geschichte*，未发表 E，Ⅲ，9，1931）。

使用一种重新为先验现象学辩护的新话语。可是，这种问题的赤裸
开放性，它无声的开口，却逃脱了作为其逻各斯之起源和目的的那
个现象学。这个关于作为有限性和暴力的历史问题的无声开口，使
得历史**以它的面孔**得以显现；它呼唤那个遮蔽了它自身之开口，呼
唤从其自我表达并自我规定之始就消除了开口本身的声音的那种末
世论，也可以说它同时被后者呼唤。这个开口就是，以先验不对称
性的倒装方式，向作为逻各斯、有限性、历史、暴力的哲学提出问
题的开口。它是非希腊人从沉默根部、从言语的那种超逻辑面、从
那种只能在希腊语言中遗忘自身并得以提出问题开始，向希腊人提
出的问题。这是言语和沉默的一种奇特对话。是我们前面提到的那
种围绕着沉默问题的奇异共同体。似乎正是在这一点上，现象学和
末世说，能够超越所有那些对胡塞尔事业的字面误解，长期**展开**对
话，并在当中**相互切入**，相互召唤对方去体验它们共同源头的那个
沉默基底。

关于存有论暴力

> 沉默是个非词之词，而它表达的对象不是个客体。（巴塔耶）

这种对话运动不是也主导了勒维纳斯与海德格尔的争论吗？这
一点也没有什么可奇怪的。只要说服自己用极简方式注意到下述情
形：要像我们刚刚做过的那样去谈论作为经验之绝对形式的那个当
下，就必须**已经理解**何为时间，何为**存有身边的存在者**（l'ens du

praes-ens)*，何为这个**存在者**（ens）**的存有**的近邻。在场的当下和当下的在场，预设了是/存有作为时间的视域，也预设它被理解前的预期。假如存有的意义，从来都是被哲学规定为在场的话，那么，从时间的先验视域（《存在与时间》的第一阶段）提出的**存有问题**，既是对哲学安全感的首次震撼，也是对确定性在场的首次震撼。

197　　然而，胡塞尔从未就这个存有问题展开过论述。尽管只要触及时间化以及与另一个自我之关系主题时，现象学都难免带上这个问题，但它却更多地受制于在场形而上学。存有问题并未成为现象学的主导话语。

　　作为向本质性过渡的一般意义上的现象学，预设了"是/存有"（esse）的本质（essence）**，也预设了前在于其本质和实存属性的"esse"之统一体。我们也许还可以通过另一种途径指出，当胡塞尔确认比如作为观念的（idéal）之非实在性（non-réalité）的存有（Sein）时，他就默认了某种形而上学预设和决断。观念性（idéalité）是非实在的，但作为思想对象或被思想的存在（être-pensé），它却**是实在的**。如果没有对现实无法穷尽的存有的某种意义的预设性进入，那么，胡塞尔关于观念性的全部理论就会土崩瓦解，整个先验现象学也会随之崩塌。胡塞尔也就不可能再写比如说下列的话："显然，所有将观念性存有当作真实的某种可能存在来重新解释的尝试，一般说来必会失败，因为，那些可能性本身就是

---

　　*　ens 拉丁文中指存有和客体；praes 则指就手的和在手边的。

　　**　班维尼斯特（Benveniste）指出，在晚期拉丁语中 esse 承担了系词的功能，即相当于"是"。参见《一般语言学问题》（*Problemes de linguistique générale*，Paris，Galli-mard，1966）。

观念性的客体。在真实的（物质）世界中，人们发现一般数字和一般三角形的可能性很少。"（Offenbar muss überhaupt jeder Versuch，das Sein des Idealen in ein mögliches Sein von Realem umzudeuten，daran scheitern，dass Möglichkeiten selbst wieder ideale Gegenstände sind. So wenig in der realen Welt Zablen im allgemeinen，Dreiecke im allgemeinen zu finden sind，so wenig auch Möglichkeiten.)[1] 因此，我们首先必须在进行任何区域性规定之前思考存有的意义，这样我们才能区分真实的观念与非真实的观念，也可以分辨什么是属于可能的真实领域的虚构物。（"当然，我们的意图不是要将**观念的存有**与**虚构或荒谬的被思考的存在**置于同一个层次上"[2]。我们还可引出上百种类似的文本。）不过，如果胡塞尔能够这么写，如果他也因而预设了进入某种一般存有的前提的话，那他怎么可能将他当作认识论的观念论（idéalisme）与形而上学观念主义区分开来呢[3]？因为后者也假定了观念的那种非实在性。胡塞尔肯定会想到柏拉图，他肯定会回答说，只要观念不被理解为本质地、彻头彻尾地意向客体，只要我们想象它的存在可以不依赖任何方式被思想或被针对的话，那么它在形而上学观念主义中就被**实在化了**（réalisé）、实体化了（substantifié）且实质化了（hypostasié）。这 *198*

---

① 《逻辑研究》*Logische Untersuchungen*，Tübingen，1968，第二卷，Ⅰ，第四段，第 115 页。

② 《逻辑研究》*Logische Untersuchungen*，Tübingen，1968，第二卷，Ⅰ，第四段，第 150 页。

③ 《逻辑研究》*Logische Untersuchungen*，Tübingen，1968，第二卷，Ⅰ，第四段，第 129 页。

种情况在他后来讨论本相只有对某个无限性主体，即上帝的绝对知性或绝对逻各斯，才能成为本源性和本质性的意向客体时，并未彻底改变。但是，在哪种程度上，这种道路开放的先验观念主义，逃脱了这种无限主体性的**视域**呢？关于这一点，我们这里无法展开辩论。

不过，如果说勒维纳斯过去用海德格尔来反对胡塞尔，他现在却质疑他所说的"海德格尔式存有论"："海德格尔式的存有论至上并不是建立在'常理'（truisme）之上的：'要想认识存在者（étant），就得先理解了存在者之存有（l'être）'。而确定存有对于存在者的优先性，这已经是对哲学的那种本质的表态，是将与某人这种存在者的关系（即伦理关系）从属于与存在者之存有的这种无人称关系，它使得（在认知关系中）捕捉并宰制存在者成为可能，它使公正服从于自由成为可能"（前面已经引用过）。对于勒维纳斯来说，这种海德格尔式的存有论，"除了对他人"①，对任何存在者都是有效的。

勒维纳斯这句话，对"存有论"是沉重的：（根据他的观点，）这种存在者之存有观念，不仅有常理的那种逻辑贫乏，而且它只能通过使绝对他人就范并谋杀之来摆脱自己的困境。而这正是这个犯罪行径将伦理置于存有论的足下。

那么这种"存有论"和"常理"（即"要想认识存在者，就得先理解了存在者之存有"）是从哪来的？勒维纳斯说"存有论至上并不是建立"于"常理"之上的。真的如此吗？如果说这个**常理**（即 truism、true、truth）就是对真理的那种忠实的话（也就是

① 《存有论是根本性的吗?》。

说对那些如其所是和是其所是者之存有的忠实），没有人能确定（恐怕情况更复杂）海德格尔的思想是否曾经试图防止这种常理。海德格尔曾经在指出这种存有观念不抱有任何理论或实践的目的时说，"这种存有观念的奇特之处，就是它的简明性"。"这个思想的风格既非理论的，也非实践的；它也不是这两种行为模式的结合。"① 这种回到理论与实践分离之前的姿态，难道不也是勒维纳斯所追求的吗②？勒维纳斯不是因而也得将形而上学超越定义为非（仍非）实践的伦理吗？这里，我们处理的是些颇为奇怪的常理。正是"由于其本质的简明性"，"存有观念对我们来说才会变得不可认知"③。

　　相反，如果常理指的是**判断**领域中的分析性确定和枯燥的同语反复的话，那么，这个受责备的常理提议，也许就是分析性最少的一个；倘若世间应当只有一种能够逃脱常理形式的思想的话，那恐怕也非它莫属了。首先，勒维纳斯所针对的"常理"，并非一种有审判权的（judicative）建议，而是一种前在于判断的真理，它就是任何可能性判断的基础。平凡的常理，只是主语在谓词中的重复。而存有/是，并非存在者的一个简单谓词，它也不是存在者的主语。无论我们把它当作本质或实存〔当作如是地存在（être-tel）或此在（être-là）〕也好，还是把它当作系词，或对实存设定（position

---

　　① 《关于人道主义的信》，莫尼埃（R. Munier）译本。
　　② "我们走得更远，冒着看起来混淆理论和实践的风险，将二者都当成形而上学超越的图式来处理。表面的混淆是有意的，而且它构成了本书的论题之一。"（《整体与无限》）
　　③ 《关于人道主义的信》。

d'existence），或更为深刻也更为原初地把它当作所有可能性的统一
家园，存在者之存有不属于述谓领域，因为它已经被包含在一般述
谓之中，并且就是述谓之可能性所在。存在者之存有使全部综合或
分析判断成为可能。它在种类与范畴之外，它是经院哲学意义上的
那种超验，在经院哲学还未将超验变成了某种至高无上的、无限的
存在者，即上帝本身之前的那种超验。这是个非凡的常理，正是通
过它，一切思想最深入、最具体的被思考者，相互寻找其本质与实
存的共同根源，因为没有这个共同的根源，任何判断、任何语言都
将是不可能的，而且，任何概念都在隐匿它的同时，以它作为预设
前提①！

　　可是，如果"存有论"不是一种常理，或者不是诸多常理之一
的话，如果存有与存在者间那种奇特的差异是有意义的，并且就是
绝对意义所在的话，那么，我们是否可以说相对于存在者，存有有
"优先性"呢？这个问题在此至关重要，因为，正是这个所谓的
"优先性"在勒维纳斯眼中，会使伦理成为"存有论"的奴隶。

　　只有在两个既定物、两个存在者之间才可能存在某种先后的秩
序。勒维纳斯曾经那么出色地评述过下面这个论题，他说既然存有
在存在者之外**一无所是**，那它就不可能以任何方式前在于存在者，
无论从时间意义上讲，还是因为尊严的问题等等。在海德格尔的思
想中，没有什么比这一点更清楚的了。这样一来，谈论存在者"服
从"于存有，比如说，伦理关系"服从"于存有关系，就应该是不

---

　　① 对于述谓功能之前、本质—实存之相互扣连等范围之前的存有的这种上溯，可
在无数例子中见到，参照《康德与形而上学问题》，第 40 页及以后。

合法的。预解/预含（pré-comprendre）或阐明与存在者之存有①之隐性关系，并不是粗暴地将存在者（比如，某人）屈从于存有。因为，这种存有不过是这个存在者**之存有**，而它并非外在于这个存在者的某种奇特的力量，某种无人称的、有敌意的或中性的元素。经常遭到勒维纳斯所谴责的中立性，只能是某种未被规定的存在者、某种匿名的存在者存有论潜能（puissance ontique anonyme）、某种概念普遍性或某种原则之特征。然而，存有并非一种原则，并非某种原理性的存在者，也不是勒维纳斯可以在其名下塞入一个没有面目的暴君面孔的**元力**。（存在者的）存有思想，并不追求原则、根源（尽管有些意向有时让人这么以为），或某种"认识谱系"：我们已经看到，它既超越理论，也非理论的首要词。它甚至超越一切等级秩序。如果一切"哲学""形而上学"都总要追求规定首要存在者、典型的存在者和真正的存在者的话，那么，关于存在者之存有的思想，就不是这种第一形而上学，也非这种第一哲学。假如存有论不过是第一哲学的别名的话，它甚至也不是存有论（参照上文）。既然存有思想，不是关于有指挥能力的元存在者（l'archi-étant）、第一事物和第一原因的那种第一哲学，那么，它就既不牵涉也不实施任何强权（puissance）。因为强权是存在者之间的一种关系。"这样一种思想是没有结果的，因为，它不发生任何影响"（《关于人道主义的信》）。勒维纳斯写道："作为第一哲学的存有论，乃是一种

201

---

① "存在者之存有"这个说法是众多混淆之源，我们不像海德格尔有时所做的那样，在文本明显可以避免误解的情况下，将它理解为存在者之存在者性（l'être-étant de l'étant），即存在者性（étantité, seiendbeit），而是将它理解成存在者性之存有（être de l'étantité），海德格尔也将它叫作存有之真理。

强权的哲学"(《整体与无限》)。也许真是如此。可是我们刚刚讲
过：存有思想既非一种存有论，亦非一种第一哲学，也非一种强权
哲学。它与任何一种第一哲学都不相干，也非任何第一哲学的反
面。如果如勒维纳斯所说的那样，"道德并非哲学的一支，而是第
一哲学"(《整体与无限》)的话，那么，它甚至不是任何道德的反
面。存有思想，虽然不追求一般意义上的本体元力，也不追求特殊
意义上伦理或政治的元力，但它对勒维纳斯所理解、所明确谴责的
暴力与非暴力（关系）或恶与善（关系）却并不陌生。我们可以像
阿兰*谈哲学那样去说它：它"不比农业更接近政治（或伦
理）……"但这并不等于说它就是工业。它与伦理形同陌路，但它
并非一种反伦理，也非在伦理领域内将伦理屈从于已经就是暴力的
秘密机制的那种中立。勒维纳斯总是，不只在海德格尔的个案中，
想借助某种既非社会学也非政治学或伦理学，但他自认为能从其字
里行间勾勒出轮廓的话语，去重建某种城邦或社会性类型。吊诡的
是，他所看到的海德格尔式的城邦是受中性强权、匿名话语支配
的，也就是说，它受所谓的"人们"(man)所支配，而对这个
"人们"之非本真性(inauthentique)的描述，海德格尔是第一个。
如果在某种困难的意义上，依照海德格尔的意思，绝对逻各斯"并
非任何人的逻各斯"属实的话，那肯定指的不是逻各斯就是压制的
匿名形态，是政权的那种非人格性，或"人们说"的那种中立性。
逻各斯只在作为名词和责任之**可能性**时，才是匿名的。"不过如果
有一天人类必须抵达存有的邻近地带，人类就得首先学会在那无名

---

* 阿兰（1865—1951），法国哲学家、评论家。曾任教于巴黎亨利四世中学。

的状态中生存"（《关于人道主义的信》）。希伯来神秘哲学（Cabbale）不是也说过绝对名字的那种无法命名之可能性吗？

存有思想，因此不能够具有任何人的设计，无论是秘密的或非 *202* 秘密的。就其本身而言，它就是那种唯一不能被人类学、伦理学、伦理—人类心理分析学锁住的思想①。

恰恰相反，存有思想不仅不是伦理暴力，而且对勒维纳斯意义上的任何伦理来说，没有它的话，似乎都无法开启。存有思想，或至少是对存有的预解（即以它的方式排除一切本体论之条件性，如原则、原因、前提等），**决定了承认**存在者之本质（比如某人、**作为他者**和**作为另一个自己的存在者**等）的**前提条件**。它也构成了**尊重如其所是的他者**（即他者）的前提条件。没有这种并非知识性的承认，也可以说没有这种"任由"本质上（首先以其相异性）如其所是、外在于我的存在者（他人）"存在"的话，那么，任何伦理都是不可能的。"任其所是"（laisser-être）是海德格尔的一种说法，它指的不是像勒维纳斯以为的那样②，任其"首先作为理解的客体"所是，然后也涉及他人时，任其作为"交谈者"所是。"任其所是"涉及存在者的所有可能形式，甚至那些**本质上**不允许转变为"理解之客体"③的存在者形式。如果他人本质的特征首先就是不

---

① "这个提出了存有真理问题的思想……既不是伦理学，也不是存有论。这就是为什么这两个学科间关系的问题，在此领域中从今往后是没有基础的"（《关于人道主义的信》）。

② 《存有论是根本性的吗？》。

③ 这个主题在《存在与时间》中十分明确，比如，可参照有关**牵挂**（Sorge）、牵念（besorgen）、牵心（Fürsorge）之间的对立，第121页及第26页整个段落。而关于海德格尔的反纯理论主义这个领域，可特别参照第150页。

可还原的交谈者和"被呼唤者"(《关于人道主义的信》)的话,那么,"任其所是"就是任由他人以其所是的方式存在,并将之当作交谈者和被呼唤者予以尊重。"任其所是"不仅仅涉及也并不特别优先涉及无人称之事物。任由他者以其实存及其本质的方式存在,这意味的正是本质与实存进入了思想,或者意味着思想本身进入了本质和实存;进入这二者假定了其前提的那种存有。没有这一点,任何"任其所是"都是不可能的,而首先不可能的是,面向自由提出的任由尊重和伦理命令"是其所是"。而暴力就将会盛行到它自身无法显现并得以命名的地步。

因此,"与存在者的存有关系""主导""与存在者之关系"是不可能的。海德格尔恐怕不会像勒维纳斯只批评与**他者**之关系这个概念那样,只批评与存有之**关系**的概念,而且还会批评**主导**这个概念:存有并非高度,也不是存在者的主人,因为,高度乃是存在者的一种规定性。存有并非存在者的典型,很少论题能得到海德格尔如此频繁的强调。

说存有并非**高居**存在者**之上**,并不等于暗示它**位于**存在者**之旁**。因为如果那样的话,存有会成了另一个存在者。因此,我们很难"以存有的一般经济论"去谈"海德格尔为了区分便将它放在存有**旁边**的这个**存在者**的本体论意义……"(《从实存到实存者》)的确,勒维纳斯在别处承认过,"如果有区别,就没有隔离"(《时间与他者》),而这意味着他已经承认了在存有与存在者之间,任何本体论主导关系都是不可能的。事实上,从区分这个词的惯用意义上讲,存有与存在者间的**区别**甚至并不存在。根本原因在于,首先是因为在存在者之外，存有什么都不是，而且存有的开启就等于回到存在者存有论—存有论之差异（la différence ontico-ontologique），要在语言中说出存有，要让它在语言中流通，就不可能回避存在者存有论隐喻。这就是何以海德格尔说"语言**同时既**照亮**又**遮蔽了存有本身"（lichtend-verbergende Ankunft des Seins selbst）（《关于人道主义的信》）。但无论怎样，唯有存有本身能绝对抗拒**隐喻**。任何声称将存有的**意义**还原成"存有"一词的隐喻之源的语文学，无论其假设有何历史（科学）价值，都失掉了存有的意义之历史。因为这个历史就是存有相对于既定存在者的一种解放史，而这个既定存在者可以被当作诸存在者中那个命名了存有的存在者来思考，比如，梵语中的**呼吸**（respiration）那个词。其实，当芮南（Renan）或尼采想要将他们以为的某种概念的意义，即存有的那种不确定的普遍性之意义，还原成其卑微的隐喻性源头时，他们都是将呼吸作为**存有**这个词的词源来参照的（芮南《关于语言之源》；尼采《哲学的诞生》①）。他们因此解释经验历史的整体，除了具体地解释其本质外，比如，关于呼吸和**非呼吸**所**是**的那种思想，还有（它们）在众多存在者存有论的（ontiques）规定性中被规定的方式。词源学经验主义这种经验主义的隐蔽根源可以解释一切，但它不能解释隐喻被**当作**隐喻来思考的那一刻，因为在那一刻，隐喻作为存有的面纱被撕裂了。而这个时刻就是思想对存有本身的突破，也是

204

---

① 在同一种问题性视域中，人们可以比较海德格尔（如《形而上学导论》《关于"être"一词的语法和词源》）和班维尼斯特（E. Benveniste, 1902—1976，《Etre 和 avoir 的语言学功能》，见《一般语言学问题》）两种不同的处理方法。

隐喻性运动本身。因为，这种突破在**另一**隐喻下一次又一次地发生。如黑格尔曾经说过的那样，经验主义总是忘了一点：它需要借助于**是/存有**这个词。经验主义借助隐喻思想，但它却不思考隐喻的本来面目。

请允许我们对"是/存在"和"呼吸"做个比较，这么做并不只是出于一种历史的好奇心。笛卡儿在 1638 年 3 月给某人的信中曾解释过这个命题，他说："如果人们没有预先证明自己的实存的话，或者说如果人们没有'**我想**我在呼吸（即便我弄错了），故我存在'这个言外之意的话，那么'我呼吸，故我在'这个命题就不可能有任何结论；而**我呼吸，故我在**这个命题指的不是别的，它指的正是：**我思故我在**。"这也正是我们这里所关心的，它意味的是呼吸的意义从来都不过是依赖于我思和我在的一种特殊规定性，因此，也总是依赖于一般思想和一般存有的。假定"存有"这个词，衍生自"呼吸"（或任何一个别的既定**物**）这个词，那么作为学科本身和既定知识系统的一切词源学、语文学，都无法解释使"呼吸"（或其他物）变成了存有的诸种规定性之一的那种思想。比如说这里，一切语文学都解释不了笛卡儿的那种思想姿态。我们得通过其他的路径，或者通过对尼采的另一种阅读，去追寻存有意义的那种难以置信的谱系学。

205　　这是使得"与存在者之关系"，即与某人之关系（伦理关系），不至于"受制"于"与存在者之存有之关系"（认知关系）的第一种原因。

第二种原因是：没有任何关系特征的"与存在者之存有的关

系"，无论如何都不是一种"认知关系"①。"与存在者之存有的关系"并非一种理论，我们已经看到这一点，因为它不能告诉我们任何关于存在者的知识。因为它不是一种科学，海德格尔在将它区别于形而上学乃至根本存有论之后，甚至有时拒绝将它叫作存有论。既然不是一种认知，存有的思想就不能与作为未规定的一般性的那种纯粹存有的概念相混淆。勒维纳斯曾经告诉我们说："正因为存有并非某种存在者，就不应该用（传统的）类型（per genus）和类别（differentiam specificam）来理解它"（《与胡塞尔和海德格尔一起发现实存》）。然而，根据勒维纳斯的说法，一切暴力皆是概念的暴力；而《存有论是根本性的吗？》和《整体与无限》却将存有思想解释成存有的概念。勒维纳斯不赞成海德格尔，他在许多相似的片段中写道："在我们与他人的关系中，后者对我们的影响并非来自某种概念……"（《存有论是根本性的吗？》）在勒维纳斯看来，正是存有这个绝对未规定的概念，将他人最终提供给了我们的理解力，即我们的能力和暴力。然而，海德格尔在这一点上也一再强调：**我所说的**是/存有，并不是存在者（比如某人）要服从〔纳入（subsumé）〕的那种概念。存有，并非相当不确定的、颇为抽象的、为了在其极端的普遍性中涵盖所有的存在者的谓词概念：

（1）因为它并非一个谓词，它就是一切谓词存在的前提；

（2）因为它比存在物（ens）指的那种具体**在场**更为"古老"；

---

① 虽然这里我们可以参照海德格尔的上百个段落，但还是让我们引用勒维纳斯吧，他曾写道："对于海德格尔，对存有的理解，不是一种纯粹的理论行为……它也不是各种认知行为当中的一个"〔《于发现实存之时》（*En découvrant l'existence*）〕。

（3）因为对"存有"的那种从属关系，并不会取消任何谓词差异，相反却使得一切可能的差异得以浮现。①

206   "存有"因而是跨范畴的，海德格尔也许会用勒维纳斯谈及他者时的那个说法来谈论它，即它"抗拒范畴"（《整体与无限》）。海德格尔在展开与黑格尔那个作为虚无的纯存有概念的对话并重述它时写道："作为存有概念可能性的存有问题，是来自对存有的前概念理解的。"② 海德格尔这种对话和重述，总是以他与传统思想家对话的那种惯有风格，不断地深入，使得黑格尔的言语，即整个形而上学言语（包括黑格尔，或者说从黑格尔身上理解自己的整个形而上学）自行表达，自行展开。

因此，存有思想或对存有的预解，意味的不外乎是概念性、总体性的含—括（com-prendre）。我们刚用来谈论存有的那种东西也

---

① 这里不必回溯到前苏格拉底。亚里士多德就已经严格地证明过"是/存有"既非类型，也非原则（参照，比如《形而上学》B，3，998b20）。这个与柏拉图的批评同时进行的论证，难道事实上不是肯定了《智者篇》的某种意图吗？在这个论证中，"是/存有"无疑地被定义为"最大种类"之一，最具普遍性的谓语，同时也被定义为能使得一切一般意义的述谓功能成为可能的词。作为述谓功能的源头与可能性，"是/存有"并非一个普通谓词，至少它跟其他谓词不一样，它是一个**先验的**或**超范畴**（transcatégorial）的谓词。此外，正是将之当作主题的《智者篇》，教我们去思考作为别的他者（autre que l'autre）、同一的他者（autre que le même）、别于自我的同一（même que soi）的"是/存有"，它被所有其他种类以它们的存在方式牵连，但非但没有关闭差异，相反却解放了差异，而且它只有通过这种解放，才能是其所是。

② 《康德与形而上学问题》，法文译本，第 282 页。关于存有思想的非概念特征，可参照《根据的本质》（*Vom Wesen des Grundes*），法文译本，第 57 页及之后。《关于人道主义的信》，法文译本，第 97 页。《形而上学导论》，法文译本，第 49 页及之后和书中别处。《林中路》（*Holzwege*），法文译本，第 287 页。而首先应参照的是《存在与时间》第一段落。

可以用来谈论同一①。将存有（和同一）处理成范畴，或者将"与
存有的关系"处理成与本身可以［通过"颠倒词项"（《整体与无
限》)〕被后置或从属于某种既定关系（比如，伦理关系）之范畴的
关系，不是从一开始就禁止了一切规定性（比如伦理规定性）吗？
一切规定性，其实都是以关于存有的思想为前提的。因为，如果没
有它，怎么赋予作为他者的存有、作为另一个自我的存有以意义
呢？又怎么赋予实存之不可还原性、他者本质之不可还原性以意义
呢？又怎么赋予由此而来的责任以意义呢？诸如此类……"存在者
对自我的责任特权，简言之，为自我'存在'负责的特权，本身就
意味着理解存有的那种必要性。"② 如果理解存有，就是任由存有
以其面孔呈现（即尊重存有的本质与实存，并对这种尊重负责）
的话，那么对存有的理解就总是与相异性有关，而最典型的相异
性则是具有其所有特殊性的他人之相异性：我们只能任由那种非
实存的东西存在（on ne peut avoir à laisser être que ce qu'on n'est
pas）。如果存有总是任由非实存的东西存在的话，如果思想就是
让这种存有存在的话，那么，存有就是思想的他者。但因为它只
有通过思想的这种任由存在的方式才能存在，而思想又只有通过

_____

① 同一与他者间的那些本质关系（差异）具有这样一种性质，即将他者纳入同
一（即勒维纳斯所说的暴力）的假设是没有任何意义的。因为同一不是一种范畴，而是
一切范畴存在的可能性。这里我们得对勒维纳斯的论点与海德格尔的《同一与差
异》（1957）这个文本加以细致的比较。对于勒维纳斯来说，同一概念，像存有和"一"
一样，都是些概念，而且，这三个概念之间是直接相通的（参照《整体与无限》，比如，
第251页）。但对于海德格尔来说，同一，并非那种一致性（参照《关于人道主义的信》，
第163页）。那首先是因为同一并非一个范畴。同一也并非对差异的否定，存有也不是。

② 《康德与形而上学问题》，第284页。

207

它任其存在的存有之在场才能思考，所以，思想和存有，思想与他者都是同一；而这个同一，请记住指的并不是一致性、一、等同。

这等于说存有思想并不使他者变成存在类型的一个类别。那不只是因为他者"拒绝范畴"，而且还因为存有本身就并非一个范畴。如同他者，存有与整体没有任何共谋性，无论是有限整体，即勒维纳斯所说的那种暴力整体，还是无限整体。整体概念总是与存在者相关的。它也总是"形而上的"或者"神学的"，也正是因为有整体概念，"有限"与"无限"概念才会具有意义①。因为，如果存有陌生于存在者的有限或无限整体，指我们上面明确表明其意义的那种陌生，即陌生于另一个存在者，或存在者的另一种整体，那么，存有就不可能压迫或包含存在者及其差异。要使他者的注视，像勒维纳斯所说的那样，命令我并对我发号施令，我就必须

① 毕罗（H. Birault）在其《海德格尔与有限思想》的十分精彩的研究中，显示了有限性（*Endlichkeit*）这个论题是怎样被海德格尔一步步放弃的，"**原因**与当初促使海德格尔使用它时**相同**"，因为海德格尔不仅想要使"存有思想摆脱基督教神学残余和隐喻，而且也要使它摆脱绝对建构了形而上学本身的**神学**。的确，即便海德格尔的有限性（*Endlichkeit*）概念，从来就不是基督教神学式的有限概念的话，但事实仍然是，有限存有思想本身就是一种**本体论神学**的思想，它因此就无法满足那样一种思想，它撤出形而上学只是为了借助绝对存有被遗忘了的真理之光，去思考其本体神学本质仍被遮蔽的那个**统一体**"。[《国际哲学期刊》（*Revue internationale de philosophie*），52期，1960]一种想要在其语言中走到底，以达成它所追求的原初有限，或存有有限性之目标的思想，不只应当放弃有限、无限这些词汇和论题，而且还应当放弃这些词和主题在语言中发号施令（commandent）的一切，指这个词最深的那层意义，而那是**不可能的**。这种不可能性指的不是超越形而上学和本体神学（l'onto-théologie）不可为；相反，它确认了这种无法计量的超越必须获得形而上学的支持。海德格尔明确地承认这一必要性。因为它清楚地标识了唯有差异才是根本性的，存有于存在者之外，就什么也不是。

能够任由绝对他者以其本来面目自由存在，反之亦然。然而，存有本身并不支配什么，也不支配什么人。因为存有不是存在者的主人，所以它的优先性（pré-séance）（即存在者存有论隐喻），也不是一种元力。摆脱暴力的最佳办法，就是研究宰制力（ἀρχή/argí），并去质疑它。只有存有思想，而非传统的"哲学"或"形而上学"，可以这么做。因此，后两者就是只能以经济论逃离伦理暴力的"政治"：以暴力抗争混沌/无权威（an-archie）之暴力，而历史中"混沌"之可能性仍来自它与元力主义（archisme）的共谋关系。

正如他必须暗中呼唤现象学的一些自明性以对抗现象学那样，勒维纳斯也得在其话语中，不断地假设并实践存有思想或对存有的预解，即便在他用以对抗"存有论"的时候。否则的话，"作为存有本质的外在性"（《整体与无限》）会意味什么（《困难的自由》）呢？而"末世说与**超越整体**或历史的存有有关，而非与超越过去与当下的存有有关"这个说法又意味着什么呢（《整体与无限》）？"支持作为存有结构的多元主义"又意味着什么（《困难的自由》）呢？还有"与面孔的相遇，绝对是一种与其所是者之关系。也许，只有人才是实体，也因此他才是面孔"① 这个说法又意味着什么呢？因此，伦理形而上学的超验性，已经预设了存有论的超验性。根据勒维纳斯的诠释，超越本质并不导致对绝对存有本身的超越，而导致的是对存在者之整体或存在者之存在者性〔即存在者的存在者性（l'étantité de l'étant）〕的超越，或者对存在者存有论历史的超

209

---

① 《自由与命令》，《道德与形而上学学刊》，1953。

越。为了宣布存有超验论①，海德格尔也参照超越本质，但他也同时指出，我们过快地规定了那种超越所突破的东西（άγαθόν/agathon）的那种不确定性。

因而，存有思想不会作为伦理暴力发生。相反，如果没有它，我们就会禁止存在者以其本来面目存在，而且将超越锁定在同一与经验经济学当中。勒维纳斯在《整体与无限》中，拒绝给予存在者存有论差异一定的尊严，因为他认为存在者存有论差异中有某种战争诡计，他将（存在者对另一个存在者的尊敬运动）伦理超越的那种存在者存有论内在的运动（intra-ontique）叫作*形而上学*，同时，他也肯定海德格尔说：海氏不是也在形而上学（即形而上学存有论）中，看到了存有的被遗忘和存在者存有论差异的被遮蔽吗？"形而上学并没有提出绝对存有本身的真理问题。"② 形而上学以隐含的方式思考存有，因为这是任何语言不可避免的。这正是为什么存有思想应当在形而上学中起飞，并且首先在《何为绝对形而上学?》的问题中，作为形而上学之形而上学产生。可是，隐性与显性之区别乃是思想的整体，并且经过适当规定，它可以赋予最根本的断裂和最基础性的问题以形式。海德格尔还说过："确实，绝对形而上学，是以存在者的存有方式来再现存在者的，因此，它也思考存在者之存有。但是形而上学却不思考绝对存有与存在者之间的差异。"③

---

① 《根据的本质》，法文译本，第 91 页及之后；《形而上学导论》，法文译本，第 210 页。

② 《关于人道主义的信》，法文译本，第 51 页及其他多处。

③ 《关于人道主义的信》，法文译本，第 49 页；同时也可参照别处，第 67、75、113 页，等等。

　　因此，对于海德格尔来说，形而上学（或形上存有论）仍还是
整体的关闭，而且它只超越了面向（高级的）存在者，或面向存在
者之（有限或无限的）整体的存在者。这种形而上学本质上应当是
与某种人本主义联系在一起的，只是这种人本主义并不关心"人的
本质是以何种方式从属于绝对存有之真理的"①。"揭示形而上学特
征的，正是它所具有的'人本主义'。"② 勒维纳斯向我们建议的，
恰好**同时**是人道主义和形而上学。那意味的是，借助伦理的王道进
入至上的存在者，进入作为他者的真实存在者（用勒维纳斯的说
法，即是存在者之"实体"与"自身"）。而这个存在者，即以人的
本质、作为与上帝相似的面孔而被规定的人。海德格尔在谈及形而
上学、人本主义和存有神学时所针对的难道不就是这个吗？"与面
孔的相遇，并非仅是一种人类学的事实。严格地说，它是一种与是
其所是者（ce qui est）的关系。也许，只有人是实体，所以他才是
面孔。"这是肯定的。不过，这种面孔与上帝之面孔的可比性，却
以最古典的方式，区分了人与动物，并确定了人的实体性
（substantialité）："绝对他人就像上帝"。所以，使人成为面孔的那
种实体性，是建立在与上帝的相似性之上的，而上帝，就是绝对面
孔和绝对实体性。绝对面孔这个论题，因而要求再次涉及笛卡儿。
虽然，勒维纳斯从没有阐述这一点，即为经院学派所共认的、涉及
造物主和被造物之实体概念的那种歧义性（比如参照《原理》，I，
第51段）。通过多种中介，我们因此就又回到经院学派关于类比的

①《关于人道主义的信》，法文译本，第51页。
②《关于人道主义的信》，法文译本，第47页。

那个问题性上来了。但我们无意在此进入这个问题①。只想提请注意，从类比、"相似性"原理出发去思考，人的面孔的这种说法，就不再如勒维纳斯似乎希望的那样，在深层上与"隐喻"不相干了。"……绝对他人就像上帝……"不就是那个原初性的隐喻吗？

存有问题，无非是对这种思路的**形而上学**真理的一种质疑，顺便提一下，所谓的"无神论人本主义"正是用这种思路来谴责那里的异化过程的。存有问题，超越了这个思路，超越了不同的人本主义的这种对立，它回归到由人这种存在者（l'étant-homme）的规定性、上帝这种存在者（l'étant-Dieu）的规定性，及其类比关系的规定性所预设的存有思想，因为正是对这种前概念和前类比的存有之唯一统一体，提供了打开一切的可能性。这既不是用存有取代上帝的问题，也不是将上帝建立在存有之上的问题。存在者之存有（比如上帝之存在②）并非绝对存在者，也非无限存在者，甚至也不是

①　我们宁愿引用尼古劳斯·冯·库斯在《博学的无知》（*Docte lgnorance*）中一段话，他在这段话中自问道："我们怎么可能理解创造物自身呢？创造物来自上帝，它们加在一起也不能为无限存有添加什么。"为了阐释**我们绝对不知其模式**的"内包（en-veloppement）和外展（dé-veloppement）之双重过程"，作者写道："让我们假设一张脸的图像或近或远是复式的（这里说的不是空间距离问题，而是图像参与原版真相的参与度，因为参与度必然取决这个原版真相）；在这些从一个特别的面貌，依据不同图式复制出来的多种不同的图像中，显现的只是一个唯一的脸，它以一种不可解的方式，超越了一切感官或思想的统摄。"（M. 德·甘迪亚克编：《尼古拉·德·居士选集》，第二卷，第三章，第 III 页）

②　存在思想，可以使我们说出，比如，"上帝"这种东西时，不那么幼稚，不那么简单化，也少些亵渎。也就是说，它使我们可以**思考**上帝本身，而非将它当作客体。而正是在这一点上，像所有最古典意义上的无限主义的形而上学者一样，勒维纳斯恐怕认为那是不可能的、荒谬的，或者纯粹是说说而已：如何去思考那个当我们提出"比如，上帝，或无限"这个说法时所要意味的呢？不过，示范性的概念，无疑会提供不少的资源来抗衡勒维纳斯的这种反对意见。

一般意义上的存在者之基础。正因此，存有问题甚至无法开始（比如）《整体与无限》的形而上学建构。简单地说，因为它永远碰不上勒维纳斯所提议的那种**存有论**和**形而上学**的"词项倒置"。这种倒置论题，因此只在勒维纳斯著作整体的经济论逻辑和连贯性中，才起必要的作用，也才具有意义和必要性。

那么，对于形而上学和人本主义来说，提出"人的本质是以什么方式从属于绝对存有之真理的"（《关于人道主义的信》）这样的问题，会意味着什么呢？也许意味的是：如果存有思想没有事先被预设，面孔的经验可能产生吗？可能被表达吗？其实，面孔，是一种赤裸裸的注视和一种发言权原初的统一体。但是眼睛和嘴巴，只有在需求之外，"任由"存有以其本来面目存在，视物之是其所是，言物之是其所然，并进入以其本来面目存在的存有，才能构成面孔。不过，受到注视与言语尊重以其本来面目存在的存有，是不能简单地被生产的，它必须激发注视和言语，并挑战它们。没有对存有**的***思考和言说，就没有言语。但是，由于存有在既定的存在者之外，什么都不是，因此，如果没有言语可能性的话，存有就不会以其本来面目显形。存有**本身**，只能够被思考、被言说。它与绝对逻各斯同时发生，而绝对逻各斯本身，只能作为存有**的**绝对逻各斯并言**说**存有，才能存在。没有这种双重所属性（double génitivité），切断了与存有的联系并被关闭在既定存在者中的言语，用勒维纳斯的术语来说，就只能是欲望前的那种需求呼叫，只能是同质领域中我的姿态。也只有在这种对存有思想的简化或服从情况下，"哲学

212

---

* 这个着重号是为了强调它的双重所属功能：被思考的存有及思想的存有。

话语本身"才会只是"一种失败的行动，成为不间断的心理分析学、语义学，或社会学的借口，使其表象消失于绝对整体（le Tout）之中"（《整体与无限》）。也只有在这种情形下，与外在性的关系，才会不再能找到它的呼吸。面孔形而上学，因此**关闭**了存有思想，而且在预设存有与存在者之差异的同时使这种差异缄默。

假如这种差异是原初性的，假如于存在者之外思考存有，就等于一**无**所思，假如于存在者之存有外接近存在者也等于一无所**思**的话，那么，毫无疑问，我们有某种权利站在勒维纳斯一边说（除"一般存有"这个意义暧昧的说法外）"与自我表达的存在者的那种关系，**前在于对**一般存有之揭示，即伦理前在于存有论"（《整体与无限》，重点号由我所加）。如果这种前在（pré-existence）具有它应有的存在者存有论意义的话，那么上述说法就是无可置疑的。事实上，与**自我表达**之存在者的那种关系，前在于存有揭示本身，也前在于那种明确的存有观念。这一点是肯定的。但值得注意的是，如果没有已经以暗示的方式存在着的存有观念，就不可能有**表达**，这指的是言语意义上的表达，而非勒维纳斯所说的那种需求性喊叫式的表达。同样地，自然态度**事实上**也前在于先验还原。不过，我们知道存有论或先验论的"居先"（pré-séance）并不是这同一层次上的东西，也从没有人这么认为。这种"居先"不反对，也不肯定存在者层面或事实层面的那种先后次序。结果是存有，这个**事实上**总是已经被规定为存在者的存有，即那个于存在者之外就什么也不是的存有，就总是已经被遮蔽了的。勒维纳斯的这句话——前在于与存在者之关系——甚至就是对这种原初遮蔽的表达公式。存有在绝对存在者之前并不存在——因

此它即是绝对**历史**——它的开始以它在其规定性中隐身为标志。这 *213*
个作为存在者之揭示（即绝对形而上学）的规定性，就是存有的面
纱（voilement）本身。那里不存在什么意外或可遗憾的。"存在者被
赋予的阴影，会遮住存有的清晰度。存有以从存在者中隐退的方式显
示自身"（《通向语言的道路》）。因此，说存有思想是一种被揭示主题
所主宰的思想岂不是很冒险吗（《整体与无限》）？没有这种存有于存
在者中的隐身，恐怕就什么也不会有，可能也不会有历史。存有像历
史和世界一样发生，这意味着它只能以从形而上学史的那些存在者规
定性中撤出的方式，才能存在。因为，那些历史"悬置"就是将自己
置入括号内、储存于形而上学概念中的存有之形而上学（本体论神
学）规定性。正是在作为历史的存有的这种奇异之光中，海德格尔
让"末世论"概念重新浮现，如在《通向语言的道路》中显现的那
样："存有本身……就是末世论的。"也许应当更逼近地思考这种末
世论与弥赛亚末世说的那种关系。前者预设的是战争并非突发于存
有的意外，"战争就是存有本身"（Das Sein selber das Strittige
ist）（《关于人道主义的信》）。这不是个黑格尔式的和弦能理解的命
题：因为，这里否定性既不起源于否定，也不起源于无限的第一存
在者的那种不安。作为否定性的战争，甚至可能是不可想象的。

　　正如我们知道的那样，存有，在判断之误之前的、存在者秩序之
前的那个存在者之下的原初性隐身，被海德格尔称作游荡（errance）。
"世界历史的任何一个悬置，都是这种游荡的悬置"（《通向语言的道
路》）。如果存有就是时间和历史，那是因为存有的游荡和悬置性本质
是不可还原的。这么一来，又怎么能够谴责这种无尽头游荡的存有思

想是一种关于绝对场域的新异教？是一种讨好绝对定居者（Sédentaire）

的崇拜仪式吗（《整体与无限》《困难的自由》）①？难道我们还需要强调，海德格尔这种对绝对场域和绝对土地的要求，在这里没有任何对领土、地域的情感依附，也没有任何地方主义或本位主义的意思。至少，它与经验层面的"民族主义"没什么关系，而这种经验的民族主义并非也不可能是希伯来式的土地怀旧，因为这种怀旧，不是由经验性激情激发的，而是由某种言语和承诺的出现**引发**的②。因此，将海德格尔的绝对土地或绝对居住之主题解释为民族主义或巴雷斯主

---

① 在一篇措辞激烈的文章中（《海德格尔，加加林和我们》，《困难的自由》），海德格尔被指为技术的敌人，被归到"多半是反动的""工业社会之敌"的行列。对于这种谴责，海德格尔曾如此频繁而明确地回答过，我们这里最好的办法就是重读他的这些文字，尤其是将技术处理为"（存有）揭密模式"的《技术问题》一文［《论文演说集》（*Essais et Conférences*）］，以及《关于人道主义的信》和《形而上学导论》（《绝对存有的限制》）。在那些文本中，海德格尔将我们等会儿要谈到的暴力，在一种非贬义也非伦理学（第 173 页）的意义上，与揭示绝对存有的技术（τεχνική）联系起来。

无论怎样，我们看到的是，勒维纳斯发起所指控的那种内在连贯性变得清晰起来。（作为概念的）存有，在他看来就是中立的暴力。神畏/威，也许就是人格神的那种**中立化过程**。对技术的"反动"，针对的也许并不是技术的非人格化的危险，而恰恰就是技术使我们脱离了绝对神畏/威所释放的狂喜，摆脱绝对场域的根。

② 这里我们无法展开这个争论，要了解它，最好回到海德格尔关于这个主题最为清晰的文本上去：（1）《存在与时间》的下述论题：本质的"流离失所感/陌生感"（Unheimlichkeit）、在世界中的那种"裸露性"、"无家可归感"（als Un-zuhause）（第 276—277 页）。正是这种真实状态明确逃避了"人们"（on）的那种**中性化了的**实存。（2）《关于人道主义的信》，第 93 页，海德格尔在他的评论荷尔德林的诗《归家》中写道，"祖国"这个词，"在那里是从本质意义上被思考的，它既不是爱国主义的，也不是民族主义的，说它是绝对存有史观的更为合适"。（3）同上，第 103 页。海德格尔在那里还特别写道："从形而上学层面看，一切民族主义都是一种人类学主义，因此，都是一种主观主义。纯粹的国际主义并不能克服民族主义，而只能扩大它，并将之系统化。"（4）最后，至于居所和家园（勒维纳斯试图歌颂它们，不过，他确实把它们当作内在性的时刻，确切地说是当作经济论来考虑的），海德格尔十分明确地说，家园，并不从经济学角度以隐喻的方式规定存有，相反地，它只能从存有本质的角度以它的本相得以规定。同上，第 151 页。也可参照《人是诗意的栖居》（*L'homme habite en poète*），我们顺便提一下，海德格尔在那里区分了绝对同一和绝对同等（*das Selbe-das Gleiche*）："绝对同一，消除了解决绝对同等问题的任何渴望"（《论文演说集》，第 231 页）。参照《筑·居·思》（同上）。

义（barrésisme）的主题，表达的首先不就是对海德格尔哲学"氛围"一种**过敏反应**吗？勒维纳斯经常使用过敏这个词。而且勒维纳斯也承认，在深受"马丁·海德格尔哲学"的启发之后，他的"反思"便"受到了迫切需要离开这种哲学氛围的命令"（《从实存到实存者》）。而*215*这个需要的自然合法性，正是我们最后要进行质疑的，因为我们认为这种氛围不可能完全摆脱思想本身。但是，他者的那种裸露真理的显现，不是超越这种"需要"、这种"氛围"和某种"历史"的吗？谁又比勒维纳斯更出色地告诉过我们这一点呢？

绝对场域，因此并非某种经验性的**此处**，它总是某种**彼处**（Il-lic）：对海德格尔如此，对犹太人和绝对诗人亦然。荷尔德林说过，而且海德格尔也就此评论过：绝对场域的邻近性总是禁止接近的①。存有思想，因而不是对绝对场域的一种异教崇拜，因为它的邻近性不是给定的，而是一种承诺。也因为它并非一种**异教崇拜**，它所说的那种绝对神畏/威（Sacré）*　**既不属于**一般宗教，也不属于某种神学，因此，它就不能由任何一种宗教的历史来规定。它首先是神圣性或神性的那种本质经验。而神性，既非概念，亦非现实，接近它的通道，应当既非理论，亦非神秘易感性，既非神学，亦非激情狂热。再说一次，在既非历时性，也非逻辑性，亦非一般

---

① 参照比如，《归家》，《荷尔德林诗释》（*Die Erläuterungen zu Hölderlins Dichtung*），Frankfurt，1963，第 14 页。

* 在勒维纳斯那里，le sacré 指的是原始崇拜，即犹太教产生之前的那种神秘的、非理性的、野蛮的、原始的敬神祭神形式。它以偶像崇拜，特别是连带关系崇拜，如土地、血缘、乡土崇拜为特征。在观念上与神性、神圣性（divin, divinité）相互区别。这里试译作神畏/威或神敬/禁。

存在者存有论的意义上，它**前在于**任何一种与上帝或绝对神之关系。这后一种关系，无论它是什么类型，为了被体验并被说出，都以对神性的某种预解、对上帝的神性（l'être-dieu de Dieu）的某种预解、对勒维纳斯在论及它"以人的面孔为基础而敞开"（《整体与无限》）时说过的那种"神圣层面"（dimension du divin）的某些预解为前提预设。就是这么回事，而且常常就是这样，问题既简单又困难。神畏/威（sacré）只是"神圣性（divinité）的唯一本质性的空间，反过来，这个空间也是唯一能为诸神或唯一神打开其神圣层面的……"（《关于人道主义的信》）这个空间（海德格尔也指那种绝对高度①）前在于信仰和无神论。因为它是后二者的前提条件。"只有从绝对存有之真理出发，我们才能思考这种神畏/威的本质。因为只有从这种神畏/威的本质出发，我们才需要思考绝对神圣性的本质。也因为只有根据绝对神圣性之本质，我们才能去思考并言说'上帝'这个词应当意谓的东西"（《关于人道主义的信》）。勒维纳斯的话语不可能没有预设这种对绝对神性的预解，即便在他要将上帝与神秘的神性加以对立的时候。诸神或上帝只有通过这种绝对神畏/威空间和神性之光才能得以预示，这既是作为历史的有限存有的**限制**，又是其**资源**。之所以是限制，那是因为神圣性并非上帝。从某种意义上说，它什么也不是。"的确，神畏/威显现，而神却依然遥远。"② 之所以是资源，那是因为这种对作为存在者上帝的存有思想的预设，总是**预感到**上帝的**来临**，并打开了与上帝相遇

---

① 《归家》，《荷尔德林诗释》，第 14 页。
② 《归家》，《荷尔德林诗释》，第 34 页。

和与上帝对话的可能性（或然性）①。

使上帝得以思考并命名的那种上帝的神性，什么也不是，它尤
其不是上帝自身，这正是埃克哈特教长（Maître Eckhart）特别指出
过的："上帝与神性的差异，就如同天壤之别……上帝运作，而神性
不然，神性没有什么可运作的，它身上不存在任何运作功能，它从来
没有任何显见的作用力……"[教义《别害怕》（Nolitetimereeos）] 不
过，这种神性此处仍被规定为那种三位一体的上帝之本质。而在埃克
哈特教长要想超越这些规定性时，他所勾勒的那种运动，看起来依旧
是被锁定在存在者存有论超越之中的："当我说上帝不是一种存有，

217

---

① 也可参照《根据的本质》（Vom Wesen des Grundes），第 91 页，注释 1。神学，
是关于上帝存在的思想，也是关于上帝本质和上帝实存的思想，它因此会预设存有思
想。要了解这个运动过程，这里我们没有必要参照海德格尔。首先应参照的是让·邓
斯·司各特（Jean Duns Scot），我们知道，关于他，海德格尔曾在其早期的论述中有过
专论。对于邓斯·司各特来说，共同而单义的存有观念，必然地前在于被规定了的存在
者观念（比如被规定为有限的或无限的、被创造的或未被创造的等等）。这指的不
是：（1）共同而单义的存有，是某种类型，邓斯·司各特在这一点上重新使用了亚里士
多德的论证，但却没有借助这种类比。[关于这个主题，尤其可参考吉尔松（E. Gilson）
的《让·邓斯·司各特及其根本立场导论》（Jean Duns Scot，Introduction à ses posi-
tions fondamentales，第 104-105 页）。]（2）存有之单义性学说与亚里士多德和托马斯
学说并不兼容，与这种类比也不兼容，因为此类比，如吉尔松指出的那样，是不同层级
的问题，而且回答的也是另一个问题（同前注，第 84-115 页）。邓斯·司各特的问题，
也是我们这里所关注的勒维纳斯与海德格尔对话之间的问题。吉尔松写道："这个问题
所涉及的领域，既不再是亚里士多德的，也不再是托马斯·阿奎那的领域，因为要想进
入那个领域，就得首先脱离亚里士多德主义强加在独特性与普遍性、'首要'与'次要'
之间的那种两难，就等同时摆脱在类同性与单一性之间做选择的那种必要性，因为这种
必要性，只能将纯形而上学的存有概念完全隔绝于任何规定性才行。"（同上，第 89 页）
由此可见，如果存在思想（与海德格尔不同的是吉尔松这里把它叫作"形而上学"）与
神学有牵连的话，它却不会像任何原理或概念那样，前在于它，并对它发号施令。那些
"首要的"与"次要的"关系，对它来说没有任何意义。

它在存有之上时，我并没有因此质疑它的存在，相反，我将它定义为一种**更高的存有**。"〔《如辰星……》（*Quasi Stellamatutina ...*）〕这种否定性神学仍是一种神学，**至少字面上**对它来说，这意味着解放并承认了无限存在者的那种无法表达之超越性，解放并承认了"存有之上的存有的那种无法表达之超越性，也解放并承认了超本质否定（négation superessentielle）"的那种无法表达之超越性。**至少字面上如此**，只是，形而上学存有论神学与存有思想（即存有差异思想）之间的这种差异，意味的确实是**文字**的本质重要性。既然一切都发生在解释运动当中，那么，文字的差异就几乎是思想差异的全部。这就是为什么这里所说的存有思想，当它超出了存在者存有论规定性时，就既不是一种否定性神学，也不是一种否定性存有论。

"存有论"预设，即面向存有的超越，因此可以通过上帝这个词得以理解，即便这种理解，不过只是不和谐音回响于其间的那个以太。因为，这种超越就在语言中并奠定了语言的基础，它与语言一道提供了所有共在的可能性；而这种共在（Mitsein），比它的任何一种常被混同于团结、团队和同伴关系的可能形式都更具原初性①。《整体与无限》所暗示的、唯一能**让**所有他者在其真实性中

---

① 像勒维纳斯一样，萨特曾经在同志和团队等意义上解释共在。请看《存在与时间》，也可参看《海德格尔的世界概念》。在这部著作中，瓦特·贝美尔（Walter Bi-emel）准确而明确地将这种诠释与海德格尔的意向相对照（第 90 页及之后）。让我们在此只补充一点，**共在**的"**共**"，**原本**并不比"**与上帝共在**的语言"，更多地表达被中性化而共同的任务调动的一种团队结构（《整体与无限》）。能够呼唤共在的存有，并不像勒维纳斯常让人理解的那样，是一种第三项或一种共同真理，等等。最后，共在概念描述的是一种此在（Da-Sein）与缘在间的关系结构，而这种关系结构是先于一切"相遇"或"构成"的意义的，我们前面提到过的那个争论（也可参照《存在与时间》，第 48 页："**共在**，**也**应当从实存式（existentiaux）的，而非范畴性的角度来理解"）。

以其本来面孔存在并解放对话和面对面的存有思想，因此是最接近 *218*
非暴力之可能的。

我们并不是要说它是纯粹的非暴力。像纯暴力一样，纯粹非暴力是个矛盾的概念。这种矛盾超出勒维纳斯所称的"形式逻辑"矛盾。纯暴力，即无面孔的生物间的那种关系，还不是暴力，而是纯粹非暴力。同样，纯粹非暴力，即同一与他者的那种非关系（如勒维纳斯所理解的那样），就是纯暴力。只有面孔可以停止暴力，但那首先是因为只有面孔才能引发暴力。勒维纳斯说得好："暴力只能针对面孔。"（《整体与无限》）同样，如果没有开启了面孔的存有思想，也就不可能有纯暴力，或者纯粹非暴力。因此，存有思想在其揭密过程中，从来都对暴力不陌生①。因为它从来都以差异的方式显现，同一［存有（的）（和）思想］从来就是不一致的，这意味的首先是，存有即历史，它在自己的生产过程中隐匿自身，并且为了得以表达并得以显形，它在思想中原初地体验暴力。没有暴力的存有，将是一种产生于存在者之外的存有：它什么都不是，它是非历史、非生产、非现象性。不需任何暴力而产生的言语，恐怕什么也规定不了，什么也言说不了，而且也对他者提供不了什么；它也不可能是**历史**，而且也不可能**指示**什么：指的是指示这个词的全部意义，首先指的是其希腊意义，它会是一种不成句子②的言语。

在勒维纳斯看来，非暴力语言最多可能是一种丧失了"是"动

---

① 参照《形而上学导论》（尤其是《存有之限制》）。
② 该词的古希腊词源是 *phrasô*，意指阐释、使了解，也指思想的表达及口头表达术。

词的语言，也就是说是一种被剥夺了述谓功能的语言。述谓功能是第一性的暴力。既然任何其他动词和任何通用名称中都含有"**是**"动词和**述谓作用**，那么，非暴力语言最多应只是一种纯祈祷式、纯膜拜式语言，它只能提供专有名称来称呼远处的他者。这样一种语言，其实会像勒维纳斯明确希望的那样，能清除一切**修辞**，从修辞这个词的第一种意思来讲，也就是说它会清除一切**动词**。这样一种语言是否还配得上语言这一命名呢？完全脱离修辞的语言是可能的吗？教会我们绝对**逻各斯**指的是什么的希腊人，恐怕永远不会接受这种说法。柏拉图在《克拉底鲁篇》（Cratyle，425a）、《智者篇》（262ad）和《书信集》之七（342b）中说过：不以名词与动词的相互交织为预设前提的**逻各斯**是不存在的。

219

最后，倘若我们坚守勒维纳斯的内在思路的话，那么一种没有语句、什么也不说的语言，又可能给他者提供什么呢？而《整体与无限》却告诉我们，语言应当向他者提供世界。一个禁止自己使用**句子**的大师恐怕什么也给予不了；他不可能有弟子，只会有奴隶。恐怕他也得被禁止从事写作，或礼拜仪式，因为这种脱离了经济学的支出，在勒维纳斯看来，不应当被当作绝对赌注去思考。

因此，勒维纳斯的思想，在它谴责存有通道和概念时刻的那种对非暴力的最高诉求中，向我们提出的，如我们前面说过的，恐怕不只是一种无律法的伦理，而且还是一种无句子的语言。倘若面孔只是注视的话，那么这个说法完全说得过去，可是，面孔也是言语；而且在言语中，是句子使得需求的呼叫进入欲望的表达。不过，不存在不规定什么的句子，也就是说不存在没有经过概念暴力的句子。暴力与陈述同时显现。而陈述只能被存有的（首先是前概念的）循环打开。非暴力形而上学的口头表述，就是对它本身的首次否认。勒维纳斯肯定不会否定，任何历史语言都具有某种不可还原的概念时刻，因而也就具有某种暴力。只是在勒维纳斯眼中，概念的源头和可能性并不是存有思想，而是世界给予作为绝对他者之他人的礼物（don）。（参看比如《整体与无限》，第149页。）在馈赠（offre）的这种原初可能性中，在其依然沉默的意向中，语言是非暴力的。（不过，在这种纯意向中的语言还是语言吗？）对勒维纳斯来说，语言只在其历史中、在所谓的句子中才会变成暴力，因为，句子迫使语言在概念性句法中**被陈述出来**，而这种概念句法不仅开启了向同一的循环，而且让自己受制于"存有论"，受制于存有这个对勒维纳斯来说仍是概念之概念的东西。然而，在他眼中，存有概念只会是一种抽象的手段，它是为了将世界的礼物提供给**高于存有**的他者而产生的。因此，只有在其沉默的源头，在存有之前的语言，才可能是非暴力的。但为什么会有历史呢？为什么句子会成为必要的呢？那是因为假如我们不以暴力的方式将这个原初沉默从其自身中拔除，假如我们决定不说话的话，那么更严重的暴力，就会以沉默的方式与和平思想共居并存？和平，只有在**某种**由言语暴力规定并保护的**沉默**中才能实现。它只对这种召唤它的沉默和平视域、这种它有义务去捍卫并准备的使命发言，它可以**无限期地**保持沉默。因此，我们永远无法摆脱**战争经济学**。

220

正如我们看到的那样，将作为非暴力和礼物的语言之原初可能性与历史实在性中的必要暴力分隔开来，是支持超历史性

（transhistoricité）思想的。这显然也是勒维纳斯所做的，尽管他最初对胡塞尔式的"非历史主义"有过批评。对他来说，意义之源是非历史的，也是"超出历史"的。既然如此，我们就又不得不问，我们是否还有可能像勒维纳斯希望的那样，确认思想与语言？意义的这种超历史性，是否确实就是他灵感中的希伯来元素？最后也要问的是，这种非历史是否摆脱了一般历史性，或者只是摆脱了历史的某种经验性的、存在者存有的面向？而他所求助的末世说是否能够摆脱一切对历史的参照？**因为，我们对历史的参照，这里都只能是语境式的。我们所说的经济学不再适应历史这个一直有效的概念，因为这个概念很难摆脱目的论或末世说视域，即便假定这不是不可能的。**

因此，正是意义本源处的这种非历史性，深刻地分离了勒维纳斯和海德格尔。对于后者存有就是历史，**不在**差异之外，它的发生本源是一种（非伦理）暴力，以自我揭密同时自我隐匿的方式产生。因此，语言总是遮蔽了它自身的源头，这并不矛盾，这就是历史本身。在使思考伦理暴力成为可能的历史存有论暴力中①，在作为存有思想的经济论当中，存有必然被隐匿。而初次暴力，就是这种隐匿，而且它也是这种虚无主义暴力的初次败北，是存有的首次神显。因此，与其说存有是我们所说的那种**最初被认识的**（primum cognitum），不如说它是**最初被遮蔽的**（premier dissimulé），

221

---

① 必须明确的是，这里"存有论"并不等于海德格尔建议我们弃绝的本体论概念（可参照上文），而是要通过找不到的表达来取代这个概念。"历史"这个词也必须修改，以便呼应那个它既非其属性也非其派生物的"存有论"一词。

这两种命题并不相互矛盾。相反，对勒维纳斯来说，（作为概念的）存有是**最初遮蔽者**（premier dissimulant），存在者与存有的差异（la différence ontico-ontologique）因而会取消差异及他者的那种无限相异性。而且，存在者与存有的这种差异，只有从绝对无限思想出发，从彻底他者之存在者的那种无法预知突现出发才是可思的。因此，彻底他者之存在者前在于存有与存在者之差异，也前在于这种差异所能打开的历史相异性。语言对于勒维纳斯，就像对于海德格尔一样，既是孵化（éclosion）又是储备（réserve），既是照明又是遮蔽；而对两人都一样的是，遮蔽恐怕就是概念性姿态。但是，对于勒维纳斯来说，概念是在存有一方的，而在海德格尔那里，它却与存在者的规定性一边。

这种图式指责他们彼此间的对立，但更经常的是使人猜测出他们之间的临近性。这两种"末世说"的临近性，在于它们以截然相反的路向，重复并质疑了源自柏拉图主义的整个"哲学"冒险。它们以向黑格尔提问的方式，同时从内外两面质疑它，因为这场冒险通过黑格尔得以总结并思考。这种临近性也可以从这类问题中得以预示：**一方面**，上帝（即存在者—无限—他者）还是可以从某种存有思想（特别是神性思想）来预解的存在者吗？换句话来说，无限可以被叫作存在者的规定性吗？上帝，不是一直被当作那种不能从存有思想出发来预解为至上存在者的名称来思考的吗？上帝，难道不是那种不能从神性面向来预示者的名称吗？上帝，难道不就是存有的另一个名称（因为它是非概念）吗？而存有思想，打开了差异与存有论视域，它不只是预示了它们。是打开视域，而不是在视域中打开。存在者的关闭，恐怕已被无限观念打破，在某种应当更仔细加以研究的那种不可思（l'impensé）的意义上，它被海德格尔所称的形而上学及本体神学打破。**另一方面**，存有思想，不就是在成为概念的同质一致性和同一的窒息前的那种他者的思想吗？末世说的那种历史之外（outre-histoire），难道不正是通往更深层历史，通往绝对历史本身的另一个名称吗？不过，那是一种不再能以某种原初的或终极的**在场**作为**其本身**出现的历史，因而，它是不是得换个名称？

换个说法，我们或许可以说，如果存有论前在于神学的话，它**只有**将后希腊哲学思想的存在者规定性内容，人们称之为上帝，即肯定无限性的东西，置入括号才是可能的。肯定无限性，也只会有所谓的存在者规定性（名词性）之表象。它事实上拒绝成为从存有思想出发被理解的那种存在者之规定性。相反，是无限性，作为非规定性和具体运作，使我们能够思考存有与存在者规定性之间的那种差异。无限性的那种存在者内容，会摧毁存在者的壁垒。无论有否暗示，无限性思想，都会打开存在者存有论（ontico-ontologique）问题及差异。悖论的恐怕是因为这种无限性思想（即所谓关于上帝的思想），存有论对神学的优先地位才可能得以肯定，而关于上帝的思想却预设了存有思想。可能由于这个原因，尊重所有思想中的**单义**存有之在场或一般性存有的邓斯·司各特或马勒伯朗士（Malebranche），认为没有必要对存有论（或形而上学）及神学的不同层次进行区分。海德格尔常常提醒我们注意存有思想的"奇特简单性"：它的简单，也正是它的

222

难度，因为它触及的恰恰是"不可认知的"东西。对海德格尔来说，无限性不过是这种简单性的一种后来的规定性。而对于马勒伯朗士，它就是这种简单性的形式本身："所以，无限观念的外延，比天堂观念包括的现实更多；在一切存有种类中呈现的无限观念，回应的是'**存有**'这个词，是无限圆满的'**存有**'，它还无限地包含了我们对这个观念的感知，但这种感知对我们的影响是最为轻微的；因为它所包含的东西越大对我们感知的影响就越轻，它越是无限地包含一切，对我们感知的影响就越是无限地轻微"（《一位基督教哲人与中国哲人的对话》）*。绝对存有不是任 **223** 何（被规定的）东西，它必然地（作为差异）在差异中发生。一方面说它是无限的，或另一方面说它不过是与绝对虚无"同时一起"（in eins mit）出现或发生的（《何为形而上学？》），也即是说它"本质上"是有限的（同上），从根本上说，这有什么不同吗？不过，也许应当指出的是，海德格尔除了古典形而上学外从没想要说"别的东西"，而对形而上学的僭越，并不等于是形而上学或存有论神学的一种新论题。因此，对存在者之存有的提问，并不会在众多提问中只**导出**关于作为上帝的存在者的问题，它还**预设**作为问题可能性及问题之答案的上帝。上帝将永远介入有关上帝的任何问题，它前在于任何"方法"。甚至上帝这个观念的内容，也是某种存有的内容，而**关于这个存有**，任何问题都不可能被提出（除非被上帝自己），而且这个存有不能被当作存在者来

---

* 参照《有关神的存在和性质的对话》，陈乐民译本，北京，三联书店，1998，第46页。

规定。在《亵渎、无知与智慧》（*Idiota de sapientia*，1450）中，尼古劳斯·冯·库斯展开了对牵涉一切的提问，首先是关于上帝问题的上帝的令人赞赏的沉思。比如：

> 教外汉说：你看，神学难题是多么地容易呵，因为寻找答案者总是根据问题提出的图式而获得答案。
>
> 布道者：的确。没有比这更令人惊奇的了。
>
> 教外汉：任何关于上帝的研究，都假设了这个被研究的对象。在所有关于上帝的提问中应当回答的，恰恰正是那个预设了这个提问的东西。因为，虽然上帝是超越所有示意过程的，它却通过所有的示意过程得以表达，无论这些表达用的是什么词。
>
> 布道者：请你再解释解释……
>
> 教外汉：上帝实存的问题，难道首先预设的不是实存的概念吗？
>
> 布道者：的确如此。
>
> 教外汉：你只要一提出"上帝存在吗?"的问题，你就能回答那个明确成问题的东西，也就是说，上帝是存在的，因为它就是问题中被预设的那个绝对存在。同样，这也适合于"上帝是谁?"这个问题，因为问题预设了那种绝对本质（Quiddité）；你因此可以回答说上帝就是那个绝对本质本身。它对任何提问都是如此。在这一点上，没有什么可犹豫的。因为上帝就是普遍的先决条件本身，无论怎样它都被当作先决条件，就像原因被当作一切后果的先决条件一样。所以，你看，神学的难题是多么的容易呀……假如在任何神学提问中预先假

224

定的一切都能回答这个问题，那么也就不存在任何关于上帝的问题，因为在所提的问题中，答案与问题是相互吻合的。①

勒维纳斯在将语言、意义、差异之源与无限的他者而非与同一联系起来时，他就不得不在其哲学话语中背叛了他自己的意图。因为这种哲学话语要想得到理解并被传授，就只有首先让同一与存有贯穿自身。这个让其严格示范对象与其示范链真相相互产生矛盾的经典示范模式，在这里让通过对话和传授方式进行的形而上学给复杂化了。这是个遭到怀疑主义、历史主义、心理主义、相对主义等上千次谴责的循环。不过，这种服从于绝对他者的思想之真正名字，这种果断接纳受比哲学话语的"逻辑"更为深刻的真理启发的那种缺乏条理的矛盾性的真正名字，这种对概念、先验推理和语言的先验视域的**放弃**的真正名字，就是**经验主义**。说到底，经验主义只犯过一种错误，那就是它将自身当作哲学，这是一种哲学错误。我们必须承认，经验主义者的那种意图深度，尽管它是以某些历史表述的幼稚方式显示出来。从源头上讲，它是某种纯**异质逻辑**（hétérologique）观念之**梦**。是关于**纯差异**的**纯粹**观念。经验主义就是它的哲学名称，是它的形而上学自负或谦逊。我们说它是**梦**，那是因为它在**黎明**中消失，只要语言醒来，它就必然消失。但可能有人会反对语言在沉睡的说法。毫无疑问，但是接下来我们必须以某种方式重新变成古典主义者，并重新找到言语与思想离异的其他理由。可是这条路如今相当地荒凉，也许太荒凉了。勒维纳斯

①　甘迪亚克编：《尼古劳斯·冯·库斯选集》。

就是放弃者中的一个。

勒维纳斯在将他者之无限外在性论题推向极端的同时，也接纳 *225* 了曾经多少暗中激发过哲学史中被称为**经验主义**的那些哲学构想。 而他，以一种我们从未企及的勇气、深度和果敢这么做了。他将 这个方案贯彻到底，因此彻底更新了经验主义，他将经验主义当 作形而上学来揭示，而因此翻转了它。尽管他思想发展中有着胡 塞尔式和海德格尔式阶段，勒维纳斯不愿放弃**经验主义**一词。至 少有两次，他声称"激进的经验主义对外在性的传授充满信 心"（《整体与无限》）。（无限）他者的经验是不可还原的，因而 它是"经验的典型"（同上）。而关于死亡这种激进经验主义不可 还原的资源，勒维纳斯说它是"一点也不实证主义的经验主 义"①。可是，我们可以谈论他者或差异的某种**经验**吗？经验这个 概念，难道不总是已经被在场形而上学规定了的吗？经验，难道不 总是与某种不可还原的在场的相遇？与某种现象性的感知的相遇？

经验主义与形而上学间的这种共谋关系，没什么值得大惊小怪 的。康德和胡塞尔在批评或者毋宁说"限定"它们时，就已经明确 地承认了它们之间的这种连带关系。我们应当更近地对这种连带性

---

① 《两个世界之间：法朗兹·罗森茨维格的精神传记》（Entre deux monde：Biog-raphie spirituelle de Franz Rosenzweig），《犹太意识》，巴黎，大学出版社，1963，第 126 页。据我所知，这次讲座与 A. 聂和尔（Néher）发表在 1959 年的《应用经济科学所手册》（*Cahiers de l'Institut de science économique appliquée*，1959）上的一篇文章，是专论罗森茨维格的唯一重要文本。在法国，罗森茨维格最为人所知的两本著作是：《黑格尔与国家》（*Hegel und der Staat*）和《救赎之星》（*Der Stern der Erlösung*，1921）。看来罗森茨维格对勒维纳斯的影响是深刻的："在《救赎之星》中，罗森茨维格对整体思想的抵触是令人印象强烈的，这在他的书中到处可见，我无法一一引用"（《整体与无限》）。

进行沉思。谢林的沉思曾经走得很远①。

可是，经验主义从柏拉图到黑格尔向来都被哲学规定为**非哲** *226*
学：是非哲学的哲学抱负，它没有能力以言语为自己辩护并自我救
助。但是，当这种无能被果断地接受的时候，它就会挑战逻各
斯（即哲学）根源处的那种决断与一致性，而不是任由逻各斯质疑
自身。因此，没有任何东西能够比这种彻底他者的突然闯入，能够
如此深层地摇撼古希腊逻各斯，即哲学，也没有什么东西比它能够
更多地从它的源头、它的必死性和它的他者处唤醒哲学逻各斯。

不过，如果（这只是我们的假定）我们将犹太教称作无限的他
者的那种经验的话，那我们就必须反省这种经验之所以成立的必要
性，反省那种使它成为逻各斯并以其特有梦境的自闭（autistique）
句法去唤醒古希腊逻各斯的那种强制性。因为，这是为了避免在暗
夜中变成他者时遭到最严重的暴力威胁的必要性，是向独一无二的
哲学逻各斯借路的必要性，因为只有哲学逻各斯能借助同一去逆转
那个"空间的曲线"。因为这个同一，既非一致性，也不能锁住他
者。有个希腊人曾经说过："如果必须探讨哲学问题，那就必须哲

---

① 在《论哲学经验主义》（*Exposé de l'empirisme philosophique*）中，谢林写道：
"上帝应当是以绝对方式自我关闭的绝对存有，它应当是最高意义上的实体，在任何关
系之外。"但是，由于我们认为这些规定性纯粹是内在的，与外部世界是没有任何关系
的，就有必要从这个绝对它开始构想这些规定性，也就是说，将它本身当作孤例（*pri-
us*），甚至绝对孤例来考虑。正因此经验主义推到极致会导向超经验性的（supra-em-
pirique）。自然，不应当将谢林的"自闭的"（enfermé）和"自我回撤的"（replié）理解
为有限关闭和自我主义的缄默症，而应理解为绝对的相异性，即勒维纳斯称作解除了一
切关系的绝对无限。在柏格森那里也有一种类似的运动形态，他在《形而上学导论》以
真正的经验主义为名，批评那些不忠实于纯粹体验的经验主义学说，并下结论说："这
种真正的经验主义，就是真正的形而上学。"

学地进行；即便不需要探讨哲学问题，（为了说与思）那也仍需哲学地进行。哲学永远是有必要的。"勒维纳斯比别人更清楚这一点："我们不能在不知道如何阅读《圣经》的情况下拒绝《圣经》；也不能在没有哲学的情况下把握语义学，如果需要的话，也不能在没有哲学思辨的情况下终止哲学话语"（《困难的自由》）。"我确信，我们必须借助真理以反思一切理解与默契（entente）之中介，确切地说，就是借助古希腊文明，借助古希腊文明的产品，即借助逻各斯、借助理性的内在一致性话语和理性化的国家生活。因为，那是一切默契的真正基础"（同上）。这样一个相遇的场所，不可能只向一种陌生的思想提供**聚会**款待。将自己的家园和语言借出去的古希腊人，更不可能在犹太人和基督徒于他家中聚会时自己缺席（因为我们刚刚引过的文本讲的正是这种相遇）。因为希腊，并非一个中性的、临时的、边界外的场域。古希腊逻各斯所赖以产生的历史，不可能是为了理解与不理解末世预言的人提供默契基础的幸运意外。它对于任何思想都不可能是**外部**和**意外**。希腊奇迹，不是一般的奇迹，也不是某个惊人的成就；它是一切思想要将希腊智者当作金口约翰*所说的"外来的智者"（sages du dehors）的那种永不可能性。既然希腊的存有观念已经说出了"超越本质"，既然从第二个词起（比如，在《智者篇》中），它就承认了相异性应当在意义

---

* 圣约翰·克里索斯托（Jean Chrysostome，约 347—407）。古代基督教教父。生于安提阿，今土耳其安塔基亚。罗马帝国军官之子。曾研习修辞学、哲学和法学。擅长辞令，有"金口"之誉。约 370 年受洗入教，度隐修生活。386 年升神父。主张哲学应为宣传基督教教义服务，虔诚就是真正的哲学。397 年由皇帝选为君士坦丁堡主教。著作多为宣传教义讲稿和圣经注释。

的起源处就有，既然它将一般的相异性纳入了逻各斯的中心，它就永不会受到任何绝对**出人意料**的传唤。

我们是犹太人？抑或是希腊人？我们就生活在二者的差异之中，而这个差异，也许正是我们所说的历史的统一体。我们生活在差异中并倚赖这种差异生活，也就是说，我们生活在勒维纳斯说得如此深刻的那种"虚假"（hypocrisie）中，这种虚假，"不仅只是人类偶然的丑陋缺陷，而且也是同时依附哲人与先知的这个世界之深层撕裂"（《整体与无限》）。

我们是希腊人？抑或是犹太人？可是"我们"到底是谁？我们**首先**是犹太人？还是**首先**是希腊人（这不是个历时性的问题，而是个前逻辑的问题）？这犹太人与希腊人间的奇异对话，即和平本身，是否就是黑格尔的绝对思辨逻辑的形式？就是他在《精神现象学》前言中**思考了**预言式话语之后，用以**调和**形式同语反复（tautologie formelle）和经验异质逻辑（hétérologie empirique）①那种活生生的逻辑？这种和平，是否相反地具有无限分隔的形式？是否具有

228

———————————

① 纯差异与（非差异）并非绝对不同。黑格尔对纯差异这个概念的批评，这里对我们来说，无疑是最无法绕过的主题。黑格尔曾思考过绝对差异，并指出它只能不纯才可能纯。比如，黑格尔在《逻辑学》关于"绝对差异"中写道："这种差异是自身差异与为自身的差异，即绝对的差异，绝对本质的差异。这种自身与为自身的差异不是由外因引起的，它是只与自身相关的差异，因此，也是单纯的差异。在绝对差异中看到一种简单的差异至关重要……自身差异是只与自身发生关系的差异；它也是它自身的否定性，这种差异不相对于某个他者，而只相对于它自身。与差异不同的是一致性。所以，差异既是它自身，又是一致性。二者联合构成了差异，差异既是整体，又是其特有的时刻。我们可以有充分的理由说，单纯的差异并非差异；而这种说法只有关系到一致性才是真的；不过作为差异本身，差异同时包含了它自身和与一致性的这种关系。差异是整体，也是它特有的时刻，就如同一致性是整体，也是其特有的时刻一样"（法文译本，第二卷，第 38-39 页）。

他者那种不可思的、无法表达的超越形式？提出这个问题的语言究竟属于哪种和平视域？它的问题的能量来自何处？它能意识到犹太教和希腊思想的那种历史交配吗？"犹太希腊就是希腊犹太。两极相遇"（Jewgreek is greekjew. Extremes meet）①，在这个现代小说家提出的也许是最黑格尔式的命题中，**谓词**（is）的合法性是什么？其意义又是什么呢？

① 乔伊斯《尤利西斯》，第 622 页。不过，勒维纳斯不喜欢尤利西斯，也不喜欢这个过分黑格尔式的英雄，这个念旧返乡、封闭型循环者的招数，因为他的历险永远可以在其整体性中得到概括。勒维纳斯经常谴责他（《整体与无限》《困难的自由》）。"我们要将阿布拉海姆的故事与尤利西斯返回伊塔克的神话相对比，阿布拉海姆永远离开了故土，前往一块未知的土地，他甚至在临行时不让仆人带上自己的儿子"（《他者的印记》）。不过，海德格尔并未忽视回归的不可能性：存有的原初历史性、差异的特殊性、无法还原的游荡，都禁止了对什么都不是的存有**本身**的回归。因此，在这一点上，勒维纳斯跟海德格尔是一致的。相反地，回归主题难道真的那么不希伯来式吗？乔伊斯在构思布洛姆和史蒂文（即圣艾蒂安，希腊化犹太人）的同时，对维克多·比哈德（Victor Bérard）将尤利西斯当作一个闪米特人的说法充满兴趣。确实，"犹太希腊就是希腊犹太"是个勒维纳斯所厌恶的**中性的**、匿名的命题，它被铭写在林奇的帽子上，勒维纳斯会说它是那种"不属于任何人的语言"。而且它被归为所谓的"女性逻辑"："女人的理性。犹太希腊就是希腊犹太"。关于这一点，让我们顺便提一提，《整体与无限》将对不对称之尊重推到那样一种程度，以至于使得这书本在我们看来不可能，本质上不可能出自一个女性之手。它的哲学主体是男性（vir）。（比如，参照"爱欲现象学"一章，它在《尤利西斯》一书的经济论中占有非常重要的位置。）这种关于一本由女性写出的书的那种原则性不可能，难道在形而上学的书写历史中不是独一无二的吗？勒维纳斯在别处也承认，女性也是一种"存有论范畴"。我们是否应当将这个想法与形而上学语言的本质阳刚性联系在一起呢？不过，形而上学欲望，甚至在所谓的女性身上，可能本质上也是雄性的。这看上去就像是弗洛伊德当作力比多而非欲望思考的那种东西。（在勒维纳斯看来，弗洛伊德忽视了性欲作为"与绝对的他者的关系"这一事实，见《整体与无限》。）

"发生与结构"及现象学

我的开场白应当**谨慎**而坦白。当我们走近哲学，我们就已经装
备上"结构—发生（genèse）"这对概念，它通常已被一种有问题
的漫长传统固定，或者超载了过多的残存记忆，而且我们还装备
上了一种已含有对立面之古典轮廓的思辨框架，因此，我们准备
从内部建构或以哲学为起点展开的运作性辩论，就有可能更像是
一种质疑，而不大像是专注聆听，也就是说，更像一种失度调
查，因为它预先引入它要找到的对象，并对思想的特有生理学施
暴。无疑，通过引入辩论性的异物去处理哲学，可能会有效地揭
示或拯救某种潜在的意义，但这却是一种冒犯与不忠。我们不应
忘记这一点。

在胡塞尔这个具体的个案中，情况就更是如此。胡塞尔一直表达他对辩论、两难和疑难的憎恶，也就是说他憎恶反思取舍模式，因为，在取舍模式中，哲学家想要在讨论结束时得出结论，即关闭问题，（至少从胡塞尔一直想要赋予这个词的那种意义上说）以思辨或"辩证"态度，将期望或注视锁定在一种选择、一种决断、一种解决办法之上。不仅形而上学者受这种态度的染指，就是经验科学的追随者们，也常常不知不觉地采取这种态度：二者恐怕都先天地具有某种解释主义（explicativisme）的原罪。相反，回到事物本身并在意义的独特性及原初性面前隐去自身的现象学者，才是"真正的实证主义者"。因为，他们采取的那种忠实的理解或描述过程、那种说明过程的延续性消除了选择的纠缠。因此，我们可以初步判断，胡塞尔对思辨系统及思辨封闭形式的拒绝，已经在其思想风格中，将更多的注意力放在意义的历史性及其生成可能性之上，也更为尊重那些在结构中保持开放性的东西。即便人们最终认为，结构的打开，依然是"结构性的"，也就是说，它本质上是"结构性的"，但那也已经从初级结构过渡到了相异性层次上来了：那种差异是必然封闭的初级结构与开放性结构之间的**差异**，也许正是在这个无法落脚的地方，哲学扎了根，尤其是当哲学谈论和描述结构的时候。因此，假定探求发生的方法与探求结构的方法之间存在冲突，也就是说，我们从一开始就给那被原初注视的东西附加了特殊性。如果有人突然（ex abrupto）向胡塞尔提出"结构**或**发生"的问题的话，我敢打赌，他会为自己被卷入这样一场辩论中感到相当的惊讶；他也许会回答说那取决于人们想说的是什么。因为有的材

230

料应做结构式描述，而另一些则应借助于发生论（génétique）* 加以描述。有的意义层次，显现为稳定的系统、复合体和静态构成物，而且其内部的运动和发生的可能都得服从该结构所具有的特有法制和功能性意义。而另一些意义层次，时深时浅地以创造性和运动性本质模式呈现，以原创、生成或传承的模式呈现，这就要求人们在谈论它们的时候使用发生论语言，假定有一种发生论语言存在的话，哪怕只有一种。

胡塞尔这种忠实于描述论题的形象，可以从他一生对自己的忠诚中发现，至少表面上如此。我将举两个例子来说明。

1. 胡塞尔从他唯一一本否认心理学主义方法或其某些假定的书［我想到《算术哲学》（*Philosophie der Arithmetik*）］中的发生论研究向《逻辑研究》的转变，首先是描述的观念客体（objectités idéales）在某种永恒的固定性中的客观性以及它们面对主观观看的自律；这个转变有一种逐渐明晰的连续性，胡塞尔对这一点是那么确信，以至于40多年以后他还写道①： *231*

> 多亏了我的《算术哲学》（1891）一书，我的注意力得以固定在形式上，尽管作为初期写作文本，该书有些欠成熟，但它代表了我对集合论（théorie des ensembles）和数论概念的实在（véritable）含义、真切（authentique）和原始（originel）含义进行澄清的首次尝试，那等于回到使汇集（"整体""全体"）和记数之数据以某种原始生成方式呈现的那种自发

---

① 《形式逻辑与先验逻辑》，巴什拉译本，第119页。

的积算（colligation）和记数活动中去。因此，用我后来使用的表达方式来说，这是一种构成现象学的研究……

　　这里我们要反对的是，将胡塞尔那种对论题的忠诚轻易地解释为，他试图从"先验发生"的层面去获得某种以更为天真的方式、以确实的忧虑首先依附于心理起源的意向。

　　2. 但这却不适用于谈论胡塞尔现象学内部的转折，即他从《观念Ⅰ》（1913）中采用的对静态构成的结构分析，向之后采用的内容上颇为新颖的对发生论结构分析的那种转折。不过，这种转折仍然是一种渐进过程，谈不上什么"超越"，也算不上什么选择，尤其谈不上什么悔改。因为他只是完整保存了对他所发现的东西的一种深化工作，那是一种挖掘工作，对发生基础和原初生产性的揭示，不仅动摇不了也毁坏不了任何已经裸现的表层结构，而且还使得发生本身的本相形式（formes eidétiques），即胡塞尔所说的"结构性先验"（apriori structuraux）重新显现。

　　因此，至少在胡塞尔心中，从来就不曾有过"结构—发生"问
232　题，而只有根据不同的描述空间及被给予物的是什么（quid）和怎么样（quo modo）而定的这两个操作性概念谁为优先的问题。如果听任于传统图式引导的话，现象学乍看起来似乎有很多冲突或紧张的原因（因为它是本质哲学，而那些本质总是在它们的客观性、不可触知性及其先验性中被思考的，但它也是一种经验哲学、生成哲学，一种将生存时间流当作其最终参照的哲学；而且它还是这样一种哲学，在那里"先验经验"观念指定的就是其反思域本身，康德大概会觉得这个计划是属于畸形学的），但它所使用这两个总是互

补的操作性概念，却不会有什么冲突，加上胡塞尔这位现象学家的娴熟技巧，使他在使用它们时保持了一种完美的从容。因此，这个具有明晰意图的现象学，不会被我们的初级问题冒犯。

在对胡塞尔的方案采取这些谨慎措施之后，我现在要表明我个人的打算。其实我想要试着指出的是：

1. 在胡塞尔从容运用这些概念的后面，存在着一种辩论式紧张，它既调节着现象学描述的变化及其节奏，又赋予它"活力"，但这种描述的不可能的完成性，却使得现象学的每个重要阶段失衡，因而也为新的还原和新的阐示提供了无限的必要性。

2. 这个辩论始终危及现象学方法的根本原理，因为，看起来——我强调"看起来"，这个假设如果得不到证实的话，就至少会使胡塞尔的尝试之原创性特征遭受指责——会迫使胡塞尔侵犯纯描述性空间和他所追求的历史形而上学研究的先验意图，因为这种历史形而上学，因某种绝对终极目的而具有的稳固结构，使他可以将原始发生本质化，并为之规定某种视域，以便重新占有这个变得越来越具侵略性，而且似乎也越来越不适合于现象学先验论及其先验观念主义的原初发生。

我想以交替的方式去关注胡塞尔思想内部辩论式的思路及他曾两次在其研究领域内侧面展开的斗争，我指的是那两次他与结构哲学，即狄尔泰主义（diltheyanisme）和完形心理学（gestaltisme）展开的辩论。 *233*

可以说，胡塞尔曾不断地尝试调解的是，**结构主义**与**发生论主义**（génétiste）的不同诉求。前者倾向于全面性地描述某种根据内在法则组成的整体、形式或功能，在这种内在法则中，所有要素的意义，只能从它们的相互关系或对立之连带性中才能获得；而后者则倾向于重新找寻结构的发生和基础。不过，我们可以显示的是，这个现象学方案的产生，正是来自尝试对两种方式进行调解的最初失败。

在《算术哲学》中，结构的客观性，即数和算术系列的客观性，与此相关的还有算术态度的客观性，与使其成为可能的具体发生是联系在一起的。所以，胡塞尔已经拒绝，并且永远都会拒绝将这种普遍结构的可理解性和规范性，当作从"天"① 而降的神赐物或某种由无限理性创造出来的永恒真理。力求客体及数值的主体性源头，就意味着重新回到感觉，回到可感集合体，回到前数学结构中提供给感觉的复数和整体上去。从胡塞尔的风格来看，这种向感觉和积算或记数活动的回归，是对当时那种频繁出现的被宽泛地称作"心理主义"诱惑的屈服②。不过，这种风格也在好几个方面显示了胡塞尔与后者的距离，他从未发展到像里普斯（Lipps）、冯特（Wundt）和其他一些人那样，将**事实**的发生性构成当作**认识论**

① 参照《逻辑研究》，第二卷，第一章，第 31 段，第 118 页，埃里（Élie）、克尔科尔（Kelkel）及谢尔（Schérer）译本。

② 胡塞尔当时说过，这指的是"通过一系列的心理学和逻辑研究为数学和哲学奠定最终的科学基础"（《算术哲学》，v 页）。在《逻辑研究》（第一卷，Ⅷ 页）中，他写道："我当时绝对地相信，演绎科学的逻辑如同一般逻辑学一样，其哲学的澄清有待于心理学"。在稍后于《算术哲学》的一篇文章中，胡塞尔还是肯定地说："我相信我可以坚持说，没有任何一种判断理论可以与事实保持一致，如果它不是建立在一种对直觉和再现的描述性与**生成性**关系的深入研究之上的话。"[《要素逻辑学的心理学研究》（*Psychologische Studien zur elementaren Logik*）]

的一种**验证过程**（虽然细心地读他们的东西，并且从他们的立场出 234
发，会发现他们其实比胡塞尔对他们的批评要谨慎得多，而且也不
那么简单化）。

胡塞尔的独特性在于：（a）他将概念的数，即构成（construc-
tum），与心理学产品（artefactum）区别开来；（b）他强调数学或
逻辑综合不可能还原为心理的时间性**顺序/范畴**（ordre），该词的
两个意义都适用；（c）他将他的全部心理学分析建立在**客体物**（et-
was überhaupt objectif）**已经被给予的**可能性之上，这种**客体物**会
被弗雷格（Frege）称作**无血僵尸**（blutlos es Gespenst），但它指的
已经是客体性所具有的意向层面①，与客体的这种先验关系，是任
何心理发生论都无法建立的，它只能做可能性预设。因此，胡塞尔
对算术意义及其观念性和规范性的尊重，已经使他不可能对数进行
心理学演绎，即便当时的潮流，在他宣称自己的工作方法时促使他
那么去做。只是，发生论运动所假定的那种意向性，仍被胡塞尔当
作**意识的某种特征**、**某种心理结构**、某种事实性的特征和状态来思
考。而数的意义，完全可以绕过事实的某种意识意向性。它就是观
念客体性和规范性，是不依赖任何事实意识的那种自律，因此，胡
塞尔很快将不得不承认弗雷格对他的批评是有道理的：因为数的本
质与北海的存在一样跟心理学相关。而且，无论是单元，还是零，
都不可能从实证性活动、事实或心理事件性活动的多样性中产生。
对于算术单元为真的东西，对于所有一般的客体之单元也为真。

如果说从事实性发生出发来思考观念意义结构所造成的这些困

———————

① 《算术哲学》是献给布伦塔诺（Brentano）的。

235 难，使胡塞尔放弃了心理学主义进路①的话，他至少没有放弃其逻
辑主义的结论，也正因此，他的批评者们不愿放过他。因为当时无
论是柏拉图式的还是康德式的逻辑主义者，都尤其重视逻辑观念性
相对于一般意识或非形式的具体意识的自律。而胡塞尔呢，他既想
要**保持**数学或逻辑观念性相对于事实意识的那种规范性自律，又想
保持它对**一般**主体性的原初依赖；而这种主观性既是**一般的**，又是
具体的。因此，他得在逻辑主义者的结构主义与心理学者的发生主
义（即便它是以被归类于康德的"先验心理主义"的那种精致而有
害的形式出现的）两种暗礁之间穿梭。他得开辟哲学关注的一种新
方向，让一种具体的而非经验的意向性、一种"构成性的""先验
经验"得以发现。所谓构成性，也就是说它像一切意向性那样，既
是生产性的，又是揭示性的，既是主动的，又是被动的。原初统一
体，也就是主动性与被动性的共同根源，对于胡塞尔来说，早就是
意义的可能性本身。他还不断地让我们体验到，这个共同根源也同
样是结构与发生的共同源头，只是，它被关于它的问题性与对它的
分解武断地设定了。而胡塞尔通过各种各样的"还原"（它首先表
现为对心理性发生，甚至是一般事实性发生做中性化处理）想要进
入的，正是这个共同的根基。现象学的第一阶段，就其风格和对象

---

① 胡塞尔在《逻辑研究》（第一卷，Ⅷ页）的序中谈到《算术哲学》所做的尝试
时说："……心理学研究在我的《算术哲学》的第一卷中（只有这一卷出版了）……占
有很重要的位置。对我来说，心理学的基础在某些环节中从来就是不足够的。每当问题
涉及数学再现的源头，或者实际由心理学规定的实用方法的成形时，心理学分析的结果
就显得既明确又丰富。但一旦我们从思想的心理顺序转变为思想内容的逻辑统一性（即
向理论的统一性转化）时，任何可验证的连续性和明晰性就都显现不出来了。"［埃
里（H. Élie）译本］

来说，更接近结构主义，因为它首先，而且尤其想要与心理主义和历史主义拉开距离。但它并没有排除对**一般**发生论的描述，它排除的只是借助因果论和自然主义模式，依赖"事实"科学即经验主义的那种发生论描述；也就是排除他作为结论所说的依赖无力确保其自身真理的相对主义即怀疑主义的那种发生论描述。所以，当这种发生论/遗传学主义不能通过实证主义了解自身，并自认为能够成为无论是自然科学还是精神科学的"事实科学"（Tatsachenwissenschaft）时，它的哲学性无力或脆弱，就使得向现象学态度的转变成为一种必要。"俗世发生论"（genèse mondaine）说所覆盖的，正是这些学科的领域。

没有现象学空间的发现，没有先验描述的展开，"结构—发生"问题似乎就没有什么意义。无论是将客观意义的不同领域隔离开来并尊重其静态原创性（originalité statique）的结构思想，还是从一个区域向另一个区域过渡的发生论思想，似乎都不适用于**澄清客观性基础**这个已属于胡塞尔的问题。

这看起来似乎不太严肃。因为，我们真的无法想象，在自然科学和社会科学的各种领域中这两个概念产生了如此丰富的方法论成果，这些领域在其特有的运动和时刻及其实际运用中，却不必回答与其客观性的意义和价值问题？事情绝非如此。因为，对发生论概念，尤其是结构概念最朴素的运用，至少都假定了对自然区域和客体性领域的严格划分。而这种预先界定、这种对每个区域性结构之意义的澄清，却只能来自现象学批判。**原则上**，这种现象学批判总是第一性的，因为只有它，能够在一切经验性调查之前，作为经验

236

性调查的可能性回答下列这类问题：何为物理物？何为心理物？何为历史物？等等。这些问题的答案，从前多少是由结构或发生论技术武断地暗示出来的。

别忘了，如果说《算术哲学》是与最具雄心的、最系统化的，而且也是最乐观主义的心理发生论尝试之同时代产生的话，那么胡塞尔最初的现象学著作的展开，就差不多是与结构主义的首批方案同步的，至少是与那些宣布将结构当作主题的人同时的，因为我们很容易证明某种结构主义一直是哲学最自发的姿态。而现在，胡塞尔又反对这些初期结构哲学，即狄尔泰主义和完形主义，原则上，他的反对理由与他反对发生论/遗传学主义的理由是一致的。

在胡塞尔眼中，**世界观哲学**（Weltanschauungs philosophie）的结构主义，就是一种历史主义。尽管狄尔泰坚决抗议这个说法，胡塞尔坚持认为虽然**世界观哲学**有它的创造性，但它像所有的历史主义一样，既回避不了相对主义，也回避不了怀疑主义①。因为，它将规范归纳为某种历史的事实性（factualité），用莱布尼茨和《逻辑研究》（第一卷，第 146—148 页）的语言来说，因此，混淆了**事实真**

---

① 事实上胡塞尔写道："我不明白他（狄尔泰）怎么会以为通过他对世界观结构和世界观类型学如此有教益的分析就能获得反抗怀疑主义的决定性理由"［《作为严格科学的哲学》（*Philosophie als strenge Wissenschaft*）］。自然，历史主义只在它必然地与某种经验历史、某种作为事实科学（*Tatsachenwissenschaft*）的历史相联系的情况下才会受到谴责。胡塞尔写道："历史，起源上的精神之**经验科学**，是不能在这种或那种意义上，独自决定是否应区分作为文化的一种特殊形式的宗教与作为观念的有效宗教；它也无法决定是否应区分作为文化形态的艺术与作为观念的有效的艺术，作为历史的权利与作为观念的有效权利；它最终也无法决定是否应区分历史意义上的哲学和作为观念的有效哲学……"（同上）

理（vérités de fait）和**理性真理**（vérités de raison）。一旦我们企图像狄尔泰那样，从某种既定历史整体内部去考虑纯真理或对纯真理的诉求，也就是说从某种事实性整体、某种有限整体（其所有文化表现和文化产品，在结构上是相互连带的、彼此一致的、被某种整体的主体性之同一功能和同一有限单元支配的）内部去考虑的话，那么，这种纯真理或对纯真理的诉求就失去了意义。所谓纯真理或对纯真理的诉求的意义，就是对没有任何限制的绝对无限的全时间性（omni-temporalité）、绝对无限之普遍性的严格要求。真理的绝对观念，也就是说哲学或科学的绝对观念，是一种无限的绝对观念，即康德意义上的绝对理念。任何整体、任何有限性结构都与这种观念不相洽。而使一切**既定**历史结构、一切世界观充满活力并得以统合的观念或方案，都注定是**有限**的①；因此，从对某种世界观的结构性描述中，我们可以解释，所有一切除了对真理的无限开放，即对哲学之外开放。而且，总是有一些像**开口**似的东西，会使得结构主义方案陷入失败。在一种结构中永远不能被理解之物，就是使这种结构不能关闭自身之物。

238

如果说胡塞尔激烈地反对过狄尔泰主义②，那是因为他在那里发现了某种**诱人**的企图、迷人的谬误。其实，狄尔泰的功劳是他大声疾呼地反对将精神生活进行实证主义式的自然化处理。他将"理解"与说明、客观化相对立，他认为理解，应当是精神科学的第一条路，也是主要之路。因而，胡塞尔向狄尔泰表示了敬意，而且十分乐意地

---

① 参照《作为严格科学的哲学》，劳尔（Q. Lauer）译本，第113页。
② 这个争论在《作为严格科学的哲学》之外将持续进行。参照《现象学心理学：1925年讲座》（*Phänomenologische Psychologie：Vorlesungen Sommersemester*）。

接受他的下述想法：（1）"理解"或"再理解"（re-compréhension）原则，即"重新体验"（Nachleben）原则，我们必须将这些观念与胡塞尔从里普斯那里借来的，但却被他转化了的"同理心"（Einfühlung）观念以及那个"重新激活"（Reaktivierung）观念联系起来，所谓"重新激活"，就是对**另一种**精神那过去了的意向之正面的重新体验，也就是使某种意义的生产复苏；它涉及的问题，正是精神科学的真正可能性。（2）存在着具有某种内在意义单元的整体性结构，存在着精神有机体类别，存在着其所有功能和表征都相互联系以回应相应**世界观**的文化世界。（3）物理结构与精神结构有别，前者的关系原则为外在因果关系，而后者的关系原则为胡塞尔所称的"动机"。

然而，狄尔泰对这一（观念的）更新并不彻底，它只是加剧了历史主义的威胁。因为，历史学并未因其方法和技术的改进，也并未因它用某种含括性的结构主义置换了因果论、原子论和自然主义，更没有因它为关注文化整体性，而改变了它作为"事实"之经验科学的身份。历史学将规范性建立在较易理解的事实性之上的预期也并未因此变得更为正当，而只是使其哲学诱惑力得以增强罢了。在历史的这一模棱两可的范畴下，隐藏了价值与实存的混淆，以更为普遍的方式，还隐藏了对所有现实性类型与观念性类型的混淆①。因此，我们必须将世界观理论重新送回到并限制在其自身领域

239

---

① 谈到历史相对主义能够给我们强烈印象时，胡塞尔写道："我们强调的事实是，这样一些相对性的评估原则，也属于观念领域，做价值判断却又不想仅仅了解（事实的）纯粹发展的史学家们，也只能预设这些事实发展的基础，而不能以史学家的身份确保这些基础。数学的规范在数学中，逻辑学的规范在逻辑学中，伦理学的规范在伦理学中，依此类推。"（《作为严格科学的哲学》，第105页）

的严格界限之中；它的边界，由智慧和知识间的**差异**来界定，由某种伦理防线和冲动来勾勒。这种不可还原的差异，是由于理论基础的无穷**延异**之故。生命的紧迫性，要求在历史实存场域中，它不能等待绝对科学提供的答案，就必须切实地组织对策。这种超前系统、这种不得已的无根基答案的结构，正是被胡塞尔称作世界观的那个东西。人们也许会谨慎地说，胡塞尔承认那里有一种"临时道德"① 的情境和意义，无论这种临时道德是属于个人的，还是共同体的。

到目前为止，我们所关注的都是"结构—发生"这个从现象学领域之外首先强加给胡塞尔的问题。正是这个被心理学和历史学假设极端化了的东西，使得向现象学态度的转变成为必然。现在让我 *240* 们从胡塞尔的方法论前提，尤其是他的本相及先验"还原"方式出发，从现象学领域的内部去重新把握这同一个问题。说真的，我们将会看到的不可能是**同一个**问题；只是类似的同一个问题罢了，胡塞尔也许会说它们是"平行的"，我们等会儿要触及这个"平行主义"观念，因为，其意义所涉及的问题难度也不小。

如果说现象学描述和"构成性分析"的最初阶段（《观念Ⅰ》对这个阶段留有最翔实的印记），在胡塞尔的意图中绝对是静态的

---

① "……智慧或世界观，属于文化共同体与时代，就其最为凸显的形式而言，正确的意义说的不仅是一个既定个体的文化和世界观，而且还是一个时代的文化和世界观……"胡塞尔接着说，正是这种智慧，为"生活与世界之难题提供了相对最完美的答案，也就是说，它以尽可能令人满意的方式，为那些经验、智慧、纯粹世界观及生活观只能以不尽完美的方式克服的理论、价值论和生活实践之分歧，提供一种解决方案和一种令人满意的澄清……生命的紧急状态、采取立场的实际必要性，使人不可能等待科学来解决一切问题，即便他已知有严格科学的思想这回事，因为也许要等几千年。"（《作为严格科学的哲学》，第 105 页）

和结构式的话，那至少似乎是由于两个原因。（A）出于对历史主义或心理主义式发生主义的持续反抗，胡塞尔系统地排斥了**一切**发生论关怀①。而他所反对的发生论的那种态度，可能间接影响并决定了他自己的态度：那时他好像是将一切发生都看成是关联性的（associative）、因果性的、事实性的和现世的。（B）因为特别关注形式存有论和一般客体性，胡塞尔尤其注重一般客体（不管其区域所属性）与一般意识（Ur-Region）间的扣连，他界定了一般自明性的形式，并想要获得现象学批判的最终管辖权，而这个管辖权将很快提交给了最具雄心的发生论描述。

因此，即便胡塞尔当时对经验结构与本相结构进行了区分，也对经验结构与先验本相结构做了区分，他还仍未就发生这个问题采取同样的姿态。

在意识之纯先验性之内的这个描述阶段中，既然我们必须做选择，那么，我们的问题至少会涉及两种情形。而它们都与**关闭**或**打开**问题相关。

241　　（1）跟数学本质不同，纯意识的本质不是，原则上也不能是**精确**的。我们知道胡塞尔所区别的**精确**（exactitude）与**严格**（rigueur）之不同。现象学这样一种描述性的本相科学，可以是严格的，但它却必然是不精确的——我宁愿说它是与"精确无涉的"（anexacte）——但不应以为那是个短处。精确性，总是某种"观念化"和"极限转换"（passage à la limite）运作的派生物，它只涉及某种被物质地规定为客体，规定为某种一般物的其他本质成

———————————

①　特别参照《观念Ⅰ》，第一章，第一段。

分已构成的具体抽象物的某个抽象时刻、某种抽象的本质成分（比如，空间性）。这也就是为什么几何学是一种"物质的"而"抽象的"[1] 科学。他接着说，"生存体验的几何学"或"现象之数学"是不可能的，因为那是个"虚假方案"[2]。就我们此处所关心的问题来说，那意味的是意识的本质，即一般"现象"的本质，不可能属于某种结构，也不可能属于某种数学型的"重复度"（multiplicité）*。那么，在胡塞尔眼中，这样一种多重性的特性又是什么呢，尤其是在他那个年代？一言以蔽之，它是**关闭**的可能性[3]。这里我们不可能深入讨论那些由这个胡塞尔式的数学"限定性"概念在数学领域内部不断引发的难题，尤其面对公理学的一些晚近的发展和哥德尔（Gödel）的发现时所面对的难题。胡塞尔通过对精确科学与形貌科学的比较想要强调的，正是我们这里应当记住的：关闭结构现象学在原则上、本质上和结构上的不可能。是生活经验的无限开放性

242

---

[1] 参照《观念 I》，利科译本，第 25 段，第 37、80 页。

[2] 参照《观念 I》，利科译本，第 71 段，第 228 页。

* 重复度是一数学名词，多重集中某一元素的重复度是指此元素在多重集中出现的次数，例如，代数方程中特定根出现的次数。

[3] "借助于公理，也就是说借助于原始的本质法，几何学可以通过纯演绎的方式，通过精确规定了其对象的观念形式，来推导存在于或'实存'（existierenden）于空间中的所有形式，也就是推导出所有可能的观念性空间形式及其有关的本质关系……几何学领域的发生论/遗传学本质，或者说空间的纯本质特点是，它能够完全透过它的方法及精确性，真正地把握与支配所有的可能性。换言之，一般空间构成的多重性（multiplicité），具有一种显著的基本逻辑特征，为此，我们用'界定了的'多重性或**严格意义上的数学重复度**这样**的名称来表示**。这种多重性的特征是，在概念和命题的一个有限数……完全地而且毫无歧义地规定着该领域中一切可能的构成之全体；于是在该领域中，原则上就必然没有什么未定，即打开（offen）之物。"（参照《观念 I》，利科译本，第 72 段，第 231—232 页）［参照李幼蒸译《纯粹现象学通论》，北京，商务印书馆，1996，第 177 页，并有所改动。——译者注］

这个胡塞尔借助**康德意义上的**绝对**理念**，在其分析中的若干时刻，被用来指无限性突然闯入意识，使意识可以像它统合客体和世界那样，通过预期将时间流统合起来，尽管它永远处于未完成状态。也正是这种绝对理念的奇异**在场**，使极限的转化及精确性成为可能。

　　（2）在《观念Ⅰ》中，先验意向性被描写为一种原初结构，一种由四极及两组关联项组成的元结构（Ur-Struktur），即诺耶思（意向行为的真实内容）—诺耶玛（意向行为的观念内容）(noético-noématique) 之关联关系或结构、形态—质料（morphé-hylétique）之关联关系或结构。至少有两种迹象表明，这个复杂结构可能就是意向性结构，是意义源的结构，是向现象性之光敞开的结构，而这个结构的闭合就是无意义本身：（A）诺耶思（la noèse）和诺耶玛（le noème）这些结构的不同意向性时刻，可以因为诺耶玛并不**真实地**属于意识这一事实而被区别开来。因为在一般意识中，存在着某种并**不真正**属于意识的维度。那就是诺耶玛非真实（**真实的**）成分这个既困难又关键的主题①。诺耶玛这个非真实成分，即对象之客体性，对意识来说，就是物的意义及物"原貌"（comme tel），它既不是在其原始实存中，意向行为的观念内容得以恰好显现的那种被规定物本身，也不是一个特有的、"实在"的主观时刻，因为，它毫无疑义地将自身作为对象提供给意识。它既不属于世界，亦不属于意识，而是**为着**意识而在的世界或世界之物。毫无疑问，原则上它只有借助意向性意识才能被发现，但为了避免意识的实现，它却不能从意向性意识中借取我们可以用隐喻的

---

　　① 参照《观念Ⅰ》，尤其是第3节，第Ⅲ及第Ⅳ章。

方式称作“其质料”的那种东西。这种真正的非从属性，无论对什么区域都适用，甚至对元区域（archi-région）也不例外，诺耶玛的这种**无权威**（anarchie）状态，就是客体性与意义之根源及其可能性本身。它的这种非区域性、向存有之“原貌”敞开、向一般的区域整体之规定性的开启，**简单而严格地说**，不能以一种被规定了的区域性结构来加以描述。这正是为什么先验还原（如果想要知道我们自己在说什么，想要避免经验唯心主义或绝对唯心主义的话，这种还原就必须保有本质还原的特点）可能会隐匿不显，因为它提供了进入某个既定区域的入口，无论它的奠基性特权如何。有人也许会以为诺耶玛的这种非真实性（non-réalité）一旦得到清楚地承认，全部现象学的方法就会随之被转化，而且全部先验唯心主义和绝对还原法都会同时被放弃。但那样一来，不就是迫使自己沉默吗？沉默，当然总是可能的。那不就是都要放弃某种只有靠先验本质**限定**和某种“区域主义”才能确保的严格性吗？总之，开口的先验性，既是一切结构和一切系统的结构主义的源头与弱点，既是其可能性条件，又是其不可能之所在。（B）如果说诺耶玛是生存经验的一种意向性而非真实性成分的话，那么，质素就是它真实的而非意向性的成分。质素，是在被意向形式激活前的情感（被体验的而非实在的）感觉质料。它是纯被动性的端极，也是非意向性的端极，如果没有这种非意向性端极，意识就接受不到任何除了它自身外的**别的**东西，因而，也就无法展开它的意向性活动。而这种接受性，也是一种本质的敞开。如果说在《观念Ⅰ》的那个层次上，胡塞尔拒绝为了质素本身并就其纯天赋去描述并考察它，拒绝考察**无形之质料**

与无质料之形①之可能性，并坚守已构成的质素—形态的相关关系的话，那是因为他的分析依然在某种已构成的时间性内部②展
244 开（难道他的分析不总是以这种方式展开吗？）。质素的深度及其纯粹特性在于，它首先是一种时间的质料，是发生论可能性本身。因此，向某种发生论构成过渡的必然性，向这种新的"先验美学"（esthétique transcendantale）过渡的必然性，会在开口的两极、在一切意识的先验结构内部显现，而这种新的先验美学将总是以后置的方式不断地被预示，使得绝对他者和绝对时间这些论题显示出它们那种不可还原的共谋性。这也就是说，他者和时间的构成，会将现象学打回到一个使其"原理之原则"（在我们看来，即其**形而上学**原则：**原初自明性**和物自身的亲自**在场**）会遭到根本质

---

① 参照《观念Ⅰ》，利科译本，第85段，第290页。

② 在专论质素和形态的那个段落里，胡塞尔特别写道："在我们目前所限定的思考层面，我们避免了掉到构成一切生存经验之时间性的那种最终意识之幽暗深渊中……"（参照《观念Ⅰ》，第288页）之后他又说："无论如何，感知质素（hylè sensuelle）和意向性的形态（morphè intentionnelle）这种显著的二元性和统一性，在整个现象学领域内（'整个'，意思是在**被构成的时间性维度内**）都起着支配作用"（第289页）［中译本，第213、214页。——译者注］稍前一些，在比较了质素的空间及时间维度之后，胡塞尔宣布了静态描述的局限性以及转向发生论描述的必要性，从而宣布了它们的合理性："时间，正如以后的研究中所显示的，是一个含括了一系列被完美界定的问题和一个特别的难题的名称。从某种程度上说，我们既往的分析对这整个意识维度都保持了沉默。这么做的原因，是为了避免混淆那些首先只有现象学态度才能变得明显的东西……我们通过各种还原所揭示的那种先验'绝对'，其实并非终结物；它是在某种深刻的和绝对独特的意义上自我构成物（etwas），而且它在一种被界定了的、真实的绝对中，获得其根源（Urquelle）"（第274－275页）。［中译本，第204页。——译者注］这种限制会在后来进一步阐发的著作中彻底消失吗？我们在后来所有的重要著作中都遇到胡塞尔对这种限制的保留，尤其是在《经验与判断》（*Erfahrung und Urteil*，第72、116、194页）中每当他使用"先验美学"的时候（《笛卡儿的沉思》，"形式逻辑与先验逻辑的结论部分"，第61段）。

疑的地方。总之，正如我们所看到的，从结构到发生论的这种转变，无非是某种断裂或转化的需要。

在追寻现象学的这种内部运动和向发生论分析的这种过渡之前，让我们在处于边界的第二个问题上停留片刻。

我们刚示意过的所有那些成问题的图式，皆属于先验性领域。245可是，一种与观念联想主义（associationnisme）、原子论、因果论等拉开距离的，在现象学和格式塔心理学（Gestaltpsychologie）①的双重影响下产生的新型心理学，是不是也不能要求单独承担这样一种描述工作以解决这些问题图式解决不了的问题呢？简而言之，如果一种结构主义心理学声称它独立于先验的现象学，而非现象学心理学，那么，它能否使自己面对从前针对古典心理学的那种心理主义谴责而无懈可击呢？自从胡塞尔规定了其构成既是先验论的，无疑也是俗世的（因为它不能排除**心灵**这个现世之物的立场），并且严格地说与先验现象学相**平行**的现象学心理学以来，人们就更容易相信这一点了。不过，跳过分隔这平行线两边的那种不明显的差异却并不是无可

---

① 尤其是克勒（Köhler）的企图，对他来说，心理学应当致力于一种"现象学描述"，还有胡塞尔弟子科夫卡（Koffka）的企图，他在其《格式塔心理学原则》中想要表明他的结构主义能使"格式塔心理学"逃脱心理主义的批评。

现象学和"形式心理学"的结合当时是很容易预见的。但并非如梅洛-庞蒂在（《知觉现象学》，第 62 页注释 1）中所提议的那个时刻，即胡塞尔不得不从《欧洲科学的危机和先验现象学》中"重新起用'完形'甚至格式塔概念"的时刻，正相反，因为胡塞尔总是以一些表面的理由，声称是格式塔心理学借用了他的概念，尤其是"动机"这个概念（参照《观念 I》，第 47 段，第 157 页；《笛卡儿的沉思》，勒维纳斯译本，第 37 段，第 63 页）。"动机"这个概念，在《逻辑研究》中就已经出现了，而有机整体、统一了的多元性概念，在《算术哲学》（1887—1891）中就已出现。所有这些问题，请参照古尔维希（A. Gurwitsch）的重要著作《意识域理论》（Théorie du champ de la conscience），布托尔（M. Butor）译本。

指责的，因为那是心理主义弊端的最微妙且最具野心的姿态。这也正是胡塞尔在《观念Ⅰ》的后记（1930）中，针对结构心理学或整体心理学所提出的批评之原则。他有意针对的是格式塔心理学①。如果要避免"自然主义"，仅仅逃避原子说是不足够的。要想澄清现象心理学和先验现象学之间的**距离**，就得追问这个使二者不能汇合的**"无"**，就得追问这个使空间摆脱了先验问题的**平行性**。这个"无"就是那使得先验还原成为可能的东西。而先验还原则使我们将注意力转向这个"无"，而这个"无"又使意义的整体及整体的意义之源得以显现。用芬克（Fink）的话来说，那就是**世界的源头**。

如果我们有时间也有条件的话，现在就应当去探讨发生论现象学的庞大问题及其在《观念Ⅰ》后的发展情况。但我只能在此提出以下几点。

这种发生论描述的深层统一体并没有分散而是向**三个方向**衍射开去。

（A）**逻辑**途径。《经验与判断》、《形式逻辑和先验逻辑》及许多相关文本的任务是，不仅要瓦解、"还原"科学观念化的那些上层结构和客体的精确价值，而且还要瓦解和还原**生活世界**（Lebenswelt）中属于相对主观性真理之文化级次的一切述谓性沉淀。其目的是要从最原始的前文化生活出发，去重新把握并"重新激活"一般述谓在理论上或实践上的那个突显时刻。

（B）**自我学逻辑**（égologique）途径。从某种意义上说，这一途径已经暗含在前一途径之中。首先，那是因为现象学只能，也永远只能以最一般的方式，描述一般本相自我（eidos ego）的意向性

---

① 第 564 页及随后。

变化①。其次，是因为逻辑谱系学赖以存在的是我思对象（cogita-ta）的领域，而自我行为，作为其特有的实存和**生命**，只有从意向行为的观念符号和结果基础上才能得以解读。如《笛卡儿的沉思》中所说的那样，可以说我们现在的问题是要重新回到我思—被思者这个对子之前，以便重新把握为自己而存在并"不断作为实存者自我建构"②的那种自我之源。除了**被动性和主动性**这些微妙的问题外，自我的这种发生论描述还将遇到一些**限制**，我们会将这些限制看成是决定性的，但胡塞尔却将它们看成是临时性的。他说，它们之所以成立，是由于现象学只处于其开始阶段的缘故③。自我的发

247

————————————

① "既然具体的单子**自我**包含着意识生活的全体，无论是真实的还是潜在的，显然，关于**这个单子自我之现象学解释问题**（即他为其自身而构成的问题）**应当包括一般构成的所有问题。而最终，这种为其本身而在的自我构成之现象学是与一般现象学相吻合的。**"（《笛卡儿的沉思》，勒维纳斯译本，第 33 段，第 58 页）

② "不过，现在我们应当就我们阐述中的一个重要缺陷提请大家注意。自我**为自身**而存在，它为自己提供连续的自明性，因此它**不断地将自我构成实存者**。然而直到目前为止我们只是触及了这种自我构成的一个方面；我们只将注意力放在我思流（courant du cogito）上。但**自我**，并不仅被理解为生活流，它还是有不同生活经验的**我**，而这个我是不同我思的一致的我。**直到目前为止我们所关心的仅仅只是意识及其对象、我思及其我思对象之间的意向性关系……**"（第 56 页）

③ "要抵达并进入本质现象学问题的最后一般性是十分困难的，同样的困难也适用于解决发生论的最终问题。现象学初学者会不由自主地以自身作为起点。他在先验分析中，首先将自己当作**自我**，然后当作一般**自我**；但这些**自我**，已经具有了某种世界意识，具有包括自然、文化（科学、美术、技术等）、某种（如政府、教会）高级秩序的人格等等在内的**我们所熟悉的某种存有类型**的意识。初期现象学是**静态的**，其描述类似自然历史学的描述，研究的是特殊类型，至多也不过是以某种系统的方式将这些特殊类型加以排列罢了。但这仍远离超越了时间之简单形式的普遍发生论的问题与**自我**之发生/遗传结构的问题；确实，这些是更高层次的问题。不过，即便我们提出这些问题，也不能是毫无限制的。的确，本质分析，首先强调的是**自我**，但它能发现的那个**自我**，只不过是为着某种已构成世界而存在的自我。正是在那里存在着一个必要的阶段，而且只有以这个阶段为基础——同时揭示其固有的发生论/遗传法则之形式——人们才能察觉到一种绝对普遍的本质现象学的那些可能性。"（第 64-65 页）

生论描述，事实上每一刻都规定了某种**一般**发生论现象学的出色任务。而这种普遍发生论现象学则是由第三种途径预示的。

（C）**历史—目的论**途径。"理性的终极目的，从头至尾地贯穿着历史性。"[1] 特别贯穿着"自我历史的统一体[2]"。这第三种途径，应当提供了通往一般历史性之本相的入口（即通往一般历史性之终极目的之入口，因为历史性之本相，也可以说是意义的运动，即某种必然合理的精神运动之本相，只能是一种规范，一种价值，而非一种本质），它绝非多条道路中的一条。历史之本相，也绝非多种本相当中的一种，因为它含括存在者之整体。事实上，逻各斯的突然出现，即理性之某种无限任务的绝对观念在人的意识中的降临，不仅会因一系列革命而发生，这些革命既是向自我的转化，又是脱离隐形的无限性之潜能，是赋予沉默动能（$\delta\check{u}v\check{a}\mu\iota\varsigma$）以声音的某种前在有限性之裂痕。这些裂痕同时也被披露（被重新遮蔽，因为源头会在被发现或被生产出的新的客体性领域中立即隐身），胡塞尔承认，这些断裂总是"在含混和黑暗中"就已经**显示自身**，也即是说，它们不仅在生命与人类历史的那些最基本形式中显示自身，而且逐步地也在一般的动物性和自然中显示自身。这样一种**借助现象学**并**在**现象学中变得必不可少的断言，怎么能够在现象学中完全得到保证呢？因为它关涉的不再只是现象及经验的自明性。这种断言只有作为某种现象学元素才能严格地得以**显示**，这一点是否就妨碍了它已经就是或仍然还是一种形而上学断言了呢？是否妨碍了它

---

① 《欧洲科学的危机和先验现象学》（Krisis），附录Ⅲ，第386页。
② 《笛卡儿的沉思》，第37段，第64页。

已经就是或仍然还是一种以现象学话语说出的形而上学断言了呢？我很乐意在此提出这些问题。

因此，我们说理性自我展现。胡塞尔说，理性就是在历史中生产自己的逻各斯。它为了自身穿越存有，为着向其自身自显（s'apparaître）而穿越存有，也就是说，它像逻各斯一样，向自身言说并自我倾听。它是那种自我影响（auto-affection）的言语，即听自己自言自语（s'entendre-parler）。它离开自身是为了重新恢复它向自己显现的那个"活生生的当下"。这种离开自身以便听自己自言自语，是借助**书写**的迂回在理性历史中得以建构的。**它这样自我延迟是为了重新占有自己**。《几何学起源》描述的正是在俗世记录中理性的这种展开的必要性。对于客体之真理及观念性的建构来说，这种展开是不可或缺的，但由于符号的外在性，它同时也成为对意义的一种威胁。在书写的那一刻，符号总是可以被"掏空"的，也总是可以躲过复苏及"被重新激活"（réactivation）的可能，而永远处于关闭和失语状态。如科尔诺特（Cournot）所说的一样，书写，就是那种"危机时刻"。 *249*

这里，我们应当留心的是这样一个事实，这种语言并非像胡塞尔眼中的某些黑格尔式的和谐句子那样，**直接地**具有思辨性和形而上学特质，无论胡塞尔的看法是否有道理。因为，这个**逻各斯**以自我呼唤与自我质问为终极目的，其潜能追求的是其自身的**行动**（ἐνέργεια）或其自身的**潜能实现**（ἐντελέχεια），这种**逻各斯**并不在历史之中产生，它也并不作为一种陌生的经验性穿越存有，因为这种经验性会使逻各斯的形而上学先验性及其无限性本质的现实降低身段屈就历史。在历史和存有之外，**逻各斯什么都不是**，因为它就是话语，就是无限之话语性而非现实的无限性；因为它就是意义。而发现意义的非实在性，或者说意义的观念性，曾经正是现象学自身的前提。反之，却没有任何作为自我之传统的历史，也没有任何存有，不需要借助逻各斯而获得意义，因为，这个逻各斯就是自我投射并自我言说的**那种**意义本身。尽管利用了这些古典观念，现象学却没有因为采用古典形而上学思辨而**放弃**（abdication）自己，相反地，胡塞尔认为古典形而上学思辨，应当在现象学中看到其特有意向之明显的动能。这等于说，现象学在批评古典形而上学的同时，完成了最深层次的形而上学计划。胡塞尔承认这一点，或者说他本人要求承担这个任务，尤其是在《笛卡儿的沉思》中。如果对存有的最终认识应当被称作形而上学的话，那么现象学的成果就是"形而上学的。但这些成果完全不是我们习惯意义上讲的那种形而上学；因为，这个在其历史过程中蜕化了的形而上学，与它最初被确立为'第一哲学'的精神完全不符"。"现象学……只排除了朴素形而上学……但它并不排除一般形而上学"（《笛卡儿的沉思》，第 60 段及第 64 段）。因为在精神历史性的最普遍本相的内部，哲学向现象学的转化大概会是分化过程的最后阶段（阶段，指的就是 Stufe，结构阶段或发生论/遗传学阶段）①。前面的两个阶段，也许

①　晚期胡塞尔的这些说法，如在亚里士多德的形而上学那样按秩序排列，本相（eidos）、逻各斯（logos）和终极目的（telos）规定了潜能向其自我实现的过渡。诚然，像胡塞尔将上帝叫作绝对**潜能实现**（Entéléchie）一样，这些观念都受到某种先验迹象的影响，它们的形而上学特质被现象学的悬置给中性化了。当然，这种中性化及其纯粹性、其条件或其"非动机化"的可能性，永远不会停止成为问题。即便对于胡塞尔来说，它作为先验还原本身之可能性，也从未停止过它的问题性。它与形而上学保持了一种本质亲和性。

首先是某种前纯理论的文化阶段，然后是纯理论或哲学阶段（即希腊—欧洲时刻）①。

每当胡塞尔谈及**康德意义上的绝对理念时**，他都会示意绝对终极**目的或计划**（Vorhaben）向现象学意识的那种呈现，即同时赋予自身无限之实践任务的无限之纯理论预设。在现象学自明性中，**康德意义上的绝对理念**是作为那种现实、充分自明性之某种本质溢出之明证性被给出的。所以，我们有必要仔细研究这个康德意义上的绝对理念是如何介入了胡塞尔思路的不同阶段的。那样看起来，这个康德意义上的绝对理念就是现象学真正的绝对观念或者方案，因为这个绝对理念，通过溢出作为其源头或目标的自明性系统、现实规定性系统，使得现象学成为可能。

既然这种终极目的是彻底开放的，而且它就是开口本身，说它是历史性的最强有力的结构性**先验条件**，并不是要将它当作某种传达了并关闭了存有使意义产生的那种静态的、被规定了的价值。因为，终极目的就是一般历史、一般生成之意义的具体可能性和降生本身。因此，这个终极目的，结构上说就是作为源头和生成（devenir）的发生本身。

所有这些发展之所以可能，都多亏了我们在发生与结构的那些不可还原的不同类型之间做出了最初区别：俗世性发生与先验性发生，经验结构、本相结构与先验结构。下面这个历史语义学问题因此提出："使胡塞尔式衍射（diffraction）能够产生并得以理解的那个**一般**发生论观念一直想说，这句话指的是什么？胡塞尔通过不同

251

---

① 参照《欧洲科学的危机和先验现象学》，第 502–503 页。

的位移的**操作**，借以用来区别经验、本相和先验维度的那个**一般**结构的观念一直想说，这句话又是什么意思呢？**一般**发生与**一般**结构间的历史语义学关系又是什么呢？"这不只是个前语言学问题。它提出的问题还涉及使得先验性还原成为可能并成为其自身动机的那个历史土壤之统一体。即世界的统一体问题，这个统一体的先验自由的自我释放为的是使这个统一体之源得以显现。如果胡塞尔没有以历史语言学的方式提出这些问题，也没有首先质疑其操作性工具的**一般**意义的话，那既不是因为他天真，也非因为教条和思辨的仓促，或者因为他忽略了语言的历史负荷，而是因为他质疑由还原导致的那些分解之前的**一般**结构或**一般**发生论观念的意义，就是去追问先验还原之前的东西。而先验还原不过是那种提问的自由活动，它去掉前在于整体的东西以便能够进入这个整体，特别是进入这个整体的历史性及其过去。先验还原可能性的问题已迫在眉睫。因为它是对提问可能性的提问，是开口本身，正是从这个开口处，胡塞尔曾有意将之称为"永恒的"（无论如何在胡塞尔思想中，这指的既不是无限的，也不是无涉历史的，恰恰正相反）那个**先验我**（Je transcendantal），被用来质疑一切，尤其是质疑无意义之原始的、裸露的事实性之可能性，在这种情况下，比如，自身死亡之原始的、裸露的事实性之可能性。

被劫持的言语

当我写的时候，除了我所写下的，不存在别的东西。我感
觉到的，除了我说不出来而又逃我而去的东西，都是一些意念
或一种被偷去了的动词，我毁掉它是为了取代它。

阿尔托，罗德兹（Rodez），1946 年 4 月

……无论你从哪个方向转身，你都尚未开始思考。

阿尔托：《艺术与死亡》

我们的开场白所说的天真性是针对安托南·阿尔托说的。为了
还原这种天真性，我们曾经不得不长久等待，直到**批评**话语和**临床
医学**话语间的真正对话得以展开。因为这种对话，超越了它们二者
的轨道，通向它们共同源头与视域。我们很幸运，因为它们的共同

视域与源头，如今显现得更清晰。离我们不远的布朗肖、福柯、拉布朗西（J. Laplanche）都曾质疑过这两种话语所具有的成问题的那种统一，他们也都以一种单一的姿态试图识别它们在没有分裂前、没有分化前谈论疯狂和作品的言语之通道，努力寻求它们分化前谜一般的连接处。

出于一千种不仅仅是非物质性的理由，我们无法在此展开这些作者未能解决的问题，尽管我们承认这些问题有优先权。我们认为目前最好的情况是，**事实上**这些作者的共同之处在于，他们从未在任何文本中混淆这两类论述——临床的和其他。（难道首先这是因为它们是些不同的评论？那么何为评论呢？让我们先抛出这些问题，看看后面阿尔托为何必须击落它们。）

²⁵⁴ 我们就说说这个**事实上**。米歇尔·福柯在描述拉布朗西在《荷尔德林与父亲问题》中所说的那些因为"使得类同形态可做双向不可察觉的转移"而导致了统一幻觉，产生了可包含"诗歌形式与心理结构的那种共同领域"① 的"异常快速的振动"时总结说，**原则上**这是一种本质的不可能。这种不可能不但不排除二者的无限逼近，而且也是它们无限地相互逼近之源：因为"尽管这两种话语具有某种在每个论证上总是可以相互逆转的内容一致性，它们在深层次上却是极不兼容的。联合破译诗歌结构与心理学结构，永远也缩小不了它们间的距离。然而它们却无限地彼此接近，仿佛这种接近

---

① 福柯：《父亲之"不"》（"Le 'non' du père"），《批评》1962 年 3 月号，第 207-208 页。该文是对让·拉布朗西的《荷尔德林与父亲问题》（巴黎，大学出版社，1961）的一篇书评。

可以找到彼此接触的可能性；因为作品与疯狂之间的那种**意义连续性**，只有从**同一之迷宫**出发才是可能的，而这个**同一之迷宫**揭示的却是**断裂的绝对性**"。不过，米歇尔·福柯稍后补充道："这并不是一种抽象的形态，而是我们的文化应当质疑的一种历史关系。"这个质疑，其完整历史场域的建构与恢复也具有同样的重要性，难道没有显示事实的不可能性可以给自己提供一种原则的不可能性？这里我们还有必要以一种非习惯性的方式去思考这两种不可能性的历史性和差异性，但这个首要的任务却并不是最容易的。因为，这两种不可能性的历史性长期撤离了思想领域，从评论开始主宰并规定提问立场之时，更准确地说，从各种"结构解码"开始主宰并规定问题之时，它就撤出了。由于这种历史性的缺失，那个时刻在我们的记忆中就离得更远。

　　然而，事实上我们确实感觉到了，尽管临床医学论述和批评性论述到处宣称各自的自治领域，并要求彼此相互承认并相互尊重，但它们在借助未经思考过的媒介，采取同样抽象、误解和暴力方式去获得我们正在寻找的那种统一体中的共谋性并不少。（美学、文学、哲学）批评，在想要捍卫某种思想的意义或某个作品的价值以对抗心理临床医学还原的时刻，其实也以相反的方式达成了与后者相同的结果，**即创造了一种范例，一个个案**。作品或思想的探险，因此以范例或见证者（martyre）* 的身份，用来见证某种结构，而对于结构，人们最关心的是破译其本质的恒常性。对于批评来说，认真对待并**重视**意义或价值，就是从现象学置入括号内的范例中去

255

---

* martyre，希腊语中指的是见证者，信仰见证者。

解读本质。这种最无法抑制的批评姿态，乃是对作品主题之原创性的最大尊重。因为我们所知道的那些充分的理由，**心理还原**和**本相还原**在面对作品和疯狂的问题时以极端的方式相互对立，但却以同样的方式运作，而且不知不觉地达成了同样的目的。精神病理学的那种技巧，无论其风格如何，假定能达到布朗肖解读的那种确定深度的话，大概能够确立阿尔托个案，并最终以同样的方式将"这个可怜的阿尔托先生"**中性化**。而阿尔托的全部历险则成了他的《未来之书》的范例。这是"对思想至关重要"的那种阿尔托式的"无能为力"（impouvoir，阿尔托这么说自己）的一种令人敬佩的阅读。"尽管阿尔托没想这么做，尽管他呐喊中带有的某种激情缺陷（erreur pathétique），他触及到了那个点，那个思想总是已经不再能思想的点，用他的话来说即思想的'**无力**'点，而这种无力，对思想来说是至关重要的……"（第 48 页）* 因为范例中的这种"**激情缺陷**"是属于阿尔托个人的，我们在解释本质真理时不会保留它。这种缺陷就是阿尔托个人的历史，是通往真理的路上他那被抹掉的印迹。是关于真理、缺陷和历史关系的那种前黑格尔式概念。"而让诗歌与这种不可思（impossibilité de penser）联系起来，就是被思物/思之果本身（la pensée），这就是那无法被发现的真理，因为思之果总是转身迫使思下降到在它实际体验到的那个点之下。"（同上）阿尔托的这种激情缺陷，就是使他与他拼命示意的真理拉开距离的那种范例隔层与实存隔层，即言语核心处的虚无、

---

* 莫里斯·布朗肖：《未来之书》（*Le livre à venir*），Paris，Gallimard，1959，第 48 页。

"存有的不在场"、"与生命隔离的那种思想之丑闻",等等。这些无须外求地属于阿尔托的东西,即他本人的经验,批评家可以毫无伤害地将之留给心理学家和医生。但"对我们来说,却不应当将他提供给我们的这些明确、确定而细腻的描述,误读成对某种心理学状态的分析"(《未来之书》,第 51 页)。那些只要我们能够通过阿尔托去读、去说、去重复并去执行的东西,就不再只属于他,因为他只不过是见证人而已,而这也正是思想的一种普遍本质。(这样一来,)阿尔托的整个历险,也许就不过只是一种先验结构的指数:"因为阿尔托永远不会接纳与生活隔离的思想,即便在他将自己投入到那种最直接、最原始的体验之时,也就是说,体验思想本质还未被理解为它与那种不可能性分离之时,正是在那个时刻,思想以其自身无限潜能的局限反对自己,承认了那个不可能性"(同上,第 57 页)。我们知道,与生命隔离的思想,是精神之诸多伟大形态之一,对此黑格尔已经举出好些例子,而阿尔托提供的应是另一种例子。

　　莫里斯·布朗肖的思考就此止步:既没有回到不可还原的阿尔托,也没有谈支持阿尔托拒绝接受这种思想丑闻的那个特殊断言①,更没有讨论阿尔托经验的那种"原始性"。莫里斯·布朗肖

---

　　① 这个以"残酷戏剧"命名的**断言**,虽然是在给雅克·里维埃(Jacques Rivière)的信件和早期作品之后才宣布的,但它已经支配着这些信件和作品。"残酷戏剧/并非缺席的空虚之象征/也非生活中无法自我实现的可怖无能之征/人类的/它是肯定/对可怕的/并且不可抗拒的必要性的肯定。"《残酷戏剧》,《84》杂志,1948 年 5、6 号,第 124 页。只要引用到珍贵严谨的《阿尔托著作全集》(Gallimard)版本,我们将只给出卷数和页码,而不标其他题目。如果只给出时间并用括号括入的话,指的将是未出版的文本。

256

的思考到此为止或者说**几乎**就此止步：那也刚好是他提醒应当避免，而事实上却永远无法避免的诱惑的恰当时刻，"将阿尔托所言与荷尔德林、马拉美所言加以对照会十分诱人：灵感，首先就是灵感缺失的那个纯粹点。不过，我们必须抵抗这种过分笼统之断言的诱惑。每个诗人都说着同样的东西，可却都说得不一样，我们感觉得到那种独一无二性。阿尔托的那部分就是他特有的。他所说的，有一种我们应当承受不了的强度"（《未来之书》，第 52 页）。在接下来的最后几行中，关于阿尔托独特性，布朗肖却只字未提。他重

257 新回到了本质性："当我们读着这些文字时，我们学会了那些我们尚未知道的东西：思考本身只能是颠覆性的；被思考物，正是在思想中背离思想并无穷尽地自我消耗的东西；痛苦与思想是神秘地连在一起的。"（同上）布朗肖为何要回归这种本质性呢？因为，定义就决定了独特性没什么可说的。对这个过于确凿的自明性，我们这里暂不急于处理。

　　将阿尔托与荷尔德林进行比照，对布朗肖来说是诱人的，他专论荷尔德林的那篇文章《典型的疯狂》①也同样对二者做了比较。布朗肖认为有必要避免在两种话语之间做取舍（"因为神秘性，也取决于对一个既不属于甲版也不属于乙版的事件所采取的同步双重性阅读"，那首先是因为这种事件是"发生在疾病—健康对立之外的非凡事件"），同时，他将缺乏事件特殊性并提前控制一切意外的

---

　　① 卡尔·雅斯贝尔斯《斯特林堡与凡·高，荷尔德林与斯维德伯格》"序"，法文 Minuit 版。同样的本质主义方式，出现在布朗肖的另一个文本中，不过更为精细，见布朗肖：《残酷的诗理性》，《阿尔托和我们时代的戏剧》（Paris，Gallimard，1958），第 66 页。

医学知识域减弱了。"因为，对于临床医学知识来说，这种事件是在'规则'之中的，它一点也不意外，它符合我们对那些记录了这个噩梦的患者的认知"（《未来之书》，第 15 页）。这种对临床医学还原的还原，是一种本质主义式的还原。布朗肖在抗议这种"过于一般化的……程式……"时写道："人们不能满足只在荷尔德林的命运中，看到一个令人钦佩的或崇高的个体由于他过分强烈地追求伟大以致走向自毁的命运。他的悲剧只属于他本人，但他自己则属于他所表达过并发现了的东西，这些东西并不只属于他个人，而属于真理及对诗本质的肯定……他决定的，并非他的命运，而是诗的命运，他赋予自己的目标是实现真理的意义……而这个运动并非他所独有的，因为它就是真理的真正实现，尽管他无意于此，而真理却在某种程度上要求他个人的理性，变成不再属于他的那种非人格的纯透明度"（第 26 页）。因而，向他致意是徒然的，因为，在论述中消失的，正是那个独一无二的他。这并非出于偶然。因为独特性的消失，是以荷尔德林式的真理之意义的诞生呈现的："……本真的言语，即中介性的言语，因为中介者在它身上的消失，从而终结了其特殊性，并返回到它的发生元素中去"（第 30 页）。那种使我们能够一直用"诗人"代指荷尔德林的东西，使独特性解体成为可能的东西，正是独一无二的那种（被抽象了的）统一性或特殊性，这里指被当作时机、构成、"组合"来思考的所谓疯狂与作品的统一：因为"这样一种组合绝不会有第二次"（第 20 页）。

258

让·拉布朗西指责布朗肖的解释是"唯心主义的"，是彻底"反'科学'的、反'心理学'的"（第 11 页），他建议用另一种类型的统一论理论取代荷林格拉斯（Hellingrath）＊ 的理论，尽管荷林格拉斯的理论与布朗肖的不同，但与布朗肖的理论倾向接近。拉布朗西并不想否决这种一体论（l'unitarisme），他想做的是"去了解在同一个运动中，荷尔德林的作品及其生命进程走向疯狂并在疯狂中演化的过程，他称这个运动为对位法式的辩证法、多线性运动"（第 13 页）。事实上，人们很快就会发现，这个"辩证"及多线性运动，只不过是使某种永远无法还原的二元性复杂化罢了，正如福柯所说，它们只不过是加快了振速以致使这种二元性难以被察觉罢了。因此，在此书结束的时候，人们仍会气喘吁吁地寻找那种独特性，而它自身却已经逃离了话语而且将永远地一去不复返："我们在精神分裂症的演变与作品的演变之间建立的那种比照所得出的一些结论，绝对不能够一般化：因为那种诗与精神病态之间的关系的独特性，也许只是属于某个特殊的个案"（第 132 页）。这仍然是时机和相遇所造成的那种独特性。因为，只要我们从远处预示以其原貌呈现的那种独特性的话，也就等于回到了拉布朗西专门针对①布朗肖所批评的那种范例主义上去了。（在布朗肖那里，）心理学主义的风格，及与之相反的结构主义或本质主义，显然几乎已经统统消失，而吸引我们的则是他的哲学姿态：那意味着不再从某种精神分裂结构或先验结构出发去理解诗人荷尔德林，因为这些结构的意义是已知的，也不大可能会产生什么意外惊喜。相反，应当通

＊ 荷尔德林研究专家，编有《荷尔德林选集》。

① "荷尔德林的实存，因而将会是诗歌之运的一个特例，而布朗肖将诗歌之运与作为'与不在场之关系'的言语的真正本质联系在一起"（第 10 页）。

过阅读荷尔德林，去发现某种进入一般精神分裂症之本质典范性的
最佳通道。因为，一般精神分裂症的本质，并非可供心理学或人类
学这些既定学科自由利用的某种心理学，乃至人类学事实。"……
正是他（荷尔德林）将精神分裂症问题当作普遍性问题重新提
出"（第 133 页）。说它是普遍的，而不仅仅是人类的问题，或者首
先不是人类的（问题），那是因为一种真正的人类学，正是在精神
分裂症的可能性之上建立起来的；这不等于说精神分裂症的那种可
能性，**事实上**可以在人之外的其他生物身上碰到，只不过它并非先
决构成了的、公认的某种人之本质属性中的一种。正如"在某些社
会中，进入绝对律法和绝对象征系统的权力，是父权外的其他制度
提供的"（第 133 页），而它使得预解父权成为可能，同样类似的
是，精神分裂症并非人类这种存在者的诸多维度或可能性中的一
种，但它却为我们揭示了人之真理的结构。这个打开结构的方式，
典型地呈现在荷尔德林的个案中。人们也许会认为，从定义出发，
独特性不可能是某种一般形态的范例或个案。但未必如此。（因为）
典范性，只不过与独特性表面上相悖。范例（exemple）观念* 中
所具有那种模糊性是众所周知的：它既是临床医学话语与批评话
语间共谋关系的资源，也是想要减弱意义或价值的话语与想要恢
复意义或价值的话语间共谋关系之资源。正是它使得米歇尔·福
柯能做出如下结论："……荷尔德林占有一个独特而具典范意义

---

* 范例（exemple），有两层含义，可指阐明了某种一般规则的个案，也可指代表了
规则本身的典型性。这里两层含义都涉及，心理学界将荷尔德林当作天才的个案，而批
评界将他当作独一无二的典范。

的地位"（第 209 页）。

荷尔德林和阿尔托就是这种情况。我们的意图，绝不是要反驳或批评这些阅读的原则。它们是合法的、富有成果的、真实的；这里还要加上的是，它们通过一种批评性的警觉令人钦佩地引导了我们，使我们得以长足进步。另外，如果我们对给予独特性这种特殊待遇显得有些不安的话，那并不是因为我们赞成借助道德或审美的谨慎，去对抗概念的暴力以捍卫主体的实存，去捍卫作品的原创性或美的独一无二性。反之亦然，如果我们对在独特性面前表现的沉默或无能为力感到遗憾，那并不意味着我们相信简化独特性，以进一步肢解它的方式去分析它、分解它是必要的。较恰当的说法是：我们相信没有任何论述能逃脱这种败局，因为作为论述，它们在挖掘暗中支撑着批评话语和临床医学话语之差异（即疯狂与作品之别、心理与文本之别、范例与本质之别，等等）产生的那个统一体的同时，并没能自我瓦解。这里我们只能以否定方式接近的那块土壤，从某种意义上讲是**历史的**，而它的这种意义在我们刚刚谈到的那些论述中，似乎从未成为主题，而且说真的，它也很难为历史形而上学概念所容忍。然而，这块启动了安托南·阿尔托之呐喊的古老土壤的动荡在场，将在这里引发这些论述的共振。远远地引发，再说一次，我们开篇所说的那种天真性并非风格问题。

如果我们一开始就说阿尔托向我们传达的是这个分解之前的统一体的话，那不是要将阿尔托建构成他所传达之物的范例。如果我们理解他，就不会指望从他那里获得一种教诲。因此，前面的那些考虑，无非是宣布了对阿尔托个案的一种新研究方案的某些方法论或一般性介绍。更确切地说，它们提示的也许是阿尔托想要瓦解其根基的那个问题本身、那个他孜孜不倦地谴责其变异分流的东西，如果说不是其不可能性的话，而那个东西却一直在瓦解他愤怒的呐喊。因为，他以**实存、血肉、生命、戏剧、残酷**为名发出的吼叫，向我们承诺的，是前在于疯狂**和**作品的一种艺术的意义，这种艺术不生产作品；是一种艺术家之实存体验，这种实存不再提供通向其自身外之他物的道路或经验；是某种作为身体的言语之实存经验、一种作为戏剧的身体之实存经验、一种作为文本的戏剧之实存经验，因为这种文本不再受制于比它更为在前的书写，也不再受制于某种元文本或元言语。如果说阿尔托绝对抗拒临床医学式或批评式注经工作（exégèsescliniques ou critiques）——我认为，以前从未有人这么做过——那是因为他的铤而走险（这个词指的是前在于生命与作品之隔离的某种整体性）就是对典范化的抗议**本身**。批评家和医生面对一种拒绝表意的实存经验，面对一种无作品要求的艺术，面对一种要求不留印迹的语言，也就是面对差异，恐怕会不知所措。阿尔托追求一种不是表达（expression）而是生命之纯粹创造的呈现，它永远不会远离身体而堕落成符号、作品或客体，他这样做是想要瓦解某种历史，即那种二元论形而上学的历史，这种二元论形而上学多少从暗中给前面提及的那些论述提供过灵感：也就是暗中支撑分离了言语与实存二分、文本与身体二分的那个使灵肉分离的二元论。即那种注释形而上学，它之所以允许"注释"的存在，那是因为它**已经**主宰了那些被注释的作品。即阿尔托意义上的非剧场作品，其实，这些作品本身就已经是些被放逐了的注释本。

阿尔托鞭打自己的皮肉以使之苏醒在放逐之前，他这么做是要防止远离他身体的言语被劫持（soufflée）*。

被劫持：让我们将之理解为**被**某个可能的注释者**窃取**，因为这个注释者认识这个言语，会将它安置在某种秩序中：要么是本质真理秩序，要么是某种真实的、心理学的或其他的结构秩序。第一个注释者这里指的就是听者或读者，总之不会是残酷戏剧中之"公众"① 的那种接收者。阿尔托知道所有脱离了身体的言语，在将自己提供给倾听和接收，提供给舞台的同时，都立即变成了**被窃取**的言语，因为它变成了脱离了我的那种意义。这种窃取，总是对某种言语或文本、印迹的窃取。因为，只有被窃物至少具有被某种话语愿意投资的意义或价值时，窃财，即盗窃才有意义。将这个说法解释为放任道德、经济、政治或法律领域中的盗窃理论是愚蠢的。因为这个说法前在于这类话语，它在同一个问题中，明确地将盗窃的本质和一般话语的起源联系起来。而所有那些关于盗窃的话语，在被这样或那样的领域限定时，就已经隐约地解决或抑制了这个问题，获得某种熟悉了基本知识的确信：谁都知道盗窃指的是什么。但是，窃取言语却不是各种盗窃中的一种，它与盗窃的那种可

262

---

* 这里本篇的题目被点出。但由于作者在主题词 souffler 多义性上大做文章，使该词几乎无法在汉语中找到对应词。德里达下面会解释其中的一些含义，如吹气、送气、喘息、夺走、台词提示者等等，而这些用法又与该词的拉丁词源 spirare 相连，有吹（souffler）、散发出（s'exhaler）、呼吸（respirer）等义。

① 这种公众不应存在于残酷剧场的舞台之外、之前或之后，也不应期待、梦想或追求这种存在，它甚至不应作为观众存在。正是从这里产生了《戏剧及其替身》中，在"导演""绝对舞台语言""乐器""照明""服装"等丰富、无穷尽的定义中这个谜一般的简捷公式，观众问题因此被耗尽了："观众，首先应该是剧场"（第四卷，第 118 页）。

能性本身混为一体，并定义了它的基本结构。如果阿尔托让我们去思考它，那它就不再是某种结构的范例了，因为它就是盗窃的结构本身——是它构成了范例结构的原貌。

被劫持：让我们将之理解为同时**授意于**（inspirée）**另一个**正读着一个比我的身体之诗、比我身姿之剧更古老的文本的声音。这种授意过程，是有着数个剧中人的盗窃剧，也是古典剧场的结构，在那里，提词者的隐蔽性确保了由另一只手写成的文本与已被剥夺了其所接收的一切之所有权的释演者之间那种必要的延异和替换。阿尔托想要焚毁的正是这种让提词者成为可能并使身体屈服于陌生文本的表演舞台。阿尔托想要送走的也是这种提词装备。他要借助盗取这种装备的被盗粉碎盗窃结构。为此，他得以同一个姿势，同时瓦解戏剧特有的诗学灵感和古典艺术的经济学。用同一个动作瓦解掉支撑着它们的那种形而上学、宗教、美学等，并打开一个不再受盗窃结构庇护的世界向绝对危险敞开。比如，通过唤醒绝对残酷的舞台来恢复这种绝对危险，至少，这就是安托南·阿尔托所**宣称的**公开意图。我们将要跟踪的正是这个意图附近的某种掐算好了的滑差。

我们知道，出现在致雅克·里维埃的那些信中的"无力"（im-pouvoir）这个主题①，指的并非简单的阳痿，也非"无话可说"的那种不育症或缺乏灵感。相反，它就是灵感本身：是空无的力量，是某种提词者的呼吸旋风，这个提词者向着自己呼吸，并窃走那他留给我的我以为能**以我的名义**去说的东西。灵感/授意的这种慷慨

263

①　该词出现在《神经比重计》中，详见卷一，第90页。

性，即一种我不知来自何方的言语的正面突现，如果我是安托南·阿尔托的话，我知道的还有我不知这言语来自何方、来自谁，而这**另一个**呼吸的丰产性，就是那种无力：这指的不是言语的缺失，而是它那种极端的无责可负性（irresponsabilité），也就是说作为言语潜能和源头的那种无责可负性。我在一直向我耳语并从我身上窃走那使它与我发生关系的言语以太中与自己建立了关系。这种言语意识，即意识本身，就是意识到我对我发声的那个当下究竟是谁在说话一无所知。因此，这种意识也就是一种无意识（"在无意识中，我听到的是其他人的声音"，1946），要反抗这种无意识，就必须重建能残酷地向自身呈现并听得到自己在说的另一种意识。这种无责可负性不是道德学、逻辑学和美学可以定义的：因为它乃是实存本身的整体性、原初性的折损（déperdition）。依阿尔托的看法，这种整体性、原初性的折损首先发生在我的绝对身体、绝对生命中，而要理解这些表述的意义，必须超越形而上学的规定性，超越那些分隔了灵与肉、言语与姿态的"存有限制"。但这种实存的折损，就是形而上学的规定性，如果我想让我的作品在受制于它而不自知的世界和文学中获得理解的话，我就得将我的作品滑动到这种形而上学规定性中去。而里维埃就曾经是这种形而上学规定性的代表。阿尔托在给他信中说，"这里我担心的仍是那种模糊性。我希望您能清楚地理解，我所说的不是大家同意称之为灵感授意的那种东西多少存在的问题，而是指一种完全不在场、实实在在的折损"（卷一，第20页）。阿尔托不断地重复这一点：言语的源头和迫切性，即那种迫使它表达的东西，与言语自身的缺陷是混在一起的，那种

缺陷就是它自己"说话无名"。"我不应将我的诗的这种散乱无序、 264
它的形式瑕疵、我思想的这种不断退却归咎于缺乏练习，缺乏我所
熟练掌握的工具，还有我的**智力发展**的缺失；而应归咎于灵魂的某
种中心塌陷，归咎于思想的某种本质而短暂的腐蚀，归咎于我对自
己的生命物质发展益处的过渡性丧权，归咎于思想基础的那种畸形
分隔。因此，有什么东西摧毁了我的思想；有什么东西虽没阻碍我
是我所可能所是，但却将这种可能悬置了起来，如果我可以这么说
的话。有某种隐形的东西窃走了**我找到了的那些词**"（卷一，第
25-26页，着重号为阿尔托所加）。

　　强调这种描述的典范性会很诱人，而且也不难，甚至在某种程
度上也是合法的。这种"本质而短暂的腐蚀""既是本质的又是短
暂的"，它是由"窃走了**我找到了的那些词**"的某个隐形者造成的。
那是个短暂即逝的隐形者，但比短暂多出些什么。拉丁语义的隐形
者，指的是以极快的速度盗走了我的词的那个盗贼的窃盗方式；它
速度极快，因为它得在隔离我与我的词的那个虚无中隐形地滑动，
在我找到我的词之前就窃走它们，使我在找到它们时确信它们从来
都是已经脱离了我的东西。这个隐形者，因而也许就是那种丧权的
美德，它总是在自我逃匿中掏空言语。日常语言抹去了"隐形者"
这个词与偷盗的相关性，及其与那种使偷窃之偷窃意义滑动的微妙
隐遁的相关性——与以某种必要的姿态向着闪避（fugitif）、瞬
间（fugace）和飞逝（fuyant）等无形无声的触摸滑动，以便自我
隐身的隐形者的那种关联性。阿尔托既没忽视也没强调该词的本义，
他强调的是那种销迹（effacement）运动：在《神经比重计》（第89

页）谈及思想中的"折损"（déperdition）、"丧失"（perte）、"丧权"（dépossession）、"陷阱"时，他说这些"暗中劫持"（rapts furtifs）并非一种简单的重复。

只要我说话，我所用的那些词一旦变成了词，它们就不再属于我，而且原本就是些被**重复**的东西（阿尔托追求的是一种不可重复的剧场。参照《戏剧及其替身》，卷四，第 91 页）。我首先应当听到的是我自己在说。无论是独白还是对话，说，即意味着听到自己在说。只要我说的被听到，只要我听到我自己所说，那个被听的我、那个听到自己说话的我，就变成了说话的我，这个我要发言，就永远**不必去打断**那个以为以自己的名义说话并被倾听者的话。潜入说话者名义的那个微乎其微的差异，就是隐形者，即缺了它任何言语都不可能找到自己呼吸的那种瞬间的、原初性的闪避（dérobement）结构。这种闪避以始源之谜呈现，也就是说，以某种隐藏了其始源和意义的言语或故事（αἶνος, ainos）呈现，也就是说这种言语或故事从不说它来自何方，亦不说它将往何处去，因为它对此一无所知。这种无知，是由于自身**主体的**缺失造成的，而它对于言语或故事并不是突然降临的，而是后者的构成者。这种闪避，是之后衍射（se diffracte）* 成了偷窃和遮蔽的那种最初统一体。将这种闪避排他地、根本地理解为偷窃或侵犯，正是心理学、人类学、主体性形而上学（即意识、潜意识或自己的身体）。毫无疑义，这种主体性形而上学在阿尔托的思想中依然发挥着强大作用。

因此，所谓的说话主体，就不再是说话的那个人（celui-là）或

---

* 衍射，又称绕射，是指波遇到障碍物时偏离原来直线传播的物理现象。

仅仅是那个人。这个说话主体，是在一种不可还原的二次性
（secondarité）中被发现的，其源头总是已经被言语的有机场域闪
避，而它却在那里徒然地寻找某种永远丧失之地。这种有机场域，
不只是某些心理学理论或语言学事实可以描述的场域。无须指别的
什么，它首先是那种我必须从那里吸取我的词和句法的文化场域，
是那种我必须在其中写与读的历史场域。因为偷窃结构，已经安置
或（住进了）言语与语言的关系（之中）。言语被窃：从语言中被
窃，因此它同时也就是从自身中被窃的，是从那个已经永远丧失了
言语所有权及主动性的盗贼那里被窃走的。因为我们无法阻止它对
他者之需的预测，阅读行为就会穿透言语或书写行为。而借助这个
穿透的洞，我摆脱了自己。这种洞的形式，调动了某种"可怜的阿
尔托先生"可为之提供范例的存在主义和心理分析话语，在阿尔托
的作品中，它与某种我们稍后要追问的排泄物神学主题
（thématique scato-théologique）相通。言语和书写总是不可避免地
借自某种阅读，那就是那种原初偷窃，是在遮蔽我的同时窃 266
走（subtilise）了我的始创潜能的那种最为古老的闪避，**精神扒窃**。
被说出或被记录下的言语，即**文字**，总是已经被窃走了的。总是被
窃走了的，那是因为它总是**敞开**的。它从不属于它的作者，也不属
于它的接收者，它的本性就是它从不遵循从一个主体到另一个主体
的轨迹。这等于承认了作为其历史性的那种能指的自律，这个能指
在我之前独自地说着一切，远比我以为要说的多得多，而相对于这
个能指，我的那种忍受式的而非行动性的要说，处于默认状态，或
者说，只能以**被动的方式**被铭写下来，即便对这种默认状态的反思

决定了以超出为形式的表达之急迫性。所谓自律，指的是能指作为意义分层及其历史敏化作用、作为历史系统的某个敞开之地的那种自律。比如，超载于"souffler"这个词上的那种溢出意义（sursignifiance）对这一点的阐明还未完结。

我们不要扩展对这个结构的平庸描述。阿尔托没有将这个结构范例化。他想爆破它。他将这种折损和丧权的灵感与某种好的灵感对立起来，好的灵感是作为缺失本身而错过灵感的。好的灵感是生命的呼吸（souffle），它不会服从听写，因为它不读文本，因为它前在于一切文本。这种呼吸在所有权还没有变成偷窃行为的地方拥有自身。而这种好的灵感会使我恢复与自己的真实沟通并还给我言语："困难正在于找到自己的位置并恢复与自己的交流。问题在于事物的凝聚、心智宝石的集结的那个点正有待寻找。／而这，就是我对思想的想法：／灵感当然是存在的"（《神经比重计》卷一，第90页，着重号为阿尔托所加）。"有待寻找"的那个说法稍后将在另一页出现。现在是我们去问下面这个问题的时候了：阿尔托是否每回都这样不去指定那无法找到者本身？

倘若我们想要进入这种生命的形而上学，那么我们就必须理解在生物科学之前的，作为好灵感之源泉的这种生命："同样，当我们说到生命这个词时，我们必须明白这说的不是由事实的外部认可的那种生命，而是**所有形式都触及不到的**某种脆弱而躁动的策源地。如果说这个时代仍还存在着什么地狱般的真正被诅咒的东西，那就是艺术还徘徊在形式上，而不是像被烧死而却在燃烧的火焰上留下其符号的受难者那样"（《剧场与文化》，卷五，第18页，着重号为我所加）。"由事实的外部认可"的生命，因此就是些形式的生命。在《血肉的立场》中，阿尔托将它与"生命力"（卷一，第235页）① 相对立。残酷剧场应当减弱力与形之间的这种差异。

我们刚刚将之称作闪避的那个东西，对阿尔托来说并不是一种抽象。隐形者这个范畴不只对脱离肉身的声音或书写有效。如果以现象呈现的那种差异，传达的是被盗的符号或被窃的呼吸，那么如果它首先不是造成我之自我丧权的那种绝对的无权的话，那它至少是盗窃了我的实存，包括肉体及精神：它盗窃了我的血肉之躯。如果我的言语不是我的呼吸，如果我的文字不是我的言语，那是因为我的呼吸已经不再是我的身体，而我的身体已经不再是我的动作，我的动作也不再是我的生命。所有我们应当在剧场中恢复被这些区别肢解了的血肉之躯的完整性。恢复一种将存有确立为生命，将身体确立为精神，确立为未被隔离之思想的精神，即"晦暗"精神（因为"绝对清晰的精神属于物质"，见卷一，第236页）之血肉形而上学（métaphysique de la chair），这就是将《戏剧及其替身》与阿尔托早期著作和无权主题重新连接起来的那种连续而一直不被察觉的特征。这种血肉形而上学，也受制于对丧权的焦灼，受制于丧失生命、隔离思想、远离精神之身体的经验。它就是那最初的呐喊。"我思考生命。我所能设想的所有系统，永远不可能等同于我作为一个忙于重建生命之人的那些呐喊……总有一天我的理智

---

① 我们可以以必要的谨慎去谈阿尔托的那种柏格森式才情。从他的生命形而上学向他的语言理论和词汇批评的那种持续转换，决定了他大量使用的那些能量性隐喻和理论表述，严格意义上说都是柏格森式的。特别参照卷五，第 15、18、56、132、141页等。

268 不得不接纳这些纠缠着我的、讲不清的力量，而且它们应当会进驻更高的思维层次，这些力量的外表有某种呐喊的形状。知性的呐喊是存在的，它们来自骨髓之精华。正因此，我称之为绝对血肉。因为我的思想没有与我的生命分隔。我在舌头的每次振动中，在我的血肉之中，重建我的思想之路……但是，我在这个绝对血肉理论中又是什么呢？更确切地说，我在这个绝对实存理论中又是什么呢？我是一个失去了生命并想方设法要重新获得它的人……不过，我得审查这个应当给了我存有形而上学及绝对生命的关键知识的血肉的意义"（《血肉的立场》，卷一，第 235—236 页）。

我们不要在这可能类似于神话本质的东西之上止步：不要纠缠于没有差异的生命之梦。最好去问在血肉中的差异，对阿尔托来说意味的会是什么。我的身体被破门而入者从我这儿窃走了。被那个绝对他者、那个绝对盗贼，那个伟大的绝对隐形者，他有一个特殊的名字：上帝。它的历史发生了。而且有一个场所。而那个破门而入的盗窃场所，只能是个孔的开口。那是诞生之孔、排泄孔，所有其他的开口都以之作为自己的源头而指向它们。"它自我填充/它不自我填充/有一个空洞/一个缺失/一个缺陷/它总是被飞行的寄生物占据"（1947 年 4 月）。**飞行**（au vol）：无疑这是一语双关 *。

因为我与我的身体有关，所以自从我出生以来，我就不再是我

---

　　* 法语中动词 voler 是同形多义词，一义为飞行，另一义为偷窃。语言学家埃米尔·班维尼斯特（1902—1976）在其精彩的语言学著作中，曾对印欧语言中这类同形多义词做了深入的研究，以求找到它们同源条件。voler 一词是他的分析范例之一，可参照他的《普通语言学问题，之一》（*Problèmes de linguistique générale 1*，Paris，Gallimard，1966），第 6 章 "词汇与文化"，第 289—345 页。

的身体。因为我有了一个不是我的身体，我就并不拥有它。这种被剥夺状态建立并指导了我与我的生命之关系。我的身体因此从来就总是已从我这里被窃走了的。如果不是一个绝对他者的话，谁又能从我这窃走我的身体呢？而且如果他不是在娘胎里就潜入了我的位子上去，如果他没有取代我而降生，如果我没有**在我降生时**就被窃走，如果我的诞生没有从我这里被窃取，"仿佛诞生一直就透着死亡的气味似的"（《84》杂志，第 11 页），那么他怎么能够从一开始就窃取了我的身体呢？死亡，在偷窃范畴下将自己提供我们思考。它不是我们以为能够当作过程或历险——我们胸有成竹地称之为生命的终结来预设的那种东西。死亡是一种我们与他者的关系之连接形式。我只**因**他者而死：借助他，为着他，在他身上。我的死是**被再现**的，我们可以随意改变这个词。假如我的死，是在"死亡的那个极端时刻"被再现的，那么这个再现性的闪避从一开始，就对我的实存结构发生了作用。这就是何以说到底"人并不是独自地自杀。/从来也没有人独自地出生。/也没有人独自地死去……/……而我相信总有什么人在那个绝对死亡的时刻，将我们从我们自己的生命中劫走"（《凡·高，社会的自杀》，第 67 页）。死亡作为盗窃这个主题，正是《死亡与人》["La Mort et l'Homme"，见《论罗德兹的一张素描》（Sur un dessin de Rodez），《84》杂志，第 13 期]一文的核心。

如果这个盗贼不是这个伟大且隐形的绝对他者，那他又能是谁呢？这个处处**冒充**我的隐形虐待者，也就是说他像"跟踪我"（虐待我），"却不跟随我（因为它总在我之前）的这个身体"，复制我，

269

并超越我，总是在我之前先行抵达我选择要去之地，如果他不是上帝又能是谁呢？"**上帝，你究竟对我的身体干了些什么？**"（《84》杂志，第 108 页）回答如下：上帝从我诞生的那个黑洞就将我"**活活糟蹋了**/在我整个实存中/而这一切/仅仅由于这一事实/即正是我/我就是上帝/真正的上帝/我，是一个人/而非所谓的精神/精神不过是虚幻中的投射/我之外的另一个人的身体之投射/它叫作/绝对造物主/然而这绝对造物主的可憎历史/众所周知/正是这个身体的历史/它**跟踪着**（却不跟随）我的身体/以便抢先而生/通过我身体的自我投射/并且/诞生/借助我身体之内脏脱出/它在它身上保持我身体的一部分/以便/让他自己冒充/我本人。/然而除了我和他以外别无他人，/他/一个卑鄙的身体/空间不想要的身体/我/一个正在成形中的身体/因此尚未达至完成状态/但却向着完整的纯洁性演化/像所谓的绝对造物主的身体一般/他自知他的身体是不可被接受的/却不惜以一切代价希望存活/他找不到更好的/**存在**条件/除了作为我的谋杀者/去诞生之外。/尽管这一切，我的身体自我重造了/对抗着并经历着邪恶上千次的进攻/还有仇恨的进攻/而它们每一次都使我的身体恶化/并留给我死亡。/而正是由于死亡/我才最终获得了某种真正的不朽。/而且/这就是事物真正的历史/像它们真正发生过的那样/而/非/像在神话传说氛围中看到的那样/漏掉真实"（《84》杂志，第 108–110 页）。

上帝，因此就是从我们身上剥夺了我们自身之本性，剥夺了我们自己的诞生者之本名，后来他就总是以闪避方式抢在我们之前发言。他就是像我的死亡潜入我与我之间的那种差异。这正是为什么——阿尔托的看法是，真正的自杀概念是——我应当通过死来告别我的死亡以便在我诞生的前夜获得"不朽的"再生。上帝并不仅仅攫取我们先天品性（innéité）的这种或那种属性，他攫取的就是我们的先天品性本身，从我们的存有那儿攫取了它的先天品性："有些傻瓜自以为是众生，是有先天品性的众生。/而我，我是那种为了存在而必须抽打自己先天品性的人/那种因为先天品性而应当成为某个生命的人，应当成为永远抽打这个否定性的狗窝，抽打这狗娘养的不可能性的那个人"（《血肉的立场》，卷一，第9页）。

为什么这种原初的异化被当作污迹、猥亵、"秽物"等来思考呢？为何阿尔托在丧失了身体之后的呐喊中，表现出像失去财产一样地对纯洁性之丧失的遗憾，像失去产权一样地对失去清白的悔恨呢？"我受了太多的折磨……/……/我过度劳作以求纯洁和坚强/……/我过度指望获得一个属于自己的躯体。"（《84》杂志，第135页）

从定义出发，我被窃走的是我的财产、我的价格和我的价值。我之所值、我的真实性被**某个**绝对的谁窃走了，这个绝对的某某取代了我，变成了那绝对之孔之出口的上帝，即我的诞生处的上帝。上帝，就是作为出生者最初价格的那个假价值。这个假价值之所以变成了绝对价值，那是因为它总是已经**为**从未存在过的真价值**制造替身**，或者说，为那种从未在其自身的诞生之前存在过的东西**制造替身**。从那时起，我应当在我身上保存住那个始源价值、那个元价值，更确切地说，我应当像保存我自己、我的价值、我的存有本身那样去保存的那自从我坠离那绝对洞穴之门就被窃走了的东西，还有那每每一脱离我的身体就会被窃走的部分，即我的作品、我的排泄物或残渣这种因无法保存而被取消了的价值，如我们所知，它可以变成一种针对我自己的迫害武器。排便，即"与排泄物——我身体宝贵的那些部分的日常分离"（弗洛伊德语），就像降生，我的降生，是初次的被窃，它既使我贬值①又使我遭玷污。这就是为什么作为被窃价值之谱系学的上帝之历史，被叙述成排泄物的历史。"你知道有什么排泄物/比神的历史更横蛮吗？……"（《残酷戏剧》，《84》杂志，第 121 页）。

可能是由于上帝与作品源头的那种共谋关系，阿尔托才将它也叫作巨匠造物主（le Démiurge）。那里存在着与上帝之名，即那个盗贼的本名，与我之隐喻名称的某种转喻关系：我的隐喻，就是我在语言中的所有权之丧失。无论怎样，这个作为巨匠造物主的上帝并不创造什么，因为它不是生命，它只是作品和演习的主题，是那个窃贼、骗子、作假者、冒名者、篡权者，他是艺术创造者的反面，即匠人、技艺，也就是撒旦。所以我即是上帝，而上帝就是撒旦；既然撒旦是上帝的创造物，（"……上帝的历史/被造物的历史，即撒旦……"《84》杂志，第 121 页）。那么，上帝即是我的创造物，是潜入分隔我与我之本源的差异之中，潜入打开我之历史的那

① 每回阿尔托的语言在我们试图修复的那种架构中出现，它在句法和词汇方面都十分酷似青年马克思的语言。在《1844 年政治经济学哲学手稿》的初稿中，劳动生产了**产品**并创建了价值（Verwevtung），劳动成比例地使生产者的贬值（Entwertung）增加。"劳动的实现是它的客观化过程。在经济学领域，劳动的这种实现对于工人来说则是以**其实在性**的丧失来表现的，而客观化过程是以客体的**丧失**或者说后者的**依赖关系**出现的，而适应则是以异化，疏离呈现的。"这种接近避过了修修补补或历史好奇的层面。稍后，当从属关系问题向我们称作自己的形而上学（du propre）（或异化形而上学）提出问题时，其必要性将会呈现。

个虚无瞬间之中的那个我的替代物。所谓的上帝在场，不过指的是对这个虚无瞬间的遗忘而已，是闪避之闪避，这种闪避并非意外，而是闪避运动自身："……撒旦/以它满涨的乳/从未向我们隐藏什么/除了这绝对虚无？"（《残酷戏剧》，《84》杂志，第 121 页）

上帝的历史，因此就是作为排泄物的那个绝对作品的历史。就是排泄学（la scato-logie）本身。身为排泄物的作品，预设了分离，并且它就在分离中产生。因此，它源于与纯肉体分离的精神。它是属于精神的东西，而要找回一个没有被污染的身体，就意味着重造没有作品的身体。"因为必须是一种精神/才能够排泄，/一个纯粹的身体不能/排泄。/它所排泄的/是精神的胶黏物/是热衷从它那里盗取某种东西的精神的胶黏物/因为没有身体，我们不可能存在。"（《84》杂志，第 113 页）我们已经在《神经比重计》中读到过："亲爱的朋友，您以为这是我的作品，实际上这是我的垃圾。"（卷一，第 91 页）

因此，应当拒绝我的作品、我的印迹、那个从我诞生之时就已被窃取后留下的财物中盗取的排泄物。但拒绝它，这里不是要抛弃它而是要保住它。为了保住我，保住我的身体和言语，我就得在我身上留住作品①，与它混为一体以便不让那个绝对盗贼有任何介入

---

① 自然，我们毫不犹豫地避免引用所谓的"传记材料"。如果在这个具体问题上，我们提醒说阿尔托死于直肠癌，那并不是为了用特例来证明这项规则，而是因为我们认为关于他患癌的这个资料的作用（有待寻找）以及其他类似材料，不应具有前面所说的"传记材料"的功能。有待寻找的新身份是存有与文本间的那种关系，是这两种文本保留形式与一般书写间的关系，而正是在一般性书写游戏中，这两种文本性形式才得以连接起来的。

作品与我之间的机会，防止它像文字一样从我身上脱落。因为"一切文字都有废话的性质"（《神经比重计》，卷一，第95页）。所以那摆脱了我并远离了我的东西、那中断我与自身的亲密性的东西，玷污了我，因为它使我不再专属（mon propre）* 于我。专属，乃是接近己身的那个主体的名字——是其原貌，而被抛弃的（abject）**，则是对象的名字，是衍生物的名字。当我是我自己/是整洁的（propre）时候，就有了属于我的专名。在西方社会，孩子是以他正式名字进入社会的，首先进入的是学校，因为在他变得整洁之前是不会得到确切的命名的。这个词隐藏在表面弥散状态中的多重意义的统一性，即身体的洁净无污与绝对接近己身的主体的统一，并没有在哲学的拉丁时代之前产生（因为正在那个时候，proprius 一词与 propre 一词，才建立了相关性），而且，也因为同样的原因，将疯狂当作异化之恶的形而上学规定性，也不可能在那个时候成型。（自然，我们并不是要将语言学现象当作某种原因或某种征兆：原因很简单，疯狂概念只有在某种特有主体性之形而上学时代才可能定型。）当这种形而上学自欺欺人，并将那种脱离了其特性的专属现象（异化之异化）当作其必要条件时，阿尔托就要去**拨动/唤醒**这个形而上学，去**摇动**这个形而上学；但他仍**需征用**之，也仍需从其价值的根基处吸取养分，他要通过修复分裂之前的那种

---

　　* 法文 propre 源自拉丁语的 proprius（"个人的""特定的"），由 pro-（为了）和 privus（"特殊的""个人的""专属每个人的""每个""每个人"）两部分意义组成。Propre 指与公产与家产不同的专有财产。而该词的"整洁的"（soigné）、"清洁的"（nettoyé）等义，则来自人类这种倾向于细心（soin）维护私产而忽视公产的倾向。

　　** "被抛弃的"，在法国大革命之前，指社会地位低下、卑微、受辱的人，含贬义。

专属性，显示他比形而上学本身更为忠诚于它形而上学的本源。

如排泄物、粪便，还有我们知道的阴茎的隐喻①，作品**得**保持 *273*
挺立。可是，作为排泄物的作品，不过只是物质性的：它既没有生
命，没有力量，也没有形式。它总是要坠落的，而且一离开我它就
塌陷了。这正是为何作品——诗歌的或者别的——将永远不会让我
挺立。我将永远不会在它身上挺立。因此，拯救、身份、直立，将
都只在无作品的艺术中才是可能的。作品永远是死亡之作，没有作
品的艺术、舞蹈或残酷剧场，才是生命的艺术本身。"我说残酷，
就如同我说生命。"（第五卷，第 137 页）

挺起身来反上帝，愤激地反作品的阿尔托，却不拒绝拯救。恰
恰相反，对他来说，救赎学（sotériologie）正是身体本身的末世
论。"就是将作/最后审判/的我的身体之**状态**"（《84》杂志，第 131
页）。整洁的—身体—直立—无污。恶与污秽的，是**批评**，是**临床
医学**，因为它使自己的言语、身体变成了作品，变成了委身于（因
为躺着）注释者那不易察觉之渴望的客体。因为，从定义来讲，人
永远不能解释的唯一之物，就是身体之生命，就是残酷剧场想要保
持其完整性以对抗恶与死亡的那活生生的血肉之躯。疾病，就是在
舞蹈和剧场中挺立的不可能性。"之所以有鼠疫、霍乱、天花/那只
是因为舞蹈/还有剧场/还尚未开始存在。"（同上，第 127 页）

---

① 阿尔托在《阿尔托著作全集》序言中写道："《存有的新启示》之棍棒，已和那
柄小剑一道坠入黑囊里了。另一根棍棒准备好了，它将伴随着我全部的作品，参与一场
并非与思想的肉搏战，这是一场与猴子们的肉搏战，在被它们损坏了的机体中，与这群
不停地上下左右我意识的猴子们开战，……我的棍棒就是这本愤怒的书，它被那些已死
的古老种族召唤，那些幽灵像戴面具的女孩般烙在我的纤维中。"（第 12-13 页）

这是个疯诗人们的传统？荷尔德林是这样说的："然而，它在上帝的雷声中回来了/哦，诗人！站起来，露着头颅，/用干净的手，抓住父亲的闪电，抓住它……/带给蒙面的人民/在歌声中，那是上天的恩赐。"（《这样，在休息日》，费迪耶译本）而尼采说的是："……我是否应当说，有必要知道如何与笔共舞？"[《偶像的黄昏》，毕样吉（G. Bianquis）译本，第 138 页]①。他还说过："唯有走到你脑子里来的那些思想，才是有价值的"（第 93 页）。因此，人们可能恨不得将这三个疯诗人，还包括其他的一些人，在这一共同点上（就像在其他地方显示的共性那样），以一种相同的注释冲动，将他们放到一个单一的谱系学连续性中去②。其实，关于挺立和舞蹈的上千种其他的文本，也许都会鼓励这样一种设想。可是，这种设想会不会错过了阿尔托（体会到的）那种本质决断呢？从荷尔德林到尼采，挺立和舞蹈一直可能都是隐喻性的。总之，挺立/

① "用干净的手，抓住父亲的闪电，抓住它……""……与笔共舞……""（那根）棍棒……那柄小剑……另一根棍棒……我的棍棒就是这本愤怒的书……"而在《存有的新启示》中他写道："因为 1937 年 6 月 3 日，那五条蛇出现了，而且它倒在那剑下，这剑的决定力是由一根棍棒来再现的！这意味着什么呢？那意味的是那个说话的绝对我有一柄绝对的剑，也有一根绝对的棍棒。"（第 18 页）让我们再加上日奈的后面这个文本："所有的盗贼都明白，当我手持撬棍，即'那支鹅毛笔'的时候我所拥有的尊严。它的重量、它的质地、它的口径，最终还有它的功能带给我作为人的权威。一直以来，我都需要这根铁棒让我彻底地摆脱我的泥泞卑微的处境，去获取阳刚血气的明亮单纯性。"（《玫瑰奇迹》，第二卷，第 205 页）

② 我们得承认阿尔托是第一个想要将天才狂人大家族召集在烈士族谱下的人。他在《凡·高，社会的自杀》（1947）里就这么做了，这是个罕见的文本，因为在它的"自杀者"（波德莱尔、爱伦·坡、聂尔瓦、尼采、克尔凯郭尔、荷尔德林、柯勒律治，参照第 15 页）名单中提到了尼采。阿尔托之后还写道（第 65 页）："不，苏格拉底没有这种眼力，可能在凡·高以前，只有不幸的尼采才有这种剥离灵魂，将身体从灵魂处释放出来，并将身体在精神的借口之外裸露出来的眼光。"

勃起，不必被放逐到作品中去，也不必委身给诗歌，更不必流放到言语或书写的那种绝对主权中去，也就是说不必流放到挺立的文字或笔端上去。更确切地说，作品的挺立，就是文字对呼吸的支配权。尼采的确指责过根植在有待瓦解的某种形而上学基础上的语法结构，但他质疑过他所承认的那种语法安全感与文字挺立在形而上学根源处的关系吗？海德格尔在《形而上学导论》中简短预示过这种关系："从某种相对宽泛的意义讲，希腊人是从视觉角度去看待语言的，即是说从被书写物的角度去看待语言的。也就是被说物的立场。这种语言在词的眼中，在文字符号中、在字母，即 grammata（γραμματα）中挺立。这也正是为什么语法所再现的是存在者的语言，而这种语言却因为言语流而在不一致性中迷失了自己。因此，直到我们的时代之前，语言理论都一直是由语法来解释的。"（凯恩·G. 卡恩译本，第 74 页）这么说并不矛盾，但却矛盾地证实了对文字的蔑视，比方说《斐多篇》中，对文字的蔑视，是要拯救作为灵魂之真理的初次记录的那种隐喻性书写，保存它并首先将它当作最可靠的参照，而那也正是书写的本义（276a）。

275

阿尔托要摧毁的正是这个隐喻。他想了结的，正是作为书写作品中的那个隐喻性勃起的挺立①。他认为文字作品的这个隐喻性异化是迷信，而我们"必须了结的，就是这种对文本和写下的诗歌的迷信"（《戏剧及其替身》，卷五，第 93-94 页）。因为，这种迷信就

①　"我跟您说过，不要作品，不要语言，不要言语，不要精神，什么也不要。什么都不要，只要一个美好的神经比重计。在头脑中所有事物中间的一种无法理解的直觉。"（《神经比重计》，卷一，第 96 页）

是我们与上帝关系的本质，是我们受这个伟大的难以察觉的盗贼之迫害的本质。而救赎论，也要通过瓦解作品和上帝才行。上帝之死①确保了我们的救赎，因为只有它的死才能唤醒神圣。人的名字——排泄神学的存在（être scato-théologique）、能够让自己被作品玷污并允许在与盗贼上帝的关系中建构自己的存在——指的正是无法命名的绝对神圣被历史败坏。"而这种性能唯独人类才有。我甚至会说正是这种人类的感染败坏了本该神圣的思想；因为不相信人类发明的超自然物和神圣，我认为正是人的千年干预最终腐蚀了那种对人而言神圣的东西"（《戏剧及其替身》，卷五，第 13 页）。因而，上帝是一种对抗神圣的原罪。而有罪性的本质是排泄性神学的。让人的排泄性神学之本质如此显现的那种思想，不可能只是一种形而上学的人类学，也不可能是一种形而上学的人文主义。它指向的不仅仅是人，也不仅仅是西方剧场之形而上学关怀，"这些关怀……难以置信地使人发臭，使临时的、物质的人发臭，我甚至想说是使腐朽的人发臭"（卷四，第 51 页，也请参照卷三，第 129

①　"因为即便无限死了/无限也是某个死亡的名字。"（《84》杂志，第 118 页）这说的是上帝并非在历史的某个既定时刻死去，上帝就是绝对死亡，因为它就是绝对死亡的名字本身，是我的死亡之名，是那从**我诞生之时就窃取**了我并**侵入**了我生命那个东西的死亡之名。既然作为绝对死亡的上帝就是生命的那种差异，它就从未停止过死，也从未停止过生。"因为即便无限死了/无限也是某个死亡的名字/而这个死亡并未死。"（同上）没有差异的生命，即没有死亡的生命，就是死亡与上帝存在的唯一理由。不过，它是通过在死亡中否认自己为生命，通过死亡而成为上帝本身来实现的。因此，上帝就是绝对死亡：是没有差异的无限之绝对生命，这就是被古典存有论或形而上学所指认的上帝的属性（除了黑格尔这个暧昧和出色特例外），而阿尔托依然属于这个路子。不过，既然死亡就是生命中差异的名字，是作为生命本质的有限性之名称，那么，作为绝对生命与绝对在场的上帝之无限性，就只不过是有限性的别名。不过，同一事物的另一个名字，**并不等于**是第一个名字所指的同一事物，它不是它的**同义词**，而这，**就是问题的关键所在**。

页。其中有一封谩骂法兰西剧院的信，它有意谴责该体制的概念及运作中的那种排泄式使命）。

因为这种对作品中隐喻证据（stance métaphorique）的拒绝，阿尔托就不是尼采之子，尽管他们有许多惊人的相似处（比如此处这种超越人与神的段落）。他更不是荷尔德林之子。因为他那个杀了隐喻（在被窃走的作品中直立于自身之外）的残酷剧场，会将我们掷向"一种关于绝对**危险**的新观念之中"（《给马塞尔·达里欧的信》，卷五，第 95 页）。因为绝对诗歌的历险，是绝对剧场历险前最后一个要征服的焦虑①。在存有本身挺立之前。

残酷剧场将怎么拯救我呢？它会将我的血肉之躯本身的构成还 277 给我吗？它将怎么阻止我的生命坠离我而去呢？它将怎么避免我"像那个'巨匠造物主'/以/一副被破坏性盗窃窃走之躯/去生活呢？"（《84》杂志，第 113 页）

首先通过缩减器官。古典戏剧的破坏性——及其扮演的形而上学的破坏性——就始于对器官的缩减。古典西方舞台将器官的剧场

---

① 这正是为什么诗作为诗，无论是它的言语还是它的写作，在阿尔托眼中一直就是一种抽象的艺术。唯有戏剧是完整的艺术，那里除了诗之外，还有音乐和舞蹈，有上升的身体本身。同样，当我们首先在他身上看到的是个诗人的时候，那么，我们的注意力就脱离了他思想的核心。当然，除非我们将诗变成一种无限的种类，也就是说变成具有其真实空间的剧场。我们究竟在什么程度上能理解布朗肖的下述评论呢？他说："阿尔托给我们留下了一份重要的文献，它不是别的，而是一种绝对的诗的艺术。我承认他在那里讲的是戏剧，但确实起因于他对诗的苛求，他认为诗的实现，只有拒绝有限的文类，并追求一种更具原创性的语言才是可能的……那不再只是舞台向我们呈现的实际空间，而是**另一种**空间……"而当人们引用一句阿尔托用来定义"戏剧的最高意念"[《诗的残酷理由》（La cruelle raison poétique），第 69 页]的话时，他在哪种程度上有权在括号中加上"诗的"字眼呢？

界定为词的剧场，因此也是解释、记录、翻译、派生之剧场，因为解释、记录、翻译是以由作为绝对作者和第一个词的唯一占有者的上帝所写的剧本及幕表派生出来的。这个剧场的主子仅为其奴仆、其导演和演员提供的他所窃取来的言语。"因此，如果作者就是那掌握着言语之规范语言的人，而导演就是他的奴仆的话，那么，问题就可以简化成用词的问题。而由此产生的术语混淆，根据我们通常赋予导演这一术语的含义，正是来自不过身为匠人、改编者、永久献身于将一种语言的戏剧作品转换成另一种语言的翻译者的导演；只要词的规范语言高于其他，只要剧场除了这种语言之外别的什么都不认，那么这种混淆就将是可能的，而导演就不得不在作者面前隐身。"（《戏剧及其替身》，卷四，第 143 页）① 西方戏剧形而

278

---

① 阿尔托与尼采间的惊人相似又一次出现。对厄里西斯（Eleusis）之神秘的赞美（卷四，第 63 页）及对那种拉丁风的蔑视（第 49 页）更加肯定了他们的相似性。不过，他们之间的某种差异却被隐藏了，前面我们曾扼要地一笔带过，现在是对它加以阐明的时候了。在《悲剧的诞生》中，当尼采指出"歌剧文化"就是"苏格拉底文化"的"最深内涵"及其最"突出"的名字的时候，就是在质疑宣叙调（la récitatif）和意大利再现风（stilo rappresentativo）的诞生。因为，此诞生只能将我们送回到反自然的那些天性中去，而这种天性与任何美学，无论它是日神式的还是酒神式的都毫不相干。宣叙调，即音乐对歌词的臣服，最终回应了恐惧，回应了对安全感的需求，回应了对"田园生活的那种怀旧"，也回应了"对善良艺人之前历史实存的信仰"。"宣叙调被认为是原始人那被重新寻回的语言"……歌剧曾是一种在"险恶不安全"处境中用以"反抗悲观主义的慰藉方式"。这就是在《戏剧及其替身》中那个文本的地位，它被当作被僭越的统治地位及奴隶制特有的、非隐喻的实践。这种文本的支配权就是统治权。"歌剧，是理论者的、批评新手的产品，而非艺术家的：这是全部艺术历史中最奇怪的事实之一。由于完全不懂音乐，听众的要求首先就是了解词；因此，这个音乐艺术的复兴，恐怕只取决于对某种歌唱模式的发现，而在这种模式中，文本恐怕像主人之于奴隶那样，主宰着音乐。"此外，关于阅读时分开欣赏音乐文本的习惯（《希腊音乐剧》，《悲剧的诞生》，第 159 页）、关于呐喊与概念的关系 [《酒神世界观》（La conception dionysiaque du monde），毕样吉译本，《悲剧的诞生》，第 182 页]、关于"手势之象征意义"与"说话

上学经历的这些差异（作者与文本间的差异，导演与演员间的差异）、分化及其相互接力使"奴隶"转化成了注释者，即转化成了器官。这里指的是记录器官。而"我们就必须相信由剧场更新的生命意义，因为它使人无所畏惧地成为**尚未发生的东西的主人**（着重号是我加的），并使尚未诞生的东西诞生。只要我们不满足于做简单的记录器官，一切尚未诞生的东西都仍有可能诞生"（《戏剧及其替身》，卷四，第 18 页）。

279

但在腐蚀戏剧形而上学之前，我们称之为机体分化的现象已经

主体之声调"的关系、关于一种诗歌文本与音乐间的"象形文字"（hiéroglyphique）关系、关于诗的音乐图示及"借给音乐一种可理解的语言"的方案（"这是个颠倒了的世界，就像是想让儿子生出父亲一样"，见《音乐与语言》，《悲剧的诞生》，第 214–215 页），大量的类似表述预示了阿尔托与尼采的相似性。不过，这里尼采要从文本和朗诵中解放出来的是音乐，如同别处要解放的是舞蹈那样。而尼采的这种解放，在阿尔托眼中无疑只是一种抽象的解放。对他来说，只有戏剧这种在其他语言形式中包含并应用了音乐与舞蹈的完整艺术，才可以完成解放的使命。必须注意的是，即便阿尔托像尼采那样经常规定舞蹈，但他从未将舞蹈从戏剧中抽离出来。即便我们从字面上去理解舞蹈，而不是如我们前面说到的那样，从某种类比意义上去理解，舞蹈也不会是戏剧的全部。阿尔托也许不会像尼采那样说，"我只相信会跳舞的上帝"。那不只是因为如尼采所知上帝不会跳舞，还因为舞蹈本身只是贫困的剧场。因为查拉图斯特拉也谴责诗人与诗歌作品是身体在隐喻中的异化，所以，具体说明这一点就更为必要。《论诗人》是这么开始的："查拉图斯特拉对他的一个弟子说，自从我更好地认识了身体，精神，对于我来说，就只不过是一个隐喻；一般说来，'永恒'也只不过是一种象征而已。——弟子回答说，我已经听你这么说过了，而且你还说过：只是诗人撒谎过度。那你为什么这么说诗人呢？……因为他们喜欢装成调停者，但在我眼中，他们仍是掮客、投机者、卑鄙的妥协者。/咳，的确是真的，有一天我向他们的海撒了网，指望从中打到美丽的鱼，然而我只捞上来了一些古老神灵的头。"再则，尼采蔑视表演。（"诗人的精神"需要观众，而观众甚至可能就是些水牛。）而我们知道对阿尔托来说，剧场的能见性，应当停止成为表演的对象。在这个对立中，我们要问的不是究竟尼采还是阿尔托在毁灭的路上走得更远。对于这个愚蠢的问题，我们似乎回答了阿尔托。但是我们也可能在另一方向上合法地支持了他的反面。

就在身体内肆虐了。身体组织就是关节，是功能和肢体（ἄρθρον，artus）之间的联结，是它们分化的劳动和赌注。这个身体组织，既构成我身体本身的框架，又肢解了它。因为同一个特征，也出于同一个理由，阿尔托像害怕被规范出来的语言那样，害怕被联结起来的身体，他也像害怕词那样害怕肢体。因为关节联结，就是我身体的结构，而结构又总是被征用的结构（structure d'expropriation）。身体分成器官、血肉之躯的内在差异打开了一个让身体脱离自身，并将自己当成精神的缺口。然而，"精神并不存在，存在的只是身体的那些分化"（1947 年 3 月）。那个"总是寻求自我集合的"① 身体，通过使其得以运作并自我表达的东西逃离了自身，因为它在自我聆听的同时，如我们说病人那样，自我迷失。"身体就是身体/它是单一的/不需要器官/身体从来就不是一种机构/机构是身体之敌/身体所做的一切都是无须借助器官独自发生的/一切器官都是某种寄生物/它具有一种寄生性功能/目的在于支撑一个不应存在的东西。"（《84》杂志，第 101 页）因此，器官在我的身体中接纳外来者的差异，而且它总是我灭亡之器官，无论是心脏这个生命的核心器官，还是性器这个生命的第一器官，都无法逃避这一如此原始的真理："因此事实上，没有什么比所谓心脏这个器官更明显地无用与多余/因为它是众生能够发明的从我身体吸取生命的最肮脏的手段。/心脏运动不是别的，而是那个存有的一种手腕，它为了从我身上获取我不断拒绝给它的东西而委身于我……"（《84》杂志，

---

① 《中心—关节》（Centre-Noeuds），罗德兹，1946 年 4 月，发表于《六月》，第 18 期。

第 103 页）他稍后又说："一个真正的人是没有性器的"（第 112 *280*
页)①。真正的人没有性器，因为他应当就是他的性。只要性变成了
器官，它就变成了自我的陌路，因而抛弃自我而获得一个自负自满客
体的那种傲慢的自主性。这种变成了自治客体的性器的自负，其实是
一种阉割。"他说他看到我十分关注'性'。不过，那是个如客体般被
充盈与被鼓胀的性器罢了。"（《艺术与死亡》，卷一，第 145 页）

　　器官，是丧失之地，因为它的中心总是以孔穴的形式呈现的。
器官总是像乐器吹嘴（embouchure）那样运作。我血肉之躯的重构
和重组，将随着身体的自我关闭及器官结构的化约而发生："我曾
经活着/而我**一直**都在**那儿**/我吃了吗？/不，/不过，当我饿了的时
候，我就和我的身体一起后退，我不吃自己/但一切都分解了/一场
奇怪的手术在进行……/我睡觉吗？不，我不睡觉，/要知道不吃必
须保持贞洁/张开嘴，就是委身于疫气。/那么，就不要嘴吧！/不
要嘴巴，/不要舌头，/不要牙齿，/不要喉咙，/不要食道，/不要
肠胃，/不要肚子，/不要肛门。/我将重建我所是之人"（1947
年 11 月，《84》杂志，第 102 页）。他稍后又说："除了要被了结与
清算/性器或肛门并不特别重要 ……"（《84》杂志，第 125 页）身
体的重建应当是自给自足的，它不应求助援手；而身体应当整个重
造。"正是/我/我/将被/我/自己/整个地/重造/……通过我/一个躯
体/而不是我身上的某个部分重造"（1947 年 3 月）。残酷舞蹈是这种

---

① 二十二年前他在《未成形状态之脐带》中写道："我并不用为绝对精神不在生
命中及生命并非的精神而感到痛苦，我痛苦因为精神乃是一种器官，是一种 '作为翻
译，或一种恫吓事物以便将它们纳入自身的绝对精神'。"（卷一，第 48 页）

身体重建的节奏，这再次指向那个**有待确定的位置**："现实尚未建立，因为人体的真正器官还尚未组合就位。/残酷剧场之所以被创造出来，就是为了成就这个设置，借助人体的新舞蹈以使这不过是由凝固了的虚无构成的微生物世界溃败。/残酷剧场想要让眼睑与肘子、髌骨、股骨和脚趾双双对舞并且被观看。"（《84》杂志，第 101 页）

281

　　因此，对这位在成为作家、诗人，甚至是戏剧工作者前首先是剧场人的阿尔托来说，剧场不是各种文类中的一种，那不仅是因为无论是演员还是剧作家，都只在一个剧本的写作中，并都只为一种"流产的戏剧"的演出发挥作用；而且还因为剧场性对实存整体性的要求：它既不容忍诠释的介入，亦不容忍作者与演员的分隔。非器官性戏剧的第一要务，就是想从文本中解放出来。尽管我们只在《戏剧及其替身》中找到这一论述的严格而系统性论述，但对文字的抗议一向都是阿尔托的首要关怀。他之所以对死文字进行抗议，是因为文字远离呼吸和血肉。阿尔托梦寐以求的，首先是一种不会散开的脚本、一种不会脱身的铭写：一种文字的肉身化、一种带血的文身。"在让·保兰（J. Paulhan）的这封信（1923）以后，我又花了一个月的工夫，成功地写了一首词语的而非语法的诗。然后我放弃了。因为对我来说，问题不在于知道如何成功地渗入书面语言的框架中去，/而在于如何能够切入我活生生的灵魂之脉。/通过一些用刀切入神造肉体（carnation）* 的词，/进入死于绞架灯之火

---

　　* 即康乃馨。它的历史可以追溯到 2000 年前，该花充满象征意义。有学者认为其名称来自 corone 一词，"花环"或"加冕礼"，因为它在希腊礼仪王冠中使用，但另一些学者认为，其名称源自拉丁语"果肉"（carnis），指的是花的原始名称。淡粉红色或"化身"，即神造肉的化身。

焰下的化身……"（卷一，第9页）①

但是文身麻痹了动作，也扼杀了属于血肉之躯的声音。它抑制了尚未器官化之声的呐喊和机会。但阿尔托在后来提议将剧场从文本、提词者和第一逻各斯的无所不能中撤离时，并没有简单地把舞台交给缄默症。他只是想重新安置那种此前占位庞大的、富侵略性的，无所不在而又自满自足的言语，即那种被提词者提醒的、曾过度地压制剧场空间的言语，使之处于服从地位。言语，无须消失，只需将它放回它应有的位置，因此，它得改变其原有的功能：它不能再是词的规范语言，不再是"定义过的"术语（《戏剧及其替身》，卷一，第142页及别处），也不再是某种限制了思想和生命的概念。因为，正是在词汇—定义的沉默中，"我们才能更好地倾听生命"（同上）。因此，我们将唤醒拟声词，唤醒那沉睡于一切古典言语中的动作，即音质、声调、强度。而支配着词—动作连接的句法，将不再是具有述谓作用（prédication）的语法，也不再是"清晰思路"或认知意识的某种逻辑。"当我说我不演写好了的剧本，我的意思是我不演那种基于书面文字和口语的脚本，……哪怕其口语与书面部分皆有新意。"（第153页）"问题不在于取消连贯的言语，而是赋予词那种相当于它们出现在梦中的分量。"（第112页）②

282

---

① 查拉图斯特拉：《读与写》："在我们写下的东西中，我只喜欢那些以鲜血写成的东西。用你的血去写，你将会发现血就是精神。/要了解别人的血是不可能的；我仇恨所有那些以看热闹的围观者的方式去阅读的人。/当我们知道谁是读者，就不会再为他去做什么。如果还是读者的世纪，那么精神本身，就将是一种恶臭。"

② 为什么不严肃地玩味那些相似的引文呢？自此以后人们就写道："其实梦里的言语并不能改变什么，因为对于无意识来说，言语，不过是演出的一种要素罢了。"雅克·拉康说："自弗洛伊德以来，文字是在无意识中的机制或理性。"[《文集》（Écrits），第511页]

不同于舞蹈，文身，像定义一样固定不动、永恒不朽，物化了的它，属于"清晰的精神"领域，所以它过于沉默。那种沉默是一种被解放了的、自言自语的、具有比言语在梦中更重要地位的文字的沉默。文身是一种定金、一种作品，而我们现在知道应当要摧毁的，正是这种作品。更不必说杰作了：我们必须"了断与杰作的关系"（这是《戏剧及其替身》最重要的篇章之一的标题，卷一，第89页）。阿尔托这里强调的还是，要推翻书面作品的权力，并不是要取消文字：他只是要文字服从于不可辨认机制，或服从文盲的要求。因为"我是为了不识字者才写的"①。我们可以在某些非西方文明中，在那些特别让阿尔托着迷的文明中看到，文盲能够很好地适应最深层、最具活力的文化。对他来说，身体上记录下来的那些痕迹，并非图案的切口，它们是西方及其形而上学和剧场的毁灭带来的创伤，是残酷战争留下的污名。因此，残酷剧场，并非一种新戏剧，它注定要为只从内部修改某种不可动摇的传统的新小说保驾护航。阿尔托要做的，既不是要更新古典戏剧，亦非要批评或质疑它，他想要做的是有效地、积极地而非理论性地捣毁西方文明，摧毁它的宗教、它的整个哲学，因为后者以表面上最为新颖的形式，给传统剧场提供了基础和道具。

所以，在那个恐怕是残酷剧场的首场演出（即《征服墨西哥》）的展示中，是污名而非文身，体现了"殖民化问题"，因为它"以

---

① "在语法之下，思想是一种更难克服的耻辱，当你将它当作一种天然事实时，它就更像是一个生涩粗糙的处女。/因为思想是个并不总是存有的多产妇。/但我生命的浮词，随后在写下的废话中独自膨胀。我是为了不识字者才写作的。"（卷一，第10—11页）

野蛮的、无情的、血腥的方式，复活了欧洲那种根深蒂固的自命不凡"（《戏剧及其替身》，卷四，第 152 页），污名替代了文本："从这种道德混乱、天主教无政府状态与异教徒的冲突中，这个殖民化问题可以使遍布残暴对话中的力量与意象，迸发出闻所未闻的爆炸。而这是借助携带如污名那样的对立观念的人体间的肉搏战展开的"（同上）。

所以，阿尔托一直以来想要使文字帝国主义屈服的那种颠覆工作，只要发生在文学领域内就具有**反叛性**的否定意义。围绕着致雅克·里维埃的信的那些早期作品就属于这个范畴。这个将在《戏剧及其替身》获得精彩的理论表达的革命性肯定①，无论如何，已在（流行于 1926 年至 1930 年的）"阿尔弗雷德·雅里剧场"* 中展

284

---

① 革命性，是在该词的完全意义上讲的，尤其指的是该词的政治意义。整个《戏剧及其替身》可以被当作一份政治宣言来阅读——只是这里不能这么做——不过，那也是一个非常暧昧的宣言，因为，它放弃直接的政治行动，放弃游击战，放弃那种从政治意向之经济学看是力量耗费的东西，阿尔托想要准备一种摆脱我们社会的政治结构废墟的戏剧。"亲爱的朋友，我并没有说我想对时代直接行动；我说过我所想要做的那种戏剧，必须以另一种形式的文明为前提而获得存在的可能性，并为时代所接受。"（1933 年 5 月，卷四，第 140 页）政治革命，应当首先要摆脱的是文字和书写世界的权力。另可参照，如《流产剧场宣言》（*Manifeste pour un théatre avorté*）后记：以戏剧革命的名义对抗**文学**，阿尔托这里针对的是那些在"粪纸上进行革命的""向共产主义下跪的"超现实主义者，他说他蔑视"懒汉革命"，蔑视作为"权力的简单转移"的革命。"得往什么地方扔炸弹，但得扔在绝大多数当今思想习惯的根子处，无论这些思想习惯是欧洲的或非欧洲的。因为这些超现实主义的先生们比我更多地受到这些习惯的影响。""这种最迫切的革命"应当是"逆时的"……回到"中世纪生活的精神状态去，或者直接回到中世纪的习惯去"（卷二，第 25 页）。

* 阿尔弗雷德·雅里（Alfred Jarry，1873—1907），法国超现实主义运动的先驱。1896 年上演的他所创作的象征性笑剧《于布王》（*Ubu roi*），在形式和内容上完全突破了当时的现实主义和浪漫主义戏剧模式，是一出前无古人、超越一切现存戏剧参照系统的戏。

现出来了。因为在那里已经规定了对潜入表演力深层的要求，虽然当时剧场器官之分层（即作者—文本之别、导演—演员—观众之别）尚未建立。不过，这种有机体接力系统、这种**延异**，除了围绕一个对象、书本或脚本进行分工外，从来就是不可能的。因此，要追求的深度是那种不可解读的深度："我们都看到的是，看到一切属于不可解读的东西……在舞台上获胜……"（卷二，第 23 页）因为在剧场的那种不可解读性中，即书产生的前夜中，符号还尚未与力量分离①。它还尚未完全成为一种我们所理解的那种意义上的符号，但它已不再是一种**东西**，不再是我们只当作符号的对立面去思考的东西。因为它还没有机会变成那种被写下的文本或被清晰说出的言语；也还没有机会自负地凌驾于**潜能**（ἐνέργεια，energeia）之上，还没有获得洪堡（Humboldt）所区分的那种语言**劳动**（ἔργον，ergon）的惨淡的、客观的无感性。然而，欧洲，在我们前面暗示过的那个时刻，就活在这种力量与作为文本的意义的分离理念之上，它相信精神凌驾于文字，仍然偏爱那种形而上学式的书写。这种在符号中对力量的偏离，分割了戏剧的行动，将演员远远地遣送到意义的责任范围之外，将之变成诠释者，任人向他的生命吹气并给他送词，使他受命去表演，如动物般屈从于被驯服的快乐。结果呢，演员就只能像正襟而坐的观众那样，不过是个消费者、唯美主义的装扮者、"享乐者"（卷四，第 15 页）。舞台也就不再残酷，也就不再是舞台，而像一种认可成为书的说明性插图。在最佳情况

_285_

---

① "真正的文化通过其升华和力量发力，而欧洲的艺术理想，却旨在将思想变成一种脱离了使之升华的力量之态度。"（卷四，第 15 页）

下，它也不过是文类的一种。"对话——写下的并被说出的那个东西——并不特别地属于舞台，它属于书本；证据就是文学史教科书中给戏剧的位置，是规范语言史的一个附带旁支的位置。"（第 45页，可参照第 89、93、94、106、117、315 页等）

因此，任人提示言语，就如写下它那样，是**储存**的元现象：（一方面）它体现为闪避中的自我放弃、自我隐蔽、自我隔离，另一方面，它又体现为被委派或被推迟了的那个决断时刻的积累、资本化过程和上保险过程。将言语留给那个闪避的盗窃者，就是使自己在延异的经济论中获得安全感。因而，提词者剧场所建构的是恐惧系统，并通过被实体化了的中介体之学术机制来保持与这个系统的距离。不过，正如我们知道的那样，阿尔托像尼采一样，想要我们回到那绝对危险与绝对生成中去，不过与尼采不同的是，他要借助的是剧场。"剧场……在堕落之中，因为它中断了与绝对危险的关系……"（卷四，第 51 页），中断了与绝对"生成"（第 84 页）的关系……"一句话，看起来戏剧的最高理念，也许就是使我们与绝对生成在哲学上得以和解的那种理念"（第 130 页）。

因此，拒绝作品，拒绝让那个闪避的上帝劫持自己的言语、身体及诞生，也就是要防止那个恐惧剧场不断繁衍我与我之间的差异。因此，从其绝对极端的邻近性中重建的残酷舞台，可能会将我的出生、我的身体和我的言语的那种自给自足的直接性还给我。阿尔托对这种残酷舞台的界定难道还有什么别的地方，比在《长眠于此》（*Ci-Gît*）所做的更好吗？虽然它表面上在戏剧参照之外："我，安托南·阿尔托，我即我之子，/我父，我之母，也是我本身。"

但是，被这样去殖民化了的戏剧，会不会屈服于它自己的残酷性呢？它抗得住它特有的危险吗？摆脱指示，摆脱文本独裁后，这种剧场无神论会不会把自己委托给演员即兴表演的无序状态及其任性的灵感呢？它会不会是在为另一种征服做准备呢？它会不会是以武断、不负责任的方式进行的另一种语言逃逸呢？为了避免这种从肠道中威胁危险本身的危险，阿尔托以一种奇特的运动，赋予残酷语言一种新型书写的形式：那是一种最严格、最霸道、最规范、最数学化、最形式化的书写形式。他这种明显的不一致性，显示了他对抗的仓促性。实际上，想要保留言语，同时保留无所不能、万无一失的逻辑统治的意愿，暗示了这里我们必须追寻它的轨迹的某种逆转。

在给让·保兰的信中，他说："我不相信您只读过一遍我的《流产剧场宣言》，就能坚持您的反对立场，要么就是您没有读或者误读了。我的剧场演出跟科波（Copeau）的那些即兴表演完全不相干。它们深入具体事物、深入外在性，在开放的自然而非封闭的脑腔中立足，因此，它们并不屈从于演员无教养、未经深思熟虑的任意灵感；尤其是一旦离开了文本投身进去就什么都不知道的现代演员。我绝不会将我的表演和剧场的命运交给这种偶然性。绝不。"（1932 年 9 月，卷四，第 131 页）"我将自己委托给梦呓的高烧，但那是为了从中获得新的法则。我在这种狂热中寻找的是繁殖、精致、智慧眼，而非随机的预言。"［《清晰书面语宣言》(Manifeste en langage clair)，卷一，第 239 页］

286

如果必须因此放弃"对文本的戏剧式迷信，拒绝作者独裁"（第148页）的话，那是因为这些东西，只能借助某种言语和文字的范式才能占上风：这种范式就是某种清晰现成的思想之再现性/代表性言语、某种再现性/代表性言语的再现性/代表性文字（字母的或总之是标音的文字）。古典剧场，即表演性的戏剧，是所有这些再现的再现。然而，这种延异（différance），这些再现的延迟与接力，缓和并解放了能指的博弈，因而也繁衍了闪避的地点与时间。要使剧场既不屈从于书面语的结构，又不至于被扔给闪避灵感的自发性，我们就得根据另一种语言和另一种书写的必要性来规定它。我们肯定要在欧洲之外的巴厘剧场中，在墨西哥、印度、伊朗、埃及等地的古老的宇宙发生论中寻找一些主题，有时也要寻找一些书写模式。而这一次找到的文字模式，不再是言语的转义副本，也不再是身体本身的书写，而是根据象形文字（hiéroglyphe）的规则、一种声音建制起支配作用的符号系统的规则，以戏剧运动的方式自行产生的书写。"意象和运动的重叠，借助物体、沉默、呐喊和节奏的串通，去创造一种基于符号而不再是基于词的真正身体语言"（卷四，第149页）。重新变成了未被概念僭越的形体符号的词本身，"在一种咒语式的真正神奇意义上，获得它们的形式并散发出被理解的感官的天然体香"（同上），它们不再压平剧场空间，不再像逻辑言语所做的那样将剧场空间水平式地放倒；它们将重建剧场的"立体"空间，并将之作为"剧场空间的基石"（同上）。从那以后阿尔托就用象形文字而非表意文字（idéogramme）来表述他的剧场，而那并非出于偶然，他说：

287

"最古老的象形文字的精神，将主导这种纯剧场语言的创造活动。"（卷四，第 149 页，也可特别参照第 73、107 页及以下各页）（在说象形文字的时候，阿尔托想的只是那些所谓象形文字的**原则**，我们知道事实上，这些象形文字并不是没有语音标识的。）

只是，声音不再起主导作用，而是应该服从这种剧场文字法则的节奏。因为，与授意自由和提词言语一刀两断的唯一方法，就是在非语音的文字系统中，创造出一种绝对的呼吸控制。《情感的田径运动》这个奇特的文本就来源于此，在这个文本中，阿尔托从希伯来神秘哲学（Kabbale）*与（道家）阴阳学说中去寻找呼吸的法则，希望"通过呼吸的象形文字重新找到一种神圣剧场的理念"（卷四，第 163 页）。一向钟情于呐喊而非文字的阿尔托，想要精心制作的是一种严格的呐喊式文字，一种以象声词、表情、动作为核心的编码系统，一种真正超越了经验性语言的剧场的普适书写法（pasigraphie）①，即残酷性的一般语法："以面具形式记录下来

---

*　犹太教神秘主义体系。公元前在诺斯替教的影响下产生，中世纪时又受伊斯兰教苏非派的重大影响。13 世纪流行于西班牙。该派虽受新柏拉图主义关于宇宙起源的学说影响，但以神秘主义来解释，否定"理性"。其发展早于中世纪基督教神秘主义，对后者有重大影响。后受到犹太教正统派的打击，但仍在一般犹太教教士中流传。15 世纪末，西班牙的犹太人被驱逐，不少人回到巴勒斯坦，该派在那里又有进一步的发展。

①　阿尔托对普适书写法的关怀，也能在《罗德兹信函》中看到。他在信中声称，他曾运用"一种并非法语的语言的普适书写，这种书写所有人都能解读，无论他属于哪个国家"《致 H. 巴里索》。[pasigraphie 一词，来自古希腊语 άγορά（全部）与 ἕτερον（写作），指的是一种通用符号系统。一般认为该术语是 1797 年由约瑟夫·德·迈米约克斯（Joseph de Maimieux）发明的，但早在 1661 年贝歇耳（Johann Joachim Becher）就提出了一个完整的普适书写法系统。国际海事信号规则和杜威十进制书目分类法都是根据其原理设置的。约瑟夫·德·迈米约克斯将它定义为"所有人写作的艺术"。某些书形非常接近非象征性符号的表意符号和象征性符号的象形文字。——译者注]

的一万零一种面部表情，可以标识出来加以归类，让它们直接和象征性地参与这个具体的语言"（第 112 页）。阿尔托甚至想在它们表面的偶然性中，找到无意识生产的那种必要性（请参照第 96 页），因此，他通过某种方式从无意识的原初书写中去描摹剧场书写的形式。也许，这种形式，就是弗洛伊德在《梦的解析》中警告我们提防潜意识隐喻那种以转写（*Umschrift*）方式存活的原始文本之后，在 1913 年的另一篇短文中将梦与"文字系统"，甚至就是"象形"文字系统而非"某种书面语言"进行过比较后，最终在《神奇打印装置笔记》（*Notiz über den "Wunderblock"*）中谈到的那种自行隐身，并自我保存的书写形式。

尽管这些表象让我们听到了西方形而上学的所有要素，我们还是可以从阿尔托的这种数学格式化中看到那种释放了的、被压抑的节庆和天才创造力。"这种数学格式化，可能对我们欧洲人眼中的舞台自由和天然灵感的感官产生了震撼，但它不会导致枯竭和划一。奇迹恰恰是从这种由令人担心的精密性和意识调节的表演产生出来的一种丰富、奇异而奢华的感受"（第 67 页，也请参照第 72 页）。"演员和他们的服装构成了活生生的、动态的象形文字。而这些三维象形字反过来又为一些动作、神秘符号所点缀，而这些动作和符号符合我们西方人最终压抑了某种神奇晦涩的现实。"（第 73—74 页）

解放与释放这种压抑怎么可能呢？是多亏了这种力量的极权式符码化及修辞，而不只尽管如此？还是多亏了首先意味着"严格性"和"服从的必要性"（第 121 页）的那种"残酷性"？这就是说，这种新型的戏剧形态可以通过禁止偶然性、抑制机械的博弈来弥合所有的断层、所有的开口和所有的差异，并将它们的源头和积极运动，即延迟和延异，**重新关闭起来**。这样一来，我们就能最终重新获得我们被劫持了的言语。这样一来，残酷性也许就能在其重新找回的绝对邻近性中、在生成的另一种浓缩信息中、在其重新演出的完美与**经济逻辑**中得以缓息。"我，安托南·阿尔托，我即我之子/我之父，我之母/也是我自己。"据阿尔托公开的愿望，这就是**家法**（la loi de la maison）、家居空间的第一构造，是元舞台（l'archi-scène）。因此，这个元舞台是**当下在场的**，被召集在它的在场性中的，而它**被观看**、被控制的这种在场性既可怕又舒缓。

那不是多亏了书写，而是多亏了两种书写之间的那种闪避性的延异，它已经潜入我并将我的生命排除在作品之外，并将我生命的源头、我的血肉之躯变成我话语的铭写及无呼吸的卧像。因此必须通过血肉造的文字，通过剧场象形文字去瓦解那个替身，去抹掉伪书写，因为它像窃取我的生命那样窃取了我的存在，它使我远离隐藏的力量。这样一来，我的话语就可以用一种完美的、永恒自我在场的方式回到它的诞生处了。"这种风格主义、过分僵硬的等级主义（hiératisme），有可能用它滚动的字母、嘶哑的叫声、肢体的声响、砍伐的声音、滚木的动静，在空气中、在空间中，组合出一种声色俱备的、有质地的、生机勃勃的耳语。在片刻之间完成那神奇的同化过程：**我们知道是我们在说话**。"（第 80 页，着重号为阿尔托所加）。这是关于我们言语**自身之过去**（propre-passé）的**当下在场**的知识。

确实，这是种神奇的同化过程。时间差就足以见证之。说它神奇一点不为过。我们可以证明它就是神奇特有的本质。它神奇，而且无迹可追。说它无迹可寻，是因为阿尔托也承认"这种新语言的语法""仍得去找寻"（第 132 页）。**事实上**，事与愿违，阿尔托必须将书面文字的先决条件重新引入"上演前已被严格构想并固定下来的……表演"中去……（卷五，第 41 页）因为"……他所有的摸索、探寻、冲击最终还是会形成由最小的细节固定下来的、由新的标识方法**记录下来**的（着重号为阿尔托所加）一种作品、构成品。（只不过）这种构成品和创作过程，不是在作者脑子里完成的，而是在自然中、在真实的空间中完成的，其最终结果会像任何一种文字作品那样，既严格又是有确定形态的，此外还具有无限的客观丰富性"（第 133—134 页，也可参照第 118 页和第 153 页）。即便阿尔托并没有像他**做的**那样①，承认作品、文字作品的权利，但他的方案本身（化约作品，化约差异，因此也是化约历史性），难道没

_290_

---

① 阿尔托不只是在他的剧场理论中重新引进了文字作品，而且最终还重新引进了作者。而这，他也知道。在 1946 年的一封信中［转引自布朗肖：《元力》（l'Arche），1948 年，第 27—28 期，第 133 页］，他谈到这"两本很薄的小册子"（《未成形状态的脐带》与《神经比重计》）。它们"以思想的这种深刻的、日积月累的地方性的不在场为中心。"当时，它们在我眼中充满了裂缝、断层、平庸，就如自然流产的胎儿……但二十年过去后，它们看起来却很棒，并非因为我的成功，而是因为它们与那些无法表达的东西的关系。这样一来作品就成熟了，而在就作者问题撒谎的同时，它们自己给自己建构了一种奇怪的真理……某种不过只是些被在场的碎片构成的作品所表达的不可表达物"。那么，想想阿尔托对作品的那种神经质的拒绝，我们难道不能以同样的语调说，这与布朗肖在《未来之书》中所说的正好相反吗？不是因为"自然这不是个作品"（第 49 页），而是因为"显然，这仍不过是个作品"？在这种情况下，作品允许注释破门而入，也允许范例说明的暴力，而这种暴力，即便在我们想抵抗它时也无法避免。不过，我们也许现在能多少理解了这种不一致的必要性。

有显示出疯狂的真正本质吗？不过，这种"我在/时间之上/说"（《长眠于此》）的疯狂，作为不可异化的生命、冷漠历史的形而上学，至少以不向另一种形而上学提供任何高地的姿态，合法地谴责了**另一种**疯狂，那就是**依靠**差异、隐喻和作品过活，因此也是靠异化过活的形而上学，因为它无法超越自身去思考差异、隐喻和作品的**原貌**。这种疯狂，因而既是异化又是非异化，既是作品也是作品的缺席。它的这两种特性，在形而上学的封闭场域中发生的无限冲突，就如阿尔托所称的那些"明显的"或"真正的疯子"与其他人在历史中的冲突一样。它们必然地会在一种唯一的历史形而上学话语的范畴中相互冲突、相互扣连、相互交换，无论这些范畴是否获得认可，它们却总是可以被识别出来的。疯狂、异化或非异化这些概念，不可还原地属于形而上学的历史。更为确切地说，它们属于将存有规定为某种特殊主体性之生命的那个形而上学时代。然而，阿尔托所揭示的差异，或者说延异的那些变化，只有超越形而上学、向着绝对差异，或向着海德格尔所说的那种绝对双重性/伪

291　装性（Duplicité），才能以这样的方式得以思考。如果这种绝对双重性/伪装性不会将闪避形而上学和隐喻范畴与使之成为可能的东西相互混淆的话，那么，我们也许可以相信，它打开并同时遮蔽真理的这个特点，恰恰正是那闪避的权力本身，因为，它事实上对什么也没有区分，确实是一切言语的无形同谋。如果形而上学历史的"瓦解"①，不是海德格尔所理解的那个严格意义上的简单的超越的

---

① 如今疯狂自我瓦解了，那种瓦解与本体神学形而上学的瓦解、与作品和书的瓦解是一样的。但我们说的不是文本。

话，那么，我们也许可以从某个既不在历史内也不在历史外的点，去探讨那种将疯狂概念与一般形而上学概念联系起来的东西，即阿尔托要去瓦解的形而上学，和他仍热衷于在同一个运动中企图重建或保存的另一个形而上学。阿尔托就在两极的边界上，而我们所尝试去做的正是要理解他的这个边界。他的话语一方面瓦解的是一种**靠**差异、异化、否定活着却对其来源和必要性视而不见的传统。为了唤醒这个传统，阿尔托重提了它那些特有的母题，如自我呈现（la présence à soi）、统一性、自我同一性（l'identité à soi）、特性（le propre）等。在这个意义上，阿尔托所说的那个"形而上学"，在其最重要的那些时刻完成了西方形而上学最深层、最恒常的目的。而他的文本的另一方面，也是难度最大的一方面，却肯定了差异的**残酷**（也就是说在他所理解的这个词的那种意义上说的一种必要的）的法则；这种法则是被意识到的，而不是以形而上学的那种天真性被体验到的。阿尔托的文本的这种双重性多少属于一种策略，它不断地迫使我们绕到边界的另一边去证明在场的关闭，而正是在这个关闭处，阿尔托为了谴责差异的天然介入不得不将自己关闭起来。这使得差异要素不断迅速地在两边相互渗透，使得对**差异的批评性体验类似形而上学对差异**的那种天真暗示，以未经训练的眼光看，我们可能看上去像是在用形而上学去批评阿尔托式的形而上学，因此发现二者之间所具有的某种致命的共谋关系。而这种共谋关系道出了所有瓦解性话语的必要归属，它们都得居住在它们要推翻的那些结构里，都隐藏了对圆满在场、对非差异的一种坚不可摧的欲望：既是生又是死。我们是在下述意义上**提出**这个问题 *292*

的：围绕一个完整的文本网络范围设下一张网，强行用**话语**与场域所决定的迂回，去取代**立场**的时间点。因为如果没有文本的必要时间长度和印迹，任何立场就会立即转向它的反面。而这么做同样要服从某种法则。阿尔托告诉我们，借助这种尚未开始的"思想"去僭越形而上学，总有可能重新回到形而上学。这就是**我们提**问题的处境。只要一种受领域边界保护的言语，被安托南·阿尔托称作的血肉之谜的东西激发，我们就会一次次被卷入这个问题①。

---

① 写完这个文本很久之后，我在一封阿尔托致罗柏（P. Loeb）的信中读到（参照《新信》，1958 年 4 月，第 59 期）：

这个空洞在力量的两股风

之间

它们从前所不是的……

（1969 年 9 月）

弗洛伊德与书写舞台

这个文本是我在精神分析学院格林博士（Dr. Green）的讲座上
发表的一个演讲的片段。当时，我想从我以前发表的论文，尤其是
在《论文迹学》（*De la grammatologie*，见《批评》学刊，第
233—234 期）中展开的一些命题进行讨论、辩论。

而这些仍将在此作为背景呈现的命题，是否在精神分析研究领
域中曾经占有一席之地呢？从这个领域的角度去看，这些命题的概
念和句法又占有一种什么样的位置呢？

那个讲演的第一部分涉及的是这个问题最一般性的层面。其核
心概念是**在场**（présence）和**元迹**（architrace）。这里，我们只想
借助讲演的标题简明地标示出这个部分的主要内容。

1. 跟表面看上去的不同，这个部分强调解构逻各斯中心主义，而并不是要对哲学展开精神分析。

这些表象有：它分析了自柏拉图以来关于压抑及文字的历史压抑，并认为压抑构成了哲学认识（épistémè）* 之源，也构成了作为**逻各斯**和**语音**的统一体的真理之源。

它**强调**的是压抑而不是遗忘，是压抑而非排斥。正如弗洛伊德所说，压抑并不排斥，它不逃避，也不排除外力，而是在自己勾勒的压制空间中进行一种内在呈现。这里，它要强调的是，呈现了文字力量的那种言语的内在与本质特征是通过排斥言语构成的。

它要证明这种压抑并不成功，而且正在其历史解体（déconstitution）之中。它指出我们之所以关心这个解体过程，那是因为它使压抑的未来变得清晰起来，同时限制了压抑历史的那种不透明性。弗洛伊德说："不成功的压抑，将会比那种成功了的东西更值得我们关注，因为它更经常地逃脱了我们的研究视线。"（德文版《弗洛伊德全集》，第五卷，第 256 页）

它强调被压抑的东西重现的**症状**形态就是困扰着欧洲话语的书写隐喻，及对印迹的那种本体神学排斥所产生的系统性矛盾。因为，对书写的压抑，就是对那种威胁在场并使不在场失控的东西进行压制。

294   这个部分也分析以复制、始源重复、自感（auto-affection）、延异为形式的"纯粹、简单"在场之谜。它指出控制言语的不在场

---

* épistémè，源自古希腊语 ἐπιστήμη，指"科学"。在哲学领域，它指的是一个时代的科学知识整体及其认知前提。

与控制文字的不在场之间是有区别的。强调言语之中的书写。而且强调言语幻觉与文字幻觉之间的差异。

它强调语音与意识的关系，分析弗洛伊德关于作为前意识的口头再现的概念。指出逻各斯语音中心主义，并非哲学史、西方史，甚至世界史意外地、病态地坠落之哲学或历史错误，它实际上必然是一种必要的有限运动和结构，因为：它就是（在区分人类与动物、生物与非生物之前）**一般**象征可能性的历史；是延异的历史，也是历史作为延异的历史，而且这种延异在作为**认识论**的哲学中、在形而上学或本体神学方案的欧洲形态中，找到了遮蔽及文本的一般审查制度那种具有世界性宰制地位的特权性表达。

2. 它试图证明它为何只加引号地使用弗洛伊德的概念的那些理论性保留，因为弗洛伊德的概念，无一例外地全都属于形而上学历史，也就是说属于逻各斯中心的抑制系统，这个系统是以将身体与书写印迹当作依附材料或排泄物，并以排斥或贬低、排除或压制它们作为教学和技术隐喻来建构自身的。

譬如，逻各斯中心主义的压抑，是无法从弗洛伊德的本能抑制概念出发而获得理解的；相反地，它却使我们能够从某种文化和历史归属视域中，去理解个体和原初的压抑是如何成为可能的。

它试图解释为什么问题既不在于追随荣格，也不在于追随弗洛伊德关于遗传记忆印迹的概念。诚然，弗洛伊德的话语——他的句法，也可以说他的工作——并没有与那些必然属于形而上学的传统概念混淆，也没有被它所属的传统耗尽。这从弗洛伊德在使用所谓的概念程式和概念假说时所采取的谨慎态度和"唯名论"立场可以得到证明。而且，差异观念更重视话语而非概念。但是，弗洛伊德从未对他的这些谨慎所具有的历史及理论意义进行过反省。

它指出解构这些浓缩并沉淀在弗洛伊德话语中的形而上学概念和语句是个巨大而必要的工程。它还指出精神分析与所谓的人文科学在使用（在场、感知、现实等概念）中具有的形而上学共谋性。当然这也包括语言学中的语音中心主义（phonologisme）。

它指出明确提出一般在场的意义问题是必要的，即对海德格尔与弗洛伊德的提问步骤进行比较。在海德格尔看来，从笛卡儿至黑格尔的那个在场时代的核心问题是：在意识与潜意识的对立中被思考的作为意识的在场及自我呈现。它要说明元迹和延异的这些概念为何既不是弗洛伊德式的也非海德格尔式的概念。

它指出延异，就是前在于存在者存有论之差异，前在于贯穿弗洛伊德概念系统的所有差异的那种开启（pré-ouverture，参照《论文迹学》，第 1029 页）。所以弗洛伊德式的差异能够围绕着"快乐"和"现实"之差异组织起来，或者说从那里派生出来。这只不过是一个例子罢了。因为，比如，快乐原则与现实原则的差异，并非仅仅只是也并非首先是一种区别、一种外在性，而是生命中迂回、延异（Aufschub）和死亡的经济论的原初可能性（参照《超越快乐原则》，德文版《弗洛伊德全集》，第八卷，第 6 页）。

它还强调延异与一致性，即同一经济学中的延异。它强调使印迹概念和延异概念摆脱所有古典的概念性对立的必要性。强调元迹概念及元力抹除（la rature de l'archie）概念的必要性。因为，这种保存了元力之可辨性的抹除，指的正是被**思考**的从属性与形而上学历史的关系（《论文迹学》，第二卷，第 32 页）。

最后它要说明弗洛伊德关于书写和印迹的概念，在哪些方面还仍将受到形而上学和实证主义的威胁，并分析弗洛伊德话语中这两种威胁的那种理论共谋关系。

Worin die Bahnung sonst besieht，bleibt dahingestellt. *296*

此外，神经通路（frayage）指的是什么，这个问题尚未有答案。（《科学心理学草案》，1895）

我这里想要做的并没有太大的野心：首先我想从弗洛伊德的文本中找出一些参照点，然后在一种系统反思框架中，将那些不易被逻各斯中心主义纳入其封闭体系内，并只属于精神分析的东西分离开来。因为，这个封闭系统，不仅局限了哲学史，也局限了"人文科学"，尤其是语言学的运动方向。如果说弗洛伊德的突破有一种历史独特性的话，那么，它应该不会与语言学，至少是语言学那种与生俱来的语音中心主义和平相处或保留与后者的理论共谋关系。

不过，弗洛伊德在其一生工作的关键时刻向一些隐喻模式求助却并非偶然，尽管这些隐喻模式并非来自口语、口语形式，甚至并非来自语音文字，而是借自从未屈从于言语，既不在言语之外，也不在言语之后的图形文字。弗洛伊德从这些隐喻模式中借用了一些符号，但并不用它们来转译鲜活的、圆满的、向自我呈现并能自我控制的言语。说真的，这将是我们要处理的问题，弗洛伊德并不**简单地使用**非语音文字的隐喻；他也不认为用书写隐喻来达成教学目的是个权宜之计。如果说这种隐喻性是必不可少的，那可能是因为它可能反过来厘清了一般印迹的意义，然后将这种一般印迹的意义跟一般文字的意义联系起来加以说明。如果说操作隐喻指的是用已知去隐射未知的话，那么弗洛伊德肯定没有操作隐喻。相反，他通过坚持不懈的隐喻性投资，使那些我们认为已知的、以文字名义显现的东西变得谜一般深不可测。而古典哲学的某种未知动态，可能就在这种隐与显之间的地带发生。自柏拉图和亚里士多德以来，人们就不断地通过拼写图像去**图解**理性与经验、知觉与记忆的关系，但都是建立在人们对公认与熟知的文字的信念之上的。而弗洛伊德所勾勒的姿态，则中断了这种确信，提出了关于对一般隐喻性、一般书写和一般间隔的新问题。

297

就让我们以他的这种隐喻性投资来指导阅读吧。因为，这种隐喻性将最终侵入整个心理现象中去。心理**内容**将由某种本质上不可还原的图形（graphique）文本来**再现**，而心理**装置之结构**则将由某种书写机制来**再现**。那么，这些再现将会给我们提出一些什么样的问题呢？问题不应当是比如《神奇打印装置笔记》（*Note sur le bloc magique*）描述的某个书写装置，是不是再现心理现象之运作功能的**恰当**隐喻；而应当是我们得发明什么样的装置去再现心理的书写，因为，对于装置和心理现象而言，心理书写机器投射并释放的是对心理现象的模仿。问题也不应当是心理现象是不是一种文本，而应当是文本究竟是什么？要想被文本再现的心理现象又应当是什么？因为，如果缺乏心理始源的机制与文本是不存在的，没有文本的心理现象也同样是不存在的。那么，心理现象、书写与间隔之间的关系，最终应当是什么才能使这样一种隐喻性通道成为可能呢？这里说的首先不只是进入某种理论话语的通道，而且也是进入心理现象、文本和技术的某种历史通道。

神经通路与差异

1895 年的《草案》到 1925 年的《神奇打印装置笔记》，显示了弗洛伊德心理研究的一个奇异进程：神经通路问题的展开，愈来愈切合书写印迹这个隐喻。它将我们从弗洛伊德所希望的自然的、书写缺席的模型运作的印迹系统，导向一种只能由某种书写结构和功能来再现的印迹构成。与此同时，弗洛伊德在《草案》之后立即呼吁的那个书写结构性模式，却在不断地自我分化，而使得其独特性更为突显，因为他最终发现了"神奇打印装置"（wunderblock）这个神妙复杂的、能使心理装置的全部内容得以投射的书写工具。这一发现使他将他试验过的所有机械模式都放弃了，因为，这个神奇打印装置提供了他从前所遇到的所有困难的解决方案。《神奇打印装置笔记》这个体现他令人钦佩的韧性追求的著作，则具体地回答了《草案》里提出的问题。这个"神奇打印装置"的每一个部分，都使弗洛伊德在《草案》中所说的那个"眼下不可想象"的装置（"能完成一种如此复杂的操作的装置，我们眼下简直不能想象"）得以实现。弗洛伊德曾以一种神经系统寓言来替补这个装置，而且从某种角度讲，他从来就没有放弃这种神经系统寓言的步骤和意向。

那指的是 1895 年他曾以自然科学的方式去解释记忆，他说，

"将心理学当作自然科学，也就是说将心灵事件表现为由不同的物质粒子的数量规定的状态"。那么，"神经组织的主要特性之一就是记忆力，从一般意义上说，也就是被一次性的事件持续改变的那种能力"。"任何值得重视的心理学理论，都必须给记忆力提出一种解释"。而这种解释的交叉点，使得这种装置几乎无法想象，那也就是 30 年后弗洛伊德在《神奇打印装置笔记》必须同时加以考虑的那种印迹永久性与受体之童贞性，还有线条的刻印度与接纳或知觉表层永远无损的裸露状态，也就是这里所说的神经元，"神经元必须既应当能保存印象，又不能被改变，同时还不能留下印象的成迹（unvoreingenommen）"。弗洛伊德拒绝了他那个时代流行的对"知觉细胞"与"记忆细胞"的区分，建构了"接触栏"和"神经通路"（Bahnung），即道路（Bahn）开拓这个假设。只要我们将这个假设当作一种隐喻模式而非神经学描述，那么无论它后来是否得以继承，它都是个出色的假设。神经通路这条被打上印迹的道路，打开了一条传导路径，因为它假设破门而入（effraction）的某种暴力及其对它的抵抗。那是条被中断了的、被破坏了的、被破裂（fracta）并被突破了的路。神经元可能会有两种：一种是不提供任何抵抗力，因而也不保存任何印迹的可渗性神经元，即知觉神经元；另一种是神经元组成接触栏以对抗刺激量并保存因对抗而留下的印迹，它们"因此给记忆再现自身（darzustellen）提供了某种可能性"，即记忆的初次再现及其初次上演。（这个 Darstellung，就是那个在其被抹除了的意义上讲的再现，也就是常常在其视觉形象上，有时还在剧场意义上讲的那种再现。我们对该词的翻译将根据上下文的变化而有所变动。）弗洛伊德只赋予第二种神经元以心理特质。它们是"记忆的载体，因而多半也是一般心理事件的载体"。所以，记忆，并非只是各种心理现象特质中的一种，它就是心理现象真正的本质，即抵抗，并通过抵抗向破门而入的印迹敞开。

可是，如果我们假设弗洛伊德此处想说的只是数量上圆满在场的语言，他只打算解决量与质（后者是属于无记忆的知觉神经元的那种纯透明性）的简单对立的话，至少表面上如此，那么，神经通路这个概念就显得难以接受。因为，抵抗神经通路的力量如果旗鼓相当，或者说突破神经通路的力量如果旗鼓相当的话，就会减弱它们路线选择中的任何**偏向**而使记忆受到麻痹。因而神经通路间的差异，才是记忆的真正源头，也是心理现象的真正源头。而唯有这种差异才能解放"道路偏向"（Wegbevorzugung）的问题："记忆是由第二种神经元间的神经通路之别来再现（dargestellt）的"。因此，我们不应认为无差异的神经通路，对记忆来说只是不足的，而应当明确地指出，没有差异的纯神经通路根本是不存在的。因为，作为记忆的印迹，不是我们能够当作简单在场就能重新恢复的纯神经通路，而是神经通路之间的那种不可捕捉的无形的差异。因此，我们知道心理活动既不是意义的透明，也不是力量的不透明，而是尼采曾明确地说过的那种力量较量中出现的差异。

数量，更多地是借助差异而非借助自身的圆满而成为心理现象（Ψυχή, psyché）和记忆（μνήμη, mnémé）的，这一点在《草

300 案》中不断地得以确认。重复，并不能增加当下力量的数量和**强度**，它只能复制同一种印象；不过，它具有神经通路的能力。"对经验的记忆，即那种持续运作的能力（Macht），取决于所谓的印象的数量，也取决于同一印象之重复的频率"。因此，这等于说在刺激量的考量中加入了重复的次数，但它们属于两种绝对异质的数量级。所有重复都是离散式的，因为它们只有借助间离它们的间隙（diastème）才能发挥作用。说到底，如果神经通路可以替补或者增加运作中的数量的话，那不仅是因为它确实与数量相似，又与之不同：（因为，）数量可以为"数量加上作为其刺激结果的神经通路所取代"。我们先不急于将纯数量的他者确定为质量，因为这么做的话，我们可能会将记忆力转变为当下意识和对当下质量的半透明知觉。所以，无论是满数间的差异，还是同一之重复间的间隙，或是神经通路本身，都不能借助量与质的对立来思考①。因为，记忆力不可能是从这种对立中产生的，它既摆脱了"自然主义"的控制，也摆脱了"现象学"的视域。

我们可以将印迹生产中的所有这些差异重新解释为延异运动的不同时刻。依据一个一直支配着弗洛伊德思想的动机，这种运动可以被描述为生命通过**延缓**危险投资，即通过建立**储备金**（Vorrat）

---

① 尼采与弗洛伊德有关差异、量与质概念上的系统性对立，在这里比别处显得更明显。比如，众多例子之一的《权力意志》（*Nachlass*）这个片段："我们的'认知'局限于'数量'的确立上；然而，我们却情不自禁地将数量的这些差异感受为**不同的质量**。质量对**我们来说**是一种观点真理（vérité perspective）；而非其'自在（真理）'……假如我们的感官变得十倍的敏锐或十倍的迟钝的话，那么我们恐怕自身就消失了。这就是说，我们通过将质量与它们为我们提供的实存联系起来，从而将量的关系当作质来感受。"（《尼采全集》，第三卷，第 861 页）

来保护自己所做的努力。它借助神经通路或重复以推延具有威胁性的开支或当下呈现。这说的不已经就是《超越快乐原则》（德文版《弗洛伊德全集》，第八卷，第 6 页）里所说的那种建立了愉悦感与现实之关系的迂回（Aufschub）吗？不就是生命的死亡原则吗？这种死亡原则是生命只能通过死亡、延异、重复、保存**经济学**来对抗死亡以求自保。因为，初次印象不会以重复的方式**出现**，但重复的可能性在心理神经元的**首次**抵抗中就已经存在。而这种抵抗本身，只有在对抗力一直相持或原初地自我重复的情况下才有可能发生。这正是变得令人困惑的那个**首次**概念本身。我们这里所说的与弗洛伊德下面所说的似乎并不矛盾，他说："神经通路多半就是某种强量的唯一（einmaliger）通道导致的结果"。假如这个陈述没有逐步涉及物种进化及遗传性神经通路问题的话，我们也许还可以认为在**两种**力量的**首次**接触中，重复就已经开始了。而且生命就已经受到了构成它的记忆之源的威胁，受到它所抵抗的神经通路的威胁，也受到它只能以重复的方式来接纳的那种暴力的威胁。那是因为神经通路说打破了弗洛伊德在《草案》中所认可的给予痛楚的特权。从某种意义上说，没有痛楚，就没有神经通路，而且"痛楚留下的是一些特别丰富的神经通路"。不过，痛楚这个心理现象的威胁源，如果超出了一定的数量，就得如死亡一样被延迟，否则的话，它会"击溃"心理"组织"。尽管"首次"及原初重复是个谜（不必说，这指的是在区别所谓的正常重复与病理学重复之前的那种重复），重要的是弗洛伊德将这种运动完全化归为初级功能，并且禁止从那里产生任何衍生化运动。虽然，这个非衍生化运动只能使"初级

301

性"（primarité）概念及初级阶段的非时间性概念的难度增强，而且这种难度永远也不会减弱，还是让我们关注一下它吧。"尽管不情愿，我们还是在此思考一下神经元系统的原初努力，即它为了避免或减低数量的超负荷而借助一切变动所做的坚持不懈的努力。由于生命的紧迫性，神经元系统被迫保存大量的储备。为此，它就得在数量上大量繁殖神经元，而且必须大量繁殖的是非渗透性神经元。那么它在构成**神经通路**时，至少就部分地避免了被数量填满并被占据（的情形）。因此我们说，**神经通路是服务于初级性功能的。**"

302

毫无疑义，生命通过重复、印迹、延异来自我保护。但我们必须警惕下面这个说法：它认为**首先**在场**然后**以延异的方式来自卫、自行延迟并自我储存的生命是不存在的。因为延异构成了生命的本质。我们应当这么说：如果存有被规定为本质（ousia）、在场、本质（essence）/实存、实体或主体的话，那么，既非本质也非别的什么东西的延异，就**不是**生命。因此，在将存有规定为在场之前，我们就必须将生命当作印迹来思考。因为这是使我们能说生命**就是**死亡的唯一条件，也是使我们能说重复及超越快乐原则对于它们所要违背的东西来说，既是始源性的又是先天性的。当弗洛伊德在《草案》中写下"神经通路是服务于初级性功能的"时，他已经禁止我们对《超越快乐原则》产生意外感。他强调承认原初性延异同时抹掉**初级性**概念的双重必要性，这使得我们不再会对《梦的解析》（*Traum deutung*）中的一段有关二级过程之"延缓"（Verspätung）的文字感到意外，因为在那里，初级性被定义为一种"理论性虚构"。因为延缓才是原初性的①。如果没有这个原初性延缓，**延异**恐怕就只是意识的那种当下自我呈现的期限。因此，延迟，指的不可能是延缓某种可能的当下，不可能是推迟一种行动，也不可能是暂缓一种已有的、当下的知觉。因为，它只有通过延异才能成为可能，所以我们必须将它当作不同于计算或决策机制的东西来思考。说它是原初性的，那是说它同时删除了关于可见性源头的神话。这就是为什么有必要了解被**擦除**（sous rature）的"原初性"的原因，否则的话，我们会误以为延异的源头是圆满无缺的。而实际上，无源头（non-origine）才是原初性的。

也许，我们应当重新思考"延迟"（différer）这个概念而不是放弃它。这也是我们想要做的，而这么做的可能性是以在目的论或末世说视域外去规定延异为前提的。只是，这么做并不容易。顺便留意一下"事后"（Nachträglichkeit）和"延迟"（Verspätung）这些在整个弗洛伊德思想中具有主导性的概念。因为这些对其他概念具有限定作用的概念，在《草案》中已经出现并得以命名。"延缓"（à-retardement）的那种不可还原性，无疑是弗洛伊德发现的。弗洛伊德将这项发现付诸实践，其影响超出了个体精神分析的范围。在他看来，文化史应当证实了他的这个发现。在他 1937 年出

303

---

① 这些原初性延异和原初性延缓的概念，在一致性逻辑中，甚至在时间概念中，都是不可想象的。**这些术语**中显示的荒诞性，只要以某种方式组织起来，就会让人超越这种逻辑和概念去思考。在**延缓**这个词之下，我们应当思考的是两种"在场"之间的某种关系之外的别的东西；而我们应当避免的是下面这种再现模式，即只降临于在场 B 身上的东西应当已经（大概应当已经）发生在在场 A（前面的）身上。**原初性"延异"**和**"延缓"**这些概念，从我们阅读胡塞尔［《几何学起源导论》（*Introduction à l'Origine de la géométrie*），1962，第 170–171 页］开始，就是必不可少的概念。

版的《摩西与一神论》（《弗洛伊德全集》，第十六卷，第 238－239 页）中，延缓和事后的有效性跨越了很大的历史间隔。而且在这个文本里，潜伏性问题以极为意味深长的方式与口述传统和书面传统问题相互沟通起来。（第 170 页及以下）

虽然在《草案》中，神经通路从未被称为书写，但《神奇打印装置笔记》所要求满足的那些带矛盾性的要求，却已经以字面上一致的术语在《草案》中表述出来了："保存一切，同时保持接收能力"。

神经通路运动中的差异，不仅与力量相关，也与场所相关。弗洛伊德那时已经将力量与场所联系起来思考。但他是第一个不相信神经通路的这种假定性再现所描述的特征的人。因为在他看来，不同类别的神经元间的差别，至少在形态学（morphologie），也就是说组织学（histologie）上，"缺乏公认的依据"。确切地说，这种差别只是外在的、熟悉的、被建构空间与自然科学之外部所不能包含的某种论题域描述（une description topique）的索引。这也正是为什么他在"生物学观点"的标题之下，将神经元间的"本质差异"（Wesensverschiedenheit）置换成"命运环境之差异"（Schicksals-Milieuverschiedenheit）：指出后者是纯差异，是情境差异、连接差异、位置差异，是比那些支撑了结构的项更为重要的结构关系差异，而对于这种差异，外与内的相对性总是武断的。因此，差异思想，既不能放弃区域观念，又不能接受关于间距的通俗表达。

在必须解释那些典型的纯差异时，这种困难变得更为明显，比如怎么解释质量的差异，即弗洛伊德所说的意识差异。我们必须对

"借助'意识'，以神秘方式（rätselhaft）所获得的知识"加以解释，"因为，意识对我们到目前为止所考虑的东西一无所知，所以我们就应当解释这种无知本身"。然而，质量就是些纯差异："意识给我们提供了一些称为**质量**的东西，即感觉的巨大多样性，而这些不同的（anders）感觉的**别样性**（Anders）是根据它们对外在世界的不同参照而相互区别（unterschieden wird）的。这种**别样性**包括系列，也包括类似点等，但多半不存在数量的问题。我们于是可以进一步追问，那么，这些质量是**怎么**产生的，又是从**哪里**来的呢？"

质量既非外亦非内。它们既不可能在物理学家眼中除数量、"运动群外别无他物"的外部世界里存在，也不可能只在心理现象内部，也就是说只在记忆之中存在，因为"复制和回忆"是"无质"（qualitätslos）的。既然不能放弃论题域再现（représentation topique）*，那"我们就应勇于假设第三种神经元系统，即知觉性神经元系统存在的可能性；这个在感知过程中与其他神经元系统同时活跃的系统，可能在复制过程中不再活跃，而其兴奋状态也许提供了那些不同的质，即**有意识的知觉**"。弗洛伊德尴尬地用他的"行话"向福列斯（Fliess）宣布了神奇打印装置的某类插页后（第三十九封信，1896 年 1 月 1 日）说，他正在将知觉性神经元插入或滑入（schieben）到可渗性神经元和不可渗性神经元之间去。

---

* 弗洛伊德精神分析理论创造了用以解释人类正常和病理性心理功能的心理主题图示，它用空间坐标来再现心理冲突的动态机制。其第一个空间再现系统也就是第一论题域（la première topique），将人的心理结构分为潜意识、前意识和意识三个部分。其第二空间再现系统又称为第二论题域（la seconde topique）将人的心理结构表述为本我、自我、超我组成的人格结构。

这个大胆的假设导致了一种"显然难以置信的困难",因为我们碰到了一种并非产生于数量的可渗性神经通路。那么它们是从哪里来的呢?它们来自将时间与空间之间隙连接起来的纯时间化过程,即来自周期性(périodicité)。只有借助时间性,间断的或周期性的时间性概念才有可能解决这个困难,因此,我们必须耐心地思考时间性的含义。"到目前为止,我只看到一种出路……因为我一直只将数量的流动当作一种神经元向另一种神经元的量之转移来考虑。可是,它应当具有另一种特点,即时间的特性。"

弗洛伊德强调说,假如间断性假设比周期性的"物理主义的解释""更有前途"的话,那是因为它不需数量的支持就记录并"占有"了差异、间隔、间断性。"不受数量影响的知觉性神经元,占据了兴奋期",还有纯差异和间隙(diastèmes)间的差异。一般的周期概念,前在并决定了质与量的对立以及由这种对立所主宰的一切。因为,"不可渗性神经元也有它们的周期,只是这种周期没有质量,或者更确切地说,它们是单调而无变化的"。如我们将会看到的那样,这种间断主义,如在解决了这个大胆假设之最终疑难的《草案》中那样,将在《神奇打印装置笔记》中继续发挥作用。

《草案》的其余部分完全依赖于对差异原则这种不断且日益激进的呼唤。在这种呼唤中,我们还发现这个坚持以间隔、印迹地形学、神经通路地形图来解释心理现象的方案,总是以指示性神经病学的名义发挥着人工剪接的再现性功能;这个方案将意识或质量放在空间中去思考,同时指出这个空间的结构和可能性也须重新思考;这个方案之所以借助纯差异或纯位置去描述"那个装置的功

305

能"，并解释"兴奋数量在不可渗性神经元中的表述是如何被复杂化的，质量的表述又是如何被论题域（la topique）复杂化"的，那是因为这个差异系统和这个地形学的本质是独特的，因为它想将弗洛伊德在那个装置安装中增添的"勇敢行为"，还有那些（有关"分泌性"神经元或"关键性"神经元的）"奇怪而必要的假设"全部含括进去。而他之所以拒绝神经病学和解剖学的论域，并不是要放弃它们，而是要转化它们那种地形学关注的方式。书写，因此登上了舞台。印迹，也因此变成文字图像（gramme）；而神经通路领域也变成了编了码的间隔。

打印与源头替补

在弗洛伊德将《草案》寄给福列斯几周后的一个"工作之夜" ³⁰⁶里，他设计的这个系统的所有因素按部就班地被安装成某个"装置"了。虽然它还不是书写装置，"但一切看来都各就其位，齿轮之间严丝合缝，感觉这东西就真是一台机器，而且很快就会独自运转了"①。这个"很快"，等了三十年。这个"独自"，也就差不多算是吧。

差不多一年以后吧，印迹开始变成了书写。弗洛伊德在 1896

① 第三十二封信（1895 年 10 月 20 日）。这个机器包括："神经元的三大系统、数量的自由或被束缚状态、初级和二级过程、神经系统的主要倾向及其妥协倾向、注意力和防御力这两种生理规则、质量、现实、思想的线索、性心理组的状态、压抑的性条件，还有作为知觉功能的那些意识条件，所有这一切，那时都互相配合，而且今天依然如此！当然，我无法再抑制住我的喜悦。我难道还要等两个星期才告诉你这个消息吗……"

年 12 月 6 日写的第五十二封信中说，《草案》的整个系统，在一种前
所未见的图形概念域中被建构起来。这与他从神经病理学向心理学的
那种转化正好巧合。"符号"（Zeichen）、记录（Niederschrift）、转
录（Umschrift）是他这封信里的关键词。在这封信里，弗洛伊德不
仅明确地界定了印迹与延缓间的交流关系（也就是非构成性的、被记
忆的"符号"从源头处重构的在场的交流关系），而且还将言语的位
置分配在它远不占主导地位的书写系统分层之上。他在信中说："你
知道我正在研究关于心理机制是一种分层的叠加过程（Aufeinander-
schichtung）这一假设，也就是说，记忆性印迹（Erinnerungsspuren）
的呈现材料，会根据不同的关系，时而**重排**（Umordnung），时而**转
写**（Umschrift）。因此，我的理论的主要新意在于，它确定了记忆并
非只是一次性呈现的，而是以重复性的方式呈现的，并且它是以不同
种类的符号被记录（niederlegt）下来的……而我对这些记录（Nied-
erschriften）符号种类的数量一无所知。至少有三种，可能更多……
个体的记录依各自不同的神经元载体而相互隔离（不一定非是论域
的）……知觉。知觉产生于那些与意识相关但本身不保存事件之任
何印迹的神经元。**因为，意识与记忆相互排斥。知觉的符号**，也就
是知觉的首次记录，完全进入不了由同步联想构成的意识……**潜意
识**，是二次记录……**前意识**，是第三次记录，它与词语再现相关联，
对应于我们的正式自我……这个二度性的思想意识，在时间中的延
迟，很可能与词语再现的幻觉式复苏有关。"

　　这是朝《神奇打印装置笔记》方向迈出的第一步。此后，
从 1900 年完成的《梦的解析》开始，书写的隐喻将**同时占领心理**

装置的结构问题和心理文本的材料问题。这两个问题的相互关联使我们更加关注这文本和装置两个隐喻系列并非同时出场的问题。

弗洛伊德在《草案》里说过，"梦一般跟随的是旧有的神经通道"。因此，我们必须将梦之局部的、时间与形式上的退逆（régression）当作书写景观中的回归之路来解释。这指的不只是具简单记录性的书写，也不只是哑声词的石质回音，而是词之前的那种石印图形（lithographie）：它是超语音的（métaphonétique）、非语言学的、无关逻辑的（a-logique）。（因为逻辑服从于意识，或者说服从于前意识这种词语再现的领域；服从于一致性原则这个在场哲学的基础性表述。"这只不过是一个逻辑上的矛盾，它并不意味什么"，《狼人》里这么说过。）梦在书写的森林中移动，《梦的解析》即对梦的诠释无疑首先就会是阅读和破译。弗洛伊德在分析伊尔玛（Irma）的梦之前，就对析梦方法进行了思考。他以一种惯有的姿态，将古老的民间传统与所谓的科学心理学对立起来。如往常一样为的是捍卫民间传统里的那种深沉意向的正当性。诚然，当这种激发古老的民间传统的深沉意向，用某种"象征"手段，将梦的内容处理成一种不可分解又表述不清的整体，并以为只需用另一种可理解的也许是预兆式的整体取而代之即可时，它就误入了歧途。只差一点，弗洛伊德就接受了"另一种民间传统"："我们可以将它定义为'解码的方法'（Chiffriermethode），它将梦处理为某种秘密书写文字（Geheimschrift），由于某种固定的钥匙（Schlüssel），这种秘密书写文字中的每一个符号都被译成了另一种其含义是众所周知的符号。"（《弗洛伊德全集》，第二卷/第三卷，第 102 页）这

308

里让我们记住他对永恒符码的暗示：那个方法虽然不足，但弗洛伊德至少承认它具有分析性和逐一解读意义要素的优点。

弗洛伊德用来说明这个传统方法的例子颇为奇特：语音记录文本在梦的一般书写中的功能是，以一种隐蔽、特殊、可译但却没有特权的因素发挥作用。也就是说，语音书写是一般书写中的书写。弗洛伊德说，比如假定我梦见一封书信（epistola），然后梦见一个葬礼。然后翻开一本储存了解梦之钥匙的《梦之书》（Traumbuch），即一本梦境符码的大百科全书，也就是弗洛伊德马上就要拒绝的那种关于梦的字典。这本书告诉我应当将那封信译为怨恨（übersetzen）而将葬礼译成婚约。一封以字母写成的书信、一个语音符号文献、一个语词话语的记录，因此就可以用一种非语词符征来翻译，而作为某种既定情感的非语词符征，则是梦境书写的一般句法。语词在沉默的书写网中被加大投资，而它的语音记录则被放至远离网络中心的部位。

于是，弗洛伊德又借用了（古希腊）达尔迪斯的阿特米多尔（Artémidore de Daldis，公元2世纪）的另一个例子。这位作者写过一篇有关梦之解释论文。我想借此提醒一个事实：早在18世纪，一位弗洛伊德不知道的英国神学家①就已经参照过阿特米多

---

① 瓦尔伯顿（Warburton）：《摩西的神圣使命》（Mission divine de Moyse）一书的作者。其著作的第四部分于1744年以《关于埃及象形文字：从那里我们可看到语言与文字的起源与演进，埃及上古科学与动物崇拜之源》（Essai sur les Hiéroglyphes des Égyptiens，où l'on voit l'origine et le progrès du langage et de l'écriture，l'Antiquité des Sciences en Egypte et l'Origine du culte des Animaux）。这部我们在别处还会谈到的著作，曾经产生过相当重要的影响。它带有那个时代所有关于语言和符号的思考标志。《百科全书》的编辑者们、甘迪亚克与卢梭都深受该书启发，从它那里特别借鉴了语言的始源性隐喻特征这个主题。

尔，而他的参照意向无疑值得与弗洛伊德的想法做比较。瓦尔伯顿 *309* 描述了象形文字的系统并从中辨识出（是对是错，这里无关紧要）必须系统地与梦的运作形式（凝聚、位移、复因规定性）相比照的多种不同结构〔无论是纯正的象形文字抑或是象征性的象形文字，每一种类既可以是最粗糙的（curiologique），也可以是最精致的（tropique），而它们与再现物的关系，既可以是类比式的，也可以是部分代全体式的〕。不过，出于歉意，尤其是针对基尔学（Kircher）* 神甫的，瓦尔伯顿急于证明"这个国家的伟大上古时代"，而选择了其全部资源都在象形文字中的古埃及科学作为例子。这门科学就是释梦，也叫占梦术（oneirocritie）。总的说来，它曾经是祭司手中的一门文字学。古埃及人相信，上帝赋予人书写的天赋就如激发了人的梦想一样。因此，诠释者就如梦本身一样，只能从精致的或粗糙的象形文字宝库中去汲取源泉。他们从那里发现已经准备好了的解梦钥匙，然后假装猜测。象形文字的密码本身就有梦书的价值。这种所谓的神的恩赐其实是由历史建构而成的，它变成了梦话语汲取源泉的共同基础，也就是梦舞台的道具与脚本。既然梦的建构是一种书写形式，梦境的换位类型就对应于已经在象形文字系统中被操作和记录的那些符号的凝结和移动。梦也许不过是操作了关闭在象形文字宝库中的那些元素（στοιχεῖα，stoicheia），即瓦尔伯顿所说的要素或字母，情况有点儿类似被写下的言语会从书

---

* 阿塔纳奇欧斯·基尔学（Athanasius Kircher，1602 年 5 月 2 日—1680 年 11 月 27 日），17 世纪德国耶稣会成员，通才。他一生大多数时间在罗马的罗马学院任教和从事研究工作，研究成果广涉埃及学、地质学、医学、数学和音乐理论。他就埃及圣书体的研究为后来让-弗朗索瓦·商博良的工作铺平了道路。

310 面语中汲取养分那样："……当最初的释梦者向对他询问下述梦境的人解释说：**龙**代表王权，**蛇**表示疾病……而**青蛙**指的是骗子……的时候，问题在于说明绝对占梦术提供的那种解释始源性的基础是什么。"那么，当时的释梦者怎么做呢？他们去查阅书写文本："最初的绝对释梦者并非狡猾的骗子。事情发生在他们头上就像发生在最初的占星术士（astrologues judiciaires）* 身上一样，只是他们比同时代的其他人更为迷信，因而给人以先驱者的幻觉。不过，当我们假设他们像他们的追随者那样都是在行骗的时候，那他们至少也首先必须具备适合实施行骗的材料；而这些材料，本质上永远不可能以某种怪异的方式服务于每个个体的想象。向他们咨询的人也希望找到某种共同的类比来用作解梦的基础；而他们自己也需要依靠一种公认的权威来支持他们的科学。但是，除了当时已成了既神圣又神秘的**象征式象形文字**以外，他们可能有别的什么类比或别的什么权威吗？顺理成章，这个象征性科学……就成了它们解释的基础。"

这里介绍一下弗洛伊德式的切割。弗洛伊德毫无疑义地认为梦像原初书写那样移动，将词搬上舞台却不奴役它们；他这里想到的无疑也是不能还原为言语的但含有象形文字中的图画文字、表意文字和表音文字因素的一种书写模式。只是他将心理书写变成如此原初性的产物，使我们所理解的那种本义上的书写，即"世界中"被编了码的、显见的书写，变成了心理书写的一种隐喻。因为心理书

---

* 相对于自然占星术或天文学，这里指的是通过观察、研究和了解星星来预测未来的艺术，也就是说通过判断来预测未来的艺术。

写，比如"追随旧有的神经通道"的梦的书写，在向着"初级书写"退逆的那种单纯时刻是无须用任何密码来解读的。但它在个体或群体的历史中，肯定是与大量被编了码的因素一道工作的。而在它的运作、词汇和句法中存在的那种不可还原的纯个体习语的残余，却在潜意识间的交流中承担着解释的全部重任，因为做梦者发明了自己的语法。即便他有使用的意愿也没有使他满意的现成符征材料或现成的文本。而这就是《解码法》（*Chiffriermethode*）和《梦之书》（*Traumbuch*）的局限性，虽然它们不无意义。与符码的通用性和刚性一样，这种局限是由于我们过于关注**内容**，却对关系、情境、功能和差异关心不足引起的："我的方法并不如普通译码法来得方便，因为后者是根据既定的符码来翻译梦的内容的；而我宁愿认为同样内容的梦也可能在不同的人那里，在不同的语境中含有不同的意义。"（第 109 页）为了支撑这个观点，弗洛伊德认为可以用汉字加以引证："它们（梦的象征符号）常常具有多重意义，就像在汉语中那样，只有根据上下文才能正确理解每个字的意义。"（第 358 页）

　　没有任何详尽无遗且绝对可靠的符码系统，这意味的是在预示了一般书写意义的心理书写中，符指与符征间的差异从来就不是那么极端的。在追随旧有的神经通道的梦之前，潜意识经验不借用什么，而是生产它自己的符征，当然它并不是创造符征的机体，而是生产出它们的意义（signifiance）。确切地说，它们因此就不再是符征了。而翻译的可能性，如果它远没有被取消的话，原则上最终看来也是有限的，因为这种潜意识经验之后不断地将符征与符指的一

311

致点或者黏着点之间的距离拉开。这可能就是弗洛伊德在关于《压抑》那篇文章里从另一个角度所理解的东西："压抑以一种完全个别的方式运作"（《弗洛伊德全集》，第五卷，第 252 页）。（个体性这里首先指的不是某个个体的个体性，而是"有自身命运的每个被压抑者后代的个体性"。）除非有某种永恒的符码，它既可以保留同一个符指又可以替代或转化符征，它无论缺了哪个符征，都能保证同一个符指的永远**在场**，否则的话，翻译和翻译系统是不可能存在的。因此，符指/符征这组概念，也就是符号本身这个概念，暗含了替代的根本可能性。即便我们像索绪尔那样，只将符指与符征区别为同一页纸的两面，也不会改变什么。因为，如果原初书写存在的话，它会生产出这页纸本身的空间与机体。

有人会说：可是弗洛伊德一直在翻译呀。他也相信梦境书写的符码的通用性与固定性，他说："当我们熟悉了如何利用极丰富的象征符号来再现梦中呈现的性欲材料时，我们就必须自问其中一些象征的入场，是否就像速记中'首字母缩略词'那样，已经具有了一种一劳永逸地建构的意义。在这种情形下，我们会产生根据译码方法去草拟一部新**梦书**的意愿。"（《弗洛伊德全集》，第二卷，第356 页）事实上，弗洛伊德从未停止过提供具有广泛通用性的符号和规则。而符征的替代，看起来正好是精神分析诠释的基本活动。当然，尽管如此，弗洛伊德还是给这种运作设定了一种基本的限制。确切地说，设定了双重限制。

一种限制是，对梦境中词语表达的考察，我们所观察到的是词语表达的音色与机体不会在符指中销声匿迹，至少不会像在有意识的话语中那样被穿越、被僭越。它的表达效果就像阿尔托给残酷剧场规定的那样。然而，词语机体是不能用另一种语言加以翻译或传递的，因为它正是翻译所放弃了的东西。所以说放弃机体是翻译的基本能力。当翻译重建一种机体时，它就是诗。在此意义上，既然符征的机体构成了每一梦境的个体习语，那么梦就是不可译的：

"就如费汉兹（Ferenczi）正确指出的那样，梦是那么内在地依赖词语表达以至于每一种语言都有它特有的梦语。一般来说，将梦译成另外的语言是不可能的，而眼前这本书也并不更具可译性，至少我这么认为。"这说的是，对一种既定国家语言有效的东西对个体语法就更为有效。

另一种限制是，横向的无损翻译之不可能性，其原理可以说就在垂直无损翻译的不可能性中。我们这里说的是潜意识思想成为意识的方式。假如说将梦译成另一种语言是不可能的话，那是因为在心理机制内部，从来就不存在简单的翻译关系。弗洛伊德告诉我们，用翻译或转译来描述潜意识思想由前意识转化成意识是错误的。这又一次说明，翻译（Übersetzung）或转译（Umschrift）的 *313* 隐喻概念的危险性，并不在于将它与书写做比照，而是将它假定成一种已经存在的、一成不变的文本，假定为一种不可动摇的雕像、石刻或档案，而其符指内容可以毫无损耗地被搬到另一种语言环境，即前意识或意识语言环境中去。因此，只谈书写是不足以忠实弗洛伊德的思想的，而且更有可能背叛他的想法。

这也正是《梦的解析》的最后一章要给我们解释的。它要唤醒力量，唤醒两种刺激过程或者说刺激类型来补充心理机制的纯粹而出于惯例的论题性隐喻:"现在让我们尝试去修正一些有可能在错误的方向上被构建的意象(直观空间,Anschauungen),因为只要我们在最直接、最粗糙意义上将这两个系统当作心理机制内的两个区域来观察,这些意象就已经在'压抑'与'渗入'这些表述中留下了它们的痕迹。因此,当我们说潜意识思想在翻译(Übersetzung)之后强行趋向前意识以便渗入意识领域时,我们说的并不是处于一个新地点的第二种思想必然是对它旁边的原始文本的转译(Umschrift);我们还想仔细地将渗入意识的活动与一切地点转换的观念拉开距离。"①

我们现在暂停引文。意识文本因而并非一种转译,因为在潜意识中,本来就不存在要转换和转移到别处去的在场文本。因为在场值(la valeur de présence)也可能对潜意识概念产生危险的影响。所以,"被写在别处而需要重新获得的潜意识真理"压根儿就不存在。也不存在不需任何改动就能引起外在于它,并在其表面浮动的时间化活动(如果跟着弗洛伊德的字面意思,时间化活动属于意识范畴)已在别处写下的所谓的潜意识在场文本。不存在一般意义上的潜意识在场文本,甚至也不存在曾经存在过的潜意识在场文本,也就是说不存在作为潜意识曾经当下/在场存在过的那种文本。因为潜意识以当下/在场的文本形式出现是无法想象的,无论这种形式是原初性的,抑或是修改过的。因为潜意识文本已经就是意义和力量已融为一体的纯印迹与差异的编织物,是哪儿也不存在但一经

314

---

① 《自我与本我》(《弗洛伊德全集》,第八卷,第二章,第615页),也强调心理事实之局部再现的危险性。

存在就**已经**是档案转译的那种文本，是些原始的印迹。潜意识文本始于复制。一个意义的储藏库总是已经存在，只是这个意义从来就不在场，因为其符指当下/在场总是以延缓、追加（nachträglich，**追加**指的也是**附加**的）、事后，**附加**的方式被重建。对**追加**的召唤是原初性的，它掏空了以延缓的方式被重建的那个当下在场。追加物这个看上去以一种圆满加入另一种圆满的东西，也是替补物。像梦游者般欣赏这个词的奇怪逻辑的李特雷说过，"替补指的是添加缺少的，提供所需的"。我们正是应当以这种逻辑去考虑事后的那种可能性，无疑还有初级性与二级性之关系的所有层面。我们还应当注意，附录（Nachtrag）在字母秩序中也有某种确切之义：这就是附录、补遗、后记。所谓的当下在场文本只能通过脚注或后记才得以解读。在此重复循环之前，当下在场不过是一个注释编号。一般意义上的当下在场并非原初性的，而是被重建了的，它并不是经验绝对的、圆满生动的构成形式，因此生动的当下在场之纯粹性是不存在的，弗洛伊德通过概念与事物本身的不对等要求我们去思考的，就是这个对于形而上学历史来说十分重大的主题。而这个思路大概会是唯一一个不会在形而上学或科学中枯竭的思路。

既然向意识的过渡并不是一种衍生性和重复性的书写，一种对潜意识书写的复制和转译，而是一种原发性的生产，那么，它的二级性阶段本身也是原初性的，而且是不可还原的。既然对弗洛伊德来说，因为意识乃是向外在世界裸露的表层，所以我们不应当从普通的意义上去理解隐喻，相反，应当从作为一种心理潜能循环于潜意识与意识之间的书写活动去理解的那种自称为有意识并作用于世

界（即具有显见外观的拼写、文字性与文字生成性等）的书写之可
315 能性。对书写之"客体主义"或"世俗性"的思考，如果不参考心
理书写的空间的话，就不能带给我们任何新东西。[因为如果我们
像胡塞尔那样在心灵中看到的是世界的一个区域的话，那么，心理
书写看起来就是一种先验性书写。而这也正是弗洛伊德的情况，他
既想要尊重心理现象的"在世性"（l'être-dans-le-monde）及其区
域性（être-local），又想要尊重其不可还原成普通的内在现世
性（intra-mondanité）的那种拓扑学特性，我们可能必须要思考的
这里所描写的抹掉了世界之源与在世界中之间的那种先验差异的那
种书写活动。因为它在生产这种差异的同时抹掉了它，而这正是胡
塞尔和海德格尔关于在世性概念发生对话与误解的领域。]

的确，弗洛伊德给这种非转译性书写加上了一个根本性的说明。
它明确强调：（1）在场所的天真隐喻中固定或冷冻能量可能会导致的
危险；（2）重新思考而非放弃这种书写的空间或拓扑学之必要
性；（3）一直坚持要用某种人工机制来再现心理机制的弗洛伊德，仍
未发现一种切合于他用来描述心理文本的字形学概念领域
（conceptualité graphématique）＊ 的机制模式。

当我们说某种被压抑了的前意识思想之后在潜意识中被接
收时，这些从争夺领土之表象域（Vorstellungskreis）借来的
意象会使我们以为，某种组织（Anordnung）确实在某个心理
场所被瓦解了，然后另一个组织在另一个心理场所替代了它。

＊ 字形学是对字形及其与音素、语音单位或它们所代表的重要单位的关系的研究。
它是语言学的一个分支。

比这些类比似乎更能解释真实发生的情况的是，某种能量投资（Energiebesetzung）被提供给既定组织或者从中撤离，使得心理的形成受制于某种机制的控制，或者摆脱此控制。在此，我们又一次以动态再现模式取代了区域再现模式：因为在我们看来，心理的形成并非移动的（das Bewegliche），移动的是它的神经支配系统……（《弗洛伊德全集》，第二卷，第356页）

让我们再次中断我们的引文。原文转译这个翻译隐喻，可能在保持译指（du traduit）与译符（du traduisant）的单纯外在性的同时，将力量与空间分离了。因为，这种外在性本身，即隐喻的静态主义和拓扑学主义，可以确保中性的翻译、平衡（phoronomique）的而非代谢式过程的透明性。弗洛伊德强调说：心理书写不适合于翻译，因为它是单一的能量系统，无论它怎么分层，它覆盖的都是整个心理机制。尽管权限不同，一般的心理书写并不是在静态的、给定空间的明晰性中进行的意义移动，也不是在某种不断淡化就可以解读的话语之清澈中立性中进行的意义移动。这里的能量是不可还原的，它不但不限制意义反而生产意义。力量和意义在这里的区别是从元迹衍生而来的。它属于意识形而上学和在场形而上学，或者说属于语词中存在的在场形而上学，因为它是借助词汇、语词表达的某种既定语言幻象而存在的形而上学。弗洛伊德也许会说它是前意识形而上学，因为，前意识是他指派给语词的场域。否则的话，弗洛伊德又可能教给我们什么新的东西呢？

力量是通过"重复"这个作为它自身的死亡形态而与生俱来的唯一能力去生产意义（和空间）的。这种能力，也就是说这种启动

316

并限制了力量运动的无力（impouvoir），开启了可译性，它使所谓的"语言"成为可能。它将绝对的个体习语转变成总是已被僭越了的限制，因为，纯粹的个体习语并非语言，它只有在自我重复中才能变成语言；而重复，总是已经将第一次的发端一分为二了的。这与我们前面说过的不可译性并不矛盾，尽管表面上如此。所以问题在于，要不断提醒僭越运动的源头、重复的源头和个体习语变成语言的过程。因为如果我们只安于**重复的事实或效果**，安于力量和意义之别的自明性，那么，我们就不仅会错失弗洛伊德的初衷，而且还会抹杀与死亡之关系的核心意义。

因此，虽然这里无法这么做，我们必须仔细研究弗洛伊德关于书写力作为**心理**重复中的"神经通路"这样一种昔日**神经学**概念为我们提供的一切思路：书写力自身空间的打开、它的破门而入、它的抵抗性的道路突破、它的中断与**开辟性突然闯入**（rupta, via rupta）、它的某种形式的暴力记录、它在某种自然物或材料上留下的印迹活动，所有这一切都只能在它与书写的对立中才是可以想象的。它在某种自然物或某种材料、森林或木料［即质素（hylé）］中展开的道路，在拓路中获得了时间与空间的可逆性。因此，我们必须从遗传学和结构观点出发整体地来研究这种道路的历史和书写的历史。这里我们想到的是弗洛伊德关于记忆印迹（Erinnerungsspur）活动的那些文本，在这些文本中，记忆印迹虽不再是神经学印迹，但也还不是"有意识记忆"（"潜意识"，《弗洛伊德全集》，第五卷，第 288 页）。我们想到的还有印迹的那种巡回活动，它产生道路而不只是经过道路，它的通过是留痕的，是为自己拓路的巡回活动。在弗洛伊德那里如此频繁地出现的拓路隐喻，总是与下述论题相通的：**替补性延缓**和意义的事后重建、隐蔽通道掘进之后、印象的隐蔽劳动之后。因为这种印象留下的活动痕迹从未**被察觉**，从未以其当下在场的意义来体验，也就是说它从未进入意识层面。用这样的方式将过去了的当下在场构建起来的后记，也许如柏拉图、黑格尔和普鲁斯特认为的那样，不会满足于唤醒或揭示这种过去了的当下在场的真实性的，因为正是后记生产了这种过去了的当下在场。性欲延缓是否就是这种活动的最佳范例或本质呢？无疑这是个错误的问题，因为它所假定的已知**主题**，也就是说性，只能由答案本身来规定、限定或不加限定。无论怎样，弗洛伊德的答案是尖锐的。让我们看看狼人个案[*]吧。他对原始场面的感知，是从他以延缓的方式建立的意义中被体验的，这是事实还是幻觉，这里并不重要，而他的性成熟过程并非这种延缓的偶然形式。"在一岁半的时候，狼人汇集了许多印象，而对这些印象迟到的理解，是借助他的成长、兴奋和性欲求的梦境才得以实现的。"弗洛伊德在《草案》关于歇斯底里症的性压抑中已经有所论述，他说："我们在所有的个案中都发现，某种被压抑的回忆现象只通过延缓方式（nur nachträglich）才转化为创伤。原因是相对于人整个发育过程青春期的迟到（Verspätung）。"如果这个解释解决不了问题的话，它至少应当是我们对潜意识之时间化及其所谓的"非时间性"

318

---

[*] 在弗洛伊德的五大精神分析临床案例中，"狼人"案例（原名"出自一个幼儿神经症的病史"）是弗洛伊德本人接触的最后一个案例，也是弗洛伊德记录最详尽的一个案例，是对俄国人潘克耶夫（Sergueï Pankejeff）长达四年半时间的临床治疗的记录。"狼人"一案从技术角度为对梦境进行精细分析、对婴儿场景进行详细重建提供了范例。

这个令人生畏的问题提出一种新的立场。弗洛伊德式的直觉与概念之间的差距，在这里比别处表现得更为明显。因为潜意识的"非时间性"，无疑只有在与时间的流行概念、传统概念、形而上学概念、机械时间或意识时间的对立中才能得以确立。我们或许必须像海德格尔阅读康德那样去阅读弗洛伊德：像**我认为的**那样，潜意识无疑只有从通俗的时间概念角度去看才是非时间性的。

屈光学与象形文字

我们不急于下结论说，弗洛伊德呼吁以翻译能量学反对它的空间域就是放弃了空间定位的努力。如我们所见，他坚持要给能量过程一种投射性的、空间性的，甚至是纯机械式的再现，那并不只是为了方便演示，而是因为一般系统观念是不可能摆脱空间性概念的；在弗洛伊德那里，空间性的性质变得更加令人迷惑，因为它不再被视为动态的、经济论过程的那种同质而无感的领域。尽管在《梦的解析》中，隐喻机制还尚未与书写做类比，但后者很快就支配了弗洛伊德对这种机制的所有描述。那是一种**光学机制**。

让我们接着引用弗洛伊德。弗洛伊德并不想放弃他刚才提醒我们注意的区域性隐喻，他说："但是，我认为继续使用这两个系统的直观再现（anschauliche Vorstellung），即隐喻，是有用的，也是合法的。只要我们记住再现（Vorstellungen）、思想、一般意义上的心理形态不应当被定位在神经系统的有机要素之中，而应当被定位在**它们之间**，即形成阻力及其相应的神经通路之处，那么，我们就可以避免滥用这种上演（Darstellungsweise）模式。一切能够成为我们内在知觉对象（Gegenstand）的东西，像通过光线渗入望远镜所给出的影像那样，都是**虚拟的**（virtuel）。但是，我们有权将这些**本身并非心理现象**（着重号是我加的）且永远无法进入我们心理知觉的系统，与投射影像的望远镜透镜相比较。如果我们接受这种类比的话，那么这两个系统间的界限就与光穿过一种新的媒介时的折射（光线的裂缝，Strahlenbrechung）相对应。"（第615—616页）

我们已经不可以用某种简单同质的结构空间去理解这种再现。因为，地点的转变和折射运动足以表明这一点。弗洛伊德后来在提及同一机制时引入了一种有趣的分化。他在同一章节关于退逆现象的段落中试图解释记忆与知觉在记忆轨迹中的关系，他说："我们以这样的方式获得的想法，因此是一种关于**心理场所**的想法。我们想要完全放弃这样一种想法，即这里所讨论的心理装置也是我们熟知的解剖学配备（Präparat，实验室配备），我们要做的是小心地避免用任何形式的解剖学方法来规定心理场所。我们仍然留在心理学领域，而且只希望继续追求对那种以复杂显微镜、摄影器及其他同类性质的仪器形式出现的，服务于心理运作的仪器的再现。心理场所于是相应于这样一种仪器内部的某个部位（Ort），而这个部位乃是形成影像的最初状态之一的地方。当然，在显微镜与望远镜中，从某种程度上说，那里并不是仪器的可感部分存在的理想场所和区域。我想，我因为这些影像及其他类似影像的不完美而请求原谅是

多余的。"（第 541 页）

除了教学法价值以外，这个说明还因为它对**系统**与**心理现象**的区分而具有合理性：心理系统并非心理现象，在这样的描述中，它只是弗洛伊德的一个问题。然后引起弗洛伊德的兴趣的是设备的功能，它的运作和运作顺序，及其在机器的各个部位上被**记录**和**识别**的有规律的运动时间："严格地说，我们不必去假设心理系统的某实际空间结构组织。对于我们来说，只要建立一种有恒定性的有序序列就足够了，因为根据这种既定时间的连续链，当某些心理事件发生时这些系统会被整体地刺激。"最后，这些光学仪器最终会**捕获光**；在摄影范例中，它们则记录了光①。底片或光的书写，弗洛伊德已经想要解决这个问题，所以他引进了分化（Differenzierung）这个想法。因为它会减轻这个类比的"瑕疵"，也许还会为"容忍"之。它还特别突出了自《草案》以来一直困扰弗洛伊德的那种乍看起来充满矛盾的苛求，而能满足这种苛求的只有书写器、"神奇打印装置"："我们因此有理由将第一分化过程引进（仪器）的敏感端极。在我们知觉中，留存在我们的心理机制中的印迹（Spur）可以

①　摄影底片的隐喻出现频率非常高。参照"关于移情动力学"（《弗洛伊德全集》，第八卷，第 364—365 页）。底片与印象的概念在那里是类比的主要工具。在对铎拉（Dora）的分析中，弗洛伊德用初版、再版、刻板重印或校对与修订来界定移情（transfert）。而"关于精神分析中的潜意识概念的几点看法"（1913 年，《弗洛伊德全集》，第五卷，第 436 页）则将意识与潜意识的关系比作摄影过程："摄影的第一个阶段是负片；每一个影像必须通过'负片过程'的考验，底片中那些经受住了这个考验的可以进入以图像告终的'正片阶段'。"埃尔维·德·圣丹尼斯（Hervey de Saint-Denys）在他的著作中，用了一章来专门讨论这同一个类比。其意图也是同样的。它们激发了我们在《神奇打印装置笔记》中重新找到的预防措施："与照相机相比，记忆有着这种神奇的优越性：它们的行动手段具有自我更新的自然力量。"

称作'记忆印迹'（Erinnerungsspur）。与这种记忆印迹相关的功能，我们称作'记忆'。如果认真对待将心理事件与这些系统捆绑在一起的方案的话，那么，记忆印迹就只有依靠系统要素永恒的变动来维系。但另外，我已经表明，假设同一个单一系统既能忠实地保存其组成要素的变动，又能向这种变动提供一种永远不丧失其新鲜度的接收性，这显然是有困难的"（第 534 页）。因此，必须在一个单一的仪器中设有两个系统。而这种协调了表层裸露性与保存深度的双重系统，只能由远"不完美"的某种光学仪器来代表。"通过对梦境的分析，我们能看到一点这种仪器的结构，那是各种仪器中最佳也最神秘的一种，我们仅仅只能看到一点而已，不过那只是个开始……"这是我们可以从《梦的解析》（第 614 页）的最后几页中读到的，也仅仅是一点而已。心理现象的（非心理）系统之书写再现，在《梦的解析》这个心理再现占据了重要领地的时候并未准备就绪。让我们掂量一下这种滞后。

我们曾在别处从该词的那个棘手义着眼，将书写的本义命名为间隔，即间隙（diastème），和时间的空间生成（devenir-espace du temps），还有意义从原初场域以不可逆的线性秩序从一在场到另一在场的展开，它只能有倾向，但从某种程度上讲注定不能被抑制。特别是在所谓的语音文字中。因为语音文字与由不矛盾原理主宰的逻各斯（或逻辑时间）这一在场形而上学的基石之间的共谋关系是很深的。不过，在意义的沉默或非纯语音的间隔中，不再服从逻辑时间、意识或前意识时间、"语词再现时间"的线性的那些互联关系却是可能的。因为，非语音书写空间（甚至是"语音"书写）与梦境空间之间的边界是不确定的。

因此，如果弗洛伊德为了暗示梦境中逻辑时间关系的奇特性而不断求助于书写，求助于象形符号、画谜、象形文字和一般的非语音文字的那种空间性梗概（synopsis）的话，我们不必大惊小怪。

322　梗概而非静态（stasis），场景而非画面。梦境的简明①、扼要并非僵化了的符号的无感在场。

解释，将梦的要素逐字拼读。它使那种凝聚与位移活动得以显形。它还得说明具有组合和导演功能的梦境综合并研究梦境的再现方式（die Darstellungsmittel）*。由于梦境演出的某种多中心主义与纯语词再现那种表面上线性的、单向度的展开格格不入，因而意识话语的那种观念的、逻辑的结构就得服从于梦系统，作为它机械的部分而隶属于它。"这个复杂建构的那些零部件，是根据分外变化多样的逻辑关系自然地联结起来的。它们形成了前景与背景、题外话与说明语，并推动了条件、论证与反证。然而，当梦思整体被迫就范于梦劳动的压力，而这些零部件有点像浮冰那样被弯曲、碎裂成块并重新聚合起来时，就产生了一个问题，那就是到此为止组成了结构的那些逻辑联结会发生什么变化。梦是怎么上演'假如'、'因为'、'即便'、'尽管'、'或者……或

---

　　① "梦是精简、贫乏而简明的。"（《弗洛伊德全集》，第二卷/第三卷，第 284 页）梦是"速记式的"（参照上文）。

　　* 法文的 représenteation，同时可翻译德文的三个词：（1）Vorstellung，指心智再现（représentation mentale）。（2）Darstellung，指戏剧再现，即演出（représentation theâtrale représentanz）；代表（représenter quelqu'un）。（3）弗洛伊德的 Vorstellungsrepräsentanz 概念，可意译为再现之代表（representant de representation）。参照拉布朗西（J. Laplanche）、波塔里斯（J. B. Pontalis）编：《精神分析词汇》（Vocabulaire de la psychanalyse，PUF，1967）。

者……'以及理解句子或话语不可或缺的其他连词的呢?"(第326—327页)

梦的演出首先可与言语的书写表达形式相比较:如说话链必须加以抑制的那些要素,在其共居的空间中被用图画与雕像方式记录下来的符征。弗洛伊德将它们与"具有口头话语"(Rede)功用的诗歌相对立。但是,梦不也使用了言语吗?他在《草案》中说过,"我们在梦中看得到却听不到什么"。事实上,弗洛伊德像阿尔托后来所做的那样,他针对较多的是梦境中言语的从属地位而非言语的缺席。话语远没有销声匿迹,只是改变了功能与身份。它被定位、被包围、被投资(指这个词的所含括的全部意义)、被建构。它像连环画中的说明文字那样插入梦中,在这种图画象形组合中,语音文本是叙述的助推器而非主宰:"在图画尚未成为具有特有的表达规律的知识之前……古代画面上让人物嘴上悬挂着说明文字(als Schrift)的小条,小条上载的是画家因无法用画面表达而绝望的话语。"(第317页)

梦的一般书写超出了语音书写,它将言语打回其原位。如在象形文字或字谜中那样,语音是被规避的。从《梦的活动》那一章的开篇起,弗洛伊德对这一点就没有怀疑过,尽管他在书中仍旧使用他后来让我们去怀疑的那个翻译概念。"呈现于我们面前的(潜在的与明确的)梦的思维与内容,像同一内容在两种不同语言中的两种舞台再现。更确切地说,梦的内容看起来像是梦思维在另一种表达模式中的移情(Übertragung),而这种表达模式的符号和语法,我们只有通过原版与译版的比较才能习得。梦的思维只要体验过就是直接可解的。而梦的内容则是以具象文字（Bilderschrift）的方式显示的，所以我们得将它的符号逐一译成梦思维的语言。"因为具象文字并非记录下的形象，而是以图像表示的文字，那是一种并不提供给对物本身的简单的、有意识的和当下的知觉的图像——假设这种情况存在的话——而是向阅读提供的图像。"如果有人想要根据图像价值而非根据符征参照关系（Zeichenbeziehung）去解读它们的话，那他肯定会误入歧途……因为，梦就是拼图谜语（Bilderrätsel），而我们的前人在释梦领域中就已经犯了将字谜当作描述性图画组合的错误。"象征的内容，就是一种书写，是以场景形式呈现的符征链。在这个意义上，它当然概括了一种话语，因为它就是**言语的经济论**。关于这一点，有关"上演能力"（Aptitude à la mise en scène；Darstellbarkeit）的整章有过很好的说明。但二者间以经济学的方式相互转化，象征的内容在话语中获得完整的重现基本上是不可能的，或者是有限的。那首先因为词汇也是而且"主要"就是些物。因此，它们在梦境中被初级阶段的神经元活动捕捉、"捕获"。所以，我们不能满足于说这些"物"在梦里浓缩了词；也不能反过来说，那些非语词符征从某种程度上讲可以任由语词再现来解释。但我们得承认，梦境中为初级阶段的虚拟界限所吸引并诱惑的这些词，有可能成为纯粹而单纯的物。当然，这个虚拟界限也是虚拟的。所以，像初级阶段与后来的二级阶段这些概念一样，纯粹词与纯粹物也是些"理论虚构"。就语言的本质而言，"梦"的间隙和"醒"的间隙并没有什么**根本**不同。"词，常常在梦境中被当作物，

因而承受着与物再现一样的剪接法。"① 所以，舞台再现在梦的**形
式退逆**中的空间化过程对于词来说并不意外。而且，假如词从来就
没有被其铭写或上演能力（Darstellbarkeit）及其间隔的一切形式
的标记打造其形体的话，舞台再现的空间化甚至就是不可能成功
的。而词的这种间隙只能被所谓鲜活的和充满警觉的言语、意识、
逻辑、语言史等抑制。空间化对于言语的时间或意义的观念性来说
并不意外，因为它并不以意外的方式与它们相遇。而时间化则意味
着象征的可能性及一切象征性综合的可能性，它甚至在坠入一个
"外在"于它的空间之前，就自身包含了以差异方式出现的那种间
隔。这就是为什么纯语音链只要涉及差异，其本身就不是纯时间的
那种连续性或流动性。因为，差异是空间与时间的扣连环节。语音
链或语音文字链总是已经被某种最低限度的基本间隔松开了的，而
正是在这种间隔上，梦的活动及任何一种一般的形式退逆才可能开
始运作。那不是对时间的一种否定，也不是时间在某个当下或某个
同时性中的停顿，而是时间的另一种结构、另一种分层现象。这
里，弗洛伊德仍然是用与书写的比较——这回是用与语音书写的比

325

① "梦理论的超心理学替补"（1916 年，《弗洛伊德全集》，第二卷/第三卷，第 419
页）用了一个重要的部分专门讨论形式退逆，《梦的解析》说过，这种形式退逆使得
"表达模式与原始再现方式取代了我们所习以为常的那些东西。"（第 554 页）弗洛伊德尤
其强调语词再现在其中扮演的角色："非常值得注意的是，梦的劳动与语词再现的关系
如此稀薄；它准备好了以一个词取代另一个直到找到造型再现中最易手的表达。"接着
这个片段的是从词再现与物再现角度出发的对梦者语言与精神分裂者语言的比较。有必
要仔细地对此做一番评论。有人也许会指出（反对弗洛伊德?）对不正常性的严格确立
是不可能的。有关前意识中的语词再现角色及视觉要素的次要特点可参照《自我与本
我》，第二章。

较来澄清书写与梦境。他说："它（梦）**以同时性形式重建了一种
逻辑链**；这个做法有点像在同一幅雅典或帕那萨斯画派的画面上将
所有那些从来不会在一个大厅或一个山顶上相聚的哲人与诗人会集
起来的画家……这种再现模式在细节中继续展开。每当它将两个因
素放到一起时，它就确保二者间某种特殊的密切联系，而且这种密
切联系是与它们在梦思维中的情况相符的。这同样适用于我们的文
字系统。ab 所表示的是这两个字母应当以一个单音节发音，而由
空白间隔开的 a 和 b，表示的则是 a 是一个词的最后一个字母，而
b 是另一个词的第一个字母。"（第 319 页）

　　象形文字的模式以更显而易见的方式汇集了梦中符号的多样性
模式与功能，不过，这种方式见诸所有文字。一切符号无论是否语
词性的，都可以在不受其"本质"规定而产生于差异博弈的那些不
同功能和配位空间（configurations）的不同的层次上发挥作用。弗
洛伊德在概括所有这些可能性时说："尽管这些面相有多重性，我
们可以说，肯定不是**为了被理解**而上演的梦境活动，从某种意义上
说，给翻译提出的困难不会比使用象形文字写作的上古作家提供给
读者的困难更大。"（第 346-347 页）

　　《梦的解析》的初版与《神奇打印装置笔记》的问世，时间相
隔了二十多年。如果我们继续跟踪这两个系列的隐喻，即有关心理
现象的非心理系统隐喻与有关心理现象本身的隐喻，那么会出现些
什么情况呢？

326　　　　一方面，弗洛伊德对**心理书写**（psychographique）隐喻的**理论**
意义更深入地进行了思考。他对方法论提出了要求。认为精神分析

要合作的对象将是有待产生的字形学（graphématique）而非受古老音位学主导的语言学。他在 1913 年的一个文本①中，**以书面的形式**推荐了这一点。关于这一点，我们这里没什么要补充、解释和更正的。精神分析对语言学的兴趣假定的是对语言这个词的"通常意义"的"僭越"。因为，"我们这里所理解的语言这个词不应只是思想的词汇表达，它像书写一样，还应包括动作语言和所有其他种类的心理活动的表达方式"。在回顾了承认梦境表达之矛盾②并突出其可见性的那种原始主义思维后，弗洛伊德明确指出："在我们看来，将梦与书写系统相比较，比与某种语言相比更准确。事实上，对梦的解释类似于对古代具象文字的破译，如埃及的象形文字。（因为）在这两种情形中，都存在不能通过解释或阅读确定的因素，它们只能作为限定词来确证其他因素的可理解性。梦境中不同因素的多义性与这些古文字系统之间存在着对称性。假如到目前为止，梦境演出这个概念并未得到进一步的发挥的话，那是因为某种很容易理解的情况：精神分析家对语言学者研究梦境主题的角度和知识完全一无所知"（第 404−405 页）。

另一方面，也是在同一年，弗洛伊德在关于"潜意识"的那篇

① "精神分析的兴趣"（Das Interesse an der Psychoanalyse），《弗洛伊德全集》，第八卷，第 390 页。这个文本在专论"非心理学的科学"的第二部分，在涉及哲学、生理学、历史、社会学、教育学之前，首先关注的是语言科学。

② 正如我们所知，有关"原始词的反义"（Über den Gegensinn der Urworte, 1910）的注释试图在阿贝尔（Abel）之后，用从象形文字借来的大量丰富的例子，证明了原始词的矛盾或不确定义只有通过行为和文字书写才能得以规定，也才能接受其自身的差异及其功能条件（《弗洛伊德全集》，第八卷，第 214 页）。关于此文及阿贝尔的假设，参照埃米尔·班维尼斯特的《普通语言学问题》第七章。

327   文章中开始将**仪器**本身的问题性放到记录概念中去思考：不像在
《草案》中那样将之放在无文字之印迹拓扑学之中考察，也不像在
《梦的解析》中那样，将之放到光学仪器的功能之中去研究。这个
功能性假设与空间性假设之间的辩论，涉及的是**记录**（Nieder-
schrift）的场所："当某种心理行为〔这里限制在**再现**（Vorstel-
lung，着重号为我所加）〕类行为，由潜意识系统转换到意识系
统（或前意识系统）时，我们是否得承认这个转换与利益相关的再
现的某种新定位、新记录相连，而这种记录有可能也被纳入存在于
原初潜意识记录附近的一个新心理场所中去？或者说，我们宁愿相
信这种转换只是完成于同一材料上、同一场所中的一种状态变
化？"（《弗洛伊德全集》，第五卷，第 272-273 页）他接下来的讨论
与我们这里的主题并不直接相关。我们记住一点就行了，弗洛伊德
在放弃解决该问题后，引进的那个经济论假设与逆投资＊（contre-
investissement，Gegenbesetzung，"元压抑的唯一机制"，第 280
页）这个棘手的概念，并没有排除这两种记录的空间性差异①。请
注意记录这个概念仍只是本身并非书写机制之仪器的单纯字形**要**

＊ 弗洛伊德假设作为自我的许多防御行为之基础的一种经济过程。指自我对一些可
能阻止无意识表象、欲望进入意识与活动的再现、再现系统、态度等的投资。该词亦指
这种过程之短暂或持久的结果。弗洛伊德主要在抑制的经济理论架构下提出逆投资的观
念。要被抑制的再现，由于持续受到欲力的投资，不断试图突围进入意识；因此，只有
当另一股同样持续的力量从反方向作用时，才能将它们维持在无意识之内。所以，一般
而言，抑制预设着两个互相牵涉的经济过程：（1）前意识（Pcs）系统撤回那些到目前为
止附着在某个造成不快的再现上的投资（撤回投资）；（2）运用上述操作释放出的可能
能量所进行的逆投资。

① 第 288 页。在我们前面引用过的段落里，记忆印迹与"记忆"是由差异区分开
来的。

素。这个系统与心理现象的差异仍在起作用：书写法专用来描述心理内容或仪器的某个要素。我们会因此认为这种仪器受制于另一种结构原理，有不同于书写的另一种目的。这也许就是关于"潜意识"的那篇文章的主导思路，我们曾经强调过，它的**例子**，正是初次记录产生的某种**再现**的命运。此后，当我们描述知觉、记录仪或原初记录仪时，"知觉机制"就不再是书写器之外的别的东西了。12 年后的《神奇打印装置笔记》所描述的知觉机制与记忆的始源将长期被分开的两个隐喻系列汇聚起来了。

328

弗洛伊德的蜡板与文字书写的三个类比

这个长达 6 页的文本逐渐证明了书写器与知觉机制间的类比性。三个阶段的描述逐次使得它更严谨，更具内在性，分化得也更细腻。

像以往一样，至少是从柏拉图开始所做的那样，弗洛伊德首先将书写当作服务于记忆的技术，它是一种外在于心理记忆并具有辅助性的一种技术，而非记忆本身：是《斐多篇》里所说的回忆（ὑπόμνησις，hypomnésis），而不是记忆（μνήμη，mnème）。但是，对柏拉图来说不可能的是，这里被一种仪器捕捉的心理现象，使得它被记录下的东西更容易被再现为从这个仪器提取的并"被物化"了的一个部件。下面是他做的第一个类比："假如我不相信我的记忆——众所周知，神经官能症患者的这种所作所为达到了惊人的程度，但正常人也有充足理由这么做——我可以借助文字印迹（schriftliche Anzeichnung）补充并确保（ergänzen und versichern）记忆的功能。而收集此印迹的面、笔记本或纸片，因此可以说就变成了我携带在体内的无形记忆器（des Erinnerungsapparates）的一个重要并物化了的组成部分（ein materialisiertes Stück）。我只要记住'记忆物'在记忆器中被安全固定的那个位置就行，这样我就可以随时随地自由'复制'它，而且可以对它在我的记忆中不会变形失真而能保持不变放心"（《弗洛伊德全集》，第十四卷，第 3 页）。

弗洛伊德这里处理的主题，并不是记忆的缺席或记忆力的原初及正常的有限性；它也不是奠定了这种有限性及其与潜意识压抑或禁止之可能性间的根本关系的那种时间化过程的结构；它也不是心理现象"在世界中"投射的那种**回忆性替补**（supplément hypomnisique）的**补充**（Ergänzung）可能性与必要 *329* 性；对于心理现象的特征来说，它更不是为使这种替补成为可能的所需之物。弗洛伊德首先考虑的，也是他唯一关注的是，人们习以为常的那些记录面给这种回忆性替补的运作所创造的条件。因为这些面并未符合他自《草案》以来所定义的那个双重要求，即那种无限期的储存力与无限制的接纳力。纸片可以无限期地储存但很快会饱和。石板总能删除印痕并恢复清白，所以并不能储存印迹。所有古典的记录面所提供的都只是两种优势中的一个，而且它们总有需要补充的缺陷。这就是古典书写工具的那种广延物（res extensa）*及其可感面。在替代我们记忆的这些过程当中，"无限制的接纳力与对印迹的无限期的储存力对它们来说似乎是相互排斥的"。因为，它们的外延属于古典几何学范畴，只能被当作与自身无关的纯外部形态来理解。因此，我们必须为书写找到它一直所要求的另一种空间。

弗洛伊德评论到，辅助器（Hilfsapparate）（如眼镜、相机、放大器等）总是在替补器官的模式之上被建构的，因此当涉及我们的记忆时，它们总显得特别不足。这个说法可能使前面对光学仪器的呼吁显得更加可疑。尽管如此，弗洛伊德提醒了我们，这里表述的矛盾性要求早在 1900 年他就已经意识到了。他也许会说是在 1895 年。"我在 1900 年的《梦的解析》中已经提出了这一假设，即这种特殊的能力应当在两个不同的系统（心理机制的器官）的运作之间分配。那个时候，我们确立了一种知觉—意识（Perception-conscience）系统，它只收集知觉却收集不了任何持久的印迹，以至于它能像一张洁白的书写页面那样将自己提供给每一种新知觉。而接纳了的刺激能保持的那些印迹则产生在位于该系统后面的'记忆系统'中。稍后不久（即 1920 年在《超越快乐原则》中），我加上了这样一个说法：意识的那种不能解释的现象与其说是在那些持久印迹的系统中不如说是在知觉系统中产生的。"①

———————

　　* 广延物（res extensa）是笛卡儿在他的笛卡儿式本体论（一般也被称为"彻底的二元论"）中提出的三种实体之一，另外两种是思维物（res cogitans）和上帝。res extensa，在拉丁语中，意指"延展的东西"。在笛卡儿的"实体—属性"模式的本体论中，广延是物质实体的主要属性。

　　① 参照《超越快乐原则》，第四章，第 4-5 页。

因此，包含在单一的、分层的仪器内的这种双重系统，既可以
330 永远保持清白又可无限储存印迹，而这一点，正是由"不久前才以
神奇打印装置之名上市"的那个"多半比纸片和石板更有效的"
"小巧仪器"所做到的。表面上看没什么了不起，"但如果仔细观察
的话，人们会从它的构造中发现与我们曾假设的那种知觉机制结构
的惊人相似处"。它有两个长处："总是可用的接纳面及接纳了的记
录之持久性印迹。"下面就是这段描述："神奇打印装置是一种蜡制
或树脂镶有纸边的板，深褐色的，板上稳当地固定着一张精致透明
的纸，纸面向上，纸背则自由地安放于板上。这张纸乃是这个小型
装置上最为有意思的部分。它本身有两层，除横向两边外，它们可
以彼此分开。上面一层是一张透明的树脂片；下面一层是一张精致
透明的蜡纸。不使用它的时候，蜡纸背面轻轻附着在蜡板的正面；
使用它的时候，就在铺呈于蜡板上的树脂片上记录。使用这个仪
器，我们既不需要铅笔也不需要粉笔，因为，此处的书写并不取决
于材料对接纳面的干预。这是对古人在小黏土板或蜡板上书写之方
式的回归。尖点画在面上，凹陷处产生了'笔迹'。在这个神奇打
印装置中，划痕并不直接产生，它要借助于上层护页。尖点在它触
到的地方将蜡纸的背面压在蜡板上，而这些印痕就变得像印在具有
另一种光滑度的灰白树脂片上的晦暗文字一样清晰可辨。如果要毁
掉这种印迹，只需轻松地从下方将排了字的纸页抽离蜡板即可[①]。

---

① 英文版《弗洛伊德全集》注意到在弗洛伊德这里的描述中有些不准确。"它并
不影响原则问题"。我们甚至可以认为为了这个类比之需，弗洛伊德在别处也歪曲了他
的技术性描述。

这样一来，蜡纸与蜡板间的密切接触，在字迹变得清晰所依赖的划 *331* 痕处就被中断，即便两张纸再次相互接触，也不会再产生印记。这样神奇打印装置就又成了处女地，以随时接纳新的记录。"（第 5－6 页）

请注意神奇打印装置的**深度**既是无底的、无限的参照，又具有一种完美表层的外在性：因为它那些与自身内部相关的表层的分化，都不过是另一个同样裸露的表层的介入。它将构成我们的两种经验确定性统一了起来：一是对在现实的无限包围中意义蕴涵的无限深度的确定性；二是意义蕴涵之底的胶片特性，也就是说意义蕴涵是绝无底部的那种确定性。

弗洛伊德忽视了该机制的"小瑕疵"，他只对那个类比感兴趣，并且强调了树脂片那种本质上的保护性的特征。因为如果没有它，精致的蜡纸就会被划伤或撕裂。没有一种书写不自建一种防护措施的，它要**防范的是自身**，防范的是使"主体"因被写、**被暴露**而受到威胁的那种书写。"因此，树脂片是一种保护蜡纸的防护罩"。它将之庇护在"外来威胁的影响"之外。"这里我得提醒一下，在《超越快乐原则》[1] 中……我发展了知觉的心理机制由两层构成的想法，一个用以减轻突如其来的刺激的抗刺激外在防护层；另一个位于该防护层之后，用来接纳刺激的表层，即我们所说的知觉—意识系统。"（第 6 页）

但这仍然只涉及接纳或知觉，即接触划痕的最表层的切口，还不涉及广延（extensio）平面上的书写。我们得将书写当作从那个

---

[1]　该书第四章。

划痕之当下，从那个时间点（ponctualité）、那个烙印（στιγμή，stigmé）幸存下的印迹来考虑。弗洛伊德接着说："这个类比如果不能走得更远的话，那它将不会有多大意义。"这是他的**第二个类比**："如果从蜡板上抽走整张护片，包括树脂片及蜡纸的话，写下来的东西就被删除了，而且，如我曾让大家注意的那样，它之后不再会自我重建。这样一来，神奇打印装置的表层又恢复如初并重新具有接收的能力。但我们不难发现，蜡制版上保存了被写下物的持久印迹，而且在适当的光线中清晰可辨。"这种双重系统满足了这些矛盾性的要求，"这恰恰就是根据我对于心理机制的设想所进行的那种知觉功能的运作方式。接纳刺激的那个层面，也就是那个知觉—意识系统，并不构成任何持久的印迹；回忆的基础是从另外一些替补系统中产生的"。记录在知觉向其自身显现之前就补充了它。"记忆"或书写就是这种显现（apparaître）的开端。"被知觉者"只有以过去式方式在知觉之下及知觉之后才能被解读。

如果说符合石板或纸页原型的其他记录面只能再现心理机制中记忆系统的某个物化部分、某个抽象部分的话，那么，神奇打印装置则能再现这个记忆系统的整体，而不仅仅是其知觉层面。蜡板再现的因此是潜意识。"我并不认为将蜡板与位于知觉—意识系统之前的潜意识相比过分大胆。"因为，随着被写物的删除而变得清晰易见的，也许就是知觉中那种意识的闪烁（Aufleuchten）和丧失（Vergehen）。

这引出了**第三个也是最后一个类比**，它无疑也是最为有趣的。到目前为止，弗洛伊德处理的问题只涉及书写记录的空间、外延、体积、凸凹。可是，还存在**书写记录的时间**的问题，而且它不过就是我们此时所描述的那些东西的结构本身。所以，我们这里还应对这个蜡板的时间加以考虑。因为它并非外在于蜡板，而且，这个神奇打印装置的结构包含了康德所描述以**三个经验的类比**呈现的三种时间模式：永恒性、连续性、同时性。笛卡儿在质问蜡究竟是什么（quaenam vero est haec cera）* 时，可能将其**本质**化约成了某种可知对象的无时间的单纯性。而弗洛伊德重建的运作，是既不能化约感知层的时间也不能化约其多重性的。而且他把时间的非连续性概念，如书写记录的周期性和间隔，与从《致福列斯的信》到《超越快乐原则》的一连串假设联系起来，使它们在神奇打印装置中得到再次建构、巩固、肯定并固定化。作为间隔的那种时间性，将不仅是符号链条中的水平间断性，而且也是不同深度的心理层之间的接触中断与重建的书写记录，是心理活动本身的异质性时间材料。那里既找不到线性的连续性也找不到体积的同质性，但能找到一种场景的分化了的时间长度与深度，即它的间隔：

333

> 我承认我倾向于将这种比较推得更远。在神奇打印装置中，每当接纳刺激的那纸片与保存印象的蜡板间的密切接触中断时，被记录物就会被删除。这与我长久以来给心理机制运作模式的某种再现相符合，只不过到目前为止，我一直将此想法

---

* "那么这蜡究竟是何物呢……"此乃笛卡儿《第二沉思》中的著名片段。德里达在此借助于弗洛伊德所说的神奇打印装置中的蜡不可还原地是时间性的而且是被分化了的，来反衬笛卡儿关于蜡的思考，暗示后者的无时间性正是形而上学对书写与差异的压抑征兆。

据为己有。(第 7 页)

这个假设假定了"神经分布占据"(Besetzungsinnervationen)由内向外地朝着可渗性的知觉—意识系统,以快速、周期性的震动方式进行的某种间断性分配。这些运动随后会"撤离"或"返回"。每当这种占据撤离时,意识就随即消失了。弗洛伊德将这种运动与**潜意识**触角相比较,当这些触角给潜意识提供刺激度并向它发出威胁信号时,潜意识就会向外走并随即撤回。(弗洛伊德没有将触角这个意象据为己有——因为我们在《超越快乐原则》的第四章里可以看到它①——我们前面说过,他也没有将周期性占据概念占为己有。)他说,"我们对时间的再现之源"来自这种"周期性的非兴奋性"及"知觉—意识系统活动的间断性"。而时间就是书写记录的经济论。

这个机器并非独自运行的。与其说它是个机器不如说它是个工

---

① 同年,在他关于"否定"(Verneinung)的文章里,我们能看到这个意象。有个段落这里对我们来说很重要,因为它承认了被思想的否定与延异、期限、迂回(Aufschub, Venkaufschub)之间的关系(延异,爱神厄洛斯与坦塔罗斯的结合)。〔希腊神话中的一位国王,因触犯主神宙斯,被罚立于齐胸深的水中,头上有果树。他口渴欲饮,水就流去;腹饥欲食,果子就被风吹走,因此永远处在饥渴之中。——译者注〕触角的发送属于自我范畴而非潜意识范畴(《弗洛伊德全集》,第十四卷,第 14—15 页)。关于迂回(Denkaufschub),关于作为延迟、拖延(atermoiement)、缓期(surséance)、暂缓、迂回、延异的思想,与"初级阶段"的那种虚构的、理论的、总是已经被僭越了的端极相反,或者更确切地说是延异了的,可参照《梦的解析》整个第七章,以及第五章。"迂回之路"(Umweg)的概念在那里是个核心概念。完全由记忆编织的"思想的一致性",总已经就是"初级阶段"瞄准的"感知一致性"所取代了的那个目标,而"一切思想不过是一种迂回之路"(das ganze Denken ist nur ein Umweg,第 607 页)。还可参照"死亡迂回"(Umwege zum Tode),见 *Jenseits*,第 41 页。弗洛伊德意义上的"妥协",总是延异。不过,没有妥协,就没有一切。

具。我们用一只手掌握不了它。那正是它的时间性的标志。**维持**这一时间性并不简单。因为那个当下（maintenant）的理想处女地是通过记忆活动来建构的。要使这个机器运行，我们至少需要两只手、一个动作系统、一种有独立主动性的协调和一种多源头的有组织的多样性。《神奇打印装置笔记》的结束部分描述的正是这个场面："如果想像一只手在神奇打印装置上记录，而另一只手周期性地将护页抽离出蜡板，就会获得我想再现的那种心理感知机制运作方式的感性图解式。"

因此，只有给自己提供这种被删除的周期，印迹才可能生产出它们被记录的空间。从它们初次留痕的那个"当下"开始，印迹就是借助重复与删除、可辨认性与不可辨认性这种双重力量建构起来的。而一种靠双手操作的、具有机制或源头多样性的机器，描述的不就是书写与原初他者、原初时间性的那种关系吗？不就是那种"原初的"复杂化过程？不就是那种单一源头的原初性间隔、原初性延异与原初性删除？不就是从我们坚持所谓的感知极限开始的那种争执？因此，"追随旧有神经通道"的梦境就是一种书写记录场景。但那是因为"知觉"这个生命与自身之他者的最初关系，也就是生命之源，总是已经为再现做好了准备。因为，"感知"需要复数，书写也需要复数。保持（maintenance）与打字稿（manuscripture）的那种**简单**结构，就像原始直觉一样，是一种神话，就像初级阶段的观念一样，是一种"理论""虚构"。因为，这种**简单**结构与原始压抑论题相互矛盾。

没有压抑的书写是不可思的。其前提条件是层次之间，既不能 335

有永恒的接触，也不能有绝对的断裂。即警觉与查禁的失败。说来
自政治领域的潜意识压抑这个隐喻与文字涂改、空白和掩饰相关并
非偶然，即便在《梦的解析》伊始，弗洛伊德似乎只是对它进行了
常规性与教学式的参考。政治审查制度的那种明显外部性指向的
是，将作家与其自身的写作联系在一起的某种本质性的查禁/潜意
识压抑。

假如只有知觉，只有进入神经通路的纯可渗性，那就不可能会
有神经通路。也就是说，我们有可能被写，但却什么也记录不下
来，任何书写记录都生产不了、保留不了，也不能作为可辨读物得
以重复。但是，纯知觉是不存在的：因为，我们只有借助我们身上
那个总是已经监视着知觉（无论它是内在的，还是外在的）的机
制（instance）进行记录的时候才可能被记录。如果我们把书写
"主体"理解成作家的孤独主权的话，那么，这种书写"主体"就
是不存在的。书写主体其实是层级间关系的系统，即神奇打印装
置、心理现象、社会与世界各层面间的关系的系统。在这个场景内
部，古典意义上的主体的同步单纯性是不存在的。要描写这个结
构，光提醒说写作总是为了他人是不够的；因为将发送者与接收
者、密码与信息等加以对立也仍是非常粗糙的分析工具。在"大
众"中寻求第一读者，也就如寻求作品的第一个作者，恐怕是枉费
心机的。而"文学社会学"，对于作品之源，即在阅读的作者与接
受听写的第一读者之间的赌注的战争与计谋一无所知。以**戏剧**形式
呈现的书写，其**社会性**所要求的，完全是另一种不同的学科。

这个机器并非独自运行的，这说的是，它是个自身无能量的机

器。它没有生命。它就是死亡本身。原因并不是因为我们与这些机器进行游戏的时候会有死的危险，而是因为机器的本源就是与死亡的关系。记得在给福列斯的一封信中，弗洛伊德曾提到他在再现心理机制时，觉得面对的是一个很快将会独自运行的机器。但是，这个会独自运行的应当是心理现象，而非对它的机械模仿或再现，因为，机器再现是活不下去的。因此，再现即死亡。这一下就使我们回到下面这个命题上：死亡（不过）是再现。但它与它从源头处所重复的生命与活生生的当下融为了一体。因此，纯粹意义上的再现，也就是那个机器本身从来就不是独自运行的。这至少是弗洛伊德从神奇打印装置类比中看到的那种局限性。作为《神奇打印装置笔记》的首要词，弗洛伊德那个时候的姿态是相当柏拉图式的。柏拉图在《斐多篇》中说过，唯有灵魂的书写，唯有心理印迹有能力自我生产并自我再现，而且是自发地。我们的阅读曾跳过了弗洛伊德的下述说法："这样一种求助性仪器的类比应当会在某个地方有它的局限。神奇打印装置不能从内部'复制'那一旦被删除了的文迹；如果它能够像我们的记忆那样运作的话，那它就真是个神奇打印装置了。"如果这个仪器叠加起来的面之多样性由它自己决定的话，那它的复杂性，就既无深度又无生机可言。因为，有深度的生命只属于心理记忆的那个蜡板。所以像柏拉图一样，弗洛伊德继续将回忆性（hypomnésique）书写对立于本身由印迹、时间外的某种在场真理之经验性回忆编织而成的心灵书写（en tei psychei）。因此，与心理责任分离了的神奇打印装置作为一种由自己决定的再现，依旧属于笛卡儿式的空间与机制：还是一种**自然蜡块**、一种**协**

336

助记忆的外在性。

弗洛伊德对生与死的统一性所做过的一切思考，本应当促使他在此提出其他一些问题，并且应当是明确地提出，但弗洛伊德却没有。他没有明确质疑所谓记忆自发性所需的那种"物化""补充"的身份，而这种自发性是自我分化的，它受制于不可能对完全自发性的记忆发挥作用的那种查禁或潜意识压抑。问题远不是这个记忆机制是否完全缺乏自发性，而是它与心理机制的那种**相似性**、它的存在必要性决定了记忆自发性因需要被补充的那种有限性。这个记忆机制，因此也可以说是记忆再现机制，就是心理现象**中**的死亡和有限性。弗洛伊德没有进一步追究这个至少在世界中开始**类似**于记忆，而且对他来说越来越类似记忆的记忆再现机制的可能性条件。它比这个单纯的神奇打印装置更逼真地类似心理机制：因为，神奇打印装置虽绝对比石板或页面更复杂，也没有隐迹纸本古老，但与其他的存档机器相比，它不过是个孩子的玩具。与心理机制的这种相似性，即心理现象的某种必然的"在世性"，不会闯入记忆，就像生命不会遇到死亡。但它奠定了记忆的基础。这个隐喻，即关于两种机制的类比及这种再现关系的可能性，提出了一个问题，尽管其前提和理由至关重要，弗洛伊德却没有加以解释，甚至这个问题对他来说已经迫在眉睫。因为，这个作为修辞或教学手段的隐喻的可能性，只有通过坚实的隐喻，通过**加入**心理组织并**补充**其有限性的一种**补充性**机制的非"自然的"、历史的生产才能实现。有限性这个概念也是从这种补充性运动衍生出来的。这种从个体甚至属类性（générique）的心理现象组织幸存下来的隐喻之历史技术性生产，与内部心理（intra-psychique）隐喻的生产，假定后者存在（但仅仅谈论这个是不够的），假设两种隐喻之间关联的话，它们也完全是不同层次上的两个东西。这里的这个**技术**问题（可能必须找另一个名字以使它脱离传统的问题性）并非来自那种想当然的心理与非心理、生与死的对立。这里的书写记录，就是那种**技艺**（τέχνη, techné），是将生与死、当下在场与再现、记忆及其再现这两种机制关联起来的那种技艺。书写提出了一般意义上的机制之技艺问题，也提出了心理机制与非心理机制间类比的技艺问题。在此意义上，书写，就是历史的舞台与世界的游戏。它不会为简单的心理学而枯竭。这就是弗洛伊德的话语中展开的主题，它使得精神分析既非一种简单的心理学又非一种简单的精神分析学。

因而，这个弗洛伊德式的突破，可能预示了所谓"柏拉图模式"框架的闭合面。因为，在弗洛伊德名下，借助一种难以置信的神话学〔无论它是神经病学的或元心理学（métapsychologique）的，因为，除了它那杂乱无章、令人担忧的字面义外，我们从不指望认真对待元心理学寓言。从《草案》叙述的那些神经病学故事的角度看，其优势恐怕是微乎其微的〕"显示"的世界历史的这一时刻，书写的那种先验历史场景与其自身的关系，就已经不言而喻地被说出来了，以没有被思考的方式被思考了：这个关系在被记录下来的同时被删除了，也被隐喻化了，它在指称并**再现自身**的同时，暗示了它内在于世界的种种关系。

这一点也许能从（**比如，让我们这里谨慎地理解**）弗洛伊德以令人钦佩的规模和连续性为我们，也为他自己**展示的那个书写场面**

338

的符号中辨识出来。这里，我们必须用一种不同于心理学，无论是个体或集体的，甚至不同于人类学的方式来思考这个书写场面。必须将它放在世界舞台的视域中去思考，也必须将它当作这个世界舞台的历史来思考。因为弗洛伊德的话语是**根植在**那里的。

因此，弗洛伊德使我们成了书写现场。像所有写作的人那样。像所有会写作的人那样，他让这个现场在舞台上自我分裂、自我重复并自我指认。因此，是弗洛伊德说出了他为我们展示的那个现场。我们要向他借用那个暗地里默默监视我们阅读的提示。

跟随弗洛伊德关于道路、印迹、神经通路这些隐喻思路，还有为了在一种自然物、材料、模子上强行打上记号而借助神经元突围，借助光或蜡，借助木料与树脂打开的步行通道这种隐喻的思路；跟随他对干涩刻针与无墨书写不倦地参照；跟随他对机械模型的不断发明与梦幻式的更新，他的这种换喻其实是在通过固执地以印迹置换印迹、以机器置换机器，而在同一个隐喻上无止境地工作，我们不禁要问：弗洛伊德究竟在做什么？

我们想到的是，他更好地向我们解释了"**神经通路指的是什么**"（worin die Bahnung sonst besteht）的那些文本。

我们首先想到的是《梦的解析》："所有出现在梦中的机器和复杂仪器设备很可能都是些生殖器官——一般来说是男性生殖器——梦象征系统跟幽默笑话（Witzarbeit）一样，乐此不疲地对它们进行描述。"（第 361 页）

然后想到的是《抑制、征兆与焦虑》（*Hemmung*，*Symptôme et Angoisse*）："当书写坚持要让笔尖上的液体滴在一张白色的扉页

上的时候，它就具有了交配的象征意义，而当步行变成了踩踏大地 *339*
之母的身体替代品时，书写和行走本身就双双地被抛弃了，因为它
们所执行的是被禁止的性行为。"①

我那篇讲演的最后部分涉及以删除形式显现的元书写，即对其
在场的删除，因此也是其主体的删除，是其特性及其专有名字的删
除的元书写。主体这个概念（有意识的或潜意识的）指的必然是实
体概念——因此，也是实体从中产生的那种在场概念。

所以，我们必须将弗洛伊德的印迹概念推向极端并将它从仍保
存了它（尤其在意识、潜意识、知觉、记忆、现实概念中，当然还
有其他一些概念）的在场形而上学中抽离出来。

印迹是对自我的删除，是对其自身特有的在场的删除，它是由
对自身不可挽回的消失及其自我消失的消失所产生的威胁感或焦灼
构成的。因为，一种不可删除的印迹并非印迹，而是一种圆满的在
场，是一种僵硬不变质的实体，是上帝的儿子，是圆满显现
（παρουσία）的符号而非一粒种子，也就是说它是不会死亡的种芽。

这种删除即是死亡本身，而我们正是应当在它的视域中去思考
"在场"，去思考弗洛伊德以为在潜意识中某些印迹所具有的那种不
可磨灭的东西，因为他认为在潜意识中"没有结束，没有过去，也
没有什么遗忘"。印迹的这种删除不只不是一种随时随地可以发生
的意外，甚至也不是威胁着这个或那个在场的一种既定潜意识压抑
的必要结构，它就是使作为时间化运动及纯粹自我打动（auto-af-
fection pure）的一般压抑成为可能的那个结构本身，是原初压抑或

---

① 见 M. 托尔特（M. Tort）译本，第 4 页。

"确切地说"是二次性压抑的原初综合之结构本身。

将**印迹思想**（说它是思想，因为它摆脱了二元论并使之从"**无**"**开始**变得可能）推向极端，不仅对解构逻各斯中心主义将会是富有成效的，而且还会在反思一般书写的不同领域、不同层次及流行意义上的书写与一般性印迹的关联上发挥更积极的作用。

这些为数不少的领域的特殊性将会受到精神分析的思想丰富性的启发而开放。它们各自的局限性问题可能会因为不能使用现成的对立概念而变得更为严峻。

首当其冲的是：

（1）**日常生活的某种精神病理学**，因为在这个精神病理学中，对书写的研究可能将不能再局限于对**笔误**（lapsus calami）的解释，而且它可能比弗洛伊德本人更多地关注**笔误**及其独特性，弗洛伊德曾说，"我现在处理的笔误与口误之间是如此相似，以至于它们不可能给我们提供任何新角度"（《弗洛伊德全集》，第二卷，第一章），但这并没有妨碍他在精神分析法庭面前提出，比如，有关致命的**笔误**的基本法律责任问题（同上）。

（2）然后是**书写的历史**，在这个巨大无边的领域中，我们迄今为止所做的一切不过是些准备工作；无论这些工作是多么令人钦佩，它们都将会引发超出经验发现之外的一些无拘无束的思辨。

（3）还有文字的**文学生成**。这里，尽管有弗洛伊德和他的某些追随者的一些尝试，尊重**文学符征之独特性**的文学精神分析学尚未开始，而这并非偶然。迄今为止，我们所做的只是文学**符指**的分析，也就是说**非文学性的**分析。但这些问题涉及文学形式本身的整个历史，以及文学形式身上一切注定要为蔑视符征提供借口的东西。

（4）最后，为了继续根据成问题的传统边界去指定这些领域，也考虑到了我们刚刚大致限定的三种类型的研究之贡献，我们还可以包括一种可称作新**精神分析笔迹学**（graphologie psychanalytique）的领域。梅兰尼·克莱恩（Mélanie Klein）也许开辟了那条路。他在《学校在儿童性欲成长中所扮演的角色》（*Role of the School in Libidinal Development of the Child*，1923）这个文本中，对符号的形式，即便是在拼音文字中的符号形式，对语音文字中不可还原的图像文字残余，对手势、字母、线条与点的运动所服从的投资，对书写仪器的要素（工具、表面、实体）等方面的讨论，都暗示了这种方向［也可参照斯坦希（Strachey）的《阅读中的一些潜意识要素》（*Some Unconscious Factors in Reading*）］。

如果我们细心地跟着她的思路的话，梅兰尼·克莱恩的整个论题，她对优劣对象之构成的分析，她的道德谱系学可能开始了对元迹的整个问题进行澄清，并非就其本质（因为元迹没有本质）而是从其增值或贬值的角度去加以澄清。书写、可口食物或排泄物、作为种子或易死的种芽的印迹、金钱或武器、废料或/及阴茎，等等。

比如，如何在历史的舞台上，使书写这个如粪便脱离了活生生躯体、如象形文字脱离了神圣机体（阿尔托语）的东西与《圣经》中所写的关于那个饥渴妇人喝律法之墨汁*的东西相互联系起来；或者将它与《以西结书》（*Ezéchiel*）** 中那个人子的说法彼此相通，而此人以在他嘴里变得柔软如蜜的律法柚子填腹充饥。

＊"喝律法墨汁的饥渴女人"是《圣经》中的一个奇怪的段落，在那段经文中，上帝命令摩西对被怀疑犯有通奸罪的妇女进行测试，要她喝下一杯用抹除了文本制作的液体（这个文本是一种咒语，用混有水和灰尘的墨水写成），如果她的胃肿胀了，那她就是有罪的。

＊＊《以西结书》是《希伯来圣经》中的一部先知书，天主教翻译为《厄则克耳先知书》，普遍认为作者是犹太先知以西结（厄则克耳）。在《圣经》全书中，这本书位列第26卷。《以西结书》中有很多异象，与使徒约翰所写的《启示录》有很多类似的地方。

残酷剧场与再现的关闭

致保莱·泰莞宁

因为一个我要解释的事件，

它在世界上唯一一次不是绝对在场，

不——因为在场并不存在。

马拉美：《关于绝对书》

……至于我的力量，

它们不过是某种补充，

对某种事实状态的补充，

因为从来就没有源头……

阿尔托，1947 年 6 月 6 日

"……舞蹈/因此还有戏剧/尚未开始存在。"这是我们在安托南·阿尔托留下的最后的一个文本中读到的（《残酷剧场》，《84》杂志，1948 年）。然而，在同一个文本稍前的段落中，他把残酷剧场定义为"对某种可怖的/而且是不可抗拒的必要性/的肯定"。因此，阿尔托呼吁的并不是毁灭，也不是重新上演否定性。尽管残酷剧场必须毁掉它途经的一切，"它/并非缺席的空虚之象征"。它**肯定**，它以必要而彻底的严格性创造了肯定性本身。但也是以其最为隐蔽、通常被埋没了的、远离其自身的意义的方式进行的：尽管它"不可抗拒"，这个肯定依然还"尚未开始"存在。

它有待诞生。然而，必要的肯定性之诞生，需要自我确认。对阿尔托来说，剧场的未来，也是一般意义上的未来，只有通过追溯其诞生前的那个头语反复（ἀναφορά，anaphore）法才能开始。剧场性，必须贯穿"实存"与"血肉"并借助"实存"与"血肉"来恢复。因此，人们用来讨论身体的言论也可用来讨论剧场。但我们知道，阿尔托所体会的是某种身体丧权（dépossession）后的状态：因为他自己的身体、他身体的所有权和清白已经在他出生那个时刻被盗贼上帝给窃取了，而这个上帝则是"通过装扮/成我本人"才诞生的①。阿尔托经常提醒说，自己的复活无疑是经过了某种器官改造的。但也正是这种改造使我可以进入生前与死后的那种生命（"……通过死亡/我终获得真的永生"，第 110 页）；而非进入生前身后的死亡。就这一点将残酷肯定性与浪漫否定性区别开来；虽然差异不大，却至关重要。李奇顿伯杰（Lichtenberger）说过：

342

① 《84》杂志，第 109 页。如前面那篇关于阿尔托的论文一样，以日期标注的文本都是未曾发表过的。

"我无法摆脱这个念头：出生前我就死了，而这种死让我找到这同一种状态……既与对前生的回忆一道死去，又与它一道重生，我们把这叫作失去知觉；然后与必须首先重新加以训练的其他器官一起复苏，我们把这个复苏称作诞生。"阿尔托理解的诞生则是，不要让自己在垂死中死去，不要让那盗贼上帝剥夺了自己的生命。他说，"我相信在绝对死亡的那个时刻，总会有其他人剥夺我们的生命"[《凡·高，社会的自杀者》（*Van Gogh*，*Le suicidé de la société*）]。

同样，西方剧场一直是与其本质的力量相分离的，它远离了它那种**肯定性**的本质和**肯定性**的能量（vis affirmativa）。而这种丧权状态发生在它的始源处，因为它就是以死亡方式诞生的源头运动的本身。

这就是为什么"涅槃剧场的所有场面"都为它留有"一席之地"（《戏剧与解剖学》，《马路》杂志，1946 年 7 月）的缘故。剧场是从它自身的消失中诞生的，而同一运动也发生在人身上。残酷剧场的诞生，必须分开诞生与死亡，同时删除人的名字。人们总是让剧场做那种与它的目的无关的事："它没有说出关于人的最后一个词……剧场从来就不是用来描述人及其所作所为的……戏剧是这种通过有倒钩的金属线为躯干谱曲的笨拙木偶，它维持在我们与那个控制着我们的人的战争状态之中……埃斯库罗斯戏剧中的人痛苦不堪，但仍有点自以为神，而且不愿意进到那张羊皮纸中去，而在欧里庇得斯那里，他终于忘记了他在哪儿在何时曾是神，并在那张羊膜中淌水。"（《戏剧与解剖学》，《马路》杂志，1946 年 7 月）

　　也许必须唤醒并重建这个没落、颓废、消极的西方剧场源头的那个前夜，才能从方向上恢复它那种肯定之不可抗拒的必要性。当然，那是一种尚未存在的舞台的不可抗拒之必要性，但这种肯定性，不会在**明天**产生的某种"新剧场"中被发明。它那种不可抗拒的必要性，是一种永恒运作之力，因为那种残酷性永远在发挥作用。因此，为这种还未"开始存在"的剧场准备的空缺、空位，只能用于衡量将我们与不可抗拒的必要性分离、与肯定性之**当下—在场的**（或者准确地说，现行的、**活动中的**）作品分隔开的那种奇特的距离。正是在这种距离独特开口中，残酷舞台为我们设下它的迷宫。而这里我们处理的，也正是这一开口。

　　如果今天在整个世界——如此多的例子生动地见证了这一点——所有的剧场胆识，无论对错，都以一种更坚定方式宣示了对阿尔托的忠诚的话，那是因为残酷剧场的当下之不存在和它不可抗拒的必要性，都具有**历史性**问题的价值。说它是历史性的，并非因为它能在所谓的戏剧史中留下记录，也非因为它在戏剧形式的生成中起过划时代的作用，或者说，在戏剧再现模式的传承中占有一席之地，而是因为这个问题从绝对与本质意义上讲是历史性的。它预示了再现本身的局限性。

　　残酷剧场并非一种**再现**。它就是不可再现的生命本身。生命乃是再现的不可再现性之源。"因此，我说的'残酷'就是说的'生命'"（1932年，第四卷，第137页）。这生命承载着人，但它首先并非人的生命。人不过是生命的一种再现，这也是古典戏剧形而上学的那种人道主义的局限。"我们因而可以指责这个剧场是如此可怕地缺乏想象力。剧场应当等同于生命，并非等同于个体生命，也并非等同于个性赢得的生命的个别侧面，而是等同于解放了的生命，它席卷人的个性，人在解放了的生命中不再只是一种反映。"（第四卷，第 139 页）

最天真的再现形式难道不是**模仿**（mimesis）吗？像尼采一样，阿尔托想要摆脱的是艺术的**模仿**概念，当然，他们的相似性并不止于此。他要摆脱艺术的西方形而上学所认可的亚里士多德式的美学①。他说："艺术不是生命的模仿，但生命却是对某种超越原则的模仿，而艺术使我们重新回到与这种超越原则的交流之中。"（第四卷，第 310 页）

剧场艺术应当是瓦解这种模仿最重要的也是最佳的场所，因为它比别的艺术更多地为整体再现活动所标识，而正是在这种整体再现活动中，生命的肯定性通过否定方式具有双重性并得以挖掘。这种再现的结构不仅在艺术中，而且在整个西方文化（包括宗教、哲学、政治）中都留下了印记，因此它所指的不仅仅是戏剧建构这种特殊类型。这正是为什么如今我们面对的这个问题，大大地超出了

①　"酒神节迷狂（l'orgiasme）作为以痛苦为刺激的、被生命力撞击的情感之心理学，为我提供了理解**悲剧性**情感概念的钥匙，而这种悲剧情感始终未被亚里士多德，尤其是我们这些悲观主义者理解。"艺术作为对自然的模仿，本质上是与净化主题相通的。亚里士多德认为，"问题不在于去摆脱恐惧和怜悯，也非以激烈的释放方式去净化某种危险的情感，而在于通过恐惧和怜悯让**自身成为**生成的永恒快乐，因为这种快乐本身也包含了**毁灭的愉悦**（die Lust am Vernichten）。通过这种快乐，我又重新触到了我的出发地。《悲剧的诞生》曾是我对一切价值所做的首次价值转移（transvaluation）。我把自己重新安顿在我的意志、我的**权力**相信的那块土地之上，那块我这个狄俄尼索斯哲学的最后传人、那块我这个永恒回归的传授者所相信的土地之上。"［尼采：《偶像的黄昏》，（*Götzen-Dämmerung*），《尼采全集》，德文版，第二卷，第 1032 页］

剧场的技术层面。这个问题就是阿尔托最为坚持的那个肯定性：对这个问题的技术性反思和剧场学反思不应当分开来处理，因为剧场的衰竭，无疑就始于这样一种分离的可能性。因此我们可以强调这一点，而无须贬低戏剧学问题，或者有可能发生于戏剧技术局限内的那些革命所具有的重要性及其意义。不过，阿尔托的意图显示了这些戏剧技术的局限。只要这些戏剧内的技术性革命不触及西方戏剧的真正基础，它们就只能属于安托南·阿尔托想要摧毁的那种历史和舞台。

345 那么，中断这种从属关系意味的又是什么呢？有可能这么做吗？今天，剧场要在什么条件下才能合法地声称自己是阿尔托式的？那么多的导演自称是阿尔托的传人，甚至（有人写过）是他的"私生子（自然之子）"，那只是个事实。我们必须提出的还有名分与权力的问题。我们将以什么标准去识别这样的宣称是过分的呢？真正的"残酷剧场"需要哪些条件才能"开始存在"呢？这些既是技术性又是阿尔托所理解的"形而上学"问题本身，在我们对阅读《戏剧及其替身》的所有文本中提出来了，因为这些文本是些**紧急恳求**（sollicitations）而不是诫律之汇总，是**摇撼了西方历史之整体**的一个批评系统，而非一个戏剧实践的条约。

残酷剧场要把上帝赶出舞台。它没有上演一种新的无神论话语，也没有让无神论发言，更没有因为我们最深的疲倦而将剧场空间再次让给宣布上帝已死的哲学化逻辑。因为，它的实践行动与结构，就占据，或者更确切地说，**生产了**一种非神学空间。

只要舞台受言语主宰，受言语的意志主宰，受不属于剧场空间但却远距离操控它的原初逻各斯方案主宰，那这个舞台就是神学的。只要舞台结构追随整个传统并具有如下因素，那它就是神学的：首先，一个不在场的、远距离遥控的、掌控了文本的原创作者（auteur-créateur），监视、召集并指挥着再现的时间或意义，让再现在他的思想、意向、意念的内容框架内再现他自己。其次，借助再现者，即导演或演员，那些臣服了的戏剧人物的释演者的再现，其实那些戏剧人物所说的台词所直接再现的，首先多少是那个"创造者"的思想。这些奴隶们只是在忠实地诠释着、实施着"主子"的那些天意计划。而组织了所有这些关系的那个代表性结构的反讽性规则却是，这个主人其实什么也没创造，他只给自己提供了创造的幻象，因为他只不过转录并提供了一个阅读文本，而这个文本的性质本身必然是再现性的，它与所谓的"真实"（真实存在者，也就是那个阿尔托在题为"修道士"的"告诫"中说它是"精神的排泄物"的那种"现实"）保持着模仿性与复制性的关系。最后，消极呆坐的观众，如尼采与阿尔托所言，他们是一群旁观者、消费者、"窥淫者"。他们观看的是供"看热闹者"观赏的既无真正的容量又缺乏深度的平面式的演出。（而在残酷剧场中，窥淫者是看不见那种纯粹可见性的。）在这个一般的结构中，每一种机制（instance）都以再现的方式与所有其他的机制相连，它们形成无限的再现环节将鲜活的在场之不可再现性遮蔽，或者分解，淘汰或者放逐。而从未被改动过的却是这个结构本身。因为，所有的革命都完整无损地保存了它，甚至更经常的是倾向于捍卫它或修复它。而或许是通过台词提示者转达的语音文本、言语和话语确保了再现的运

346

动，因为那个台词提示者的提词箱正是再现结构隐藏着的，但却是
必不可少的中心。无论其重要性如何，所有引入西方剧场的图像、
音乐甚至动作形式，在最佳情形下也只能用来阐示、陪伴、服务和
装饰文本、语词组织及一开始就**在言说**的逻各斯。"因此，假如作
者就是那支配着言语之语言的人，而导演只是他的奴隶的话，那
么，问题就只简单地涉及词汇。这些术语的混淆，在我们看来，来
自这样一个事实，即根据我们通常赋予导演这个词的意义来看，所
谓导演不过是手工艺者、改编者、永远从事于将戏剧作品从一种
语言转换到另一种语言的转译者；只要语词语言一直被认为高于
其他语言，只要剧场除了语词语言外不接受其他语言，那么这种
混淆就将是可能的，而且导演就不得不在作者面前隐身。"（第四
卷，第143页）当然，如果我们忠实于阿尔托的思路，这暗示的
并不是只要在这个古典结构中赋予"导演"重要性和很大的权限
就行了。

347　　　通过词（更确切地说，借助词和概念单元，我们稍后会谈到这
一点，因为明确这一点是至关重要的），通过"这个可以衡量我们
的无助感及恐惧的动词"（第四卷，第277页）之神学渊源，正是
舞台本身发现自身一直在西方传统中备受威胁。也许，消除舞台就
是西方的本质活力。因为，它只用来阐示话语，而只用来阐示话语
的舞台，就不再是完全意义上的舞台。舞台与言语的这种关系就正
是它的病根所在，"再说一次，是这时代病了"（第四卷，第280
页）。所以重建舞台，最终恢复舞台，推翻文本专制，对我们来说
是同一个也是唯一的姿态。那就是"赢得纯舞台的胜利"（第四卷，

第 305 页）。

　　因而，对纯舞台的这种古典遗忘，可能会与西方戏剧史及其整体相混淆，这种古典遗忘甚至可能还确保了它们间的相互开放。不过，尽管这种"遗忘"，戏剧与演出，却在那些基础性结构保持稳定不变的情况下，丰富多彩地体验了 25 个多世纪中发生的不能忽视的变动与动荡。因此，这并不仅仅是简单的忘却或者表面的恢复。某种舞台与这个被"遗忘"，但其实是粗暴删除的舞台，保持了私下的交流，并具有某种背叛/揭露关系，如果说"背叛"指的是以不忠去扭曲力量，同时又让它得以传达并表现出来的话。这解释了何以在阿尔托眼中，古典剧场并不仅仅是剧场的缺席、对戏剧的忘却或否定，它也并不是某种非戏剧，更准确地说，它是一种删除，但能让人读出它所涵盖的内容，它是一种腐坏、"堕落"（perversion）、诱惑 *，是一种畸变之偏离，因为这种畸变的意义与尺度，只在古典剧场诞生之上游，在戏剧再现之前夜与悲剧之源头处才会显现。我们可以从下述例子中看到这一点，比如，一边是"征服了柏拉图的那些俄耳甫斯神秘教理和仪式（Mystères Orphiques）"，或者那些因不带解释而被掩盖的"厄琉息斯秘仪"（Mystères d'Éleusis）**；另一边则是"柏拉图在这个世界上从那种完美、响亮、流动而朴实无华的实现中至少发现过一次的纯粹美"（第 63 页）。在致克雷米

---

　　* 来自拉丁词 se-ducere，等于法文中 pervertir 的词义，即堕落。

　　** 厄琉息斯秘仪（Ἐλευσίνια Μυστήρια）是古希腊时期位于雅典西北部厄琉息斯的一个秘密教派的年度入会仪式，这个教派崇拜女神得墨忒耳和其女儿珀耳塞福涅。厄琉息斯秘仪是公认的与早期农业民族有重大关联的一个上古原始宗教，它可以追溯到迈锡尼文明（公元前 1600—前 1100）。

厄（B. Crémieux，1931）的信中，阿尔托所说的就是这种堕落而
348 非忘却，他说："为了重生或者仅仅为了生存下去，剧场这独立自
主的艺术，就应当突出它与文本、纯言语、文学及其他固定的书写
方式的区别。我们完全可以继续构想基于文本优势的、基于舞台美
学可能被迫屈服的越来越词语性的、冗长啰唆的、令人厌倦的文本
的那种戏剧。但是，这种坚持将人物安置在某个数量的成行排列的
椅子或沙发上并相互讲述故事（无论这些故事多么神奇）的构想，可
能并非对剧场的绝对的否定……说它是剧场的堕落恐怕更为合适。"

只要摆脱了文本和上帝—作者，舞台就会重新获得其创造与创
立的自由。导演及剧场参与者（他们可能不再是演员**或**观众）就将
不再是再现工具及再现器官。这是不是等于说阿尔托拒绝了用**再现**
给残酷剧场命名呢？非也，只要我们领会了这个概念的困难且暧昧
的含义。这里，我们应该可以玩味一下那些我们一概无差别译作再
现的那些德语词汇（Vostellung，Darstellung 等）。的确，如果舞
台不再作为加在某个已成文、构思好了的或活在它之外的文本的感
性阐示的话，如果它不再被迫对那些不属于它的情节照本宣科的
话，那么，它就**不再再现什么**了。它就不再重复某个**在场**，不再**再
现**某个别处的在场和某个前在于它自身的在场了，因为这个圆满的
在场比再现更古老，它虽在舞台上缺席，却能合法地摆脱舞台：它
就是绝对逻各斯的自我呈现，也是上帝的鲜活在场。如果再现指的
是提供给偷窥者的平面演出的话，那么舞台也不再是再现，倘若
"当下"指的是那种挺立在我**面前**的东西，舞台甚至不能向我们呈
现某个"当下"。残酷再现应当将我占据。如果再现指的也是某种

体积、某种多维领域的展开，是其特有空间的生产性经验的话，那么，非再现就是原初的再现。**间隔**，即任何言语都无法概括或含括的一种空间生产，首先要假设的是它本身，因此它所要求的时间不再是所谓语音的线性时间，它要求的是"某种新的空间概念"（第317页）、"某种特殊的时间观念"："我们打算将剧场建立在舞台演出上，而我们将在舞台演出中引入一种开掘了所有可能的维度及纵深度的新空间概念，同时引入一种附加在运动概念上的特殊时间概念"……"这样一来，戏剧空间，就将不仅仅限于其维度和体积的利用，而且可以说，它的'基础'（dans ses dessous）也会得以开发。"（第148–149页）

所以，这既是古典式再现的关闭，也是对原初再现的某种封闭空间的重建，是对力量或生命的元显现（l'archi-manifestation）的重建。所谓绝对封闭空间，就是内部自我产生的空间，它不再是由另一个不在场的场所，由非场所、不在现场证明或某种无形的乌托邦组成的空间。它既是再现的终结，也是原初的再现，既是舞台诠释的终结，也是任何言语无法控制、任何控制方案不能提前占有并征服的那种原初的解释。诚然，它既是相对于逃脱了视域之言语而言具有显见性的再现，因为阿尔托很强调剧场（theaomai）赖以存在的那种生产性意象*，它也是其可见性并不由主人言语来操控的再现。这种再现是纯显现甚至纯可感性的自我表达。

在同一封信的另一个段落中，阿尔托试图要接近的正是舞台再现的这种敏锐而困难的含义，他说："只要上演，即便只是在最自

---

* 古希腊词源指"观看"。

由的导演的脑子里依然是一种再现的简单工具，是揭示作品的一种辅助方式，是没有自身意义的一种表演穿插，那它的价值就只能是设法隐藏在它所服务的作品之后。只要被再现作品的主要价值仍在于它的文本，这种情况就会一直持续下去，只要在再现的剧场艺术中文学优先于再现（它被不恰当地称作'演出'，而带有贬义的、附带的、短暂即逝的、外在的意思）"（第四卷，第 126 页），这种情况就会一直持续下去。这样一种舞台再现的敏锐而困难的含义，恐怕就在于残酷舞台所追求的是"不仅作为反映而且作为一种力量在行动中的演出"（第 297 页）。因此，向原初再现的回归所要求的，不仅仅是剧场或生命不再去"再现"另一种语言，而且尤其是不再成为另一种艺术的派生物，比如文学，即便是充满诗意的文学。因为，在作为文学的诗中，语词再现"窃取"了舞台再现的位子。诗只有变成剧场才能从西方的"病疾"中得救。"我们确切地认为一个全面溃败并患病的时代想要拯救诗歌的话，有一种诗歌的概念是可以从书面诗形式中分离出来的。当我说这个时代想要时，我是有点夸张，因为它其实没有能力想要什么；因为它绝对无法摆脱的它所具有的形式习惯。这种诗歌散发的是自然、自发的能量，但是并非所有的自然能量，都是诗，在我们看来，应当在剧场中找到它最纯粹、最清晰、最完整的表达……"（第四卷，第 280 页）

因此，我们看到了作为**必要性**与**严格性**的那种**残酷**之义。当然，阿尔托让我们在"残酷"一词之下去思考的，不只是"严格性、无懈可击运用和决定""不可逆的规定性""决定论""对必要性的服从"，等等，而非必然地就是"虐待狂""恐怖""流血""将敌人钉上十字架上"（第四卷，第 120 页）之类（尽管如今以阿尔托之名标榜的一些戏可能是充满暴力的，甚至是血腥的，但并不见得有多么残酷）。不过，谋杀依然是残酷的根源，是被命名为残酷之必要性的根源。它首先是一种弑父行为（parricide）。我们要恢复的剧场的源头，就是一只反抗之手，它反抗逻各斯过分的把持者，反抗父亲，反抗那个使舞台服从于言语及文本权力的上帝。"对我来说，没有谁有权自称为作者，自称为创造者，除了那个直接支配舞台的人以外。而这恰恰就是不仅在法国，而且在欧洲，甚至在整个西方被当作剧场的那种东西的弱点，因为，西方戏剧只承认发音清楚连贯的、语法连贯的语言，只承认言语的书面语和记录下来的言语书面语，发声或不发声的言语的价值不如被记录下来的言语之价值高，它只把这种语言当作语言，也只赋予这种语言以语言的功能和能力，也只允许这种语言在该词所具有的一般智性尊严的意义上被叫作语言。在我们（巴黎或西方）所构想的这样一种剧场中，文本就是一切。"（第四卷，第 141 页）

那么，言语在残酷剧场中往后将会变成什么样呢？它是否应当简单地沉默或者消失了事呢？

决不然。言语将不再支配舞台，但它仍将在舞台上保留一个严格受限的位置，将在它所配合的系统中发挥它的功能。因为人们知道残酷剧场的那些再现得提前做细致的安排。没有作者与文本的舞台并非无依无靠，并不等于留给了即兴的无政府主义和"充满偶然因素的预卜"（第一卷，第 239 页），也不等于交给了"科柏（Copeau) 式的即兴发挥"（第四卷，第 131 页），没有扔给"超现实主义式的经验主义"（第四卷，第 313 页），也没有丢给意大利即兴喜剧（commedia dell'arte）* 或"无训练灵感的心血来潮"（同上）。因此，一切都将在一种不同于古典再现模式的文字与文本组织中**被规定**。那么，在残酷剧场本身所要求的这种规定之必要性中，言语又将获得一个什么样的位置呢？

言语及其标记法，即语音文字这种古典戏剧的要素，在残酷剧场中被消除的只有它们企图成为**口授记录**的方面：既包括引文或背诵，也包括命令。导演和演员不再服从听写背书，因为"残酷剧场拒绝剧场的文本迷信，也拒绝作家专制"（第四卷，第 148 页）。这是使戏剧变成阅读练习的**朗读**（diction）的终结。它终结的还有"使某些业余戏剧爱好者说的戏剧阅读比戏剧再现能使人获得更准确、更愉悦的那种东西"（第 141 页）。

那么，言语和文字在残酷剧场中又会如何运作呢？它们会重新变成**动作**，其**逻辑**与话语的意向将被减弱或被置于服从的地位。因

352 为，通常正是这种意向确保了言语的理性透明度并为了意义弱化了言语特有的躯体，并奇怪地让以透明的方式构成了躯体的东西被掩盖：要解构这种透明，就要裸露出词的血肉、音色、声调、强度，裸露出仍未完全冷却的语言与逻辑相互衔接所发出的呼喊，裸露留存在言语中的那种被压制了的动作，裸露概念与重复的一般性不断拒绝的

---

* 是 16 世纪在意大利出现的一种戏剧，其特点是戴着面具的角色，是由女演员伊莎贝拉·安德烈尼（Isabella Andreini）发明的一种喜剧小品，其特色之一是插科打诨，另一个特色是其中的滑稽演员会以哑剧的方式呈现。

这个独一无二的、不可替代的运动。我们知道阿尔托赋予了所谓的**拟声词**——这个称呼在这里极不合适——怎样一种价值。这种舌/语创造（glossopoïèse）既非一种模仿性语言也非一种名称创造，它使我们重新回到词尚未诞生的那一刻的**边缘**，回到那个发音不再是喊叫但又仍未成为话语的时刻，回到一般语言所依赖的重复**几乎**不可能的时刻，在那里概念与声音、符指与符征、呼吸（pneumatique）与语法（grammatique）分离，翻译与传承获得了自由，解释的运动开始，灵与肉、主与仆、神与人、作者与演员被区别开来。这正是西方戏剧形而上学取之不尽用之不竭的语言之源，及神学与人文主义对话之源的前夜①。

因此，问题涉及的与其说是建构一种沉默无言的舞台，不如说是要建构一种其呐喊尚未被词语缓解的舞台。因为词是心理言语的尸体，所以我们必须找回"词之前的那个绝对言语"②，还有生命语言本身，找回动作与言语仍未被再现的逻辑分隔的时刻。"我在口语（langage parlé）之外添加了另一种语言，并尝试将它的古老魔力、它那迷人而完整的效力，转化为言语语言（langage de la

353

---

① 必须将《戏剧及其替身》与《论语言之起源》、《悲剧的诞生》，及卢梭和尼采所有的附录文本进行对比并从中重建出类比与对立**系统**。

② "在这种剧场中，一切创造来自舞台，它在某种神秘心理冲动中寻求它的翻译，甚至它的源头，而那种神秘心理冲动就是词之前的绝对言语"（第四卷，第72页）。"这种新语言……比之已形成的言语更多地来自言语的那种绝对**必要性**"（第132页）。在此意义上，词，只乃是符号，是鲜活言语的某种疲乏、生命的某种疾病征兆。词，作为清晰的、服从于传递与重复原则的言语，代表的是语言中的死亡："精神坚持不住了，就变成了明晰的言语。"（第四卷，第289页）关于"改变语言在戏剧中的命运"之必要性，请参照第四卷，第86—87、113页。

parole），因为后者的神秘可能性已被遗忘。当我说我不演写好了的戏时，我要说的是我不演基于文字和言语的剧本，我要演的戏中形体部分应当占有优势地位，而且不会被词的书面语言习惯固定。即便是口头与书面的部分，也将有某种新意。"（第 133 页）

那么这种"新意"又是什么呢？首先，这种新的剧场书写指的是什么呢？它将不再只有词的标记法的那种有限功能，它涵盖的将是一种新语言的整个场域：这种新语言不只包括语音文字及言语的转译，它还包括象形文字中那些语音要素与视觉、图像和造型要素的相互配合。在《第一宣言》（1932 年，第四卷，第 107 页）中，象形文字的概念具有核心位置。阿尔托指出："一旦意识到这种空间语言，这种声音、呐喊、明暗、拟声的语言，剧场就必须通过用人物及物件制作的真正的象形文字来组织这个语言空间，并利用它们在所有器官及各个层次上的象征功能及对应关系。"

在弗洛伊德所描述的梦舞台中，言语也有着（与象形文字）同样的功能。而对于这个类比，我们则需要耐心地进行思考。在《梦的解析》和《梦学说的超心理学补充》中，言语的地位与功能是有限定范围的。出现在梦中的言语，只不过作为多种要素之一介入的，而且有时是以被初级过程的特有的经济学操纵的某种"东西"的形式出现的。"思想在梦里转变成了视觉性的形象，而词的再现，则重新回到其相应物的再现，整个过程完全像是受命于一种唯一的关怀，即上演能力（Darstellbarkeit）。""非常值得注意的是，梦境对词再现的要求是那么低；它总是随时准备替换词，直到找最适合造型再现的表达方式"（《弗洛伊德全集》，第十卷，第 418－419

页）。阿尔托也讲"言语的视觉与造型的物质化过程"（第四卷，第83页），也讲"在具体的空间意义上利用言语"，讲"将言语当作坚实并能动摇事物的对象来控制"（第四卷，第87页）。当弗洛伊德谈梦而提到雕塑和绘画，或原始画家像连环画作者那样"让人物嘴上悬挂着说明文字（als Schrift）的小条，条上载的是画家对无法用画面表达而绝望的话语"（《弗洛伊德全集》，第二卷/第三卷，第317页）时，我们就理解了如果在一般书写和再现空间中，这种言语不过只是一种要素、一种有限的场所、一种被操纵了的书写的话，它会是个什么样子。其实，这就是字谜或象形文字的结构。"梦的内容以象形文字（Bilderschrift）的形式提供给我们"（第283页）。在1913年的一篇文章中，弗洛伊德说："我们不应该将语言这个词只理解为用词表达的思想，它还应当包括动作语言及所有心理活动的表达，就像写作那样……""倘若想到梦中的再现方式主要是视觉形象而非词的话，那么将梦与书写系统相比就会比将它与某种语言相比看起来更恰当。事实上，梦的解释与上古图形文字，如埃及象形文字的译码，完全相似……"（《弗洛伊德全集》，第八卷，第404页）

　　阿尔托经常参照精神分析，但要想知道他在哪种程度上接近弗洛伊德的文本却是很难的。但无论如何，他用当时还很少有人了解的弗洛伊德的术语来描述残酷舞台的言语与书写游戏却是值得注意的。他在《第一宣言》（1932）中就已经指出："残酷**舞台语言**，指的并不是要取消清晰可解的言语，而是让词具有它们在梦中相似的位置。另外，我们还必须给这种语言找到新的记录手段，无论这些

355 手段类似于音乐标注，还是编码语言。至于那些具有符号功能的日常物品，甚至是人体，显然，我们可以从象形文字中获得灵感……"（第四卷，第 112 页）因为，"永恒之法是一切幸存可行的诗歌、语言之法，如中国的表意文字及埃及古老象形文字之法则。所以，说我不演已成文的剧本，远不是要限制剧场和语言的可能性，而是要拓宽舞台语言并增加其可能性"（第 133 页）。

阿尔托也同样地重视保持与精神分析尤其是与精神分析学家的距离，特别是与相信借助精神分析就能稳固话语并掌握其主动性和其引导能力的精神分析学家的距离。

因为，残酷剧场就是梦剧场，但它是一种**残酷梦**的剧场，之所以说它**残酷**，那是因为它是一种绝对必要的、被规定了的梦，是一种预先计算过的、方向明确的梦，它与阿尔托所认为的自发梦境的那种经验无序性相对立。这种梦的路径与形态是可以把握的。超现实主义者从前就阅读埃尔维·德·圣德尼（Hervey de Saint-Denys）① 的《梦与导梦法》。在关于梦的剧场论述中，他说，"诗与科学从今往后应当是一致的"（第 163 页）。但要做到这一点，当然就必须从精神分析这个现代魔术着手："我提议回到剧场，回到被现代精神分析重新掌握的这种神奇的基础观念去"（第 96 页）。但我们绝不能屈服于阿尔托认为是梦与潜意识探索的那种东西。我们必须进行梦**法则**的生产或再生产："我建议放弃这种意象的经验主义，因为它认为这些意象是潜意识偶然带来的，而且我们将它们称

---

① 《梦与导梦法》（*Les Rêves et les moyens de les diriger*，1867）在《连通器》（*Vases communicants*）的开篇被提及。

作诗意象也纯属偶然"（第四卷，第 96 页）。

因为阿尔托想要"看到那种属于梦不可解读的、富有磁性魅力的东西在舞台上放射光芒并赢得胜利"（第二卷，第 23 页），所以他拒绝精神分析学家，因为在他看来后者不过是个解释者、二手评论者、诠释学者或理论家。他以拒绝心理学戏剧同样严格的方式去拒绝精神分析剧场。也因为同样的理由，他拒绝神秘的内在性，拒绝读者，拒绝指导式解释或心理编剧法。他说："**潜意识**在舞台上不扮演任何特殊的角色。从作者、导演、演员到观众所滋生的混乱就已够多的了。就让那些分析者、灵魂爱好者及超现实主义者靠边站吧……我们所演的戏，绝不受任何神秘评论者的干扰。"①（第二卷，第 45 页）由于精神分析者的位置与身份，他应属于古典舞台的结构，属于古典舞台的社会性形式、形而上学、宗教，等等。

所以，残酷剧场不会是一种潜意识剧场。几乎正相反。因为残酷性就是意识，是裸露的那种清醒。"没有意识，没有意识的应用，也就没有残酷性。"而且，这种意识是靠谋杀活着的，它就是我们前面这么暗示过的那种谋杀意识。阿尔托在《关于残酷性的第一封信》中也这么说："正是意识赋予了生命中一切行为活动的血色，及其残酷的色调，因为，我们都明白生命总是某人的死亡。"（第四

356

---

① "那些所谓心理学家团伙不断地在人性的肌肉上钉入不大可能的心理苦难"［来自埃斯帕里雍（Espalion）致罗杰·布林（Roger Blin）的信，1946 年 3 月 25 日］。"只有非常少量的，而且极不可靠的有关中世纪宗教神秘剧的文献还留存着。从纯粹舞台角度看，它们确实有几个世纪以来戏剧不再具有的某些资源，但人们能够从关于灵魂的那些被抑制了的争论中，找到一种现代精神分析刚刚重新发现的科学，只是这种在关于灵魂的争论中的发现，比起在教堂广场上演出的神秘剧中的发现，效力要小得多，道德丰富性也乏弱得多"（1945 年 2 月）。这个片段增强了他对精神分析的攻击。

卷，第 121 页）

也许，阿尔托奋起反抗的，正是将梦当作欲望的替代性实现，当作一种替代功能的某些弗洛伊德式描述：阿尔托要借助剧场还给梦境它的尊严，并使梦境成为比替代行为更具原创性、更为自由、更具肯定性的东西。也许，正是为了反对弗洛伊德思想的某种意象，他才在《第一宣言》中写道："可是，将剧场当作二手的心理或道德功能来考虑，认为梦本身不过具有一种替代功能而已，那就等于弱化了梦与剧场的深层诗意。"（第 110 页）

最后，精神分析剧恐怕会在被去神圣化的同时，确定西方方案及其发展轨迹。而残酷剧场是一种具有宗教仪式性质的剧场。向潜意识的退逆（参照第四卷，第 57 页），如果唤醒不了神圣性，如果
357 它不是生命"启示"和"显现"在其初现中的某种"神秘"体验的话，那它就注定不会成功①。我们已经说过为什么象形文字非取代纯语音符号不可，我们还须补充的是，后者与神圣性想象的汇通较

---

① "这种以诗意的、积极的方式去考虑舞台表达的一切，使我们摆脱了对戏剧的人文的、现行的、心理学的接受方式，重新找回剧场完全丧失了的宗教神秘意义。此外，如果只要使用**宗教**或**神秘**这样一些词，就足以将教区仪式负责人（sacristain）或目不识丁的佛门外至多只会做虔诚状的和尚相混淆的话，那就只能证明我们无法从这些词了解其所有的后果……"（第四卷，第 56—57 页）"这种剧场用西方戏剧行话里所称的导演除掉了作者；让导演变成了剧场的神奇组织者、神圣祭祀的祭师。而他所用的材料，他使人感动的那些主题，都并非来自他，而是来自神灵。这些主题似乎来自某种双重精神所偏爱的自然的那些原始汇合点。这种精神所推动的，就是那被显现物。而那正是绝对精神摆脱不了的绝对第一物理形态"（第 72 页）。"在巴厘人的戏剧中，存在着一些宗教仪式的祭祀性东西，从某种意义上讲，它们从观照他们的神灵那里彻底铲除了灵感刺激与模仿现实的一切可笑观念……它所针对的思想、它所追求的创造状态、它所提供的神秘解决方案可以直截了当地被触动、提升并得以企及。所有这一切像是一种召集魔鬼的驱魔术。"（第 73 页，也可参照第 318—319 页；第五卷，第 35 页）

之前者要弱。"我想要（在别处阿尔托说'我能够'）借助某种气的象形文字，重新找到神圣剧场的理念。"（第四卷，第 182、163 页）新的超自然的、神圣的神显（épiphanie）应当在残酷剧场中产生。并非尽管上帝被排除了，剧场的神学机制被摧毁了，而是幸亏如此才有可能。因为，神圣被上帝的观念宠坏了，也就是说被人糟蹋了，因为人想成为玷污神圣之神圣性的人而让上帝隔离了自己与绝对生命联系，让上帝篡夺了属于自己的诞生："因为我不相信人所发明的那种超自然物与神圣，我认为正是人类千年的介入最终败坏了神圣"（第四卷，第 13 页）。因此，恢复神圣的残酷性需要谋杀上帝，也就是说，首先需要谋杀上帝造的人。①

358

也许我们现在可以不再去问，一个现代剧场需要哪些条件才能说自己是阿尔托的忠实追随者，我们要问的是，它在哪种情况下、以什么确定的方式背叛了阿尔托。即便在我们所知的以好战喧闹的方式自称为阿尔托传人的那些人的戏里，那些不忠的主题又可以是什么？我们现在只想点出这些主题的名称，因为，它们与残酷剧场肯定是毫不相干的。

（1）一切非神圣性（sacré）的剧场。

（2）一切给言语，更确切地说，给动词以特权的剧场，一切依赖词汇的剧场，即便这种特权变成了某种毁掉自己以求重新变成动作或绝望的重复的一种言语、变成言语与其自身的一种**否定**关系，

---

① 我们必须恢复恶与生命、魔鬼与神圣的统一体以对抗导致了人与上帝的那个恐惧公约："我，安托南·阿尔托先生，1896 年 9 月 4 日生于马赛，我是撒旦，我是上帝，而且我不是来自圣母马利亚。"（1945 年 9 月写于罗德兹）

即我们称作荒诞剧场的那种剧场虚无主义。因为这样一种剧场不仅会被言语耗尽，也不能摧毁古典舞台的功能，而且它也不可能是阿尔托（大概还有尼采）所理解的那种**肯定性**。

（3）一切将排除了艺术整体性因素，因此也就是排除了生命及意义资源的**抽象**戏剧，这些艺术整体性因素包括舞蹈、音乐、立体、造型深度，以及可见的、有声的、语音的形象，等等。抽象剧场是意义与感官的完整性不可能被尽量使用的剧场。因此，以为只要将所有的艺术汇集并置起来就足以创造出一种面向"完整的人"①（第四卷，第147页）的完整剧场这个结论是错误的。因为，没有什么比这种整体拼凑、外在的、人为的仿真模仿更远离完整剧场这个目标了。相反地，有些表面上极度衰弱的舞台方法，有时却更严格地符合阿尔托的追求。虽然我们并不以为然，但假设说对于阿尔托的忠诚、对于他的某种"使命"（这个概念已背叛了他）的忠诚，具有某种意义的话，那么，比起一般性地调动艺术及艺术家，比起在警察讥笑和放心目光下，临时发挥的躁动和骚乱这种瓦解工作中，更需要的是一种严格、细腻、耐心而不可取代的节制，是一种瞄准仍十分牢固的机器主要部件的某种经济有效的敏锐度。

（4）一切间离化了的剧场。因为，这种剧场不会坚持剧场的说教功能及其系统的笨拙不让观众（甚至导演与演员）参与

① 关于完整演出，可参照第二卷，第33—34页。这个主题还常常由对参与如"有利害关系情感"的隐射所伴随：批评作为无利害关系的美感经验。它使人想到尼采对康德艺术哲学的批评。这个主题不应与艺术创作中游戏的无偿价值相矛盾。恰恰相反，这个观点在尼采那里不见得比在阿尔托那里更得到强调。

创造行为，不让他们成为开辟舞台空间的那种突发力量。因为这种间离效果（Verfremdungseffekt）依然是某种古典悖论的囚徒，是"旨在将精神与助它升华了的力量相分离"的那种"欧洲艺术理想"（第四卷，第 15 页）的囚徒。而"在残酷剧场中，观众处于中心地位，它围绕着舞台"（第四卷，第 98 页），观看的距离就不再是纯粹的，因为它不能抽离感性领域的整体；被投资的观众不再**建构**他自己的演出，也不再给自己提供观看的对象。因此，不再有观众，也不再有演出，有的是一场**节庆**（第四卷，第 102 页）。所有用于勾勒古典戏剧特征的那些界限（被再现者/再现者，符指/符征，作者/导演/演员/观众，舞台/剧场，文本/释演等等）都曾是些伦理学、形而上学的禁忌，是面对节庆危险所产生的恐惧的皱纹、怪相、咧嘴与其他征兆。在违规打开的这种节庆空间中，再现的距离应当不再能够延伸。因为，残酷性的节庆抽掉了隔绝"深不见底的""绝对危险"（1945 年 9 月）的扶手和栏杆："我需要的演员，首先是生灵，在舞台上，他们不惧怕挨一刀的那种真正体验，也不惧怕绝对真实地体验某种假设的分娩的焦灼，穆讷-苏里（Mounet-Sully）相信他所做的，并予之以幻觉，但他知道自己是在某种护栏之后，而我则除掉了那个护栏……"（致罗杰·布林的信）从阿尔托所呼吁的那种节庆及其"深不见底的"威胁角度来看，这种"临场发生剧"（happening）是令人发笑的。因为对于残酷剧场来说，它就好比尼斯的嘉年华，与古希腊俄勒西斯（Eleus-is）神秘仪式是无法相提并论的。尤其是因为它用政治激情代替了阿尔托所要求的那种整体革命。节庆应当是一种政治行动。而政治革命的行动则是剧场性的。

360　　（5）一切非政治剧场。我们说过节庆应当是政治行动，而非某种概念、某种世界的政治道德观那样多少具有雄辩性、说教式、礼貌式的传达。虽然我们这里无法做到，要反思这种行动和这种节庆的政治意义，要反思这里使阿尔托的欲望着迷的社会意象，我们会想起卢梭，会注意二者之间最大亲和性中的最大差别，因为卢梭也将下面这些东西联系起来讲，它们是对古典演出的批评、对语言表达的不信任、用公共节庆取代再现的理想，以及小型社群中向自身完美呈现的某种社会模式，这种模式在社会生活的关键时刻向再现求助，即向政治或剧场的代理、代表权求助，变得无济于事而且有害无利。也许，我们可以用更准确的方式指明这一点：卢梭在《社会契约论》和《致德·阿郎贝尔先生的信》中所怀疑的正是这种一般再现，无论再现/代表的是什么。他提议用公共节庆来取代剧场再现，无须展示，无须表演，无"什么可看"，让观众自己在其中变成演员："但是，这些场面最终的对象又是什么呢？如果愿意的话，我们可以说什么也没有……在广场中央插一根顶部鲜花环绕的柱子，将民众召集起来，您就会有一个节庆。更佳的办法是，给观众一个舞台，使他们自身成为演员。"

　　（6）一切意识形态戏剧，一切文化戏剧，一切寻求传递某种内容、释放某种信息（无论是什么性质的信息：政治的、宗教的、心理学的、形而上学的，等等）并让听众解读某种话语的意义的交流

式、**释演性**戏剧（当然指的是流行意义上，而非尼采意义上的释
演）①，因为这种戏剧不会在舞台活动和**舞台时间**中完全耗尽潜力，
不会与舞台融为一体，而且会摆脱舞台另行**重复**。我们这里触及
的，可能就是阿尔托剧场方案中那种深层本质的东西，即他对历
史、形而上学的决断。**阿尔托想要删除一般重复**。因为重复，对他
来说就是恶，无疑以这个问题为中心，我们可以组织一个对其文本
的整体性阅读。因为，重复将自身与力量、当下、生命隔离。而隔
离是为了自保而延迟、储存消耗而向恐惧让步的经济计算姿态。重
复的这种潜能指挥了阿尔托想要摧毁的一切，它有许多名字：绝对
上帝、绝对存在、绝对辩证法。上帝就是无限地持续着的死亡的永
恒，它的死，作为生命中的差异与重复，从未停止过对生命的威
胁。我们应当恐惧的，不是活的上帝，而是作为绝对死亡的上帝。
上帝即绝对死亡。"因为无限本身也是死亡，/无限就是死亡的名
字/而这种死亡并未死"（《84》杂志）。哪里有重复，哪里就有上
帝，当下在场就得自我保留、自我储存，也就是说自我逃离。"绝
对，并不是一种存在，而且它永远也不会是，因为它只要没有对我
犯罪，也就是说没有从我身上夺取某种想要变成上帝却又不可能的
存在而成为一种存在的话，他就不可能是一种存在，因为上帝不能

① 残酷剧场不只是无观众的演出，而且是无听众的言语。尼采说过："处在酒神
激情状态的人不会比酒神节的人群更多地需要与听众交流，而史诗讲述者及所有日神式
的艺术家们都预设了听众。与此相反，酒神艺术的一个根本特征就是不考虑听众。而日
神的热情仆人们，如我在别处说过，只不过被他的同类理解罢了。但如果我们想要再现
的是参与酒神狂欢节的地域性激情喷发的听众，那我们就必须为他预设与那个冒失的、被
疯癫的女人揭穿的预言者潘特（Penthée）相同的命运……""但是，明显的证词表明，歌剧
就始于这种**听众能理解言语**的自谄。什么？听众会有这些**要求**？言语应当被理解？"

361

够一劳永逸地自我呈现，它以无数次之无限永恒与永恒性的一切次数的无限量来呈现自身，而正是这个，创造了永恒。"（1945 年 9月）再现性重复的另一个名字即绝对存有。所谓绝对存有，就是在这个词中，我们可以将生与死的无限多样的形式及力量无限定地相互混淆并相互重复的那个形式。因为没有重复的可能性，就没有词，也就没有一般的符号。不被重复、没有在"第一次"就被重复分化了的符号，是不可能变为符号的。因此，符征的所指，为了每次所指都是同一个东西就应当是观念的，因为观念性（idéalité），不过是确保重复的能力。这就是何以绝对存有，就是永恒性重复的

362 主词，是绝对上帝与绝对死亡对生存的胜利。像尼采一样（比如在《哲学的诞生》中），阿尔托拒绝将绝对生命纳入绝对存有并且翻转谱系学秩序，他说："灵魂，先要生存，然后才存在，存在问题只不过是后果而已"（1945 年 9 月）。"人身的大敌就是存有，没有比它更大的敌人了"（1947 年 9 月）。其他一些未发表的文本，看重那个阿尔托正确称作"存有之外者"（l'au-delà de l'être，1947 年 2月）的东西，他以尼采的风格去处理柏拉图的这个说法（阿尔托应当读过柏拉图）。最后，绝对辩证法是那种消耗通过在场获得补偿的运动，它就是重复的经济论，即真理的经济论。重复，**综述**了否定性，它将过去了的当下在场当作真理和观念性加以接纳并加以保存。所谓真，就是能够被重复的东西。非重复性、绝对的、有去无回的、一次性耗尽了当下在场的那种消耗，应当终结那种可怕的论语性（discursivité）、不可绕过的本体论、辩证法，"那种丢失了自我的辩证法……"（1945 年 9 月）

　　辩证法总是那种丧失了我们的东西，因为它一直是我们拒绝的因素，就像是我们要肯定的因素一样。因为拒绝以重复方式呈现的死亡，就是肯定以当下的、有去无回的消耗方式呈现的死亡。反之亦然。这个图示警戒的是肯定性的那种尼采式重复。纯消耗，即为了使当下在场**如是**呈现而将它的独一无二性交给死亡的那种绝对慷慨，已经开始想要留住当下的那种在场，它已经打开了书和记忆，打开了以记忆方式呈现的存有观念。不想留住当下，就是想要保存构成了当下不可替代的、必死的在场之物，就是要保存当下无法重复的东西。就是要享受那种纯差异。这也许就是被简化成无血蓝图的黑格尔以来的思想史的模子。

　　戏剧的可能性，就是将悲剧当作重复来思考的思想之必然策源地。没有别的地方能够像戏剧那样如此有效地组织了重复之威胁，也没有任何一个地方比戏剧更能使人如此地接近作为重复之源的舞台，如此地接近原始重复，它以摆脱其替身从而自我摆脱的方式消除自身。这指的不是阿尔托所说《戏剧及其替身》的那个意思①，而是他说的在不可抑制的重复运动中从剧场、从生命窃走在场的当下行动的这个皱褶（pli）、这个内在复制。"一次性"指的就是没有意义、没有当下在场性、不可辨读之物的谜底。不过，对于阿尔托来说，残酷节庆却只能发生**一次**："将文本批评留给中学辅导员，

363

①　《致 J. 保兰的信》（1936 年 1 月 25 日）："我相信我为我的书找到了适合的题目。它将是：《戏剧及其替代物》，因为如果戏剧充当了生命的替身，那么生命就充当了真正戏剧的替身……这个标题将回答多年来我相信发现了的所有那些戏剧替代物：形而上学、瘟疫、残酷性……正是在舞台上，思想、姿势与行动的统一才能得以重建。"（第五卷，第 272—273 页）

将形式批评留给美学家们，我们只承认说过了的东西就不要再说；一种表达不值得用两次，也不值得活两次；一切说出的言语都已经死了，它只在它被说出的那一刻起作用，一种被使用过的形式不再有什么用处，它的用处只是帮助寻找另一种形式，剧场是世界上唯一的地方，它不允许一个既定动作再次重复"（第四卷，第 91 页）。表面上确实如此：剧场再现完了之后，没有留下什么印迹，也没有留下什么可供带走的东西。剧场的一场演出，既非一本书，也非一部作品，但它是一种能量，在此意义上，它乃是生命的唯一艺术。"剧场告诉我们的正是，一旦完成就不必再重复的那种动作之无用性，以及未被动作利用之状态的高级处，因为它**反过来**升华了一切。"（第 99 页）在此意义上，残酷剧场应当是差异的艺术，是无经济学计算、无储存、无回路、无历史的消耗艺术。是以纯差异呈现的那种纯当下在场。我们应当忘掉它的行动，主动地**遗忘**。对于这一点，我们必须实践《道德谱系学》第二论述解释过的那种**主动遗忘**（aktive Vergesslichkeit）。此外，这部著作也对"节庆"和"残酷"（Grausamkeit）做过解释。

阿尔托对非剧场性书写的憎恶具有同样的意思。引起这种憎恶的东西，并非如《斐多篇》中所说的身体姿势，并非外在于心灵之真理记录的感性的、记忆及回忆性的（hypomnésique）标记，相反，是以可解的真理之场所呈现的书写，是鲜活身体的他者，是观念性和重复。柏拉图批评以身体呈现的书写。而阿尔托却将书写当作对身体的抹杀、对一次性发生的鲜活动作的抹杀。对阿尔托来说，书写就是一般重复的空间和可能性。这就是他为何说："我们

364

应当结束对文本及**书面**诗的迷信。因为，写下的诗只有一次性价值，我们随后就要毁掉它。"（第四卷，第 93-94 页）

用这种方式说明什么是不忠这个主题，很快我们就明白了为何忠是不可能的。因为，今日戏剧界，这种对阿尔托愿望的忠诚是不存在。从这个角度出发，这一点对于阿尔托本人的尝试也不例外。他比谁都更清楚这一点。所以他说，"有待寻找"的残酷剧场的"语法"将会是不能重复之再现的那种不可企及的极限，因为这种以圆满在场呈现的**重现**（re-présentation）本身不携带以其死亡方式呈现的替身，因为它是不能重复的某种当下，也就说是某种时间外的在场、某种非当下的在场。这种当下在场不会如此自我显现、自我呈现，它不会显形，也不会打开时间的舞台或舞台的时间，除非它在其原初重复的内在皱褶中、在再现中、在辩证法中接纳了其自身的内在差异。

阿尔托深知这一点："……某种辩证法……"因为，只要我们在黑格尔主义的陈词滥调之外恰当地思考辩证法的视界，我们可能就会理解辩证法是有限性的无限运动，是生命与死亡的统一体的无限运动，是差异和原初重复的无限运动，也就是以源头缺席的方式呈现的悲剧之源的无限运动。在此意义上，辩证法就是悲剧，是对抗关于纯源头的哲学或基督教观念、对抗"起源精神"的唯一可能的肯定性，为此，他说："可是起源精神从未停止过使我做蠢事，而我也从未停止过摆脱起源精神这种基督教观念……"（1945 年 9 月）悲剧性并非是重复的不可能性，而是它的必要性。

阿尔托深知，残酷剧场既不从简单的当下在场的纯粹性中开

始，也不以它完成，而是在再现中，就在"绝对创造的二度时间

365 中"，就在力量间的冲突中，而这种冲突不可能只有一个简单的源
头。残酷性或许可以从那里开始运作，但也必须在那里让自己被**切
入**（entamer）。因为，源头总是**已经被切入了的**。那就是剧场的炼
金术："也许，在走得更远之前，有人会要求我们界定什么是我们
所理解的典型的、原始的剧场。就让我们从这里切入问题的真正核
心吧。事实上，如果我们提出剧场源头和剧场存在的理由（或者它
的首要必要性）这样的问题，一方面，我们会形而上学地发现某种
本质悲剧（drame essentiel）的物化过程，或者更确切地说它的外
化过程，因为这种本质悲剧可能以既复杂多样又独一无二的方式包
含了一切戏剧的根本原则，尽管这些原则远没有**被导向**并**被分化到
足以**丧失其原则特点的地步，但它们却以某种实体性的、积极的方
式，即充电的方式，含括了冲突的无限前景。以哲学的方式去分析
这样一种悲剧是不可能的，只能以诗学的方式……因为这种本质悲
剧，我们完全能感受到它的存在，它是比绝对创造本身更微妙的某
种东西的意象，而这种东西必须被再现为绝对意志的结果，并且是
没有冲突的绝对意志的结果。我们必须相信这种本质悲剧，是所有
绝对伟大宗教剧的基础，与绝对创造之二度时间结合了，即与观念
的困难及其绝对替身、其材料和质地的二度时间结合了。那里主宰
一切的，似乎正是单纯性与秩序，那里既不可能产生剧场，也不可
能产生悲剧，因为，真正的剧场，像诗歌一样，通过别的渠道从混
乱中通过自组诞生……"（第四卷，第 60—62 页）

因此，原始戏场和残酷也始于重复。然而，即便无再现的剧场

这种理念，不可能性的理念，不能帮助我们解决剧场实践的问题，它或许能让我们借助它的历史开口和它的死亡视域，去思考它的源头、它诞生的前夜和它的限制，去思考今日的剧场。西方戏剧的能量之所以在其可能性中得以确定，那是因为这种可能性并非偶然，对于西方的全部历史来说，它就是构成性中心，是结构性场所。但是"重复"，窃取了这个中心，也窃取了这个场所，而我们刚刚说的西方戏剧的那种可能性，又会禁止我们将死亡当作某种**视界**来谈，也会禁止我们将诞生当作某种**过去的开口**来看。

阿尔托尽量地去接近那个极限，即那种纯剧场的可能性与不可能性。为了成为向自我呈现的在场，当下在场总是已经被再现了的当下在场，总是已经被染指了的当下在场。因为，肯定性本身应当在重复自身的同时被染指。这意味的是那个打开了再现历史及悲剧空间的弑父（行为）、那个阿尔托要在最接近其源头处**一次性地**进行重复的那个弑父行为没有结束而是无限地重复着自身的。它始于自我重复，因为它被它自己的评论染指，被它自身的再现伴随。因此，它自我隐身并以此确定被僭越了的法则。要这么做，只需要符号和重复的可能就足够了。

在这种极限的面孔下，在他想要不借助内在差异，也不借助重复去拯救某种在场的纯粹性（或者说纯差异①，因为悖论地是，这

366

---

① 想要将纯粹性重新引入差异概念中去，就等于重新回到无差异及圆满在场（即同一）上去。对于反对示意性的反黑格尔主义的一切尝试，这种运动都会有沉重的后果。看来，只有在作为在场的存有规定性之外、于在场与不在场及所有那些受它们支配的东西之取舍之外去思考差异，只有将差异当作不纯的源头，即当作同一的有限经济学中的延异去思考，我们才能逃脱这种运动。

其实是同一回事）的这个范围之内，阿尔托也渴求剧场的不可能性，他曾想要亲自删除舞台，因为他不愿意再看到在一个总是被父亲占据并笼罩着而且屈从于重复谋杀的场所中所发生的一切。阿尔托在《长眠于此》中写道："我，安托南·阿尔托，我就是我之子/我之父，我之母，/我自己"，这不就是要还原元舞台吗？

他如此尽力地去接近那个极限。因为他既想要创造舞台，又想要毁灭舞台，这正是他所拥有的最敏锐的学识。1946 年 12 月他写道：

> 现在，我要说一件事，它也许会让人们惊愕不已。
> 我是剧场的
> 敌人。
> 我从来就是。
> 我越是热爱剧场，
> 我就越是它的敌人。

367　　这之后我们很快看到：他所不能屈从的是以重复方式呈现的剧场，而他所不能放弃的也正是不重复的剧场，他说：

> 剧场是激情的泛滥，
> 是力量从身体
> 向身体的
> 一种极端转移。
> 这种转移不能发生两次。
> 没有什么比巴厘人的系统更残酷的了，它强调
> 在这种转移发生一次之后，

不寻求另一次转移，

而是使用特殊的咒语系统

以剥夺星型摄影（photographie astrale）所获的姿势。

剧场不以自我重复的方式重复，剧场以力量冲突中差异原初性重复的方式重复，在这种力量冲突中"恶是永恒的法则，而善的乃是一种努力，是已经加在另一种残酷性上的残酷"，这就是残酷性的致命限制，因为它从自我再现开始。

因为再现总是已经开始了的，所以它没有终结。不过，我们可以去思考没有终结者的关闭。关闭就是内在循环的限制，差异的重复性在其中无限地自我重复。也就是说，那是它的博弈空间。而这种运动就是以博弈方式呈现的世界的运动。"绝对地说，生命本身就是一种赌注。"（第四卷，第 282 页）这种赌注就是以必然与偶然的统一性方式呈现的残酷性。"而这种偶然，就是无限，它不是上帝"[《片段》（Fragmentations）]。生命的赌注就是艺术①。

因此，思考再现的关闭，就是思考死亡与博弈的残酷潜能，因为是它允许在场以再现方式自我诞生，自我享受，而它从这种再现

368

---

① 还是尼采。他这些文本是众所周知的。比如，随着赫拉克利特足迹，他说："同样地，就像儿童与艺术家一样，永恒不灭的生命之火，总是以清白无辜的方式游戏、建构与毁坏——这种游戏就是万古（Aon）与自己的博弈……孩子有时扔掉了玩具，但他很快会天真任性地将它重新捡起来。他砌积木时会根据某种规则与内在结构去拼接、加减并构型。只有美学家对世界具有这种观照，唯有他能从艺术家与艺术品的建造中，了解多样性之间的不合为何本身自带了法则与权利，了解艺术家如何立在作品上方并同时在作品中思考并操作作品，了解博弈与必要性、和谐之冲突在艺术创造中应当配对的经验"[《希腊悲剧时代的哲学》（La philosophie à l'époque de la tragédie grecque），《尼采文集》，第三卷，第 367—370 页]。

中以延异的方式隐蔽了自身。思考再现的关闭，也就是思考悲剧：不是以命运再现方式呈现的悲剧，而是以再现之命运的方式呈现的那种悲剧。思考再现的无端的、深不可测的必要性。

也就是去思考：为何在其关闭中再现仍旧**命中注定地**继续着。

从有限经济学到一般经济论：
一种无保留的黑格尔主义

他（黑格尔）并不知道他在多大程度上是对的。

乔治·巴塔耶

乔治·巴塔耶说过："在我看来，黑格尔经常就是那种自明性，而这种自明性却沉重得让人难以承受。"（《罪人》）* 可是，为什么今天，即便在今天，巴塔耶的最佳读者都是那些轻率地接受了黑格尔式自明性的人呢？对他们来说，谈论黑格尔是如此轻巧，他们只需喃喃引用些黑格尔的基本概念，有时这只是为了回避细节的借口，以一种程式化的赞美、一种对文本视而不见的态度，提一下尼

---

* 《罪人》（*Le coupable*）是一个充满悖论的"神秘"体验的故事，这些故事是从 1939 年至 1943 年夏天一份报纸页面上的事件剪辑而成的。作者借助这些故事表达非宗教、非道德的情欲之极限体验。

采或马克思与黑格尔的共谋性，就轻松地卸下了黑格尔这个重负。也许，正是因为黑格尔那种沉重得令人难受的自明性，使人们宁愿耸肩而过也不愿接受它的严格性。与巴塔耶相反，他们所做的正好是盲目无知地停留在自以为已经摆脱了的黑格尔式自明性之中。对黑格尔主义的误解与轻率处理，只会扩展其历史统治地位，最终使它毫无障碍地部署其巨大的包围性资源。在黑格尔式的自明性泰山压顶的时刻，它却显得从未有的轻。这正是巴塔耶所害怕的，因为，（在他看来，）这种沉重"之后只会更沉重"。即便巴塔耶想要比任何人更接近尼采对黑格尔的解释，比任何人更接近尼采，甚至与尼采的看法完全一致，但在这一点上，我们却不能简单化，因为他说过：

> 尼采对黑格尔几乎一无所知，他只知道黑格尔普及版的一种规则。《道德谱系学》正是尼采这种无知的特殊证据，因为，他在书中对主奴辩证法的位置理解混乱……如果我们连这个规定并限制了人的持续可能性运动都没有把握住的话，那我们就对**自己一无所知**。（《内心体验》）

370　　支持黑格尔式的自明性，如今说的恐怕是，必须全方位地绕开导致了魔怪又使之沉睡的那种"理性之眠"*；必须绕过它以免苏醒成了梦的诡计。其实也就是理性的诡计。理性之眠，也许并非睡着了的理性，而是在理性形式中的睡眠状态，即黑格尔式逻各斯的警觉状态，因为，理性守候着它所感兴趣的深度睡眠。不过，如果

---

*　此处德里达借用西班牙著名画家戈雅（Goya）一张名画的主题"沉睡的理性滋生魔怪"。

"纳入理性之眠中的自明性会丧失苏醒的特征的话"（《内心体验》）（巴塔耶确信那种情况只会有死亡之险，不会有别的可能，他说："在这种情况下，我能**看到**的恐怕会是死亡。"），那么，你就必须睁开眼睛，与理性一起守夜，守候着理性并与它一同入眠：度过长夜直到天明，直到另一个晨昏（crépuscule）* 那个仿佛是将黎明误作黄昏的时辰，直到那个哲学动物**终于再次睁开眼睛的时刻。而这个清晨绝不是另一个。因为，正是在这个长夜的尽头，某种东西盲目地在话语中孵化出来了。这个借助话语完成的哲学，将在自身中包含、预示并保存所有它之外的形态、外在形式和资源。它只通过对它们进行陈述就控制了它们。可能除了笑之外，说不定连笑也被它控制呢。

笑，的确也是一种唤醒（黑格尔主义的）哲学的方式，但这需要唤醒一整个"学科"，一整套"沉思方法"，才能识别黑格尔的思路，了解他的游戏，与他的诡计周旋，操作他手中的牌，看他施展他的策略，并重新占有他的文本。由于这种准备工作（在巴塔耶看来，**这种准备工作本身**就是哲学工作）以强烈、私下而出乎意料的方式，像无情地背叛或背离一样与黑格尔发生了断裂，于是，笑就爆发了。而且，它爆发的那些特权时刻，并不是运动经验中勾勒出来的时刻，它们更罕有、更不引人注意，也更轻快，它们没有欺骗性的废话，远离公共场域，又非常接近它们笑的对象，它们首先接

---

* 该词既指晨曦也指暮色、黄昏。

** 此处暗指黑格尔的名句"智慧鸟（猫头鹰，代表哲学）只在夜幕降临之后才展翅飞翔"。意指哲学只对已成为历史的东西进行反思。

近的是焦虑，而这种焦虑甚至不应被称作笑的否定面，否则的话，

371 笑就会再次落入黑格尔式话语的陷阱。我们已经可以在此前奏中，预感到了巴塔耶所思考的那种**不可能**会永远具有这样一个形式：怎样在穷尽了黑格尔哲学话语之后，以一种语言的词汇和句法，用我们的语言，即那个曾经也是哲学的语言，记录超越了受这种共同逻辑主宰的概念对立的那种东西？记录它是必要的，但又是不可能的，因为，这种超越物，必然会将话语折叠成一种奇怪的扭曲物。当然，这么做还会强迫自己与黑格尔进行无休止的争辩。一个多世纪以来，那些与黑格尔分道扬镳的、具"颠覆"性或不具"颠覆"性*的"超越"，其实，与黑格尔的关系都不大，而且这种关系也很难界定，因为，它们都与黑格尔式话语保持了一种无保留的共谋关系，用他的术语去"严肃对待"他的话语，也不反对他的哲学形式，但它们爆发的笑，却超越了黑格尔式话语并破坏了它的意义，无论如何，这种笑标示了**自我脱节**的那种"体验"端极；我们笑的究竟是什么，这个问题就是我们不得不瞄准的，也是我们需要了解的。

　　所以说，巴塔耶是严肃对待黑格尔的，也是严肃对待黑格尔的那个绝对知识的①。他知道，要严肃对待这样一个体系，就要避免

---

　　*　暗指马克思。

　　①　"我有意去减低黑格尔态度的重要性了吗？可是真实的情况正好相反！我要显示的是其步骤的不可比拟的意义。但我不应为了这个目的而掩盖他失败中的那一小部分，因为那是不可避免的。在我看来，正是由于黑格尔这种步骤的异常可靠性才使我的比较凸显。如果黑格尔失败了，我们不能说那是由于某种错误。失败本身的意义不同于引发失败者的意义：错误自身可能是偶然的。黑格尔的'失败'必须从一般意义上去讲，如同人们谈论一个意义重大的真实运动一般。"《黑格尔，死亡与牺牲》（*Hegel，la mort et le sacrifice*），*Deucalion*，1955 年第 5 期，第 42 页。

从中抽离概念，孤立地利用它的命题，提取一些效果转化成一种与它无关的话语要素，他说："黑格尔思想是统一的，如果我们不从其思想的内在连贯性运动之必然性去理解它，我们就无法理解其意义。"（《内心体验》）诚然，巴塔耶虽然质疑黑格尔式理性的观念或意义链，但他是从黑格尔的思想整体出发的，他没有忽视黑格尔思想的内在严密性。也许，我们可以将巴塔耶与黑格尔的不同阶段之状态的关系史描写成一个舞台场景，但这里我们不打算这么去做：那个承认"伤心欲绝"[①] 的黑格尔；那个相信自己"疯了"[②] 的黑格尔；那个不同于"克尔凯郭尔会在头疼时独自发问"[③]，从不觉得哲学"蜜月村"中的沃尔弗（Wolff）、孔德和"教授群"的不同有何问题的黑格尔；那个"在其生命的晚期""不再向自己提出任何问题"，"只重复讲义并沉溺于扑克牌中"的黑格尔。巴塔耶说，

372

---

① 《黑格尔，死亡与牺牲》，*Deucalion*，1955 年第 5 期，第 42 页。

② 《从存在主义到经济学至上》，《批评》，1947 年第 19 期。"观察到克尔凯郭尔从前无法知道的那种东西今天看来颇奇怪：黑格尔如克尔凯郭尔一样，知道主体性拒绝绝对观念。有人可能会原则上以为黑格尔拒绝的只是概念上的，而情况正相反。这个事实不是从他的某个哲学文本推断出来的，而是从黑格尔给友人的一封信中，在那封信中他吐露出有两年时间他以为自己疯了……从某种意义上讲，黑格尔这句简洁的句子可能甚至具有某种克尔凯郭尔的长句呐喊所不曾拥有的力量。因为，它所提供的实存震撼与溢出的信息不比克尔凯郭尔的呐喊少"，等等。

③ 《小东西》（*Le petit*）。［这是乔治·巴塔耶的短篇小说，以路易斯·特伦特（Louis Trente）化名出版于 1943 年（写于 1934 年），但没有出版商的名字，印出 63本，13 本地下流传。文本随后由让-雅克·鲍弗特（Jean-Jacques Pauvert）于 1963 年进行了重新编辑，在作者死后再版，同时改用了作者的真实姓名，但作品当时几乎没有引起人们的注意。巴塔耶曾经说，"我写作是为了忘了我的名字"。除了对作者本名的删除，对家庭谱系的逃避之外，他还选择化名来签署他的首批情欲故事。"小东西"，指的是孩子，在妓院中也用来指肛门。在巴塔耶的作品中，化名、名称、单词与文本相互呼应，编织成一个整体，如同同一文本的变体之非神学论综合。——译者注］

"面对老黑格尔的这幅画像，就如同阅读《精神现象学》一样"，"我们不会缺少对完成性（achèvement）的一种冰冷刺骨感"①。那个最终的黑格尔，具有"喜剧性摘要"② 的味道。

不过，让我们将舞台和人物放在一边吧。悲剧，首先是文本的。巴塔耶在与黑格尔无休止的论辩中，曾经密切地、间接地进入过他的文本本身③。这并没有妨碍他的阅读和提问提出了关键性的

---

① 《从存在主义到经济学至上》，《批评》，1947 年第 19 期。

② "喜剧性摘要。——黑格尔，我想象他触到了那种极限。他那时还年轻，但却认为自己疯了。我甚至想象他是为了逃脱而展开那个体系（因为每一种征服，无疑都是人想要逃避某种威胁的事实）。黑格尔最终获得了**满足**，因为他避开了那个极限。**那种祈求在他身上死了**。因为我们寻求救赎，暂时过得去，继续活下去但不能确定是否得救，所以必须继续祈求。黑格尔却活着赢得了救赎，因此扼杀了祈求，也**肢解了自己**。他是手里只剩下铁锹柄的一个现代人。但在自残之前，他无疑触及了那个极限，也承认那种祈求的必要：为了**取消那个意识到的深渊**，他的回忆曾将他领向那里！他的体系就是那个取消行动。"（《内心体验》）

③ 有关巴塔耶对黑格尔的阅读史，从他 1929 年出版的《文献》（*Documents*）中最早的那些文章到 1943 年出版的《内心体验》（*L'Expérience intérieure*）中，我们能看到俄裔法兰西学院教授亚历山大·柯瓦雷（Alexandre Koyré，1892—1964）和法国黑格尔研究的著名学者科热夫（Alexandre Kojève，1902—1968）的影响。参照雷蒙·格诺（Raymond Queneau，1903—1976），《与黑格尔的最初碰撞》（*Premières confrontations avec Hegel*），《批评》（*Critique*，1963，第 195–196 期）。我们已经注意到，至少在巴塔耶眼中，科热夫对黑格尔的解读与马克思主义的真正教义之间没有出现根本性的裂痕。这一点科热夫也几乎完全认账。这一点，我们能在不止一个文本中得到验证。可以说，巴塔耶对黑格尔主义的欣赏，无论是正面的还是负面的，都应该被当成他对马克思主义的欣赏。在他一本未发表的《宗教理论》（*Théorie de la religion*，1948 年写成，1972 年发表）的参考文献中，我们可以读到他的以下说法："这部作品［指科热夫的《黑格尔阅读导论》（*L'Introduction à la lecture de Hegel*）］是对《精神现象学》的解释。我在这里提出的想法是有实质性依据的。尽管黑格尔的分析与这种'宗教理论'之间的对应关系还有待说明，但是在我看来，这种表述间的差异并不难化解"。"我还得强调一点，其实亚历山大·科热夫的理解丝毫不偏离马克思主义；因为我们很容易看到这种'理论'仍是严格地建立在对经济学的分析之上的"。

问题。如果我们将巴塔耶的概念从他的句法中一一分开考察，那么，它们全都是黑格尔式的概念。我们得承认这一点，但不必在此停留。因为，如果我们没有严格地把握巴塔耶摇撼这些概念的效果，没有把握他将这些概念几乎没有改动地移动并重新录入他的那种新构想的话，我们就会因为不同的具体情况而得出（截然不同的）结论，要么，我们会说巴塔耶是黑格尔式的，要么，他是反黑格尔的，要么，也可以说他糟蹋了黑格尔。但这每种结论都是错的。因为如果这么看我们可能错过了巴塔耶必须以某种非哲学方式去陈述的那种形式法则，而正是这种法则，规定了他使用的所有概念与黑格尔式概念的关系，与他穿越黑格尔式概念及形而上学的整个历史的关系。我说的是他所使用的所有概念，而不只是我们为了重建这一法则之陈述而不得不在此加以限制的那些概念。

意义时代：主控权与主权

乍看起来，**主权**（souveraineté）是不是可以翻译成《精神现象学》说的那个**主控权**（maîtrise, Herrschaft）？黑格尔写道，主控权的操作在于它"显示的是不依赖任何既定的此在，是不依赖一般此在的那种普遍独特性，是不依赖生命的那种状态"（让·依波利特译本）。因此，这样一种"操作"（这个巴塔耶用来指认特权时刻或绝对主权行为而持续使用的词，就是"Tun"在"主奴辩证法"一章中频繁出现的词的流行译法）指的是用生命的全部做**赌注** *（mettre en jeu, wagen, daransetzen；赌注，乃是巴塔耶最常用、最根本性的表达之一）。奴隶是那种不拿生命做赌注的人，因为他要保存性命，要被保存（servus，拉丁语指奴隶）。只有凌驾于生命之上，正视死亡，才能获得这种主控权，获得自为（pour-soi）状态，获得自由，获得承认。因此，自由，要用生命去赌注才可能获得（Daransetzen des Lebens）。主人，是那种有能力忍受死亡焦虑并能坚持这种赌注的人。对巴塔耶来说，这也许就是黑格尔主义的核心。而这个核心的"核心文本"，也许就是《精神现象学》导言中那个将知识提到"死亡高度"① 的部分。

374

　　我们知道主奴辩证法所经过的那些严格而微妙路径。这里不得不粗略地概述一下。因为我们感兴趣的，主要是那些被巴塔耶纳

---

　　* mettre en jeu 法文中有两种含义：（1）赌注；（2）冒险。

　　① "《精神现象学》导言中的一个段落有力地表达了这样一种态度的必要性。只要触及它，没有人会怀疑这个令人钦佩的文本从一开始就极为 '重要'，那只是因为黑格尔的知性，而是在任何意义上讲它都至关重要。'如果我们愿意将那种非现实称作死亡的话，死亡就是那种最可怕的东西，而维持死亡的那种否定劳动，则需要极大的力量。无力的美之所以憎恨知性，就因为知性强其所难。对于绝对精神来说，生命不是惧怕死亡，而是免于毁灭，而这就意味着它要忍受死亡并将死亡储存在自身中。精神只有在这种自我撕裂才能获得它的真实性。因为，不像我们平常否定某种东西会说它什么也不是，或它是假的，说完就算了事，随即转向别的东西时那样，精神的潜能不是避开绝对否定而存在的那种绝对肯定的潜能。绝对精神的力量在于它正视绝对否定并以它为邻。在否定中延期逗留，正是绝对精神的魔力，它将否定转化为既定的绝对存有。'"（《黑格尔，死亡与牺牲》）。我们这里所引的内容，是巴塔耶根据依波利特译本来的，不过他说他用了科热夫（A. Kojève）译本。但他引的内容并不那么准确。考虑到依波利特和科热夫一直在修改他们的译本，至少已有五个译本，此外，还有"原"文，当然这是另一个课题。［可参照贺麟、王玖兴译本，北京，商务印书馆，1997，第 21 页。——译者注］

入其思想中的思路之根本变动。首先让我们感兴趣的问题是主控权与主权的区别。我们甚至不能说这种差异是有意义的，因为，差异就是意义的差异，是分隔意义与非意义的那种**独一无二**的间隙。在黑格尔那里，主控权是有意义的。生命的赌注就是意义建构中的一个时刻，也是本质与真理呈现的一个时刻。它是自我意识史、现象史，即意义呈现史的必要阶段。因为，要想历史，即意义相互连接或相互编织，就必须让主人**体验其真相**。而这只有在两种不可分隔的条件都具备的情况下才有可能：一是主人必须保存生命以便享受他所拥有的，同时又不惜赌注生命；二是黑格尔在精彩描述主奴过程的结论部分所说的，"自主意识的**真相**，就是奴隶意识"。因为，当奴隶变成了主人的时候，他会在身上保存其被压抑了的本源之痕迹，"他会返回自身被压抑了的意识（zurückgedrängtes Bewusstsein），通过逆转而获得真正的独立性"。巴塔耶不断思索的，也正是奴隶的这种不对称性及其绝对特权。因为，主人的真理在于奴隶；变成了主人的奴隶，还是个"被压抑了"的奴隶。这就是意义的条件、历史的条件、语语的条件、哲学的条件。主人只有在承认运动中借助奴隶意识这个中介才能建立与自己关系，也才能获得自我意识；同时，他也借助了物的中介。因为，对于奴隶来说，物，首先是那种他不能通过享受它而只能通过对它的劳动、加工处理（bearbeiten）才能直接否定的本质性，也是那种要求他抑制（hemmen）欲望，延迟（aufhalten）物之消亡的东西。保存生命，并在生命中自我保持、劳动、延迟快乐（plaisir），限制赌注，即便在**直面死亡**的时刻也**尊重死亡**，这就是主控权的那种依附性条

375

件，也是因它而成为可能的整个历史的依附性条件。

黑格尔曾明确地表明主人保存其暴露于危险之下的生命之必要性。因为，没有这种保存的生命经济学，没有这种"以死亡为媒介的至上考验，一般自我的确定性就会同时被取消"。迎着纯粹死亡而上，就意味着冒绝对丧失意义之险，因为，意义只能借助主人之真相与自我意识才能获得。迎着纯粹死亡而上，也意味着冒丧失想要**赢得赌注**以获得意义的效果及其好处之险。黑格尔把这种纯粹死亡、这种沉默而无益的死亡称为**抽象否定性**，它与意识的否定性相反，因为，后者"以**储存**并**保留**它所取消的东西这样一种方式来**取消死亡**"（Die Negation des Bewusstseins, welches so aufhebt, dass es das Aufgehobene aufbewahrt und erhält），并且"以同样的方式幸免于难（und hiemit sein Aufgehoben-werden überlebt）。在这种经验中，自我意识了解到绝对生命就像纯自我意识一样同样至关重要"。

376

巴塔耶笑了。因为，生命只有借助生命的诡计，也就是借助理性的诡计才能得以维持。生命的另一种概念，被黑格尔悄悄地引到生命的位置上去，占据了一个像理性一样永不可超越的位置〔因为，他在《爱欲主义》里说，"**超出**（l'excès），从定义上说，就是在理性之外的"〕。不过，这种生命并非自然生命，并非被主控权押注的那种生物性实存，而是与自然生命连成一体的那种本质生命，它将自然生命持续保存下来，并使之服从于自我意识、真理与意义的建构。这就是黑格尔式的生命的真理。它借助保存了赌金，成为赌注的主人，并通过劳动赋予赌注形式与意义以便限制它的（Die

Arbeit ... bildet）扬弃过程（Aufhebung）*。这种生命的经济学，将自身限制在自我和意义的保存、循环、再生产之中，从此，所有主控权名下包含的东西都落入了喜剧之中。因为，自我意识的独立性，在它自我解放的同时自我奴化，它进入辩证**运动**的那一刻就变得可笑。只有笑，可以超越这种辩证法并超越黑格尔这个辩证论者：因为这种笑，只能从对意义的绝对否决，从对死亡的绝对风险，从黑格尔称为抽象否定性那里爆发出来。因为这种否定性并没有存在过，也从未**显现**过自身，它只要这么做，就得重新开始劳作。严格说来，笑从不**显现**，因为它超越了一般现象性，超越了意义的绝对可能性。"笑"这个词本身，应当从它的爆发形式去解读，也就是说从朝向主权运作**系统**的那种意义核心的爆炸去理解（就像"酒醉、情欲溢出、牺牲的狂热、诗情泛滥、英雄壮举、愤怒、荒诞性"等等一样，参照《沉思方法》）。笑的爆发，不需**表明**，**尤其不必**言说，就使主控权与主权的差异清晰亮目。如我们将要去证实的那样，主权，比主控权多也比它少，比如，它多少比主控权更自由，因为我们所说的这个自由的谓语部分，可以扩展到主控权的全部特征上去。主权，既然比主控权多又比主控权少，所以它完全是另一种东西。巴塔耶使它的运作摆脱了辩证法并避开了意义与知识的视域。这使得主权不再是现象链中的一个形态，尽管它与主控权有相似特征。它们之间的每一特征都很像，但主权却是主控权的绝对另类。假如它们的相似性受限于这样或那样的抽象特征，那么它们的差异就不大会产生。主权，也就是绝对的赌注，它非但不是抽

377

---

　　* 该词既有"保存"之义，又含"取消"之义。

象的否定性，而且还会使以抽象形式记录在赌注中的意义严肃性显现。因此，在与死亡的关系中自我建构的那种主权之笑，并非如我们只能说的那样①，是一种否定性。因为它笑的是自己，以"成熟"的笑嘲笑"幼稚"的笑，因为主权运作，为了在自身的快感（jouissance）* 中与自身建立关系，也需要连接两种生命的生命。因此，它得以某种方式模拟那种绝对赌注并同时嘲笑这个模拟动作。在这场自导自演的喜剧中，笑的爆发就是那个"不起眼"，却让意义绝对沉沦之物。对于笑，"作为某种劳动"② 的"哲学"则无能为力，它只能"首先关注它"（《沉思方法》）而并不能对它说出什么。这就是为什么笑，在黑格尔的体系中是缺席的，它甚至没有以任何否定或抽象的方式出现过。因为，"在此'体系'中，诗、笑、心醉神迷都没有任何位置。黑格尔快速地摆脱它们，因为，他最终承认的只有知识。在我看来，黑格尔巨大无边的疲倦与他恐怖的哲学盲点相关"（《内心体验》）。因为可笑的，反而是他对意义自明性的那种**臣服**，对下面这种命令力的**臣服**：他认为应当存在连具有"抽象否定性"意义的死亡也绝不会使它受损的一种绝对

————————

① "不过，笑，在此是那种黑格尔意义上的否定。"〔萨特：《一种新的神秘主义》，《处境I》（*Situations I*），Paris，Gallimard，1947，第 160 页〕笑不是否定，因为它的**爆发保存**不了，它与自身不相关，也不能在话语中被概括：扬弃之笑（rit de l'Aufhebung）。

* jouissance，是快感，指享受或利用某物的行为，而它的动词形态 jouir 通常与性高潮有关。在心理分析中，雅克·拉康（Jacques Lacan）将它发展成一个独立的概念，区别于快乐（plaisir）与 欲望（désir）。因为快感超越了快乐原则。它将违禁当作挑战。因此，属于反常逻辑的部分。

② 《关于绝对非认知的讲座》（Conférences sur le Non-Savoir），泰凯尔（*Tel Quel*），第 10 期。

意义，他认为为延迟快感而赋予赌注以意义、严肃性及真理的劳动总是可能的。而这种臣服，是哲学及黑格尔式本体逻辑论的本质要素。而它绝对的喜剧性就在于，对意义消耗的无底深渊及其绝对牺牲产生焦虑，因为它既无回路亦不可能被保留。扬弃这个概念（黑格尔告诉我们这是个典型的思辨概念，是德语中最不可译的概念），如果指的是话语的**忙乱**（affairement）的话，那它就是可笑的，因为，这种话语上气不接下气地要重新占有否定性，要不断**投资**扩大赌注，要**减轻**消耗，要给死亡一个意义，同时，它又盲目地进入那个非意义的无底深渊去吸取并消耗意义的基础。像黑格尔那样对扬弃的喜剧无动于衷，就等于对神畏/威的体验视而不见，对在场和意义的那种狂热牺牲视而不见。也因此，一种不能还原为任何精神现象学经验的轮廓就产生了，但是我们还能用经验和轮廓这两个词去描述它吗？如同哲学中的笑那样，这种经验在现象学中**是被转移了的**，它模拟了牺牲中死亡的那种绝对风险，它生产绝对死亡风险及体验这种风险的假动作，也就是说它生产辨读意义或真相的那种不可能性，同时也生产了模拟假动作中混同于神畏/威的那种笑。为了描述这个对于哲学及其盲点来说都是不可思议的模拟假动作，巴塔耶当然就必须以黑格尔式的逻各斯去讨论它，或者佯装以黑格尔式的逻各斯去讨论它，他说：

> 我稍后将会谈到牺牲者与绝对智者（黑格尔）之间的一些深层区别，前者对自己所为的来龙去脉一无所知（没有意识），而后者则屈服于他心目中某种绝对知识的意义。尽管它们有所区别，但都是对绝对否定性的展示（而且总是以某种具体的形

378

式，在这种形式构成要素那不可分割的绝对整体性中去展示的）。
绝对否定性具有特权的展示形式，就是死亡，但事实上，死亡
却不揭示什么。原则上看，是死亡的自然与动物存在形式向人
揭示了什么是绝对的人，但这种启示却从未真实地发生过。因
为，人一旦死了，承载他的那个动物形式，即人的存在本身，
也就不存在了。为了让人最终能自我启示，人就得有死的经验，
但他必须活着获得这种经验，即面对自己的死。换句话说，死
亡本身应当在它毁灭意识的那个时刻同时成为（自我）意识。
从某种意义上说，这正是以逃遁的方式发生的情况（至少将要
发生的，或以某种瞬间即逝、无法捕捉的方式发生的东西）。在
祭献中，祭献者让自己认同于被宰杀的动物，因此，他看着自
身死去，甚至可以说，他心甘情愿地在祭献武器下去死。但这
是出喜剧！如果没有另一种向活人揭示死亡侵袭的方法的话，
那么，至少这种方法只能是一出喜剧。因为，如果这个有限存
有的完结，是独自实现了它自身的绝对否定性，而且只能单独
这么去做的话，那他就杀了它自己，**结束**了自己，最终消灭了
自己……因此，人活着体验真正死亡时刻，或者与真正死亡之印
象共生，恐怕是绝对必要的。这种困难显示的是**表演**的必要性，
或者一般所说的**再现**的必要性，因为，如果没有再现这种重复，
我们面对死亡时可能会像动物表面上那样懵然无知。事实上，没
有什么比多少远离了真实、远离了死亡的虚构更缺乏动物性了。①

379

———————————

① 《黑格尔，死亡与牺牲》。也可参照《内心体验》，尤其是"酷刑后记"（Post-
scriptum au supplice），第 193 页及以下。

唯有对模拟和逃遁的强调，可以中断巴塔耶文本里的那种黑格尔式连续性。稍后，他文本里显出的那种轻松会使他与黑格尔的这种差异显得更为突出，他写道：

> 我之所以将绝对否定性与牺牲加以比照，那是因为那里是（艺术、节庆、表演）**再现**的最初主题，我想要说明的是黑格尔式的反应是人性的基本行为……是"无限重复之传统"的典型表达……对于黑格尔来说，意识到绝对否定性的本来面目，理解它的恐怖，即理解死亡之恐怖，承受并正视死亡运动是至关重要的。他以这样的方式，更多地反对那些说死亡"没什么"的人，而非那些（面对死亡而）"退缩"的人。看起来，离他最远的是那些面对死亡反应轻松的人。在尽可能清晰地突出它们表面的相似性之后，我想强调的是面对死亡的天真态度与黑格尔式的**绝对**智慧的对立。因为，我并不能肯定两种态度中最不**绝对的那种**就一定是最天真的。我将引一个面对死亡充满轻松反应的悖论之例。那就是爱尔兰与威尔士的"守灵"习俗，尽管这个习俗鲜为人知，但上个世纪末还是被人们观察到了。乔伊斯最后的那部作品《芬尼根守灵夜》处理的就是这个主题：芬尼根的守灵之夜（不过，这部名著至少是难读的）。在威尔士，人们将**敞开**的灵柩竖立在家中显赫的位置上。死者穿着他最华美的礼服，戴着高礼帽。其家人邀请他所有的生前好友，为了表达他们对逝者的缅怀，他们长时间地跳舞干杯并为他的健康祝福。那是**一个别人**的死亡，只是在这个场景中，**一个别人**的死亡却总是死亡本身的

写照。因此，除了一种情况，否则没有人能够轻松面对，这
个情况就是假定那个作为别人的死者同意，轮到祝酒者死的
时候，那种死的意义跟他的死是一样的。（《黑格尔，死亡与
牺牲》，第 38 页）

380　　　这种轻松不属于生命的经济论，因为它不符合"否定死亡存在
的愿望"，尽管它尽可能地接近了这种愿望。根据肯定与否定的辩
证关系，这种轻松不是焦灼后的痉挛，也不是"侥幸脱险"之时与
焦虑有联系的那种窃喜。

相反，这种与死亡运作有关的轻松使我焦虑，因为它
被我的焦虑加强后，反过来还会刺激这种焦虑：最终轻松
的焦虑、焦灼的轻松使我处在一种冷热相激的"绝对分裂"
之中，也正是在这种状态中，我的愉悦（joie）完成了对我
的分裂，但也正是在这种状态中，如果我没有彻底地、无
限度地被分裂的话，愉悦之后我还会面临着沮丧。（同上，
第 39 页）

这种使意义再现可以**围绕**它组织起来的黑格尔主义盲点，正是
我们甚至不能以否定的方式在过程或系统中规定的瓦解、取消、死
亡、牺牲这些东西所建构的一种不可逆消耗、极端否定性（这里应
当说**无储存性**）的点，因为，在这个点上，既不再有过程，也不再
有系统。而在统一了过程与系统的话语中，否定性总是肯定性的反
面与同谋。而且我们也只能、永远只能在意义的这种脉络中讨论否
定性。然而，主权运作那个**非储存性的点**，却既非肯定的亦非否定
的。除非我们删除谓语，或者运用超越哲学逻辑的充满矛盾的某种

叠印法，它是不可能在这个话语中被记录的①。考虑到它们所具有的这种断裂性价值，我们也许可以说康德与黑格尔在此方面带来的那些巨大革命，只不过是唤醒或揭示了否定性的最永恒的那种哲学规定性而已（因为，在黑格尔著作中，观念性、真理、意义、时间、历史，所有这些概念都是围绕着否定性被系统地编织而成的）。我们几乎可以**简单明了地**说，这个伟大的革命就在于它**严肃对待了**否定性，赋予否定**劳动**以**意义**。不过，巴塔耶并没有把这种否定性看得那么认真。但他必须在他的话语中指出，他并没有因此就回到关于圆满在场的那种前康德式的肯定形而上学上去，他也必须指明那个无退路的瓦解点，即那个不再留给我们任何资源去将之当作否定性来思考的无保留的消耗机制。因为，否定性是一种**资源**。黑格尔在将绝对消耗的那种无所保留命名为"抽象否定性"的时候，由于仓促寻找意义的严肃性及知识的安全感，他对这一点视而不见，尽管他的否定性范畴已披露了这一点。这也正是巴塔耶为什么说"黑格尔不知道他在多大程度上是对的"的理由。他的道理是错的，但他的否定性是对的。因为，无"度"、无保留地走到"绝对分裂"和否定的"极端"，并不等于就是随着逻辑推论去抵达那个点，即那个扬弃（Aufhebung，即话语本身）使逻辑与意义构成及其内化记忆，也就是与记忆（Erinnerung）在**话语中**合作的点。正相反，那等于痉挛地撕裂了否定性的**面目**，也就是撕裂了它以肯定性之令人心安的**另一**面出现的那个面目，就等于在否定性身上，片刻地展

381

---

① 福柯恰当地使用了"非肯定性确认"（affirmation non positive）这个说法，《违规"序"》，《批评》，第195—196期，第756页。

示它不能被称作否定的东西。它之所以不能被称作否定，确切地说，因为它没有了被保存的反面，因为它不再能让自己转化成肯定性了，因为它不再能在话语中与意义、概念、时间、真理链**合作**，因为从字面上讲，它不能再以"否定性的劳动"的方式**运作**并以此作为解释自己的理由。黑格尔对此视而不见，他揭示了它，同时也放走了它。因此，我们得毫无保留地坚持跟踪它，直到找到他自相矛盾的地方以便将这个发现从过分**有意识**的诠释中抽离出来。跟所有其他文本一样，黑格尔的这个文本也是一个整体。在尊重其完美无瑕的内在连贯性的同时，我们可以将它的层次进行分解，显示它是如何**自我解释**的，因为他的每一个命题，都是服从于解释性决断的一种解释。而**逻辑**连续性的必要，则是所有黑格尔式诠释的解释性决断或解释性场所。黑格尔将否定性解释为劳动，为话语、意义、历史等下赌注，就是为了对抗游戏和机遇而打赌。他看不见他自己赌注的风险可能性，看不见这样一种事实，那就是游戏有意识

382   中断（比如借助自我确定之真理的通道，借助作为自身意识独立的主控权通道产生的中断）本身就是游戏的一个阶段，而游戏既**包含**了意义的劳动也包含了劳动的意义，它不是以**知识**的形式而是以**记录**的方式包含它们的：意义**取决于**游戏，它就记录在无意义的游戏设定的某个区域中。

既然此后不再有不被逻辑支配解释的意义，既然逻辑就是一种解释，我们因而可以针对黑格尔自己的解释去重新解释。而这正是巴塔耶所做的。他的重新解释是对黑格尔话语的模拟式重复。在这个重复过程当中，一种不易察觉的位移，断开了被模仿话语的所有

关节，并切入了它所有的焊接口。震动遍及开来，它使整个陈旧的外壳濒于破裂。

> 因为，假如黑格尔的态度是将牺牲的天真性与学术意识、推论思维的无限有序性相对立的话，那么这种意识、这种有序性就仍然还有一个模糊点：我们不能说黑格尔低估了牺牲的那个"时刻"，因为这个"时刻"在《精神现象学》的整个运动中是被包含并牵涉在内的，而在《精神现象学》中，正是作为人的死亡之绝对否定性，确保了这个时刻，它使人成为有人性的动物。但是，因为黑格尔没有看到牺牲者独自见证那种死亡的**整个**运动，也没有看到《精神现象学》序中所描写的属于绝对智者的最后经验，首先是**原初性**、**一般性**的，他就不知道他在哪种程度上、以怎样的精确性来描述绝对否定性运动才是对的。（《黑格尔，死亡与牺牲》）

冒充主控权并不能使主权**逃脱**辩证法。我们不能说主权以突然决断、分裂的方式变成一个独立的部分而脱离辩证法。因为，以这样的方式将主权与辩证法切断，就等于将它变成了一种抽象的否定过程并巩固了存有论逻辑。主权，不但没有中断辩证法，没有中断意义的历史及其运动，而且它还给理性经济论提供了要素、场域及其非意义的无限边界。它不但没有取消辩证综合阶段①，而且还将它以意义牺牲的方式记录下来并使之发挥作用。因为，如果赌注不

---

① "在黑格尔式的三段论中，他取消了综合阶段。"［萨特：《处境Ⅰ》（*Situations I*），第 144 页］［黑格尔的三段论汉语译为正命题、反命题与合命题，简称正、反、合，此处的辩证综合阶段，即合命题阶段。——译者注］

是作为机遇或偶然，而只是作为否定劳动而被投注的话，那么，光有死亡风险就是不够的。因此，主权就必须还得牺牲主控权，即牺牲对死亡意义的**表述**。失去了话语，意义就被绝对地毁灭与耗尽了。因为，意义的意义，即感官与意义、感觉与概念的辩证那个黑格尔如此关注的意义/感觉一词*的意义统一体①，永远是与话语意义的可能性联系在一起的。牺牲了意义的主权，不仅通过话语内部的中断、顿挫或伤口（即某种抽象否定性），而且还借助这种开口让对话语局限及绝对认知之外的发现闯入，使话语的可能性沉沦。

的确，巴塔耶有时将诗的、迷狂的、神畏/威的言语与"有意义的话语"相对立〔他说："不过人的智力、人的**话语思维**是随着奴役性劳动发展起来的。唯有宗教的、诗的、局限于柔弱美之上的言语，还保有显示完满主权的能力。因此，牺牲，只有在**有意义话语**不赋予它形式的层面上才是一种**自主**、**独立**存在的方式。"（《黑格尔，死亡与牺牲》，第 40 页），但是，这种主权言语并非另一种话语，并不是在有意义的话语旁边展开的另一条话语链。因为，只存在一种话语，它是表意性的，黑格尔也无法绕过这一点。诗歌言语或迷狂言语就是那种在**话语中**能够向其意义的绝对丧失敞开，向神畏/威的、非意义的、非知识的或游戏的无底深渊敞开的东西，是向会轻易复苏的知觉的丧失敞开的东西。主权的诗性是在"诗歌拒绝**主题**和意义的那一刻"（《沉思方法》，第 239 页）被预示的。它只在那里被预示，因为将自身"毫无规则"地投入赌注，诗歌可

---

* sens 这个词，既指意义（signification）又指感觉（sensibilité）。

① 参见 J. Hyppolite, Logique et Existence, Essai Sur la Logique de Hegel, p. 28。

能会比任何时候都更易被驯化、被"驯服"。这种风险，严格地说是**现代**的。要规避这种风险，诗歌就得伴随"无限提供的不可靠的主权肯定性"（巴塔耶说得精彩），因为，这种不可靠的肯定性可以作为标题将我们这里试图汇集的一切内容包括进去，如书写的形式及其痛苦，"意义不在场的注释"。因为，如果没有这种不可靠的主权肯定性，诗歌在最糟的情形下会是**驯服的**，而在最佳的情形下则是"被纳入（主权肯定性）的"。在这种情形下，"笑、酒醉、牺牲、诗歌、情欲本身，就只能在自治的储存室里，**像被养在室内的孩子**那样生存。而那就是未成年主权者的局限，他们无法挑战行动的**帝国**"（《沉思方法》，第 239 页）。正如巴塔耶在跟超现实主义展开辩论的过程中所思考的那样，研究文学与革命的关系正是要从这种**隶属、插入**和**主权**之间的空隙上去着手。他对诗歌判断的表面暧昧性，包含了这三种概念形态。诗歌意象，因为"将已知导向未知"，而非**隶属性**的；但如果诗歌为了在隐喻中保存自己而将那些它已摆脱了"隶属领域"的隐喻保存下来并随即"拒绝内部废墟这个进入未知的入口"的话，那么它就"整个堕落了"。"只拥有废墟是不幸的，但这并非一无所有，而是手中拿住了另一只手所给的东西"①：（不过）这还是黑格尔式的操作。

因此，话语作为意义的表现，就是主权丧失本身。而奴性不过是对意义的欲望罢了：这个命题应该跟哲学史混淆在一起了，因为，这个命题将劳动作为意义之意义来规定，将技术（technè）作为真理之展开来规定；对于这个被黑格尔强有力地凝聚起来的命

384

---

① "酷刑后记"，《内心体验》，第 189 页。

题，巴塔耶本来可以步尼采后尘，删除对不可思的、非意义的无底深渊的谴责，而将之放在主要游戏的位置上加以陈述。因为次要游戏仍坚持要在话语中赋予意义之缺席以某种意义①。

两种书写

这些判断恐怕走向沉默而我写。

这并不矛盾。

但言语的任何不恰合处必须得说出来。为了保存主权，从某种

---

① "只有严肃性才具有**意义**，而没有意义的赌注，只有在'意义缺席也是一种意义'的情况下才是严肃的，但赌注总是在那无动于衷的非意义暗夜中被迷失。严肃性、死亡和痛苦奠定了赌注之迟钝的真理。不过，死亡和痛苦的严肃性也是思想的奴性"（"酷刑后记"，《内心体验》，1953 年）。严肃性、意义、劳动、奴性、话语等的统一性，人、奴隶、上帝的统一性，在巴塔耶眼中，大概就是（黑格尔）哲学的深刻内涵。我们这里只能回到那些最为明确的文本中去。A. 《内心体验》，第 105 页："在这方面，我的努力重新启动并解散了黑格尔的《精神现象学》。黑格尔的建构是一种劳动的哲学、'方案'的哲学。黑格尔式的人——绝对存有与绝对上帝——在方案天衣无缝的设计中完成……奴隶……在许多曲折之后抵达普遍性的高峰。这种观看方式（其深度是无与伦比的，也是难以企及的）的唯一障碍，是人身上那种不可还原成方案的东西，如非话语的实存、笑、迷狂"，等等。B. 《罪人》，第 133 页："黑格尔在阐释劳动哲学（即在《精神现象学》中变成了上帝的那个奴仆、那个解放了的奴隶、那个劳动者）取消了机遇，也取消了笑"，等等。C. 尤其在《黑格尔，死亡与牺牲》中，巴塔耶以怎样一种**滑动**的方式——它正好在主权言语中阻碍了另一种滑动——指出黑格尔"为了奴性而丧失了他'尽其所能去接近'的那种主权"。"因为，在黑格尔的态度中，主权来自一种由**话语揭示**的运动，而这种运动在这个智者思想中，从来就离不开它的揭示过程。因此，它就不可能完全是自主的，因此，我们的智者没有错过使主权服从于以话语的完成为前提的某种绝对智慧之目的……他将主权当作一种负担接纳，然后放开。"（第 41-42 页）

角度讲也同时是失去它，因为我们要保存的不是其意义的可能性而是其非意义的可能性，通过这种不可能的"解释"将它与否定性区别开来，"至少，言语的任何不恰合处……应当被说出来"①。我们必须找到一种能保存沉默的言语。这种不可能的必要性是要在语言中说出奴性中那种非奴性的东西。因为，"那非奴性的东西是不能明言的……而沉默的想法（即沉默的不可解说性）是令人无能为力的！我不能谈意义的缺席，否则的话，就赋予了它一种它所没有的意义。因为我一说出口，就打破了沉默。我们总有一种'上帝呀，你为何抛弃我'（lamma sabachtani）的感觉来了结故事，来喊出我们不得不闭嘴的那种无奈：因为我得给无意义的东西一种意义。说到底，存有是以一种不可能的方式提供给我们的！"（《沉思方法》）如果**沉默**这个词，"在所有的词之中"是"最反常的或最具诗性的"话，那是因为它在佯装对意义保持缄默的同时**说出那种**非意义，它滑动，它自我删除，它不自我保存，它以言语的身份而非沉默的身份保持**缄默**。这种滑动同时背叛了话语与非话语。它可以强加给我们，但主权也可利用它去严格地在意义中背叛意义，在话语中背叛话语。巴塔耶在将"沉默"选作"滑动词的范例"时，向我们解释道："我们必须找到那些如此'滑动'的'词'和'物'……"（《内心体验》，第29页）它们向什么滑动？当然向一些显示了主权的词或物滑动。

这种滑动是有风险的。但它既然是有方向性的，它的风险就是意义，就是在话语形态中去丧失主权。就是要给"**制造意义**"以理由，给理性以理由，给哲学以理由，给那个只要我们一张口讲清意

386

---

① 《关于绝对非认知的讲座》。

义他就永远有理的黑格尔以理由。要在语言中冒此风险，要拯救那不愿被拯救的东西，即游戏和绝对风险的可能性，我们就必须增加语言的层次，必须向诡计、谋略和模拟求助①，就必须借助面具，因为"非奴性的东西是不可明言的：它就是笑的一种理由，……这个理由同样适合于迷狂。没有用的东西必须隐藏自身（躲在面具之下）"（《沉思方法》）。"在沉默的极限"处说话，就必须建立一种策略并"找到（一些）能从某一点上重新引入那种被发声语言中断了的沉默的主权之词。"（同上）

因此，排除了发声语言的绝对沉默，**从某种意义上讲**，对以意义之源呈现的那种差异是陌生的。因为它似乎删除了间断性，并因此使那个巴塔耶不断呼吁的"连续性"（continuum）与**交流**之必要性变得可以理解②。而这种"连续性"，是主权运作僭越话语差异之限的特殊经验。这里，我们触及了主权运动的那个最暧昧、最不稳定的点。不过，这种连续性并非形而上学**所设想**的那种意义或表达的圆满呈现。因为，力求逼近否定性和纯消耗之无底深渊的"连续性"经验，也是那种对绝对差异的体验，只是这种差异，不再是黑格尔比别人更深入地思考过的那种差异，也就是说它不再是服务于表达、服务于（意义）历史劳动的那种差异。而黑格尔与巴塔耶之间的不同就在于这两种差异间的区别。因此，我们可以消除可能会影响"交流"、"连续性"或"瞬间"这些概念的歧义。这些**看起**

---

① 参照《关于原罪的讨论》，《活的上帝》，1945 年第 4 期；P. 克洛索夫斯基（P. Klossowski）：《乔治·巴塔耶报告中的拟像问题》，《批评》，第 195—196 期。

② 《内心体验》，第 105、213 页。

来被认作表达之实现的概念，凸显了差异的切口并使切口变得锐利。其"基本原则是这样被表述的：'交流'不可能在一个圆满无缺口的存有与另一个之间发生，它要求众生自身含有那种**被赌注的、被置于死亡和虚无之极限的东西**"（《关于尼采》）。而**瞬间**这个主权运作的时间模式，并不是圆满无缺口的在场的一个点，因为它于两个在场之间滑动并**藏匿自身**；它是以表达的肯定性隐身来呈现的差异。它不显现自己，它**自我逃离**，它任由某种既是暴力性的闯入又是消失性的逃遁的运动所驾驭。瞬间，是那种**闪避者**（le fur-tif）；所以，"非认知（non-savoir），既意味着根本上的焦虑，也意味着对焦虑的取消。因此，悄悄体会这种我称作瞬间体验的闪避经验就变得可能了"（《关于绝对非认知的讲座》）。

因此，必须"找到（一些）能从某一点上重新引入那种被发声语言中断了的沉默之主权"的词。既然如我们看到的那样，那指的是某种**滑动**，那么，我们必须找到的就不仅是词，还有那样一个点、那样一个被打上烙印的场所，在那里一个从古老语言中提取的词被安置接受这样一种滑动动作，使整个话语滑动起来。必须强加给语言某种策略性技巧，让它通过一种剧烈的、滑动的、闪避的运动去改变语言的衰老躯体，而将句法和词汇带向那种主权之沉默。更确切地说，是带向主权**运作**的那个特权时刻，"哪怕它只出现过一次"，而非带向主权的概念或意义。

这是一种绝对**独一无二**的关系，即语言与主权之沉默的关系，而主权之沉默**容不得任何关系**，容不得任何与它有关的倾斜滑动者的对称关系。然而，这个关系必须严格地、**科学地**将那些从属意义

388

与某种非关系、无意义、自由地游离于句法之外的运作放到一个共同的**句法**中来。我们必须科学地将这些关系与非关系联系起来，将认知与非认知联系起来。"哪怕绝对主权运作只有一次可能性，将思想对象与主权时刻联系起来的科学就仍是可能的……"（《沉思方法》）"由此，基于放弃认知的一种有序反思就开始了……"（《关于绝对非认知的讲座》）

如果并非主控权的主权不能以某种元责任或原则的方式去指挥这种科学话语不是不可能的话，那它也将是更为困难的。因为像主控权一样，主权通过生命的赌注使自己独立；它什么都不依附，什么都不储存。但它与黑格尔式的主控权不同，它甚至应当不要求自我保存、自我收藏或利用自己及风险，它"甚至不能被定义为一种资产"。"我珍惜它，但如果我确信我也会笑，那么我还那么珍惜它吗？"（《沉思方法》）因此，这种运作的赌注不是一种自我意识，也不是一种接近自己、自我保存并自我观照的能力。因为我们不在现象学元素之中。我们所辨认出来的那种（在哲学逻辑中难以辨认的）第一特征就是主权**不能被控制**。一般来说，它不会为了意义的生产去支配他人、支配事物或支配话语。那正是这种科学要面对的首要障碍，因为在巴塔耶看来，这种科学应当将其对象与主权时刻联系起来，像一切科学那样，它需要在主次之间建立秩序、关系与差异。而在《沉思方法》中，作者并未掩饰这个"障碍"（这是巴塔耶所用的词）。

主权运作不仅什么都不服从，而且它也不要任何东西服从于它，它对任何结果都无所谓；如果我以后想要将服从主权的思想进行还原的话，我竟可这么去做，但那实在的主权根本无所谓，因为它以另一种方式随时支配着我。

只要主权要某人或某物服从自己，我们知道它就会被带入那个 *389* 辩证法，服从于奴隶、物与劳动。它就会因想要获胜并试图保持优势而受挫。相反，主控权，当它不再害怕失败，不再害怕以其牺牲的绝对受害者的方式而自我丧失时，它就变成了主权①。主人与主权者因此也同样受挫②，二者都成功地失败了：一个通过对奴隶中介的奴性赋予失败以意义，以失败的方式去失败；另一个则以绝对失败的方式而失败，因为它在赢得非奴性的同时丧失了失败的意义本身。这个几乎不可察觉的差异，甚至不是背面或位置有对称性差异，应当能解决主权书写的所有"滑动"。它应当**切入**了那个总是问题的主权的"**同一性**"。因为，主权没有同一性，它不是**自己，不为自己，不属于自己，也不靠近自己**。为了避免支配，也就是说避免依赖，**它必须不让任何东西**服从它（直接补语），也就是说不服从**任何物或任何人**（间接补语的奴隶中介）：它得自我消耗而不自我储存，它得丧失自己，失去知觉，失去自我记忆及自我的内在性；它得对抗**记忆**（Erinnerung），对抗同化意义的那种贪婪，它

---

① 参照比如《内心体验》（第196页）："……祭司……依赖于并与它的受害者一道消失"，等等。

② "另一方面，主权总是那个自我隐身的对象，没有人捉住过它，也没有人会捉住它……在《精神现象学》中，黑格尔根据他那个也是阶级斗争这一共产主义理论之源的主（主人、支配者）仆（依赖于劳动的人）辩证法，让奴隶获胜，然而，他表面上获得的主权只不过是奴隶的那种自主意志罢了。因为主权对于它自己来说，不过是拥有失败的王国而已。"（《日奈》，见《文学与恶》）

应当**运用尼采所说的那种遗忘、那种积极遗忘**（aktive Vergesslich-keit），也就是运用那种不再寻求被承认的对主控权的最终颠覆。

放弃被承认这一运动，既规定了书写同时又禁止了书写。更确切地说它分离了两种书写。它禁止的是那种**投射**了印迹的书写，因为借助这种主控权的书写（écriture de maîtrise）的印迹，意志想要在其中自我保存，在其中获得承认并建构它的表达形式。它就是

390 一种巴塔耶所蔑视的奴性书写。然而，书写的这种被蔑视的奴性并非自柏拉图以来的传统所谴责的那种奴性。因为，这一传统所针对的是以不负责之技术形态出现的那种奴性书写，它使话语发言人的在场消失了。相反，巴塔耶所针对的，则是以表达方式保存生命，或者说，生命的幽灵的那种奴化方案。的确，在这两种情形中，都存在着对某种死亡的惧怕，我们有必要对这种共谋关系加以思考。而思考这个问题更加困难，因为，主权还分化出了另一种书写：这种书写以印迹的方式生产印迹。而这种印迹之所以是印迹，那是因为在它最初的承诺中允许其在场可以具有不可挽回的被删除的可能，也就是说，将它本身作为绝对删除的可能性来建构。因为，不可删除的印迹并非印迹。因此，我们必须重建**巴塔耶关于书写的命题的系统**，也就是他关于与印迹的那两种关系，即主次关系之命题的系统。

（1）在整组文本中，主权放弃获得承认要求的是删除被写物。比如，删除以次要书写为形式的诗写作：

> 表面上看，理性的牺牲是属于想象领域的，因为它既没有血腥的后果，也没有任何类比物。无论如何，它与诗歌的不同

在于它是整体性的，除了通过难以保持的随意滑动或被放弃了的笑之外，它不储存任何快感。如果说它保留下了什么幸存物的话，那就是像收割后留在田里的花那样的被遗忘本身。因为，这种奇异的牺牲预设了自大狂的某种最终状态，即自觉变成了上帝，但在某种情形下，它会产生一些普通的后果：那就是快感以滑动的方式被窃取了，而狂妄自大感没有得到完整的享用，因此，我们就会需要获得"承认"，需要成为大众的上帝；这个条件除了有益于疯狂外别无他益……如果要依着这个逻辑走到底，就必须自我隐匿，忍受孤独，坚强地忍受它，拒绝**获得承认**，就必须以缺席、无意义的方式存在，忍受无意志、无希望，忍受存在于别处……（由于思想内在深处所有的东西）它必须被埋藏。我公开发表它是因为对它一无所知……我没有别的办法，在这一点上它只能和我一道在无意义中沉沦。思想的废墟与毁灭对大众来说是无法传播的，因为它面对的只有较强者。（"酷刑后记"）

还有：

391

主权运作**参与了**在记忆中留下印迹与功能残余物的活动，但它的参与是冷漠的，而且它嘲笑这些残余物。（《沉思方法》）

还有：

被记录下来的东西的生存状态是木乃伊式的。（《罪人》）

（2）但放弃获得承认，就是主权式书写，这种放弃，相反，必须得中断言语与意义间的那种依赖性共谋关系。

因为，正是为了取消我身上的依赖性运作赌注，我才写作。(《沉思方法》)

因此，赌注/冒险，即超越主控权的赌注/冒险，就是**书写的空间**；它在次要书写与主要书写间博弈，而二者都被主人忽视，前者比后者，或者前一种博弈比后一种更受重视或更受忽视，这两种情况都有可能(因为，"对于主人来说，这种博弈什么都不是，无所谓主次"《关于绝对非认知的讲座》。)

那么，我们为什么说它是书写的唯一空间呢？

因为，主权一旦解除了一切关系并隐避于暗夜之中，它就是绝对的。主权式交流的**连续性**所具有的正是这种隐秘差异之暗夜的要素。从那里我们看不到这两种要求之间会存在什么矛盾。说真的，我们从那里理解到的，也只能是通过哲学的主控权逻辑所理解到的东西：因为，正是这种逻辑要求我们必须使获得承认的欲望、秘密的中断、话语、合作关系等与间断性、表述与否定性相互和解。因此，从黑格尔到巴塔耶，才会出现连续性与间断性之间的那种对立不断发生位移的情况。

但这种位移无助于转化谓词的核心。因为，主权的所有属性都是从(黑格尔式的)主控权逻辑那里借来的。我们不可能，巴塔耶也不可能，亦不应当有任何别的概念，甚至任何别的符号、词和意义的统一体。与奴性相对的"主权"这个符号，是从与主控权符号的同一个基础上产生的。因此它的功能之外，它与后者没有区别。我们也许能够从巴塔耶的文本中抽离出整个区域，在那个区域中，主权始终保留在**主体**的古典哲学之中，尤其是保留从黑格尔到尼采那种**唯意志论**①之中，而这种唯意志论，如海德格尔指出过的那样，依然与形而上学本质相互混淆。

　　既然与主控权逻辑区隔开来的空间，如果愿意的话，也可称作主权的非逻辑空间，不能够也不应当在概念的核心中被记录下来（因为，我们发现意义核心和概念单子并不存在，存在的只有在差异网中产生的概念），那么，主权的逻辑空间就得在书写的链条或功能中记录自身。我称**这种**主要书写为**元书写**（écriture）*，因为它超越了（意义、主控权、表达等等）**逻各斯**。在这种书写中，即巴塔耶研究的那种书写中，那些表面上没发生任何变化的同样的概念，将会有意义的变动，更确切地说，它们将会因向意义丧失的方向滑动并无度沉沦而受到影响，尽管这种影响表面上看不出来。这里，如果我们无视哲学概念的严格意义上的急坠、无情的牺牲，继续从"意义话语"内部去读巴塔耶的文本，并去质疑及判断它，那么我们或许可以从中理解到什么，但那绝不是对它的真正阅读。这也许永远是我们可以用哲学的巨大灵活性、丰富的资源，有时还

---

　　①　从其一般句法与书写中获得的某些命题的确体现了那种唯意志论，即以主体运作活动为核心的一种哲学。主权是一种**实际运作**（比如，参照《关于绝对非认知的讲座》。第 14 页）。但要真正读懂巴塔耶，就必须将这些命题编织在一个总体框架中，这个框架在将它们连接与记录下来的同时使它们解体。因此，稍后的一页，他说道："甚至我们还不足以说：主权时刻不能在被谈及时而不变质，也就是说它不能作为真正的主权被谈及而不变质。跟谈论它一样，去寻找这些时刻也是自相矛盾的。在我们寻求事物的那一刻，无论找的是什么，我们体验的都不是绝对主权式的，因为，我们将当下服从于随之而来的那个未来时刻。也许在努力之后我们会达到那个主权的时刻，努力固然必不可少，但在努力时间与主权时刻之间，必然存在一种隔断，甚至可以说一个深渊。"

　　*　德里达在赋予书写另一层意义的同时，有时保持使用同一词形不变：écriture。区别于现象学或形而上学的次要书写，他所指的主要书写是对前者的超越形态，有时也以元书写（archi-écriture）或元迹（archi-trace）的形式出现。

有其强大的保险系数去做的，但我们难道没有错过了什么吗？不是对他的真正阅读，这里指的是忽视了巴塔耶的文本及其特有的片断性的那种形式必要性，是忽视了其文本与叙述之关系的那种形式必要性，因为那些叙述的历险并不能简单地与那些为内容删除符指的"哲学"格言或话语相提并论。与那个在其古典概念中被理解的逻辑不同，甚至与科热夫（Kojève）当作主题的那种黑格尔式的绝对理性之**书**不同，巴塔耶式的书写在其主要机制中，容不得形式与内容的区分①。正因此它才是元书写，是主权所要求的那种书写。

　　这种书写所提供的那种不在乎传授什么的范例，也是我们所感兴趣的东西，它倾向于将那些古典概念在那种它们无法回避的东西上［"我无法回避用哲学的模式来表述我的思想。但我的对象并不是哲学家。"（《沉思方法》）]连接起来，以使得这些概念表面上以某种方式服从于哲学的习惯法则，同时又在某些时刻与主权时刻相关联，与哲学意义的绝对丧失、无保留的消耗相关联，与那种除了在其哲学层面上甚至不能再被称作否定性或意义丧失的东西相关联；因此，也就是与超越了绝对意义、超越了绝对知识范围或视野的那种无意义相关联。被卷入这种周密掐算过的**滑动**②中的那些概念，因而就变成了非概念，它们是不可思的，也是不可靠**的**（intenables）［"我引入了一些**些**不可靠的概念。"（《小家伙》）]哲学家无视巴塔耶的文本，因为，他只有以坚不可摧的欲望**坚决抵抗**自我确定性

393

---

　　① 已经引过的萨特的那个研究将其第一部分与第二部分在这一命题的结合点上衔接起来："但形式并非一切：请看内容章。"

　　② 索勒尔（Sollers）说，"失控但被唤醒的词的使用"，见《论语言的重大不规则性》（*De grandes irrégularités de langue*），《批评》，第 195-196 期。

与概念安全感的滑动，才算得上哲学家。对哲学家来说，巴塔耶的文本充满了陷阱：它简直就是羁绊（scandale）*，从该词的最初意义上理解。

对意义的僭越，并不等于进入非意义的那种直接的、未规定的同一性，也不等于获得了**保住**非意义的可能性。也许我们必须要谈的是意义时代的某种**悬置**（épochè），是将被写下物置入括号的意义时代的悬置，也就是现象学悬置的反面；因为，现象学悬置是**以意义的名义并为**意义所做的，它是将我们折入意义的一种还原。而主权式僭越则是对这种还原的还原：因为，它不是还原为意义，而是对意义进行还原。因此，与《精神现象学》同时，这种僭越以其最现代的发展方式超越了一般现象学（参照《内心体验》，第19页）。

这种新型书写**将会依赖**于那个主权时刻吗？它会服从于主权时刻的命令吗？它会服从于那种什么也不服的东西吗？（根本上讲主权是超越任何本质的。）绝不会，这正是话语与主权关系的那种独一无二的悖论。将主要书写与主权联系起来，就是在非关系的形式中建立一种关系，就是在文本中记录断裂，就是在话语认知与非话语认知的某一刻的非认知之间建立联系，而这种绝对非认知是建立在剥夺了绝对认知意义生产的机会和赌注，剥夺了绝对认知的历史及视域的无底深渊之上的。对这样一种关系的记录是"科学的"，不过"科学"这个词也因而要承受某种根本性的改变，虽然不必失

394

---

* 来自古希腊的 σκάνδαλον，skándalon，指被绊倒落入陷阱。教会拉丁语中 *scanda-lum* 指羁绊，之后指原罪。德里达借用了该词的古义。

去科学特有的标准，但与绝对非认知发生关系的那一刻它就被震动了。我们只能在这个被僭越了的封闭体系中，才可以把它叫作科学，但前提是我们必须满足这个称谓的所有要求。而超越了科学的非认知，即**知道**在哪儿及怎样超越科学**本身**的那种非认知，就科学而言它是不合格的。["谁会知道何为一无所知呢？"（《小家伙》）]因为，它不是知识史所界定的以辩证法赋予的某种形态呈现的既定非认知，而是对一切认识论、一切哲学和科学的绝对超越。所以，我们只有采取一种**双重姿态**才可以思考这种独一无二的关系：因为它既不属于"科学主义"，又不属于"神秘主义"①。

与其说主权是那种"非意义"立场，不如说它是意义的那种肯定性还原，总之，它不是书写记录的**原则**也不是其**基础**。因为，作为非原则和非基础，主权根本摆脱了对话语的某种令人心安的元力、某种可能性条件或某种先验的期待。那里不存在哲学的预备**工作**。《沉思方法》告诉我们（第73页），规范了的书写路线会将我们严格地引向那个不再有方法也不再有沉思的点，因为在那个点上，主权运作与方法及沉思彻底决裂，它不再受任何前在于它或者准备了它的东西所规定，就像它既不追求被运用，也不追求被传播，既不追求自我延续，也不追求得以传授（用布朗肖的话来说，它的权威**过期作废**），就像它不追求获得承认，也就像它对不能绕过的话语预备劳动没有的任何承认行动那样，主权应当是忘恩负义的。"我的主权（……）一点儿也不知道感激我的工作"（《沉思方

395

———————————

① 萨特研究的重要主题之一（《一个新神秘主义者》）也是对神秘主义的指责，并结合了对科学主义的指责（"也正是科学主义要歪曲巴塔耶先生的整个思想"）。

法》)。因为，对预备工作的有意识关注恰恰正是哲学式的，是黑格尔式的。

> 黑格尔（在《精神现象学》序中）对谢林提出的批评同样具有决定性意义。主权运作的那些预备工作并不在未经准备的认知范围之内（如黑格尔所说：那就像让一个不是鞋匠的人去制鞋一样荒唐）。这些属于应用模式的工作，无论怎样抑制了主权运作（无论它能走多远）。因为正是主权的这种特点，要求它运作拒绝服从准备工作的条件。主权运作只在紧急状态下才发生，因为那个时刻不再有时间运用那种本质上是服从于外在于其自身的目的、本身不再是目的准备工作。（《沉思方法》）

不过，如果我们认为黑格尔肯定是第一个展示方法与历史性的这种本体论统一的哲人的话，那么我们就必然会得出下述结论，即主权**超越**的不只是"主体"（《沉思方法》，第 75 页），还有历史本身。这个结论并不意味着以古典和前黑格尔式的方式，重新回到那构成了《精神现象学》轮廓的一种非历史（anhistorique）的意义上去。因为，主权超越了意义的历史和历史的意义之整体，超越了总是已经悄悄地将二者连成一体的知识方案之整体。那么，非认知就是历史之外的（outre-historique）①，只是它参与了历史信息与

---

① （"……非认知，本质上是历史的，因为我们只能将它指认为某人、某时的某种体验。"）如萨特所说，非知识只有在话语的、经济学的、依赖性的层面上才是"历史的"，因为，它只能在确定的封闭范围中，才得以表达，得以确切地被指认。即萨特用来形容《内心体验》所说的那种"由决定性模式形成的叙述"（récit édifiant），而在此层面上，它相反是和知识、历史、意义站在一边的。

封闭性的绝对知识的形成，也重视后者，但是它以游戏的方式超越或模拟以背叛它们①。在这种模拟中，主权储存或预示了知识之整体，但它既不局限于既定的、抽象的认知，也不局限于既定的、抽象的非认知，它摆脱了绝对认知，将它打回原位，并在一个它不再主导的空间中安置并记录它。因此，巴塔耶的书写将所有的语义素（sémantèmes），即所有的哲学素（philosophèmes），与主权运作联系了起来，与意义整体性的那种无归路的消费联系了起来。它汲取意义的源泉以便将之耗尽。它将以一丝不苟的胆识承认它要有效地、经济地解构的那种东西的构成规则。

因此，巴式书写是根据巴塔耶称为**一般经济论**的那些路径进行的。

一般书写与一般经济论

至少在两个特征上，主权书写符合一般经济论：其一，它是一种科学；其二，它将其对象与无保留的意义之瓦解联系起来。

---

① 在靠**模仿绝对知识**以达成"非认知这一运作上讲，绝对知识只是诸种知识中的一种"，参照《内心体验》，第75页及以下各页，尤其是第138页及以下各页，那些关于笛卡儿式认知模式（"坚固的土壤上支撑着一切"）与黑格尔式认知模式（循环性）的重要论述。

《沉思方法》因此预示《被诅咒的部分》（*La Part maudite*）*：

> 将思想对象与主权时刻联系起来的科学，事实上不过是一种**一般经济论**，它考虑的是这些对象相互间的意义，最终是它们与意义之丧失的关系。这种**一般经济论**的问题是**政治经济学**（politique）** 层面的，但在此名下指称的科学，只不过是一种有限经济学，因为它是只限于商品价值层面的学问，它的基本问题是处理财富利用。**一般经济论**首先强调的是得不到利用多余能量的生产。因为只能使多余能量在没有目的的情况下流失，因此不会有任何意义。而这种无用途、无意义的流失恰恰就是主权。①

自然，作为科学书写的一般经济学并非主权本身。而且，主权**本身**也不存在。因为，主权消除了意义、真理及**把握物自身的价值**。这就是为什么它所打开的话语及与之建立的关系，首先不是真

397

---

* 《被诅咒的部分》是乔治·巴塔耶于 1949 年撰写的一本有关政治经济学的书，作者在其中提出了一种新的经济理论，他称之为"一般经济"。该作品包括第一卷：《消费的概念》（*La concept de Expense*），第二卷：《色情史》，第三卷：《主权》。它最初由法国的子夜出版社（Minuit）发行，被认为是巴塔耶最重要的著作之一。

** 这里所用的"politique"是现代经济学的旧称，即政治经济学，相对于家政经济学，"politique"指的是"public"。

① 如果从"反作用"的意义上去解释这些命题的话，我们恐怕会犯下严重错误。既定阶级对多余能量的消费并不是意义的瓦解性消费；它只是某种剩余价值在有限经济学空间中的那种有意义的重新占有。从这个角度上讲，绝对主权乃是绝对革命性的。即便从仅仅在意义空间内，即在有限经济学的空间内，重组了劳动世界并重新分配了价值的革命角度来看，它也是革命性的。这后一种运动的必要性作为一般经济论策略的一个阶段而言是严格的，只是巴塔耶只零星地、微弱地注意到它（比如在《被诅咒的部分》中，他提及"马克思的极端主义"和那个"马克思全权式表述的革命意义"），而且他常常用一些随机的近似值使它变得模糊不清（比如《被诅咒的部分》的第五部分）。

的，也不真实、或"真诚"①。因此，主权就是不可能（本身），它
不是什么别的，它就是"这种丧失"（巴塔耶用斜体来强调这一点）。
主权书写使话语与绝对非话语建立了联系。如一般经济论那样，它
不是意义的丧失，而是我们刚说过"与意义之丧失的关系"。它打
开了意义的问题。但它不描述非认知的不可能性，它只描述非认知
的效果。因为，"……简言之，谈非认知本身是不可能的，但我们
可以谈它的效果……"②

398　　　　因此，我们碰到不是认知科学的通常秩序。因为**主权书写既非
运作中的主权，亦非通行的科学话语**。后者的**意义**（其话语推论内
容及方向）就是建立从未知向已知的、可认知的关系，建立从未知
向总是已知或预知的关系。尽管一般书写**只有**与非意义建立**关系**才
有意义，但这种秩序在**那里**是反过来的。因为，与认知的绝对可能
性之关系在那里被悬置了。已知与未知联系在一起，意义与非意义
也联系在一起。"这种可以称作被解放了的（不过我宁愿说它是中
性的）认知乃是对从依赖性中摆脱出来（释放出来）的一种功能的

①　主权书写既非真亦非假，无所谓真诚不真诚。因为它纯属**虚构**，我们在虚构这
个词没有古典的真假对立、本质与表象对立的那个意义上使用它。主权书写摆脱了一切
理论或伦理的问题。同时，它又在次要层面上将自己提交给这些问题，如巴塔耶所言，
它在次要层面与劳动、话语、意义结合起来。["我想迫使我写作的是那种对变疯的恐
惧。"（《关于尼采》)] 在这一点上，我们可以最轻易也最合法地问巴塔耶的说法是否
"真诚"。而萨特正是这么做的："原来这就是让我们迷失自己，无须计算、无须补偿、
无须拯救的那种理由，不过，这种理由真诚吗？"稍后他又说："因为，巴塔耶最后写的
是，他在国家图书馆有个职位，他读书，他做爱，他进食。"

②　《关于绝对非认知的讲座》。因此，科学的对象就是非认知的"效果"，即是非
意义的效果。所以，比如上帝，就成了神学的对象。"上帝的存在也是非认知的某种效
果。"（同上）

应用：这种功能建立了未知与（牢靠的）已知的关系，而且从它摆脱依赖性的那一刻起，它就建立了已知与未知间的关系"（《沉思方法》）。如我们所看到的那样，这个运动仅仅是以"诗的意象"被勾勒了出来。

并不是因为精神现象学在绝对知识视域中运作，或者因为它依据绝对逻各斯的循环性运作因此被**颠覆**了。与其说它简单地被颠覆了，不如说它被纳入其中了：不是被认知理解力接纳，而是在一般经济论的开口之处被认知视域和意义外在形态记录了下来。一般经济论使这些视域和外在形态趋向消耗的无底深渊而非其基础，趋向价值的**无限**毁灭而非意义的终极目的。巴塔耶的非神学（athéologie）也是一种非终极目的论（a-téléologie）与非末世学。这种非神学，甚至在必须与主权式肯定区别开来的话语中，也并不是根据否定神学的路数操作的，这些没能令巴塔耶着迷的路数，却可能在拒绝所有谓词之外，在"存有"之外仍保留了某种超级本质性（super-essentialité）[1]；在存在者的范畴之外，仍保留了某种至上存在者和某种不可摧毁的意义。也许：因为我们这里触及了西方

---

[1]　参照如埃克哈特教长。讨论上帝的话语的否定运动不过是实证本体神学（onto-théologie positive）的一个阶段而已。"上帝是无名的……如果我说上帝是一种存在，那并不是真的；因为它是存在之上的一种存在，是一种超本质〔superessentielle，上帝的本质是不可知的，因为它超越了所有范畴，因为上帝是至高无上的。见路易斯·鲁吉尔（Louis Rougier）：《经院哲学：哲学破产的历史》（*La Scolastique*），1925。——译者注〕的否定"（《精神的更新》）。对于本体神学来说，这只不过是语言的一种戏法或兜圈子："当我说上帝不是一种存在，它在存在之上，我并不是在否定它的存在，相反，我将它指定为一种更高的存在。"（《如晨星》）在古希腊的阿瑞欧巴吉特（Aréopagite）的伪德尼（Pseudo-Denys）事件中有同样的情形。

思想中话语的极限及其最大胆量。我们可以证明他们之间的距离与接近度并没有多大差别。

　　既然精神现象学（及一般现象学）将现象性外在形态的后果与总是已经被预告了的某种意义的认知联系起来，那么它就相当于有限经济学，因为它受到商品价值的限制，也许我们可以重用那个定义的术语来加以说明，有限经济学是限制在"处理财富利用的一种科学"，它只关注物的意义及其构成的价值，关注物的**流通过程**（circulation）。而绝对认知的**流通性**（circularité）支配并包括的应当只限于这种性质的流通，即**再生产性消费的循环**。但价值的绝对生产与毁灭、多余能量本身，即那种"只能在没有目的的情况下无意义的"能量，却摆脱了以有限经济学呈现的现象学。因此，现象学只能将差异与否定性规定成意义的外形、瞬间或条件，也就是说，将差异与否定性当作劳动来规定。然而，主权运作的非意义，则既不是对意义的否定，亦不是它的条件，即便它也可以二者皆是，即便它的名称让人这么去理解。主权运作不储存意义。它在肯定与否定的对立之外运作，因为，消耗行为虽然诱发了意义的丧失，却并不是在其意义**真理**（bewahren）中那种被保存或被注视的表达之**否定面**。（它是一种对称性的断裂，）而这样一种断裂，却会扩散性地影响整个话语链。因为，一般书写的概念，只有在被放逐并被遣送到对称性替代方案之外才能被理解，但同时，它们似乎又是被这些对称性替代方案捕捉的，而且也以某种方式在那些方案中得以保留。主权运作的策略所利用的，也正是这种捕获与放逐。比如，如果我们考虑到**对无意义的注解**，那么，在形而上学封闭体内作为非价值自我**暗示**的东西，所**参照**的是价值与非价值之对立之外的东西，甚至是作为意义概念的价值概念之外的东西。那种为了摇撼话语知识之可靠性而以神秘性**自我暗示**的东西，所**参照**的是超越神秘性与理性之对立的①。巴塔耶绝对不是一个新神秘主义者。而 *400* 作为内心体验**自我暗示**的东西并非一种经验，因为它与任何表达、任何圆满没有关系，而只与它在痛苦中"经历"的那种不可能相关。这种体验却绝对不是内在的：如果说它看起来除了在非关系、秘密和断裂模式之外，与别的任何东西、任何外界无关，那它同样也是完全裸露于痛苦的、向外界敞开的，毫无保留，也没有内在深度可言。"当我说上帝不是一种存在，它在存在之上，我并不是在否定它的存在，相反，我将它指定为一种更高的存在。"

我们可以将一般书写的所有概念（如科学、唯物主义、潜意识等概念）置于这个模式之下。在那里，那些述谓词不是为了**要说**什么、要表述或意味什么，而是为了使意义滑动，为了谴责或转移意义。这种书写并不必然生产出一些新的概念单元。它的概念与古典概念的区别，不一定是因为那些基本谓词的形式特征，而是因为一些本身只由隐喻来定性的力量、高度等的质的差异。传统的名词虽

---

① 为了界定使黑格尔与科热夫分道扬镳的那个点，巴塔耶明确指出，他所理解的超越了"古典神秘主义"的"有意识的神秘主义"如黑格尔"在绝对伤心欲绝时"**显然对自己说**的"那种无神论的、有**自我意识的**、意识到必有一死与必须消亡的神秘主义；不过，这种绝对分裂对黑格尔来说，不过只是一个时刻而已：与黑格尔相反，有意识的神秘主义不会在'正面沉思绝对否定的同时'从这种绝对分裂中抽身，因为，他永远不会将之转换成绝对存有，他也拒绝这么做，而会保持那种暧昧性"（《黑格尔、死亡与牺牲》）。

被保留下来，但它们却受到**主次**之别、**古代**与**古典**之别①的影响。

这是在话语中标识那种区分话语及其超出物的唯一方式。

然而，以这些计策进行内部运作的书写，并不要将那些概念的时刻服从于它们最终于其中获得意义的某个系统之整体性。也不要将话语的滑动、差异和句法的博弈从属于某种预期的话语整体。正相反，如果差异间的博弈，对于适当地阅读一般经济论的概念是必不可少的话，如果必须将每个观念的滑动律重新记录下来并将之与主权运作联系起来的话，那么，我们就不应当使差异间的博弈变成对某种结构的从属时刻。巴塔耶的阅读必须在这两个陷阱间穿过。这种阅读不应当将观念孤立起来，仿佛它们就是它们自己特有的语境，仿佛我们能够立即理解那些如"经验""内在的""神秘的""劳动""物质的""主权的"

---

① 这里仍然是术语间的差异比其内容更重要。我们必须将这两组对立（主/次，古代/古典）与我们前面讨论诗歌时所显示的系列（主权式非依附/纳入/依附）配合起来。巴塔耶将"似乎暗示了某种无力"而作为某种"本真"的绝对主权而拒绝"权力运作"（即导致所依赖的主人统治）的那种上古绝对权力与"绝对主权这一古典概念"加以对立，后者因"与命令这一概念相关联"，而在同一词汇下拥有所有拒绝绝对主权运作的那些特性（诸如自由的、胜利的、自觉的、被承认的主体性，这种主体性因此也是被载体中介了的、脱离了自我的，同时它又借助奴隶的劳动从被摆脱的自我返回到自我）。而巴塔耶指出绝对主权的那些"主要立场"，如次要立场一样，能够"被纳入活动的领域"（《沉思方法》）。

主次的差异因此只是类似于古代的与古典的之间的差异。但二者都不能以古典的或次要的方式来理解。因为，古代的并非哲学话语所规定的那种始源的或本真的东西。主次对立并不像大小、高低的对立。在《老鼹鼠》[（*Vieille taupe*），因被《岔路》（*Bifurs*）杂志拒稿而未获发表]一文中，高低之对立，所有建立在"之上"（sur），如超现实、超人等词，与"之下"（sous），如地下等意义之对立，帝国主义的鹰与无产者的鼹鼠之对立的研究，都是以它们逆转的可能性来进行的。[马克思将历史的意义称作鼹鼠，它在地下悄悄地工作而常常不为人所知。——译者注]

等词的内容**所要说的**。因为那样做的缺点恐怕会是，将对自我提供话语自然要素的某种传统文化之盲点当作阅读的直接性。但反过来，我们也不应当将语境关注与意义的差异服从于允许或承诺绝对形式控制的一种**意义的系统**。因为那会删除非意义的超越，并重新坠入知识的封闭范围中去，这等于又没有读懂巴塔耶。

还是在这一点上，巴塔耶与黑格尔的对话是至关重要的。例如，黑格尔，以及其后进入哲学话语的那种确定性的人，恐怕都无法像巴塔耶那样以其规范了的滑动去阅读如"经验"这样的符号。巴塔耶并没有对此做进一步的解释，他只在《爱欲主义》中说道："在黑格尔的思想中，那种直接性的东西是不好的，而且，黑格尔肯定会将直接性与我称为直接经验的东西联系在一起。"然而，内心经验，即使在其主要时刻与中介分离了，它也不是直接性的。因为，它不享有绝对接近那个时刻的表达，而它尤其不能像黑格尔式的直接性那样进入载体运动。如黑格尔的逻辑学与现象学中呈现的那样，直接性与中介性，在哲学元素中同样是"从属性的"，也正因此它们可以彼此互通。所以，主权运作，也中断了以直接性形式呈现的那种从属关系。因此，要理解主权运作进入不了劳动，也进入不了现象学层面，就必须摆脱哲学逻各斯去思考那种不可思的东西。那么，怎样同时超越中介性与直接性呢？又如何从其整体上去超越那种对（哲学）逻各斯的"从属关系"呢？**也许**，我们**可以**借助主要书写："为了取消我身上的从属性运作游戏，我写作（毕竟这是多余的）。"（《沉思

402

方法》）不过，只是**也许**而已，而且"毕竟这是多余的"，因为这种写作不应当确保什么，它不提供任何确定性，不提供任何结果、任何益处。因为它是绝对的历险，那是一种运气，而非一种技术。

中性之僭越与扬弃之位移

超越了古典对立面的主权书写，是空虚的还是中性的？我们可能会这么想，因为它只有以**"既非此，亦非彼"**的形式中才能表述些什么。这不就是巴塔耶与布朗肖思想之间的那些亲和性之一吗？巴塔耶所提议的，不就是一种中性知识吗？因为"这种可以称作被解放了的（不过我宁愿说它是中性的）知识乃是对从依赖性中摆脱出来（释放出来）的一种功能的应用……它就建立了已知与未知间的关系"（前面已引过）。

但这里我们必须认真加以考虑的是，主权运作并非**中立性的**，话语性知识才是**中立性的**。中立性本质上是否定的（ne-u-ter），它是某种僭越之否定面。主权并不中立，即便它**在其话语中**使所有古典逻辑的矛盾或对立面中立化了。这种中立化在知识和书写句法中产生，但它与主权的、僭越性的确定相关。因为主权运作并不满足于**在话语中**使那些古典对立面中立化，它还在（主要是被理解的）"经验"中僭越那些与话语，**甚至与中立化劳动**一起构成了系统的法则或禁忌。巴塔耶在提出"中立

⁴⁰³

性认知"20页以后说："我建立了一种中立性认知的可能性了吗？我的主权性将它当作鸣唱的鸟儿来接待，不过它对我的辛勤劳动一无所知。"

所以，话语的瓦解并不是删除了一种简单的中性化过程。因为它繁衍词语，令它们相互撞击，也将它们吞没在无尽头无底的替换博弈之中，而这种替换博弈的唯一规则就是意义外的主权式肯定。它不是保留或撤离，也不是某种删除了古典话语印迹的空白言语之无限呢喃，而是一种符号的泼特拉奇（potlatch）*，它在死亡的欢愉肯定中焚烧、消费并浪费着语词：它是一种牺牲，也是一种挑战①。因此，比如：

> 从前，我以**内在经验**或**极端可能性**的名义指称主权运作。现在我也在**沉思**名下指认它。换一个词就意味着，使用任何一个词所带来的厌倦（**权力运作**是所有词中最麻烦的一个：喜剧运作从某种意义上讲会少一点欺骗性）；我比较喜欢用**沉思**这个词，但那只是表面的虔诚。（《沉思方法》）

发生过什么？我们对此什么也没说。我们不曾在任何一个词上停留过，因为，那条链不信任任何东西；也没有任何概念能满足那个要求，因为，所有的东西都相互规定，同时又相互摧毁或相互中立化。但我们**确定**了博弈的规则，或者更确切地

---

* 印第安人交换礼物的宗教节日。其规则是回馈赠礼以更厚重之礼。

① "除了公开无保留地挑战那对抗赌注的东西之外，赌注就什么也不是"[《宗教理论》这篇未发表作品的边注，巴塔耶试图将该文命名为"笑死与嘲笑死亡"（Mourir de rire et rire de mourir）]。

说，赌注就是规则；也确定了僭越话语的必要性及厌倦的否定性（即无论使用什么词，只要在其意义的可靠同一性中使用都会有麻烦）。

然而，这种对话语的僭越（因此，也是对一般法规的僭越，是对只能通过设定意义规范或意义价值，即一般合法性元素，才能成立的话语的僭越），如一切僭越一样，应当以某种方式保留并确认了它所超越的东西①。这是**僭越**自我肯定的唯一方式，因此也是它"以违法之暴力"进入某种神圣性的唯一方式。不过，巴塔耶在《爱欲主义》中描述"禁忌与僭越相互矛盾的经验"时，说道："可是，僭越与'回归自然'不同，因为它解除了禁忌而非铲除之。"在这句话下面加了一条注释，是这样写的："我们没有必要强调这种运作的黑格尔式特征，因为它回应的正是那不可译的德文动词扬弃（即在保存的同时超越）所表达的那个辩证时刻。"

"真的没有必要强调"吗？我们是否能像巴塔耶说的那样，用这个我们已经足够经常碰到的黑格尔式的扬弃概念所再现的奴隶的胜利及其意义的建构过程去理解这种僭越运动呢？

这里我们必须用反对巴塔耶的方式来解释巴塔耶，或者更准确

404

---

① 索勒尔在"屋顶"（*Le Toit*）中说："这个姿态……不可还原成古典逻辑的姿态……由于它任何逻辑似乎都建构不成。"这部作品的开篇就**在**所有形式的伪僭越、所有社会历史形态**系统之中**揭穿了它们，而正是在这些形态上，人们可以读出"那种无须抗议地活在法则之下的人与那种视法则为虚无者"之间的共谋关系。在后一种情况下，那种压制只不过是"加倍"了。见《屋顶：系统阅读试论》（*Le toit：essai de lecture systématique*），《泰凯尔》（*Tel Quel*），第 29 期。

地说，用他写作的一个层面来解释他的另一个层面①。在质疑 *405*
这个注释中那种似乎对巴塔耶来说是理所当然的东西的同时，我
们可能会突出那个这里使整个黑格尔式话语服从的位移形态。正因
为后者，巴塔耶比他所以为的更少一些黑格尔式意味。

黑格尔式的扬弃，完全在话语、意义系统或意义劳动的内部发
生。一种规定性在揭示了其真理的另一种规定性中被否定，同时又
得到了保存。从一种不确定性到一种无限的确定性，我们过渡到了

---

① 像每种话语一样，也像黑格尔的话语一样，巴塔耶的话语也具有某种解释性结
构的形式。生来就已经具有解释特征的每个命题允许在另一个命题中加以解释。因此，
如果我们谨慎地阅读，并且不脱离巴塔耶的文本的话，我们可以将某种解释从它的再解
释中剥离下来，并将它提交给连在其他命题系统上的另一种解释。这等于不需中断一般
系统性就能通过思想对其自身的解释去辨认出它的解释的强项与弱项，这些力量差异维
持了有限话语的策略必要性。自然，我们自己的解释性阅读力求穿过那**我们**解释为主要
时刻的东西以求将它们联系起来。这种"方法"——我们在那种认知封闭范围中这样称
呼的东西——通过我们追随巴塔耶在此关于意义与真理顿符的悬置所写的来为自己辩
护。这既不免除也不禁止我们去确定强与弱的**规则**。而弱点总是：（1）远离绝对主权时
刻的一种功能，（2）对认知的严格规范一无所知的一种功能。最强的力是某种在最有胆
实的僭越中继续保持并承认禁忌系统（如知识、科学、哲学、劳动、历史等等）之必要
性的写作之力。这种写作总是在受限制的这两种面目之间被标识。

巴塔耶话语的那些孱弱时刻，有的被这种确定的无知，即某种对哲学的无知标示
的。比如，萨特公正地写道，"他明显地没有明白他经常说起且说得不对的海德格尔"，
而那个时候"哲学就要报复了"。关于对海德格尔的参照这里有很多可说的。但我们放
到别处去做。让我们只记住巴塔耶的"弱点"在这一点及其他方面反映的是同一时期那
些"专业哲人"对海德格尔的阅读弱点。萨特采纳科尔彬（Corbin）将 *Dasein*（缘在）
译作 *réalité-humaine*（人的现实）的翻译（它有《存在与时间》的头四段已经警告过的
后果无穷的一种畸变），并将它当作某种话语的元素，以一种强调的语气谈"尼采和我
们的作者，即巴塔耶，某种共同的人道主义"等等，所有这些在哲学上都是相当**冒险
的**。我们要大家注意这一点以便澄清巴塔耶的文本与背景，同时，我们也并不怀疑这种
冒险的历史必要性及其唤醒功能，后者曾是那个不属于我们的情境所付出的代价。所有
这一切都值得承认。唤醒与时间是必要的。

从规定性到规定性的转换，而正是这个由无限之不安引发的转换将意义连贯了起来。黑格尔式的扬弃被包含在绝对知识的循环中，它从不超出它的封闭范围，也从不悬置话语、劳动、意义、法则等的整体性。因为它从不揭开绝对知识的形式面纱，而是保持着它，所以它不折不扣地属于巴塔耶所说的那个"劳动世界"，也就是说属于以其整体性呈现的那种不易察觉的**禁忌**世界。"部分致力于劳动的人类集体正是由这些**禁忌**来界定的，没有后者，前者就不会变成这个它本质上如此的**劳动世界**。"（《爱欲主义》）因此，黑格尔式的扬弃应属于有限经济学，是一种禁忌向另一种禁忌的转换形式，是

406 禁忌的**循环运动**，是以禁忌真理呈现的历史。因此，巴塔耶只能以**类比**的方式使用扬弃的那种**空虚**形式，去指称将意义世界与非意义世界联系起来的那种僭越关系，而**这是前所未有的举措**。这种位移是范式性的：因为，它显示的是哲学内在的概念，即典型的思辨性概念，被迫以书写的方式指称一种本身构成了一切可能的哲学素的超越运动。而正是这个运动使哲学以一种天真或自然（在黑格尔那里也是文化的）的意识形式而显现。只要扬弃被限制在有限经济学中，它就只会陷入这种自然意识之中。而《精神现象学》中的那个"我们"，就徒劳地将自己当作那种嵌入其历史、其外在形态的规定性之中的天真意识一无所知的那种知识，这个"我们"就始终是自然而通俗的，因为它只能将这种**转换**及其**真理**当作意义或价值的循环运动来思考。它从自然意识出发去展开意义或意义的欲望，而这种自然意识是自闭于以**认知意义/方向**为目的的循环当中的：总是从哪儿来到哪儿去的循环。它**看**不到（意义的）历史从中产生的那

个游戏的无底深渊。在此范围内，哲学、黑格尔式思辨、绝对知识及它们在其封闭框架中无止境地指挥并将继续指挥的一切，就始终是自然意识、依赖性意识、通俗意识的一些规定性而已。因为，在那里，自我意识是有依赖性的。

> 从极端认知到分布最广泛的通俗知识，其间的差异微乎其微。在黑格尔那里，对世界的知识是第一个来者的认知（这**第一个来者**不是黑格尔，**但他却**为黑格尔决定了那个触及疯狂与理性之差异的关键问题：建立在那种通俗观念上的"绝对知识"在这一点上确认了那种通俗观念，并成为其形式之一）。因为，我们身上的通俗知识就如同我们身上的另一种**组织**！……从某种意义上说，我只有离开这种"组织"才能看到它。也许，我应当立即说的是：我能看到它的条件，就是去死。（因此）在任何时候我都不可能**看到它**！（《沉思方法》）

如果一切意义的历史，是用奴隶这个外在形态在画面的一个点上汇集并得以**再现**的话，如果黑格尔的话语、绝对逻辑及科热夫所说的那种绝对的书都是奴性（的）语言，即劳动（者的）语言的话，那么，我们就可以任意从左到右或从右到左地阅读它们，将它们当作反应式运动或者革命性运动去阅读，或者将它们当作二者兼而有之的运动去阅读。因为，只能从一种既定的意义去读通过书写对绝对的书的这种僭越，恐怕是荒谬的。由于扬弃的形式是在这种僭越中得以保持的，因此这个想法恐怕既荒谬又使对意义的僭越过于充满意义。从右到左或从左到右：这两个相互矛盾而又过于明智/方向明确的建议，同样地在某个既定的点上缺乏恰当性。

407

对于它们在某个非常确定的点上的这种非恰当性，我们必须尽可能地去监视其后果。如果绝对地拒绝控制使用这个事实的话，我们就会对一般策略毫不了解。如果我们将它借出，如果我们放弃它，如果我们将它交给无论何人之手：无论是右手还是左手。

···········

　　我只有离开这种"**组织**"才能看到它。也许，我应当立即说的是：我能看到它的条件，就是去死。（因此）在任何时候我都不可能**看到它**！

因此，绝对知识的那种庸俗**组织**及致命的睁"**眼**"* 是存在的。那是文本与注视的存在，是意义的依赖性与对死亡的警觉，是次要的写与主要的光。

从写到光，绝对的他者，某种文本，它沉默地追踪眼睛的结构，描述那个睁开眼睛的时刻，探索"那种绝对撕裂"，彻底撕裂为了将自己提供给阅读那变得"牢固"而具有服从性的特有组织。

---

　　* 借用巴塔耶作品《眼睛的历史》（*Histoire de l'oeil*）的用意。

人文科学话语中的结构、符号与赌注

对解释的解释比对事物的解释更多。　　　　　　　　

蒙田

　　如果结构这个词所承载的意义只是结构或结构主义要求的那种还原或怀疑功能的话，那么，也许在结构概念的历史中，发生了我们可以称作"事件"的东西。我们就索性将它称作"事件"吧，同时将"事件"这个词置入括号里谨慎地使用吧。不过，这个事件会是什么呢？它也许会有某种**断裂**与**重复**的外在形式。

不难指出结构概念，甚至结构这个词，都具有"认识"（epistémè）＊ 时代的特点，也就是说它们属于西方的科学与哲学时代，这个时代的西方科学与哲学都植根于日常语言的土壤，而认识从这土壤的深处将它们汇集起来，最终以隐喻性位移的方式将它们带向自身。总之，在我想要找出其结构，更确切地说其结构之结构性的这个事件之前，这种结构一直运作着，但它总是被人们坚持要赋予它一个中心，要将它与某个在场的点、某种固定的源头联系起来的做法给中性化了，给化约了。中心的功能不仅仅是用以引导方向、平衡并组织结构的，因为我们其实无法想象一种无组织的结构，而且它更使结构的组织原则对我们所称的结构之**赌注**加以限制。的确，通过定向并组织系统内的连贯性的结构中心，是否还允许整体形式内的元素进行博弈？被剥夺了中心的结构，今天仍然是不可思的。

410　　　然而，中心也关闭了它所开启并使之成为可能的赌注。因为，内容、元素、术语在中心那个点，是不再可能替换的。中心禁止元素（也可以是结构中的结构）的排列或转换。至少这种排列或转换一直都是**被禁止**的（我有意使用**禁止**这个词）。因此，人们总是以为本质上就是独一无二的中心，在结构中构成了指挥结构同时又摆

＊ epistémè 是源自古希腊词 ἐπιστήμη 的哲学术语，可以指知识、科学或理解，其动词形态 ἐπίστασθαι，意指了解、理解或熟悉。柏拉图将 epistémè（知识）区别于 doxa（一般信念或见解）。epistémè 也有别于 techne（技艺或实际应用）。"认识论"（épistémologie）一词就是从该词衍生来的。米歇尔·福柯在他的著作《事物的秩序》中，以特殊的意义使用了 epistémè 一词，意指奠定了知识及其话语的历史的而非时间性的先验基础，它再现的是特定时代的认知可能性条件。在后来的著作中，他明确指出，几种认知可能同时存在并相互作用，构成各种权力知识系统的一部分。

脱了结构性的那种东西。这正是为什么，对于结构的古典思想来说，中心，可以充满悖论地既在结构内又在结构外。因为它处于整体的中心，可是，中心却不属于它，因为整体的中心在别处。因此，这个中心也就并非中心。中心化了的结构概念，尽管再现了内在一致性（cohérence），也再现了以哲学或科学形式呈现的知识之条件，却是以矛盾的方式获得这种一致性的。如通常的情况一样，矛盾的内在一致性表达了欲望的某种力量。所以，中心化了的结构概念其实是建立在某种固定不变且确定的基础之上的一种赌注概念，只是这种固定不变且确定的基础本身却是摆脱了赌注的。因为，这种确定性可以使焦虑得到控制，但是，结构中心概念的诞生总是以某种方式介入博弈、卷入博弈，而且从一开始，它就是博弈中的赌注。从那个既可以外又可以内，无所谓被称作始源或终结、元力（archè）或终极目的（telos）的所谓的中心出发的重复、替代、转换、排列，总是在我们可以通过表达形式唤醒或预告其始源或终结的某种意义之历史中进行的，简单地说就是在历史中进行的。这也就是为什么我们会说任何作为元力学的考古学（archéologie）的运动，就像任何作为终极目的论的末世学（eschatologie）运动一样，是这种结构之结构性还原的同谋，而且它总是试图从某种圆满的、博弈外的在场角度去思考结构之结构性。

如果确实如此的话，结构概念的整个历史，在我们所说的那种断裂之前，就应当被当作一系列的中心置换及中心之规定性链条来思考。因为，这个中心以规范了的方式不断地接纳不同的形式或不同的名称。形而上学史就如西方历史一样，应该就是这些隐喻及换

411

喻的历史。请原谅我为了尽快进入主题而尽量简略地展开论述，它的母体应该就是以**在场**（指该词的全部意义）呈现的存有的那种规定性。我们也许可以指出，基础、原则或中心的所有名称指的一直都是某种在场［本相、元力、终极目的、能量、本质、实存、实体、主体、揭蔽（aletheia）*、先验性、意识、上帝、人等等］的不变性。

断裂事件，即我在文章开始隐射的那种中断，恐怕会在我们开始思考结构之结构性，也就是说被思考重复的时候才发生，这也正是为什么我说这种中断就是重复的理由，我是在重复这个词的所有意义上使用它的**。此后我们还要思考的是以某种方式在结构构成中主导中心欲的那种法则，还有主导了中心位移及中心在场法则之替换的那种表意过程；不过，这个中心在场从来就不是它本身，因为它总是已经被它的替身流放到其自身之外去了。而这种替代物不能替代已经存在的任何东西。从那一刻开始，我们不得不开始去想，也许中心并不存在，我们不能以在场存在者的形式去思考中心，因为中心并没有自然的场所，它并非一个固定的地点，而是一种功能、一种符号替换无止境赌注的非场所。它也正是语言进犯普遍问题场域的时刻，因为在那个时刻，中心或始源缺席，一切都变

---

* aletheia 这个概念来自古希腊哲学，巴门尼德在他的诗《论自然》中使用这个古希腊语词αλήθεια。巴门尼德将它认作 alétheia（真相领域），它与 doxa（见解领域）相对立。海德格尔更新了对这个概念的研究角度。他从该术语推断出两个最初截然不同的概念：因遗忘和否定而导致的"真相"之揭示和与"表象"相对的"现实"。

** répétition 这个词在西文中有两个意思：一是重复（过去的）；二是彩排，为正式演出做准备。

成了话语（当然条件是人们可以借助话语相互了解），也就是说一切变成了系统，在此系统中，无论是始源或先验的中心所指，永远绝对不会在差异系统之外呈现。因为，先验所指的缺席，无限地延伸至表意的场域及其赌注。

这种以结构之结构性观念呈现的去中心（décentrement）运动是从哪里产生的？又是怎么产生的呢？用某个事件、某个学说或某个作者的名字来指认这个发生过程可能会显得有点天真。因为，这个发生过程，无疑地属于整个时代，它也属于我们，而且它总是早就已经有征兆，而且早就已经开始酝酿了。假如，我们执意要选择一些"名字"作为参考给出一些以最极端的方式尽可能地接近这个发生过程的作者的话，那我们肯定会引用尼采对形而上学，对存有及真理概念的批判，因为这些概念在他那里被博弈、解释和符号的概念（即表达场真理的符号）所代替；我们还可引用弗洛伊德对自我呈现的批判，也就是说他对意识、主体、自我一致性、自我临近（proximité à soi）、自我属性的批判；更激进一点，我们就得引用海德格尔对形而上学、存有神学、作为在场的存有之规定性的瓦解性批判。然而，所有这些瓦解性话语及其同类都是以某种循环方式进行的。而且这种循环是独一无二的。它所描述的是形而上学历史与形而上学历史的瓦解之间的那种关系之形式：因为，绕过形而上学的概念去动摇形而上学，**没有任何意义的**；因为，我们不具有与这个历史全然无关的任何语言、任何句法和词汇；因为，我们甚至无法陈述任何瓦解性命题，因为它已经陷入了它所要质疑的那种形式、逻辑及隐含的假设之中。我们可以举众多例子中的一个：

412

我们正是借助了**符号**的概念，才动摇了在场形而上学。但是，如我刚才所示，从我们想要指明并不存在先验或具特权的所指，表意过程的场域或博弈并没有限制那一刻开始，我们就得拒绝使用符号这个概念与这个词，但是我们做不到。因为，表意这个词里所含的"符号"的意义一直是作为某物的符号来理解与规定的，它也被理解与规定为指向某个所指的能指，及其所指之不同能指。假如我们删除能指与所指间的根本性差异的话，那就等于说，必须放弃能指这个词本身，因为它是个形而上学概念。当列维-斯特劳斯在《生与熟》"序"中说他"一开始就立足于符号层面以求超越感性与知性的对立"时，他这种姿态的必要性、力量及合法性就只能使我们忘记符号概念本身是不能超越感性与知性之对立的。因为，符号概念的历史从头至尾就是由这种对立规定的。它只能在这种对立及其系统中存活。因此，我们不能摆脱符号的概念，因为我们不可能放弃与形而上学的这种共谋关系，否则我们会同时放弃了对它所进行的批判工作，而且会有在将所指还原成能指的那种自我一致性中删除差异，或者索性将其驱逐于自身之外的风险。因为，删除能指与所指的差异有两种不同质的方式：一种是古典的，旨在还原能指或引导能指以便最终使符号**服从于**思想；另一种是我们这里用来反对前面这种方式的，它强调的是要质疑那个使前面的还原得以运行的系统：首当其冲要质疑的，正是那个将感性与知性对立的系统。因为，它的**悖论**正是符号形而上学还原需要它所想要还原的这种对立。对立与还原构成了系统。我们这里所说的关于符号的一切，可以推及到所有的形而上学概念与语句，特别是关于"结构"的话

413

语。不过，陷入这种循环的方式有很多种。有些方式更质朴、更偏经验、更系统，也更为接近这个循环的表述法乃至其形式化过程，而另一些方式缺少上述特征。正是这些差异解释了瓦解性话语的多样性，也解释了话语的持有者之间的意见分歧。比如，尼采、弗洛伊德和海德格尔所使用的概念都是从形而上学那里继承来的。由于这些概念并非元素、单子，也由于它们是在某种句法或系统中运行的，所以，对它们每一个既定的借用都会随之牵涉上整个形而上学。也正是这种东西使得瓦解者相互之间的瓦解成为可能，比如，海德格尔能以与清醒和精密同样的恶意和曲解，将尼采当作最后一个形而上学者、最后一个"柏拉图式的哲人"。我们也可以将这种练习用在海德格尔、弗洛伊德或其他一些人头上。今天，没有比这种做法更流行的了。

现在，当我们转向所谓的"人文科学"时，这个形式上的模式又有什么相关性呢？其中有一门学科可能地位更特殊。那就是人种学/民族学。其实，我们可以说作为科学的人种学/民族学只有在去中心运动可以操作的时候才能诞生：也就是去欧洲文化中心，因此也是形而上学及其概念的历史遭到**解体**、被逐出其领地，而不得不因此停止以参照性文化自居的那个时刻。那首先并不是哲学或科学话语的时刻，它还是经济、政治、技术等的时刻。我们可以肯定地说对人种中心主义的批判这一人种学/民族学诞生的必要条件，并非偶然地与形而上学历史的系统而历史地瓦解同步出现。但它们属于同一个时代。

然而，如任何科学一样，人种学发生在话语元素中。它首先是一种欧洲学问，即便它不情愿，还是使用了欧洲的传统概念。因此，无论它愿意与否，这种情况都不由它决定，因为人种学在谴责人种中心主义的同时，在自己的话语中接纳了人种中心主义的前提。这种必然性是无法避免的，因为它不是一种历史的偶然，所以我们必须思考它的含义。不过，如果没有人能摆脱这种必然性，也没有人能因此承担向它妥协的责任的话，哪怕只有一点责任，那也并不意味着所有的妥协方式的重要性都是等同的。因为，话语的质量和丰富性是以它思考与批评自身、形而上学历史及与其承袭的概念间关系的严格性来加以衡量的。问题涉及的是对人文科学所使用的语言的某种批评关系，还有对话语的某种批评责任。它还涉及如何明确而系统地提出向传统借用必要资源以便解构该传统本身的某种话语身份问题。因此，这也是一个**经济论**与**策略性**问题。

我们之所以将列维-斯特劳斯的文本作为一个例子来考虑，那不只是因为人种学/民族学今天在众多人文科学中具有的特殊地位，也不是因为他的思想对当代理论格局有着重要的影响，主要是因为列维-斯特劳斯的工作预示了一种抉择，而这种抉择使得关于语言批评及人文科学中的批评语言的一种学说得以**用一种多少明晰的方式**展开。

就让我们以自然与文化这个对子选作诸多主线之一来追踪列维-斯特劳斯文本中的这种运动吧。尽管这个对子不断更新，具有各种表象，它却是先天就属于哲学领域的。甚至比柏拉图更古老。至少，它与古希腊诡辩派同龄。自从有了物体（physis）/规范（nomos）、物体（physis）/技术（techne）这些对子，它就一直以"自然"与法

律、制度、艺术、技术，甚至还有自由、专断、历史、社会、精神等
的对立这一整个历史链影响我们。然而，列维-斯特劳斯从他的研究
工作伊始，从他的第一部著作《亲属关系的基本结构》开始，就体
会到了使用这个对子的必要，同时也意识到信任它的不可能。在对
那些亲属关系的**基本结构**的研究中，他以下述这个公理或者说定义
为出发点，即那种普适的、自发的、不依赖任何特殊文化及既定规
范的东西属于自然。相反，那些依赖某种用以规范社会并因此能够
使一种社会结构**有别于**另一种的**规范**系统的东西，则是隶属于文化
的。这两个定义都是很传统型的。不过，从《亲属关系的基本结
构》的第一页开始，信任这些概念的列维-斯特劳斯，就遇到了被
他称作**丑闻**的东西，那种东西不再容忍他已经接受了的自然与文化
对立，而且似乎**同时**具有自然与文化之属性。那就是**乱伦禁忌**。乱
伦禁忌是普遍的；在此意义上，我们可以说它是自然的，但它同时
又是一种禁忌，是一套规范及禁忌的系统，在此意义上，我们又不
得不说它是文化的。列维-斯特劳斯写道，"因此，如果我们假设人
类中所有普遍存在的事物都是自然秩序的一部分，并且都有自发
性，而一切强行规范的都属于文化，并且具有某些相对而特殊的属
性，那么，我们就会面对根据前述定义看起来离丑闻不远的某种事
实，或者说一组事实。因为，乱伦禁忌毫不含糊地表现了这两种我
们认为是彼此矛盾并互相排斥的属性之不可分离：乱伦禁忌构成了
一种规则，不过，这种规则在所有社会规则中，是唯一具有普适性
特征的规则"（第 9 页）。

　　显然，只有在承认自然与文化之差异的概念系统之**内**，才会有

416

这种丑闻可言。列维-斯特劳斯以乱伦禁忌的"事实陈述"（fac-tum）来展开它的工作，因此就切入了总是想当然地将差异删除并质疑它的那个点。因为，只要乱伦禁忌不再用自然与文化的对立来思考，它就不可能再是丑闻了，也不再是透明的表意网络中那种不透明的核心了；它也不再是我们根据传统的概念所认定的丑闻了。因为，它摆脱了这些概念，而且肯定前在于它们，还有可能就是它们存在的前提条件。我们也许可以说，以自然与文化的对立形成其系统的全部哲学概念域让那些使之成为可能的东西被遗忘了，也就是说使乱伦禁忌之源被遗忘了。

这个被扼要提及的例子只不过是众多例子中的一个，但它已使语言自带其特有的批评必要性这一事实得以显现。只是这种批评可以通过两种途径、两种"方式"进行。当我们感受到自然与文化对立之局限性时，我们会想要系统地并严格地质疑这些概念的历史。这是第一种途径。这样一种系统而历史的追问，从古典意义上讲，既不是语文学（philologique）的方式，也不是哲学的方式。因为关注哲学整体历史的基础性概念并对其加以解构，并不是语文学者或古典哲学史家的工作。尽管表面上如此，这种方式无疑是迈向哲学外的、最有胆识的第一步。与那些认为自己已经长期轻松运用了哲学的人相比，思考"哲学以外"的出口要难得多，因为前者一般都深陷于他们自以为摆脱了的形而上学话语之中。

417　　我认为另一种选择更符合列维-斯特劳斯的做法，为了避免第一种方式可能会依据经验发现的秩序，清洗并保存所有旧概念，并不时地揭示它们的局限性，也就是说，将它们当作依旧能使用的工具。它不再赋予它们任何真值、任何严格的意义，只要有其他更为适合的工具，它们就会随时被放弃。与此同时，其相对的效用会被继续开发，用来摧毁它们作为零件所从属的那部老机器。人文科学的语言，正是以这样的方式进行**自我**批评的。列维－斯特劳斯认为以此方法可以将**方法**与**真相**、方法之工具与它所针对的客观意义区别开来。我们几乎可以说这就是列维－斯特劳斯的第一个断言，总之，它是《亲属关系的基本结构》的开篇词："我们开始明白自然状态与社会状态间的那种区别（如今我们更情愿用自然状态与文化状态这种说法），虽然它没有任何可接受的历史意义，却表现了它作为现代社会学的一种方法工具而具有的完全合法性的利用价值。"

列维－斯特劳斯永远忠实于这种双重的意向，在批判概念真值的同时将它当作工具保存下来使用。

因此，他**一方面**将继续质疑自然相对于文化这个对子的价值。《亲属关系的基本结构》发表 13 年后，他的《野性的思维》依然忠实地回应了我们刚刚读过的那个段落，他说："我们昔日所强调的那种自然与文化的对立，今天看来给我们提供的几乎仅仅只有方法论的价值。"如果我们同意使用应当受到怀疑的"存有论"概念的话，那也许我们可以说，这个方法论价值不受"'存有论'的非价值"影响："将特殊人文学纳入一般人文科学恐怕是不够的；因为，这第一种事业是其他一切学科的开端，它要求那些属于精确科学与自然科学学科将文化重新纳入自然，并最终使生命重新融入其整体的化学物理条件中去"（第 327 页）。

418　　另一方面，列维-斯特劳斯还在《野性的思维》，以**拼装**（bri-colage）* 的说法来表达这种方法。列维-斯特劳斯说，修补匠就是使用"不求人方式"的人，他找的都是手边现成的可用工具，这些工具并非根据特殊的操作功能、为了适应什么而设计，必要的时候，他也会毫不犹豫地对工具加以改造，他会尝试几次，即便这些工具的来源和形式各异。因此，拼装形式中有一种对语言的批评，而且我们甚至可以说拼装就是批评语言本身，尤其是文学批评的批评语言：这里我想到的是热内特（Gérard Genette）的那个文本《结构主义与文学批评》，那篇文章是为了向列维-斯特劳斯致意而发表在《弓》上的。文中说，有关拼装的那种分析几乎可以"一字不漏地用在"批评，尤其是用在"文学批评"上［转引自热内特：《形貌》，塞伊（Seuil）出版社，第 145 页］。

如果把拼装称作向某种多少有一致性而被毁坏了的遗产之文本借用概念的那种必要性的话，那么我们就不得不说，一切话语都是拼装者。列维-斯特劳斯使之与拼装者相对立的工程师，则应当自创其全部特有的语言、句法、词汇。在此意义上，工程师就是神话。因为，它是其特有话语之绝对来源的主体，是"从头开始"建构其特有话语的主体，也就是动词的创造者，就是动词本身。因

---

* 拼装概念由人类学家列维-斯特劳斯（Claude Lévi-Strauss）在 1962 年出版的著作《野性的思维》中首次提出。他认为修补匠和原始人类解决问题的方法类似：修补匠喜欢凡事自己动手，并会运用手边现有的材料和工具来完成工作；而原始人类面对未曾遇到的问题时，并不会想出新的概念，而会重新组合并进行修改现有的工具，以适应这些新的状况并找出解决问题的方法。

此，这种工程师观念必须与所有形式的拼装断绝关系，而这种想法本身就是一种神学思想。如列维-斯特劳斯在别处告诉我们的那样，拼装就是神话式创造（mythopoétique）*，那么，我们可以打赌，工程师是由拼装者造出来的神话。只要我们不再相信这种工程师，不再相信中断了与历史传承之关系的话语，只要我们承认一切有限话语都服从于某种拼装方式，而工程师或博学者也不过是拼装者中的一种的话，那么拼装思想本身就受到了威胁，因为，它的意义赖以存在的那种差异性解体了。

这引出了第二条线索，它对我们有引导作用。

列维-斯特劳斯不只将拼装活动描写为智性活动，他也将之描写成一种神话式创造活动。在《野性的思维》（第 26 页）中有这样一段话："像技术层面上的拼装那样，神话反思可以在智性层面上达到出色而出人意料的结果。反之亦然，所以我们常常注意到拼装的神话式创造特征。" *419*

但列维-斯特劳斯的出色努力，不仅仅在于提出了神话与神话学（mythologique）活动的某种结构科学，尤其是在他最近的研究里。他的功劳，在我看来几乎首先在于他赋予关于神话的话语那种

---

* 又写作 mythopoeïa 或 mythopoièse，源自古希腊词 *muthos*（叙事诗、寓言）和 *poiein*（创造、制造），指的是寓言的创作。文学批评中用来指以文学形式有意识地创造出来的完全个性化的神话或神话学。这个词是由诗人弗雷德里克·迈尔斯（Frederic Myers）创造的，法国比较文学批评家皮埃尔·布鲁内尔（Pierre Brunel）在他 2003 年出版的《文体的神话式创造》（*Mythopoétique des genres*）中用它来界定某种文类，构成个人神话式创造的作品的两个必要原则：一是作者具有造物者的功能，二是他所描述的世界十分复杂与具体。在精神分析领域，这个用来指所有基于幻觉创造的具有连贯性的想象产品。

他称为"神话学"的定位。正是在那个时刻,他关于神话的话语反身自省并反身自我批判。而这一刻,这个关键时刻所关注的,显然是人文科学领域所共享的一切语言。那么,列维-斯特劳斯关于他的"神话学"究竟说了什么呢?在这里,他使我们重新发现了拼装的那种神话式创造力。实际上,在他这种寻求话语新身份的批判性探索中,最诱人的是他宣布放弃对**中心**、**主体**、特权性**参照物**、源头或某种绝对元力的参照。我们可以在他最近那本《生和熟》书中的整个**开篇**部分看到这个去中心的主题。这里我只标出一些关键点。

(1)首先,列维-斯特劳斯承认他在该书中当作"参照性神话"来用的巴西原住民博罗罗(bororo)神话配不上参照性这个称号,这么对待它不仅名不副实,而且是一种滥用。因为,这个神话不比任何其他的神话具有更特殊的参考价值:"其实,博罗罗神话之所以被我们当作**参照性神话**,如我们试图显示的那样,没有别的什么意思,它不过是来自同一社会或来自或近或远的邻近社会的神话的一种更发达一点的变形罢了。因此,选择无论哪个社会的代表性神话作为出发点都是具有合理性的。从这一点出发,参照性神话的价值并不在于它的典型特征,而在于它在某一神话组群中所处的不规则位置。"(第10页)

(2)神话的绝对统一体或绝对源头是不存在的。策源地或者发源地总是些捉不住的、不可落实的,而且首先是些不存在的影子或虚拟相。一切都始于结构、形态或关联。所以,关于神话这种无中心结构的话语,本身不可能有绝对主体及绝对中心。它要想不错失

420

神话的形式与运动，就必须避免将描述非中心结构的某种语言变成中心的那种暴力。因此，必须放弃科学或哲学话语，放弃**认识**，因为，认识有一种要回到发源地、回到中心、回到基础、回到原则等的绝对要求。与**认识论**话语相反，关于神话的结构式话语，即神话—学话语，本身就应当是**神话形态**的（mythomorphe）。它应当具备它所说的那种形式。这正是列维-斯特劳斯在《生和熟》里说的，我现在要读一读这优美的片段：

"其实，神话研究提出了方法论的问题，因为它不符合将困难分成许多部分来解决的笛卡儿式原则。神话分析不存在真正的术语，也不存在分解工作之后可以把握那种秘密统一体。因为，神话的主题无限地分解。当我们以为已将它们彼此理清并分离开的时候，我们才发现它们因为受到不可测的亲和性外力的作用又重新焊接在一起。因此，神话单元不过是带有倾向性和投射性的，它从不反映神话的某种状态或某个时刻。作为由诠释力介入而产生的想象现象，神话单元的角色是赋予神话一个综合性的形式并防止它消解在矛盾混乱之中。所以我们可以说，神话科学是**无弹性光曲线法**（anaclastique）*，我们使用的是这个古词的词源学意义上的广义用法，它的定义包括了对光反射线与折射线的研究。但与追求发源

---

* anaclastique 一词的古希腊词源是 ἀνάκλαστος（anaklastos）。物理学指的是光线被折射或反射的点。无弹性曲线指的是一种明显的曲线，我们通过折射介质可以看到一条直线。它的光学部分，只处理折射，即屈光。又称为光反射学。列维-斯特劳斯认为神话对神和魔的处理方法就是一种无弹性光曲线法，即关于光线反射和折射的知识，但我们无法确定这些光源（多个）是空的，它们是否一直存在。对当代西方思想来说，它们是无法被企及的知识。

地的哲学反思（réflexion）不同，这里所说的那种反射（réflexion）
关心的是，被剥夺了除虚拟光源外的任何其他光源的光射线……想
要模仿神话思维的那种自发运动，这部著作既太短又过长，它不得
不服从这种神话思维的苛求并跟随它的节奏。因此，这本关于神话
的书，从某种意义上来说就成了一种神话。"稍后这种说法又在第
20 页重复出现："由于神话本身是基于二阶代码的（一阶代码是构
成语言的代码），这本书提供的就是某种三阶代码草案，目的在于
确保多种神话间的相互可译性。所以，将这本书当作神话来看并不
为过，我们也可以说它是神话学的神话。"因为神话或神话学话语
没有任何实在固定的中心，所以，列维-斯特劳斯为这本书的结构
选择了音乐模式就变得合情合理了。中心的缺席这里指的是主体的
缺席，也是作者的缺席。"神话与音乐作品看起来像交响乐的指挥，
它们的听众都是沉默的执行者。如果问作品的实在策源地在哪儿，
我们的回答只能是：没有确定的答案。音乐与神话学使人面对的是
虚拟对象，只有它们的影子是现实的……神话没有作者……"（第
25 页）

　　因此，正是在这一点上，这种人种学的拼装有意识地承认了它
的神话式创造功能。但同时也是由于这种功能，使对中心的哲学与
认识论苛求显得像一种神话学，也就是说像一种历史的幻象。

　　但是，即便我们意识到列维-斯特劳斯这种姿态的必要性，也不
能忽略它的风险。假如这种神话学就是神话形态学的话，那么，所有
关于神话的话语是否都具有同等的价值呢？我们是否应当放弃使我们
能够区别关于神话的不同话语之质量的一切认识论要求呢？这个问题

很古典，但却是不可避免的。只要哲学素（philosophème）、理论素（théorème）与神话素（mythème）、神话式创造素（mythopoème）的关系问题没有明确地提出来，我们就无法回答这个问题。我想列维-斯特劳斯回答不了，而此事却事关重大。因为，如果没有明确地提出问题，我们就势必会将哲学的僭越转化为哲学领域内一种未被注意到的缺陷。经验主义恐怕就是其缺陷总是种属之缺陷的那种类型。跨哲学（trans-philosophiques）概念，也会因此而被转化成哲学的幼稚。我们可以找到很多例子来表明这种危险，比如，符号、历史、真理等概念。我想强调的是，超越哲学的通道并不是要**绕过哲学**（那常常等于糟糕地运用哲思），而是要**以某种方式**继续阅读哲学家们的工作。我所说的那种风险，列维-斯特劳斯一直是承认的，因为那就是他的努力所要付出的代价。我说过，经验主义是威胁着想要成为科学的话语的一切错误之母体，尤其在列维-斯特劳斯那里。不过，如果我们想要深入挖掘经验主义与拼装的问题，我们肯定很快会回到结构人种学话语身份那些绝对相互矛盾的命题上去。一方面，结构主义名正言顺地赋予自己经验主义批判的头衔。但与此同时，列维-斯特劳斯没有一本书或一项研究所提交的不是其他信息可以对之加以补充或使之失效的经验性论述。他所提出的那些结构图式总是从有限的信息量出发并需要经过经验检验的一些假设。他的这种双重的诉求，在众多文本中得到证明。让我们再次回到《生和熟》的开篇，它清楚地说明了为何这种诉求是双重的，那是因为它所涉及的问题是关于语言的语言："那些批评指责我们在没有对南美神话做彻底盘点前就对它们进行分析，但它们

422

可能会严重误解这些文献的性质与作用。因为，既定人群的神话整体是一种话语层面的想法。除非这个群体已在肉体与精神上灭绝了，否则的话，这个群体就永不会关闭成一个整体。这就像谴责语言学家在没有记录下该语言自存在以来所说过的全部言语之前，在没有了解它将会使用的所有语词交流之前，就去撰写它的语法一样。经验证明，语言学家可以从很少的一些句子中提炼出他所研究的语言的语法。如果处理的是未知语言的话，那么，哪怕部分语法或语法草案也代表着有价值的收获。句法不会等待理论上无限的系列事件得以普查后才自我呈现，因为它本身就在主宰这些事件产生的规则机体之中。而我们想要概述的正是南美神话学的一种句法。即便新的文本会对它加以丰富，那也将是对某些语法规则的指定方式加以检验或修改，用一些新的规则取代其中的一些被放弃的规则。但在任何情况下，用完整神话话语的苛求来反对我们的努力都是不能成立的，因为，我们刚说过，它是没有意义的"（第 15—16 页）。因此，整体化诉求（totalisation），有时被看作是**无用的**，有时又被当作是**不可能的**。毫无疑问，这与两种思考整体化诉求之局限的方式有关。而我想再重复一次，这两种方式在列维-斯特劳斯的话语中以含蓄的方式共存。以古典风格方式存在的整体化诉求可以说是不可能的：我们说过气喘吁吁、徒劳无功地追求它无法掌握的无限丰富性的有限主体或有限话语的那种经验主义的努力。因为，存在物太多，多得我们数不过来。不过，我们可以以一种方式规定非整体化诉求，即不再以经验性属性的有限概念而是以**博弈**概念来规定它。如果说整体化诉求因此不再有意义的话，那不是因为

某个场域的无限性不能被某种有限视线或有限话语覆盖，而是因为
这个场域的性质本身，即语言与有限语言的性质排除了整体化诉求
可能。因为，这个场域其实是一种**博弈**的场域，也就是有限集合体
封闭圈内的无限替代场域。此场域之所以允许无限替代赌注，那是
因为它是有限的，也就是说它不是古典假设中大得不可穷尽的场域，
它缺少那样一个能停止并奠定替换赌注的中心。尽管它法文中的丑闻
之义被删除了，我们还是可以严格地使用这个词去说，这种由于中心
或源头缺失或不在场的博弈运动，就是**替补性**（supplémentarité）运
动。我们不能确定中心的位置，也不能穷尽整体性，因为，**取代**中
心的、**替补**中心的、在中心缺席时占据其位的符号，同时也是作为
一种剩余、一种**替补物**而增加的符号。表意运动添加了某种东西，
这意味着总是有些盈余的东西，只是这种添加物是漂浮不定的，因
为它是替代性的，用来弥补所指方面的缺失的。尽管列维-斯特劳
斯没有像我这里所做的那样使用"替补"这个词来强调这两种如此
奇特地组合在一起的表意方向，但在《马塞尔·莫斯著作介绍》*
中谈及"能指相对于所指的过剩"时，他曾两次使用这个词却并非
出于偶然，他说："因此，人在努力理解世界时，总是具有某种表
意盈余物（它分布在人种学/民族学与语言学根据不同的象征性思
维法则研究的事物之中）。如果我们可以用替补性定量的分配这种
表达的话，那么为了使备用能指和被瞄准所指之间保持互补性关
系，它就是绝对必要的，因为这种互补性关系就是象征性思维之前

424

---

* 这是列维-斯特劳斯为马塞尔·莫斯著作选集《社会学与人类学》（*Sociologie an-thropplogie*）所写的序，巴黎，大学出版社，1950，Ⅸ-LⅡ页。

提。"〔我们可以肯定地指出，表意的这种**替补性定量**（ration supplémentaire）就是**理性**（ratio）本身的来源。〕替补性定量这个词，在列维-斯特劳斯谈到"那种浮动能指是一切有限思维的束缚"后不久又重新出现："换句话说，受莫斯格言的启发我们可以说，所有的社会现象都可以纳入语言，我们可以在玛那（mana）、瓦坎（wakan）、音位（oranda）* 和同一类型的其他观念中，看到某**种语义学**（sémantique）**功能**的自觉表达，其作用就是使具有特殊的矛盾性的象征性思维得以运作。这解释了附着在这个观念上的那些表面上难以解决的二律背反现象……它同时是力也是运动，是质也是状态，是名词、形容词也是动词；是抽象也是具体，是无所不在又是一时一地。事实上，'玛那'，即魔力，就包含这一切。不过更确切地说，不就是因为它不是这些东西中的任何一个，而是一种单纯形式，或者说一种纯状态的象征，因此能够承载无论什么象征的内容吗？在宇宙论构成的这种象征系统中，玛那，恐怕简单地就是一种**零象征值**（valeur symbolique zéro），也就是说标识了**替补**（我强调这一点）已负载了所指象征内容之必要性的一种符号，

---

* 马来西亚的"mana"和北美印第安人的"oranda"这些词在莫斯的《关于魔术的一般理论草案》（*Esquisse d'une théorie générale de la magie*，1902—1903）中有过系统研究。它们都具有与魔力相关的多重含义。见《社会学与人类学》，第 1－141 页。玛那（mana）一词在大洋洲诸语系中被普遍使用，此概念指的是无人格力量，等量地存在于人类、动物甚至是非动物的物体当中。根据人类学的归纳，玛那的话语功能在于解释构成魔法，也组成灵魂的基本要素。在各种美洲印第安人团体中，瓦坎（wakan）也称为瓦康达（wakonda）或瓦卡达（Wakanda），指的是某些自然物所具有的超自然起源的强大精神力量。瓦坎可弱可强。弱小的力量可以忽略不计，但强力者必须予以解决。有毒的植物和爬行动物以及令人陶醉的饮料可能含有瓦坎。瓦坎具有不朽的超自然力。它本身没有本质特征，而显示为某些物体所固有的圣洁或奇妙。

但这种符号只有作为储存部分而非语音学家们所说的组成部分才有价值。"〔注：语言学家已经提出这类假设了。比如，"法语中有一个与所有其他音位（phonème）* 相对的'零音位'（phonème zéro）。它之所以称为零音位，一方面，因为它不携带差异特征也没有恒定的语音值。另一方面，它还具有对抗音位缺失的特有功能"（见雅克布森与罗茨的：《法语语音模型笔记》** ）。我们将这里提出的概念图式化后，可以说它几乎就像玛那这类概念的功能一样，虽然自身并不携带任何特殊的表意功能，却能对抗表意功能的缺失。〕

因此，能指的**过剩**及其**替补性**特点取决于某种有限性，也就是说取决于它必须**替补**的某种缺失。

这样我们就理解了为什么博弈概念对于列维-斯特劳斯是至关重要的。他对所有赌注尤其是对轮盘赌的参照相当频繁，特别是在

425

---

* 又译作音素，是人类语言中能够区别意义的最小声音单位，也是音位学分析的基础概念。一个字或词可由一至数个音节组成，一个音节可由一至数个音段（元音、辅音等）组成。音位与音段类似，然而音位的基本定义是要能区分语义，如果两个声音所代表是同一个词汇、同样的意义，则异音可被视为同一个音位；反过来说，一个词的任何一个音位若被换成别的，那么它就不再是原来的那个词，意义也会随之改变。有意义的词都是由音位组成的，然而替换其中任何音位却不能保证产生有意义的词，也有可能变成无意义的一串音。每个语言都有自己的一组音位，这也就是这个语言的语音系统，音位可用来研究某个特定语言中如何将音组合成词。第一个使用 phonème 一词的是法国神学家迪弗里什-德热内特（Dufriche-Desgenettes），他在 1873 年提出了这个术语。波兰语言学家扬·涅齐斯瓦夫·博杜安·德·库尔特奈（Jan Niecisław Baudouin de Courtenay）及他的学生米科瓦伊·克鲁谢夫斯基（Mikołaj Kruszewski）发展出音位的定义。这之后，布拉格学派以及索绪尔、萨丕尔等学者更进一步完善了音位理论。——译者注

** "Notes on the French Phonemic Patten"，*Word* 5，第 2 期，1949 年 8 月，第 155 页。

《谈话录》《种族与历史》《野性的思维》中。不过，这种对赌注的参照，总是陷于一种紧张状态。

首先是与历史的紧张关系。我们已围绕着这个古典的问题，使用了这些反对意见。我只想指出，那种在我看来似乎是属于该问题的强制性规定公式的东西：列维－斯特劳斯通过还原而捍卫历史这个概念，悖论的是，这个概念一直就是终极目的论及末世论形而上学的同谋，也就是我们认为与历史相对立的那种在场哲学的同谋。尽管历史性这个主题看来很晚才引入哲学之中，但它早就因以在场方式出现的存有规定性而介入哲学了。无论"认识"一词有无词源，尽管所有古典思想中的经典对子都将认识与历史的意义表达相互对立，我们仍可以证明，如果历史一直是真理传统的某种生成性统一体的话，或者说是以在场、自我呈现方式占有真理，以自我意识呈现的知识之科学发展的某种生成性单元的话，那么，认识这个概念就总是与**历史**（istoria）概念相互牵连的。因为，历史一直是被当作历史总汇与浓缩信息的运动，也就是说当作两种表达的衍生过程来思考的。但如果我们有理由怀疑这种历史概念，只是将它还原而不去有意识地提出我这里暗示的问题的话，那我们就有重新陷入某种古典形式的非历史主义，也就是形而上学历史的一个既定时刻的危险。在我看来，这似乎是这个问题的代数公式。更具体地说，我们必须承认在列维－斯特劳斯的工作中，对结构性的尊重、对结构内部的独创性的尊重，使他淡化了时间和历史。比如，一种新结构、一种独特系统的出现总是由于它与其过去、源头和原因的断裂造成的，而且这也正是其结构特性的前提。所以，我们只有在描述时不顾及其过去的条件，才能对这种结构组织的属性加以描述，也就是说省去对结构间过渡进行提问，将历史置入括号之中悬置起来。因为，在这种"结构主义"的时刻，偶然与间断性概念是必不可少的。事实上，列维-斯特劳斯经常使用它们，比如当他在《马塞尔·莫斯著作介绍》中说到"只能突然诞生的"语言这种结构之结构时说："无论语言在动物生活中出现的时刻与环境是什么，它都只能是突然诞生的。因为，事物不可能逐渐地变得有意义。某种不属于社会科学而属于生物学及心理学研究的转化，使从一切无意义的阶段向一切皆有意义的阶段之过渡发生了。"但这并没有妨碍列维-斯特劳斯承认这些实际转化过程的缓慢、其成熟期的漫长与其劳作的那种持续不断，也就是承认其历史过程（如《种族与历史》）。但是，与卢梭或胡塞尔的某种方式相同，当他要重新捉住某种结构的本质特性之时刻的时候，他得"将所有的事实排除"。像卢梭那样，他对新结构之源的思考永远地依赖灾难模式，即自然中的自然灾难、自然环节中的自然中断、自然的距离的模式。

其次是历史与博弈的紧张关系，也就是博弈与在场的紧张关系。因为，博弈就是在场的中断。某种因素的在场，总是在某种差异系统和某种链条运动中被记录下来的一种可替换的符征参照物。博弈总是不在场与在场之间的赌注，不过，如果我们想要以极端的方式思考博弈的话，就必须思考它在在场和不在场这种替代方案之前的状态；就必须从赌注可能性出发去思考以在场或不在场方式呈现的存有，而不是从存有出发去思考赌注。然而，虽说列维-斯特劳斯比别人更好地使重复的赌注与赌注的重复显形，我们仍然能感

427

觉到他的工作并不缺少在场伦理、起源怀旧，以及追求上古自然之纯真性，也不缺少言语之在场纯粹性及其向自我显现的纯粹性；当他转向上古社会，即他心目中的范例时，他常将这种伦理、怀旧甚至是悔恨表现为人种学/民族学方案的动机。他的这些文本是大家熟悉的。

这种关于中断了的直接性的结构主义主题转向了不在场源头的那种迷失了的或不可能的在场，因此是博弈思想悲伤的、**否定的**、怀旧的、有罪的、卢梭式的那一面，其另一面则是尼采式的**肯定**，它是对世界的赌注、生成的纯真性的快乐肯定，是对没有缺陷、没有真理、没有源头，将自己提供给一种积极解释的符号世界的肯定。**因此，这种肯定规定了那样一种不同于中心之缺失的**非中心（non-centre）。它的运作不需要安全感。因为，只有一种赌注是确定的，它只局限于替代**既定的、已在的、在场的**部分零件。在这种绝对的偶然性中，这种肯定也让位给**遗传的**不确定性与印迹的**播种式**（séminale）历险。

因而，有两种对解释、结构、符号与赌注的解释。一种追求破译，梦想破译摆脱了博弈，摆脱了符号秩序的某种真理或源头，它以流亡的方式体会解释的必要性。另一种则不再转向源头，它肯定赌注，试图超越人与人文主义，超越那个叫作人的实存，超越这个在整个形而上学或存有神学，也就在其自身的整个历史中，追求圆满在场，追求令人放心的基础，追求赌注的源头和终结的实存者名字。尼采向我们显示了这第二种解释之解释的道路，在人种学中并不追求"新人文主义的灵感"，如列维-斯特劳斯希望做的那样，这里我还引用《马塞尔·莫斯著作介绍》那篇文章。

今天，不少信息让我们察觉到了这两种解释之解释——即便我们同步地体验它们，并用一种含糊的经济论来加以调和，它们也是绝对不可调和的——，其实共享着我们以一种成问题的方式称作人文科学的领域。

尽管这两种解释之解释必须显示它们之间的差异并突出它们的不可化约性，我本人却并不认为我们还有别的**选择**。首先，是因为我们处在一个暂时说它是具有历史性的区域，那里可选择的范畴很少。其次，是因为我们必须首先尝试去思考这种不可还原的差异的共同土壤及其**延异**。那里仍然存在一种还是历史的问题类型，而我们今天只是使它的受孕、成形、孕育、劳动过程隐约显现了而已。我用这些词时，诚然想到了分娩过程，也想到了那些面对社会中仍无法命名之物而迂回的人，因为，这种仍无法命名之物就像每一次分娩一样，它自我预示，并且只能以非种类的种类，以怪胎的那种无形、无声、雏形、可怖的形式来自我预示。

428

省略/循回[*]

致加布里耶·布努鹤

我们从这里或那里辨认出了书写的不对称的两个方面：一方面是书的关闭，另一方面则是文本的开口。一方面是神学百科及以其为模式写成的人之书，另一方面则是标识了被超越了的上帝或被删除了的人的消失之印迹的纹路。书写问题只能在合上了书之后才能开始。那么，刻画（graphein）^{**} 的快乐徘徊就是无归路的。所以，向文本的敞开是那种冒险，是那种无保留的消耗。

然而，难道我们不知道书的关闭并非只是各种局限的一种吗？

---

* 法文 ellipse 有两个意思：一指省略；一指作为星球回到起点的那种运动的椭圆形，即指循回观念。16 世纪时，它从拉丁语 ellipsis（省略）构建而成，其希腊语词源 ἔλλειψις 有缺乏、功能不足的意思。

** graphein，希腊语为 γράφειν，指"开槽刻字"，因此既有书写又有雕绘的意思。

难道我们不知道只有在这本书中，只有不断地回到它那里去汲取资源，我们才能无限地指称它之外的书写吗？

《书的回归》（*le refour au livre*）给我们提供了一种思考①。埃德蒙·雅毕斯以此为名的书首先告诉我们的是，何为**"书的放弃"**。如果关闭并不是终结的话，那我们的抗议与解构就白费力气了。

> 上帝接替了上帝，绝对之书接替了绝对之书。

但在这种接替运动中，书写守候在上帝与上帝、绝对之书与绝对之书之间。如果对书的回归是在这种守候和关闭之外进行的话，那么它也就不会将我们关闭在里面。它只是一种徘徊的时刻，它重复了书的那种**顿符**（époque），即它在两种书写之间悬置整体、撤退并储存。它的回归向着

> 本身就是危险边缘的一种书……
>
> ……自从那本书以来，我的生命就会是在界限间隙处的某种书写守候……

重复并不是再版那本书，而是通过一种尚未或不再属于该书的书写去描述该书的源头，它以重复的方式假装让自己在其中获得理解。这种重复远没有被书卷压制或包住，它其实就是首次书写。是本源书写，是追溯起点、追踪源头消失迹象的书写，也是源头的狂乱书写：

430

---

① 这是《问题书》（*Livre des questions*，1965）第三卷的标题。第二卷的标题是《于克尔之书》（*Livre de Yukel*）出版于 1964 年。参照前面的《埃德蒙·雅毕斯与问题书》。

写，就是对源头的迷恋。

但现在我们知道了，影响书写的并非源头，而是占据了源头之位的东西；而这种东西并不更多的是源头的反面，它也并不是取代了在场的不在场，而是一种取代了某种从未显现过的在场、某种没有起点的源头的印迹。但是这本书就是以此为诱饵的，它让我们相信激情本源地就是对某物的激情，而该物的回归可以最终缓解激情。所以，诱饵可以是源头、终结、直线、环形、卷轴、中心。

如在《问题书》的首卷中，那些想象中的拉比在"循环歌"中互相回唱道：

那线就是诱饵。

色阿伯拉比

. . . .

阿金姆拉比说："我最大的焦虑之一就是，看到我的生命大致是个循环而却无法阻止它。"

一旦那个圆圈转动，一旦那本书自己翻动，自我重复，其自我一致性就会吸纳了使我们可以有效、严格而隐秘地脱离这个封闭体的某种不易察觉的差异。也就是说，我们在重复那本书的封闭体的同时创造了它的副本。因此，根据同一种循环，即"在界限间隙处的某种书写守候"，我们借助同一本书、同一条线的两个通道悄悄地摆脱了那个封闭体。这种在同一中脱离一致性的出口是微乎其微的，它本身没有任何分量，但是，它却**以这样的方式**思考与掂量那本书。因此，对书的回归也就是对它的放弃，因为，它在接替的中立空间中，在间隙的悬置处在上帝与上帝（副本）之间，那本绝对书与绝对书（副本）之间滑动。因此，这种回归并不重新占有。它没有重新占有源头。因为，源头也不再是它自身。书写，即对源头的迷恋这一表述因此必须从主语属格（génitif subjectif）＊ 的角度来理解。是源头本身充满了消除被写印迹的激情，也就是被记录下来的激情，对源头的记录，肯定是它的书写式存在，不过那也是它在某个系统中被记录下来的存在，而且它只不过是这个系统的一个场所和一种功能而已。

以这个角度理解的书的回归，本质上就是**省略式的/循回式的**（elliptique）。因为在这种重复语法中，有种无形的东西缺失了。由于这种缺失是无形的、无法确定的，因为它重复并完美奉献那本书，遍历它线路上的所有点，所以，任何变动似乎都没有发生。但是，这种缺失又改动了所有的意义。因为，**源头的发动**，使同一条被重复的线不再完全是相同的线，同一个被重复的扣环也不再有完全相同的中心。使这种循环变得完美的，正是缺失了的东西。不过，也正是以这种**省略式循回**（ἔλλειψις，élleipsis）方式，这本书以道路的简单重复，对封闭体的摇撼与线的裂痕让我们去思考。

于克尔说：

那种循环是众所周知的。让我们折断那曲线。道路使道路成双。

书奉献书。

＊ 属格的拉丁语写作 casus genitivus，亦称所有格、领格、生格，指名词的语法上的格。属格表示一个名词的所属，例如一个名词提及的对象拥有其他的一些属性。

这里，书的回归预示的将是那种永恒回归的形式。同一的回归只能通过返回同一而改变，绝对如此。如果纯粹重复既不改变事物也不改变符号，它却具有一种无限的腐坏力和颠覆力。

这种重复就是书写，因为在它身上消失的东西就是源头的自我一致性，是所谓的鲜活的言语的自我表达。它就是中心。是第一本书、那本神秘的书，那一切重复的前夜所体验过的诱饵，也就是说中心是博弈的庇护所：它不可取代，因为它从隐喻和换喻中撤出，是那种我们可以暗示却无法重复的**不变的代名字**。第一本书的中心应当不能以其特有的再现被重复。一旦它对这样一种再现准备好了，也就是说一旦它被写了下来，一旦我们可以从这本书中读出另一本书，从这个源头中读出另一个源头，从这个中心上读出另一个中心，那就是无限副本复制的无底深渊的开始。因此，他者就在同一之中，

432　　　别处就在其中……
　　　　·············

中心就是那口井……
　　　　············

马迪司拉比吼道："中心在哪儿？臭水使猎鹰追逐其猎物。"

中心可能就是那个问题的位移。

中心处无循环。

比克力拉比说："愿我的死可以来自我自己。

因为，我既是那循环的束缚，又是它的停顿。"

只要某种符号出现，它就开始自我重复。没有这一点，它就不可能成为符号，它就不会是其所是，也就是说它就不会是那种有规律地返回同一，也就是说返回另一个天生会自我分裂的符号的非自我一致性（non-identité à soi）。所以，以这样的方式自我重复的字母素（graphème）既没有其天然场所，也没有天然的中心。可是，它从来没有丧失过这些东西吗？它的偏离中心是否就是一种去中心呢？我们能不能肯定这种对中心的无视而不是为中心的缺席而哭泣呢？我们为什么要为中心的缺失哀悼呢？这种中心，即赌注与差异的缺席，难道不就是死亡的另一个名字吗？难道这种使人心安的，也能抚平从它的深洞产生的焦虑的死亡不同时也是一种赌注吗？

借助否定性偏离中心的这个通道肯定是必要的，但那只是初步的。

"中心是门槛。"

拿曼拉比说："上帝就是那个绝对中心，这就是自由思想者宣布上帝并不存在的原因，因为如果苹果或星星的中心是水果或天体的心脏的话，那么什么又是果园和夜晚的真正中心呢？"

············

于克尔说：
"中心就是失败……"
"中心在哪儿？
——在灰烬之下。"
色拉哈拉比说：

"…………

中心就是葬礼。"

433   正如存在着一种否定神学那样，也存在着一种否定非神学。作为前者的同谋，后者在必须肯定赌注的时候仍说着中心的缺席。但是，对中心欲求，难道不是赌注本身的功能因而坚不可摧的吗？而且以重复或博弈的回归呈现的中心的幽灵怎么会不向我们发出召唤呢？正是在那里，介于以去中心为形式的书写与以肯定博弈形式呈现的书写之间的那种犹豫不决是无限的。它属于赌注的一部分，而且与死亡联系在一起。它是从无主体、无认知的某种"谁知道呢？"中产生的。

最后的障碍，最终的界限是，谁知道呢？也就是那个中心。

然而，一切都会是从黑夜、从童年开始。

假如中心确实就是"问题的位移"，那是因为我们一直给那无法命名的无底之井**起了绰号**，而这个**绰号**就是中心的符号，也就是书要填补的那个洞的符号。所以，中心曾是一个洞的名字；人的名字如同上帝的名字，说出了那从洞中崛起以书的形式开展工作的力量。那卷册、那羊皮纸卷轴必须进入那危险的洞穴，暗中潜入那个被一种动物性的、敏捷、无声、平滑、光洁而滑溜的以蛇或鱼的方式呈现的运动所威胁的居所。因为，那就是书焦灼不安的欲望。它顽强地寄生，它像一千张嘴吸吮着我们，在我们皮肤上留下无数的印迹，它是一个海怪，一块多触角的**息肉**。

荒唐啊，贴着肚皮的这种姿态。你爬着。你在墙脚打洞。
你希望像只老鼠逃掉。像早晨路上的影子。

尽管疲劳与饥饿，依然保持挺立的意愿，

一个洞，不过只是个洞，

书的运气。

（你的著作是不是一个章鱼的嘴？

那章鱼吊在屋檐下，它的触角开始发光。）

那只是墙上的一个洞，

它是那么狭小，你永远无法潜入

出逃。

当心那些居所。它们并不总是殷勤好客的。

这样一种回归的奇特宁静。《书的运气》就是绝望于重复，却 **434**
快乐于对深渊的肯定，快乐于像诗人一般地住进迷宫并书写那深
洞。在《书的运气》中，我们只能沉沦，我们必须以毁掉它的方式
去保存它。这是对一种令人绝望的经济论之肯定的残酷舞蹈。那个
居所是不友善、诱人的，因为它像迷宫中的书一样。因为这里的迷
宫就是深渊：我们陷入的是一种纯表层之水平性（horizontalité），
这种水平性本身不断以迂回方式自我再现。

那本书是迷宫。你以为你离开它了，却深陷其中。你没有
任何自救的机会。你必须毁掉那本书。但你做不到。我注意到
你的焦虑缓慢，但确实在上升。墙接着墙。谁在尽头等着你
呢？——没人……你的名字像快触到刀刃上的手，折回了。

《问题书》就是在**第三卷**的这种宁静中完成的。就如它应当是

的那样，它保持着开放性，以无限开放又是无限反省的方式述说着那种非封闭性，它是"眼中之眼"，是一种无限地伴随着"既被排斥又被呼唤的书之书"的评论，它从一个既不在书内也不在书外的场所，不断切入并重新占有那本书，而那个场所自称是个开口，即便它只是迷宫式的无出口的反射、折回、返回与迂回。迷宫是一种它将自身所有的出口关闭的路，包括它自己的出口，也包括它打开自己的门，也就是说，使它在打开自己的同时而不再思考它自身开口的出口。

《问题书》的第三卷，以这样的方式思考了这种矛盾性。这也就是为什么三重性（triplicité）是其号码，是那种平静之关键，也是它的构造之关键。第三卷书中说：

"我是第二卷中的第一卷。"

…………

于克尔说：

"三个问题引诱了那本书，

三个问题也将成就那本书。

435 结束了的东西，

开始了三次。

这本书是三本，

世界是三个，

上帝对于人来说，

就是三种答案。"

之所以是三，并不是因为一切和无、不在场的在场、黑色太阳、开放的循环、逃离了的中心、省略了的回归那种歧义性与双重性，最终可以以辩证的方式用一些和解性术语得以概括。于克尔在《子夜或第三个问题》中所说的那个"脚步"（pas）和"协约"（pacte）是他自《黎明或第一个问题》与《正午或第二个问题》以来所肯定的死亡的另一个名字。

> 于克尔说：
>
> "书引导着我
>
> 从黎明到黄昏，
>
> 从死亡到死亡，
>
> 带着你的影子，撒哈，
>
> 在那个号码中，于克尔，
>
> 在我问题的尽头，
>
> 在那三个问题的脚下……"

死亡就在黎明之时，因为一切都以重复开始。只要中心或者源头开始自我重复、重新复制，它的副本就不只是一加一。因为，副本分离了它，也替补了它。随即出现的是其双重的源头及其重复。三，因此是重复的第一个数字，也是最后一个，因为再现的深渊永远无穷尽地被它带着节奏。诚然，这种无穷既不是一，也不是零，也非无数。它本质上是三元的。二，就像第二卷《问题书》（即《于克尔之书》）那样，就像于克尔那样，仍是那本书必不可缺的无用的环节，是被牺牲的中间环节，因为没有它就不会有那种三重性，没有它，意义就不会是其所是，也就是说，就不会它在赌注中自我差异化。所谓环节就是裂纹。可以用《书的回归》第二部分说于克尔的话来说**第二卷**：

> 在被赶走前，他曾是书中的藤和枝。

436　　如果重复之前无一物，如果没有任何当下监视过印迹，如果从某种意义上说，是"'虚无'反复自我挖掘而留下其印迹"① 的话，那么，书写时间，就不再追随改动过的那些当下的线路。未来，也就不是某个将来的当下；昨天，也就不是过去的某个当下。那本书的关闭之超越，既不是等待，也不是重寻。它就在**那里**，但以重复的方式同时逃出并**超越那里**。它以书的影子的形式，以握着书的两手之间的那个第三者的形式存在着，它以书写之当下的延异方式，以书与书之间的间距，另一只手的方式存在……

　　因此，打开《问题书》第三卷的第三部分，就开始了关于"间距与口音"之歌：

> 明天，就是我们双手的阴影与反射力。

德里萨拉比

---

① 让·卡特松（Jean Catesson）：《非私人日记与方位基点》（*Journal non intime et points cardinaux*），《尺度》（*Mesures*），1937 年 10 月，第 4 期。

篇章来源

《力与意》：《批评》，1963 年 6—7 月，第 193-194 期。

《我思与疯狂史》：1963 年 3 月 4 日哲学学院的讲演，发表于《形而上学与道德学学刊》，1964 年，第 3-4 期。

《埃德蒙·雅毕斯与问题书》：《批评》，1964 年 1 月，第 201 期。

《暴力与形而上学：论埃马纽埃尔·勒维纳斯的思想》：《形而上学与道德学学刊》，1964 年，第 3-4 期。

《"发生与结构"及现象学》：1959 年于舍利西-拉-萨尔（Ceri-sy-la-Salle）的讲演，发表于德·甘迪亚克等编《起源与结构》，Mouton，1964。

《被劫持的言语》：《泰凯尔》，1965 年冬，第 20 期。

《弗洛伊德与书写舞台》：1966 年 3 月于精神分析学院的讲演，

发表于《泰凯尔》，1966 年夏，第 26 期。

《残酷剧场与再现的关闭》：1966 年 4 月于巴尔马（Parme）举行的国际大学戏剧节组织的阿尔托研讨会上的发言，发表于《批评》，1966 年 7 月，第 230 期。

《从有限经济学到一般经济论：一种无保留的黑格尔主义》：《弓》（L'Arc），1967 年 5 月。

《人文科学话语中的结构、符号与赌注》：1966 年 10 月 21 日于约翰·霍普金斯大学主办的"批评语言与人文学国际研讨会"上的发言。

感谢各刊物的主编先生愿意授权重印这些文本。

就这些文本的发表日期，我们想强调的是，眼下为了将它们结集起来，我们无法在重新阅读时与它们各篇保持同等的距离。那种这里仍属于**某种问题之位移**（le déplacement d'une question）的东西诚然形成了某种**系统**。我们也许能够借助某种诠释性的**针线活**（couture）在事后对之进行勾勒。除了虚线外我们没有让任何别的什么显现，同时在那里安置或放弃这些少了它们任何文本都绝不可能如是提交的空白。如果文本指的就是**编织物**（tissu）的话，所有这些论文都固执地将它的那种针脚定义为粗针脚（faufilure）。

1966 年 12 月

特殊用语/术语中西文对照表

A

absence/不在场，缺席，阙如

agora/ἀγορά/公共论坛

alétheia/ἀλήθεια/揭蔽

alter ego/另一个自我

alter-huic/他人

anarchie/非元力状态，混沌，无权威，无序

anaphore/ἀναφορά/头语反复

apeiron/ἄπειρον/疑难、困境

apodicticité/确真性

apparaître/显形，显现

appresentation/间接呈现

appropriation/占有

aptitude *à* la mise en scène/Darstellbarkeit/上演能力

archè/ἀρχή/元力

archi-écriture/元书写

archi-étant/元存在者

archi-factualité/Urtatsache/元事实性

archi-parole/元言语

archi-phénornène/元现象

archi-région/元区域

archi-scène/元舞台

archisme/元力主义

architexte/元文本

architrace/元迹

authentique/本真

articulation/表述，发声

autre/他者

autrui/他人

B

bricolage/拼装

C

caractère-de-signe/Zeichencharak-ter/符号特征

caractère-de-signification/Bedeu-tungscharakter/意谓作用特征

clôture/封闭体，封闭范围

comprendre/含括，包含，理解

conceptualité/概念领域，概念性

configuration/构成物

connaturalité/共生性

constitution/Konstitution/构成

contemplation/默观

contre-investissement/Gegenbesetzung/逆投资

cruauté/Gransamkeit/残酷，残酷性

D

décentrement/去中心

déconstitution/解体

déconstruction/解构

démotivation/解母题化

dépassement/出超，超出

déplacement/位移，变动

dépossession/丧失所有权，丧权，占有解除

dérobement/闪避，盗窃

destruction/瓦解

différance/延异

difféver/延迟

discession/二分

discours/话语

discursif/话语的，推论的

discursivité/话语性，论语性

dissension/Entzweitung 不和

divin/神的，神圣的

divinité/神圣性

don/施予，恩赐

double génitivité/双重所属性

doxa/信念

E

économie/经济论，经济学，家计学

écriture/书写，文字，文迹

effacement/销迹

eidos/εἶδος/本相，本质

ego cogito/我思自我

égoïté/自我性

égologie/自我学，自我学说

élleipsis/ἔλλειψις/省略/循环

entamer/切入，破坏，染指

energeia/ἐνέργεια/潜能

entéléchie/ἐντελέχεια/潜能实现

epekeina tês ousias/ἐπέκεινα τής οὐ σία/超存有

épiphanie/神显

épistémè/ἐπιστήμη/认识

épochè/悬置，顿符

ergon/ἔργον/劳动

errance/游荡

espacement/间隔

estampe/盖印，锻模

étant/存在者

étantité/存在者性

eteron/他者

être/存有

être-dans-le-monde/在世界中

être-ensemble/Mitsein/共在

être-là/此在

évanouissement/Vergehen/丧失

ex-cendance/逾越

existant/实存者

existenzial/生存的

exister/实存

F

face/面孔

faciès/外观

frayage/Bahnung/神经通路

fugace/短暂

fuyant/飞逝

le furtif/闪避，闪避者

G

genèse/起源，发生

génétique/发生论的

genétisme/起源主义，发生论主义

glossopoièse/舌/语创造

graphématique/字形学

graphème/字母素

graphie/书写法

H

hétérologie/异质论

heteron/别人

horizon/Horizont/视域，边缘域，构成域

hospitalité/礼遇，接待性

hybris/过度，失衡

hypomnésique/回忆性的

I

idéatum/思想对象

idéalisme/观念主义，观念论，唯心主义

idem/同一

identification/同一化过程

identité/一致性，同一性，认同

Ille/那个

impouvoir/无权，无力

innéité/先天品性

inconscient/潜意识

in-fini/解有限

infini/无限

inscription/Niederschrift/记录，铭写

inspirer/授意，获得灵感

intelligible/心智的，知性的，可理解的

intra-mondanité/内在现世性

intra-psychique/心灵内的

investissement/占据，投资

investissement d'énergie/Energiebesetzung/能量占据

ipse/自性

ipséité/自我性

irresponsabilité/无责可负性

J

jeu/赌注/博弈

joie/愉悦

jouissance/快感

K

krínein/κρίνειν/抉择

L

logos/逻各斯

M

maîtrise/Herrschaft/主控权，统治

même/同一

morphè-hylétique/形貌—质素学

morphologie/形态学

multiplicité/重复度，多重性

mythologique/神话的，神话逻辑学

mythopoème/神话式创造

mythopoétique/神话式创造的

N

Nachutrag/附录

Nachtràglichtkeit/追加性

noème/诺耶玛，意向行为的观念内容

noès/诺耶思，意向行为的真实内容

noético-noématique/诺耶思—诺耶玛

non-possession/非占有

nomos/法律，规范

non-savoir/非知识，非认知

O

objectivité idéale/观念客体性

ontique/存在者存有的

ontic-ontologie/存在者存有论

ontologie/存有论

onto-théologie/本体神学

ordo cognoscendi/认知秩序

ordo essendi/存在秩序

ousia/本质

ouverture/开口，开启，敞开

P

parole/Rede/言语

parousie/整体呈现

philosophème/哲学素

phonologisme/语音中心主义

phoronomique/移位学

physis/物体，自然

plaisir/快乐

pli/皱褶

pneuma/精神

pré-comprendre/前理解，前含括

préconscient/前意识

prédétermination/先决规定性，预定

prédicat/谓词，述谓词

prédication/述谓作用

pré-ouverture/前开启

primarïté/初级性

problématique/问题性，问题系列

psychè/心灵，灵魂

psychographique/心理书写的

Q

quiddité/本质

R

ratio/理性

ratio cognoscendi/认知根据

réduction/Reduktion/还原，化约

régression/退逆现象

résumption/重新占有

S

sacré/神畏，神威

sans-fond/无基

scatologie/排泄逻辑

scato-théologique/排泄神学的

secondité/二次性

sémantème/语义素

signifiant/符征，能指

signification/意谓，意谓作用，意义

signifié/符指

signifié transcendantal/先验所指

simulacre/拟像

sinnegebung/意义给予

solliciter/soucier/摇动

sotériologie/救赎学

souffle/呼吸

souffler/吹气，提词，夺走，劫持

souffleur/台词提示者

souci/Sorge/牵挂

sousrature/擦除

souveraineté/绝对主权

suppléer/替补

supplément/替补部分

supplémentaire/替补的

T

technè/技术

télos/终极目的

theoria/θεωρία/理论

théorème/理论素

théorétisme/纯理论主义

topique/局部的，局部性

topographie/地形学

topologie/拓扑学

traces mnésiques/Erinnerungsspuren/记忆印迹

trans-ascendance/越升

transcription/Umschrift/转义，转录

trans-économie/跨经济论

transfert/Übertragung/移情，转移

transgresser/僭越

transhistoricité/超历史性

transvaluation/价值转移

truisme/显见之理

U

Ur-Struktur/元结构

V

visage/面孔

vouloir-dire/要说，意谓

人名中西文对照表

A

Abraham/阿布拉海姆

Alain/阿兰

Albertine/阿柏廷

Alcé/阿尔塞

Althusser/阿尔都塞

Auselme/安瑟伦

Apollon/阿波罗

Aréapagite/阿瑞欧巴吉特

Arnold，Matthew/马歇·阿诺德

Aristotle/亚里士多德

Artaud，Antonin/安托南·阿尔托

Artémidore/阿特米多尔

Aquin，Thomas d'/托马斯·阿奎那

Avenarius，Richard/理查·阿芬那留斯

Axelos A./阿色洛斯

B

Bachelard/巴什拉

Baillet/巴耶特

Balzac/巴尔扎克

Bataille，G./乔治·巴塔耶

Baudelaire/波德莱尔

Beaufret，J./柏夫雷

Bekri/比克力

Bérard，Victor/维克多·比哈德

Bergson/柏格森

Bianquis，G./毕样吉

Biemel. Walter/瓦特·贝美尔

Birault，H./毕罗

Blanchot，M./布朗肖

Blin，Roger/罗杰·布林

Bloom/布洛姆

Boehme，Jakob/雅克布·波希姆

Boileau/布洛瓦

Borges/伯尔杰斯

Bounoure，Gabriel/加布里耶·布努鹤

Breton，A. /安德烈·布勒东

Brentano/布伦塔诺

Brokmeier，W. /布罗克美尔

Buber/布伯

Buffon/布封

Butor/布托尔

C

Calliclès/卡利克勒斯

Canguilhem，G. /乔治·冈奎莱姆

Célidée/谢莉黛

Chrysostome，Jean/约翰一世（金口约翰）

Claudel/克洛岱尔

Clerselier/克里色理耶

Coleridge/柯勒律治

Comte/孔德

Considérans/孔西德洪

Copeau/科柏

Corbin/科尔彬

Corneille/高乃依

Cournot/科尔诺特

Crémieux，B. /克雷米厄

D

D′Alembert/达郎贝尔

Flaubert/福楼拜

Fliess/福列斯

Focillon/傅西雍

Foucault，Michel/米歇尔·福柯

Frege/弗雷格

Freud/弗洛伊德

G

Genet/日奈

Genette，Gérard/热拉尔·热内特

Gide/纪德

Gilson，E. /吉尔松

Glaucon/戈劳孔

Gödel/哥德尔

Guéroult/盖兰特

Gandillac，M. de/甘迪亚克

Gurwitsch，A. /古尔维希

Gygès/金杰斯

H

Hazard，Paul/保尔·阿扎尔

Hegel/黑格尔

Heidegger，Martin/马丁·海德格尔

Hellingrath/荷林格拉斯

Héraclite/赫拉克利特

Kant/康德

Kelkel/克尔科尔

Kierkegaard/克尔凯郭尔

Kircher/基尔学

Klein，Mélanie/梅兰尼·克莱恩

Klossowski，P./克洛索夫斯基

Köhler/科夫卡

Koffka/克勒

Kojève/科热夫

Kroeber/克鲁伯

L

Lagache，D./达尼埃尔·拉卡什

Laplanche. J./让·拉布朗西

Laporte/拉博特

Lauer，Q./劳尔

Leenhardt，M./勒恩哈尔德

Leibniz/莱布尼茨

Léma/列玛

Lévi-Strauss. C./列维-斯特劳斯

Levinas. E./埃马纽埃尔·勒维纳斯

Lichtenberger/李奇顿伯杰

Lima/力马

Lipps/里普斯

Littré/李特雷

Luynes/鲁聂斯

Lynch/李奇

M

Madies/马迪司

Malebranche，N. /尼古拉·马勒伯朗士

Mallarmé/马拉美

Marcel，G. /加布里埃尔·马塞尔

Marivaux/马里沃

Marx/马克思

Merleau-Ponty/梅洛-庞蒂

Monglond，André/安德烈·蒙格朗

Montaigne/蒙田

Mounet-sully/穆讷-苏里

Munier，R. /慕尼埃

N

Naman/拿曼

Néher，A. /聂和尔

Nerval/聂尔瓦

Nietzsche/尼采

P

Pallas/帕拉斯

Parménide/巴门尼德

Pascal/帕斯卡

Paulhan，J./让·保兰

Plato/柏拉图

Picon，G./皮孔

Plaute/普拉图斯

Pontalis，J.-B./波塔里斯

Poulet，G/普莱

Proust/普鲁斯特

R

Raymond，M./雷蒙·马歇尔

Renan/芮南

Richard，J.-P./理查

Rida/理达

Rivière，J./雅克·里维埃

Rosenzweig，F./法朗兹·罗森茨维格

Rousseau/卢梭

Rousset，Jean/让·罗塞特

S

Sarah/撒哈

Sartre/萨特

Saussure/索绪尔

Scarron/史卡洪

Scheler/舍勒

Schelling/谢林

Schérer，Jacques/雅克·谢和尔

Scot，Duns/邓斯·司各特

Sollers/索勒尔

Schlegel，W. /希勒格尔

Séab/瑟阿伯

Selah/色拉哈

Sérafi/色拉菲

Servi/谢尔维

Sextus/谢克特斯

Socrates/苏格拉底

Sophocle/索福克勒斯

Spitzer，L. /史必泽

Strachey/斯坦希

Starobinski/斯塔罗宾斯基

Stein/斯坦

Stephen/史蒂文

T

Tal/泰尔

Théodore/德奥道罗

Thrasymaque/提拉斯马克

U

Ulysses/尤利西斯

V

Valéry/瓦莱里

Van Gogh/凡·高

Vaugelas/沃杰拉斯

Verlaine/魏尔伦

Vinteuil/维忒宜

Voltaire/伏尔泰

W

Wahl，Jean/让·瓦尔

Weil，Eric/埃里克·韦伊

Wolff/沃尔弗

Woolf，V./伍尔夫

Wundt/冯特

Y

Yukel/于克尔

Z

Zalé/扎列

Zarathoustra/查拉图斯特拉

图书在版编目（CIP）数据

书写与差异/（法）雅克·德里达
（Jacques Derrida）著；张宁译. --北京：中国人民
大学出版社，2022.11
ISBN 978-7-300-31149-4

Ⅰ.①书… Ⅱ.①雅…②张… Ⅲ.①德里达（
Derrida，Jacques 1930—2004）-解构主义-哲学思想-文
集 Ⅳ.①B565.59-53

中国版本图书馆 CIP 数据核字（2022）第 200912 号

书写与差异

［法］雅克·德里达（Jacques Derrida） 著
张 宁 译
SHUXIE YU CHAYI

出版发行	中国人民大学出版社			
社　　址	北京中关村大街 31 号		**邮政编码**	100080
电　　话	010 - 62511242（总编室）		010 - 62511770（质管部）	
	010 - 82501766（邮购部）		010 - 62514148（门市部）	
	010 - 62515195（发行公司）		010 - 62515275（盗版举报）	
网　　址	http：//www.crup.com.cn			
经　　销	新华书店			
印　　刷	北京联兴盛业印刷股份有限公司			
规　　格	148 mm×210 mm　32 开本		**版　次**	2022 年 11 月第 1 版
印　　张	19.125 插页 4		**印　次**	2022 年 11 月第 1 次印刷
字　　数	403 000		**定　价**	118.00 元